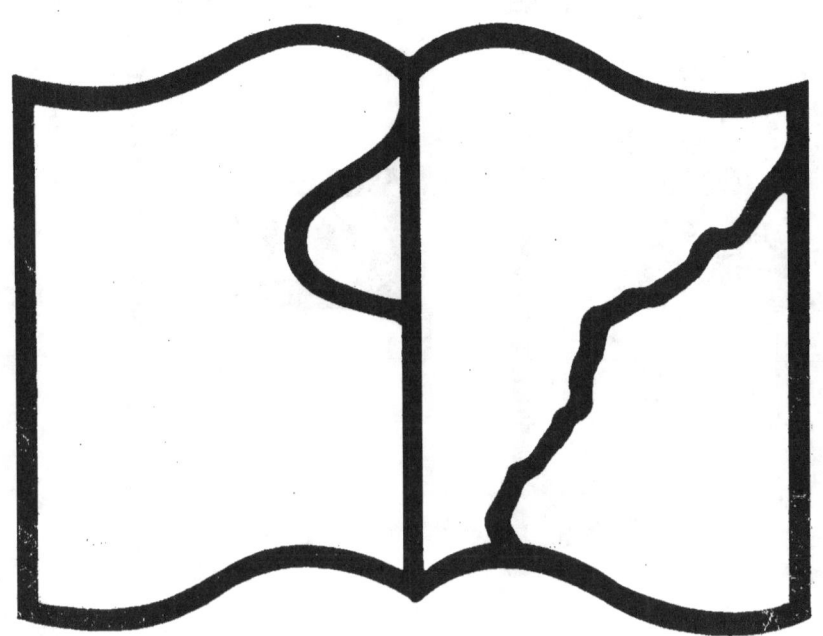

Texte détérioré — reliure défectueuse

NF Z 43-120-11

Contraste insuffisant
NF Z 43-120-14

OUVRAGES DU MÊME AUTEUR:

ETUDES HISTORIQUES.—Le Tombeau de Champlain. *Québec*, 1880, 91 pages in-12. *Ouvrage couronné par le Comte de Premio-Real, consul général d'Espagne.*

LES CERCLES AGRICOLES DANS LA PROVINCE DE QUÉBEC. *Québec*, 1881, 64 pages in-12.

ETATS-UNIS, MANITOBA ET NORD-OUEST.—Notes de voyage. *Québec*, 1882, 184 pages in-12.

FÊTE NATIONALE DES CANADIENS-FRANÇAIS, célébrée à Windsor. Ontario, le 25 juin 1883. *Québec*, 1883, 152 pages in-12.

HISTORIQUE DE L'ÉGLISE DE NOTRE-DAME DES VICTOIRES, basseville de Québec.—Deuxième centenaire, 1688-1888. *Québec*, 1888, 88 pages in-12.

JACQUES-CARTIER, *Québec*, 1889, 332 pages in-12. *Ouvrage couronné par S. H. le Lieutenant-Gouverneur de la Province de Québec.*

LE SÉMINAIRE DE NOTRE-DAME DES ANGES. *Montréal*, 1890, 38 pages in-8.

M. C.-F. PAINCHAUD, fondateur du Collège de Sainte-Anne.—Fêtes à l'occasion de la translation de ses restes mortels de l'Ile-aux-Grues à Sainte-Anne, les 21, 22 et 23 juin 1891. *Québec*, 1891, 92 pages in-12.

LA NOUVELLE-FRANCE DE CARTIER A CHAMPLAIN. 1540-1603. *Québec*, 1891, 395 pages in-8.

ETUDE ARCHÉOLOGIQUE.—Le fort Jacques-Cartier et la Petite Hermine. *Montréal*, 1891, 34 pages in-8.

VIE DE C.-F. PAINCHAUD, prêtre, curé, fondateur du Collège de Sainte-Anne de la Pocatière. *Québec*, 1894, XI-435 pages in-8.

MGR DE FORBIN-JANSON, évêque de Nancy et de Toul, Primat de Lorraine.—Sa vie, son œuvre en Canada. *Québec*, 1895, 196 pages in-12.

HENNEPIN.—Ses voyages et ses œuvres. *Québec*, 1897, 40 pages in-quarto.

JOHN AND SEBASTIAN CABOT. *Québec*, 1898, 47 pages in-quarto.

SAINTE-ANNE DE LA POCATIÈRE, 1672-1900. *Lévis*, 1900, 93 pages in-12.

UNE GRANDE FIGURE DE PRÊTRE.—L'abbé Gabriel Richard, curé de Détroit. *Québec*, 1902, 54 pages in-8.

THE SIEGE OF QUEBEC AND THE BATTLE OF THE PLAINS OF ABRAHAM. *Québec*, 1903, 39 pages in-8.

SERVITEURS ET SERVANTES DE DIEU EN CANADA.—Quarante biographies. *Québec*, 1904, XV-318 in-8.

SAMUEL CHAMPLAIN. *Toronto*, 1905, 300 pages in-8.

Leo Robert.
1905

LES ECCLÉSIASTIQUES

ET LES

ROYALISTES FRANÇAIS

RÉFUGIÉS AU CANADA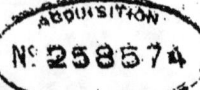

À L'ÉPOQUE DE LA RÉVOLUTION — 1791-1802

PAR

N.-E. DIONNE

DOCTEUR ÈS LETTRES ET EN MÉDECINE, BIBLIOTHÉCAIRE DE LA LÉGIS-
LATURE, MEMBRE DE LA SOCIÉTÉ ROYALE DU CANADA

QUÉBEC
—
1905

INTRODUCTION

La Révolution française venait à peine d'éclater, que déjà la persécution la plus terrible commençait à sévir contre un clergé irréprochable à tous égards, dévoué à son roi, mais encore plus à l'Eglise catholique. Des lois draconiennes le forcèrent bientôt à opter entre l'apostasie et l'exil. La plupart préférèrent l'exil ; ils durent quitter leur patrie, non sans éprouver de grands déchirements du cœur. Sur le nombre, il y en eut qui prirent le chemin de l'Angleterre, et de là se répandirent dans ses colonies, à Jersey, à Guernesey et au Canada. C'est ainsi que quarante-cinq de ces braves champions du catholicisme vinrent débarquer sur nos rivages, acceptant une hospitalité généreusement offerte par le gouvernement et par les évêques de Québec. Arrivés ici sans autre bagage que leur bréviaire et leur science, ils se dévouèrent avec un zèle infatigable à la desserte des paroisses et des missions, à l'aumônerie des communautés religieuses, donnant d'une main ce qu'ils recevaient de l'autre, ou parfois ne voulant rien recevoir. Ils se croyaient assez bien payés en acceptant notre hospitalité. Disons aussi que le clergé canadien les aimait et les respectait dans leur malheur.

L'ouvrage que nous livrons aujourd'hui à la publicité rappellera les circonstances particulières à ce mouvement d'émigration vers le sol canadien. Voilà déjà plus d'un siècle que ces ecclésiastiques, bannis de leurs foyers, ont apparu sur la scène canadienne. Si leur mémoire n'est pas encore tout à fait oubliée, elle était, pour le plus grand nombre, sérieusement menacée de disparaître, bien que plusieurs aient conquis une notoriété qu'on leur aurait peut-être refusée dans leur pays. Et, tout imparfait que peut être le volume que nous leur consacrons, il aura toujours servi à mettre en lumière les figures les moins connues.

Nous avons divisé cet ouvrage en trois parties, dont la première, tout historique, est consacrée à faire connaître les préliminaires de l'exil, ses péripéties, la vie des prêtres réfugiés en Angleterre, l'œuvre de Mgr de la Marche, évêque de Saint-Pol de Léon, la mission au Canada des abbés Desjardins, Gazel et Raimbault, du chevalier de la Corne, l'émigration des prêtres à Québec et à Montréal, et enfin les tentatives d'une colonisation de royalistes dans le Haut-Canada.

Afin de faire mieux apprécier la belle conduite de ce clergé en exil, nous nous sommes un peu attardé dans des développements familiers au public instruit. Tout de même il nous a paru bon de ne pas les taire, ne fût-ce que pour bien faire comprendre quelle abnégation et quel courage il a fallu à ces prêtres pour endurer les souffrances et braver les rigueurs de l'expatriation, et combien aussi fut discrète et généreuse l'hospitalité du peuple anglais.

Un historien français, dont le nom est peu connu, nous écrivait, il y a quelques années déjà : " J'ai composé un livre sur le clergé français réfugié en Angleterre. Ce livre m'a coûté vingt ans d'étude, huit voyages en Angleterre, en Irlande et en Ecosse, et la prunelle de mes yeux. Avant d'avoir vu et fréquenté les Anglais chez eux, j'avais de la répulsion pour eux. Ces sentiments sont modifiés aujourd'hui. Que quelques hommes d'Etat, tels que Pitt, soient accusés de machiavélisme, il serait puéril de s'en fâcher. Mais du machiavélisme de quelques hommes au machiavélisme de la nation tout entière il y a loin. Ancien élève de l'école des hautes études des Carmes, rue de Vaugirard, et professeur d'histoire pendant trente ans, je ne suis plus un enfant, et ce que j'avance à cet égard, dans mon livre, je ne crois pas l'avoir hasardé."

Nous ne sommes pas dans les mêmes conditions que notre aimable correspondant, mais, nous aussi, après avoir sérieusement étudié la noble attitude de l'Angleterre en face du clergé et des laïcs réfugiés, nous abondons dans le même sens, et répondons à ceux qui ont cru devoir interpréter cette conduite en disant que si les prêtres n'avaient pas été les ennemis de la révolution ou, si l'on veut, les amis de la royauté, ils n'auraient pas été secourus : " Les émigrés laïques étaient au moins autant les ennemis de la révolution, et les comités, pour subvenir à leurs besoins, ne réussirent point, tandis que ceux créés pour les ecclésiastiques réussirent à merveille. Lorsque, après les souscriptions volontaires et les quêtes à domicile, le gouvernement anglais accorda une subvention, le comité pour les ecclésiastiques, à défaut d'autre comité, fut invité à distribuer des secours aux deux ordres d'émigrés ; mais il ne l'accepta qu'à la condition que les laïques émigrés sans nécessité avant 1792 ne recevraient point de secours, et, chose remarquable, même après cette réserve, un grand nombre de membres du comité se retirèrent."

Il y aurait beaucoup à ajouter sur ce sujet, mais comme notre travail n'est pas une œuvre de polémique, mais plutôt de reconnaissance, et pour l'Angleterre et pour les prêtres qu'elle consentit à accueillir dans sa colonie du Canada, nous ne dirons rien de plus, laissant à chacun la liberté de juger par lui-même si nous avons fait la part trop large à la nation qui ouvre ses ports à ces fugitifs, les accueille sur tous ses rivages, les secourt dans tous leurs besoins, et favorise même l'exercice de leur religion.

La seconde partie, entièrement biographique, fera connaître la vie de chacun des quarante-cinq prêtres émigrés. Il nous sera donné de faire la connaissance de ces nobles héros à la foi inébranlable, dont les œuvres ne nous sont souvent connues que par une tradition quelque peu indécise. Le fait est que, dans bien des cas, il nous a fallu, faute de documents, recourir à cette tradition, mais, chaque fois, nous avons pu la contrôler au moyen de témoignages dignes de croyance.

La troisième partie renferme les documents où l'auteur a puisé ses renseignements. Il s'en trouve de fort intéressants, entre autres la correspondance échangée entre le gouverneur Simcoe et l'abbé Desjardins, les lettres et mémoires de Mgr de la Marche, de M. l'abbé Desjardins, la correspondance des gouverneurs et lieutenants-gouverneurs des deux provinces du Canada.

On remarquera sans doute que ces documents sont nombreux. Si nous les avons accumulés, c'est dans le but d'éviter le reproche de n'avoir pas épuisé les recherches afin d'épuiser le sujet. Nous comprenons que, même à la faveur de cette surabondance de mémoires, lettres et arrêtés, notre travail est resté inférieur à ce que l'on peut être en droit d'attendre de nos efforts. Tant mieux si cette confession peut servir d'excuse à notre insuffisance.

N.-E. D.

OUVRAGES, JOURNAUX ET REVUES CONSULTÉS

AMI (l') du clergé.

ANNALES de l'Hôpital-Général de Montréal.—(Inédites).

ANNALES de Ville-Marie.—Publiées à Montréal par le chevalier Huguet-Latour, 1863 et les années suivantes.

BARRUEL (l'abbé).—Histoire du clergé pendant la révolution française, *Paris*, 1802.

BARTHE (J.-G.)—Le Canada reconquis par la France. *Paris*, 1855.

BASTON.—Mémoires de l'abbé Baston, chanoine de Rouen, d'après le manuscrit original publié par la société d'histoire contemporaine, par M. l'abbé Julien Loth et M. Ch. Verger. *Paris*, 3 vol. 1899.

BEAUBIEN (l'abbé Ch.-P.)—Le Sault-au-Récollet. Ses rapports avec les premiers temps de la colonie. Mission. Paroisse. *Montréal*, 1898. Excellente monographie de paroisse canadienne.

BIBAUD (M.) — Bibliothèque canadienne. *Montréal*, 9 vol. 1825-30.

BOIS (l'abbé).—Etude biographique sur M. Jean Raimbault, archiprêtre, curé de Nicolet, etc. *Québec*, 1869.

— Etude sur les prêtres français réfugiés au Canada, publiée dans les Mémoires de la Société Royale du Canada, année 1885.

— Papiers manuscrits conservés aux archives du séminaire de Nicolet.

BRITISH MUSEUM.—Minutes of Committee of the subscribers.

— Additionnal manuscripts.

— Puisaye Papers.

BULLETIN des recherches historiques, 1895-1904.—Revue mensuelle publiée par M. P.-G. Roy.

BURKE (Edmund).—Réflexions sur la Révolution française. Extraits de la traduction française de 1791, avec préface et notes par René Bazin. *Paris*, 1882.

— Speeches. *London*, 4 vol. 1816.

BURKE (Sir Bernard).—Peerage and baronetage of the British Empire.

CHATEAUBRIAND.—Mémoires d'outre-tombe. 2 vol. *Paris*, 1848.
— Voyage en Amérique. *Paris*, 1870.
CORRESPONDANT (le).— Revue périodique publiée à Paris, depuis l'année 1843.
DEBRETT.—Peerage and baronetage, etc. *London*.
DOUVILLE (l'abbé I.-I.). — Histoire du collège-séminaire de Nicolet, 1803-1903. *Montréal*, 2 vol. 1903.
GAZETTE (la) de Québec.
GENTLEMAN'S MAGAZINE (The).
GOSSELIN (l'abbé Jean-Edme-Auguste).—Vie de M. Emery, neuvième supérieur du séminaire de la compagnie de Saint-Sulpice, précédée d'un précis de l'histoire de ce séminaire et de cette compagnie depuis la mort de M. Olier. *Paris*, 2 vol. 1862.
GUILHERMY (le baron de).—Papiers d'un émigré (1789-1829) lettres et notes extraites du portefeuille du baron de Guilhermy, député aux Etats Généraux, mis en ordre par le colonel de Guilhermy. *Paris*, 1886.
HUSENBETH.—Life of Right Reverend John Milner.
MANDEMENTS des Evêques de Québec, publiés par Mgr H. Têtu et l'abbé C.-O. Gagnon. *Québec*, 7 vol.
MANSEAU (l'abbé), curé doyen de Saint-Martin de Ré. — Les Prêtres et Religieux déportés sur les côtes et dans les îles de la Charente-Inférieure. *Lille*, 2 vol., 1886. Ouvrage approuvé par plusieurs évêques français.
MARCHE (Mgr de la), évêque de Saint-Pol de Léon.—Lettre aux ecclésiastiques français réfugiés en Angleterre. *Québec*, 1793.
— Lettres aux évêques de Québec, de 1792 à 1802.— Seize lettres inédites, conservées aux archives du palais épiscopal de Québec.
LANGLAIS (l'abbé).—Essai historique sur le clergé de Rouen, pendant la Révolution française.
LA ROCHEFOUCAULD-LIANCOURT.—Voyage dans les Etats-Unis d'Amérique. *Paris*, 8 vol. l'an VII de la République.
LUBERSAC (de).—Journal de l'émigration.
MAILLOUX (l'abbé Alexis). — Histoire de l'Ile aux-Coudres depuis son établissement jusqu'à nos jours, avec ses traditions, ses légendes, ses coutumes. *Montréal*, 1879.

MEILLEUR (le Dr).—Mémorial de l'Education du Bas-Canada. Seconde édition. *Québec*, 1876.

MOREAU (C.).—Les prêtres français émigrés aux Etats-Unis. *Paris*, 1856.

NOISEUX (l'abbé).—Liste chronologique des évêques et des prêtres tant séculiers que réguliers, employés au service de l'Eglise du Canada depuis l'établissement de ce pays, et aussi la liste des évêques des autres possessions britanniques de l'Amérique du Nord. *Québec*, 1834.

NOUVELLE-FRANCE (La).—Revue publiée à Québec depuis l'année 1902.

ONTARIO Historical Society Records and Papers. *Toronto*, 1899-1904. 5 vol.

PARLIAMENTARY History of England from the Norman Conquest in 1066, to the year 1803.—*London*, 36 vol. 1806-1820.

PIERRE, Victor.—La Terreur sous le Directoire, histoire de la persécution politique et religieuse après le coup d'Etat du 18 fructidor (4 septembre 1797), d'après les documents inédits. *Paris*, 1887.

PLASSE (F.-X.).—Le clergé français réfugié en Angleterre. *Paris*, 2 vol. 1886. Ouvrage souvent consulté. Avec la bienveillante permission de l'auteur, nous y avons puisé largement, et nous aimons à lui en accorder un crédit général. Le chanoine Plasse est mort en 1901.

PLESSIS.—Journal d'un voyage de Mgr Plessis en Europe, (1819-20), publié par Mgr Henri Têtu, de la maison de Sa Sainteté. *Québec*, 1903.

PRIOR (James).—Memoir of Edmund Burke, with specimen of his poetry and letters. Second edition. *London*, 2 vol. 1820.

PUBLIC ADVERTISER (The).—Journal de Londres.

PUBLICISTE (Le).—Journal parisien.

RECORD OFFICE. — Papers relating to the French clergy refugees in british Dominions.

— Account of the private and public subscription and collection made for the french emigrant clergy and laity since the spring 1792.

— Minutes of committee for the relief of the french laity, 1794.

RECORD OFFICE. — Subscription for the french clergy and Letter Book, 1797.
RONDANT (l'abbé), curé de Ploudiry, arrondissement de Brest. — L'âme du chrétien dans le chemin du paradis. *Landerneau*, 1860.
SAINT-VALLIER (Mgr de) et l'Hôpital-Général de Québec, etc. *Québec*, 1882.
SCADDING, D. D. (Henry). — Toronto of old. — Collections and Recollections illustrative of the early settlement and social life of the capital of Ontario. *Toronto*, 1873.
SHEA (J.-G.). — Life and Times of the most Reverend John Carroll, bishop and first archbishop of Baltimore. *New-York*, 1888.
SIMCOE. — Papers.
TANGUAY (l'abbé C.). — Dictionnaire généalogique des familles canadiennes. 7 vol. 1871-1890.
— Répertoire général du clergé canadien, etc. *Montréal*, 1893.
THIERS (A.). — Histoire de la Révolution française. *Paris*, 10 vol. 1880.
TOCQUEVILLE (A.-C.-H. Clerel de). — L'Ancien Régime et la Révolution. *Paris*, 1856.
TRESVAUX (l'abbé). — Histoire de la persécution révolutionnaire en Bretagne à la fin du XVIIIe siècle. *Paris*, 2 vol. 1845.
URSULINES (Les) de Québec, depuis leur établissement jusqu'à nos jours. *Québec*, 4 vol. 1863-66.
URSULINES (Les) des Trois-Rivières, depuis leur établissement jusqu'à nos jours. *Trois-Rivières*, 3 vol. 1888-1898.
VOYAGES et aventures des émigrés français depuis le 14 juillet 1789 jusqu'à l'an VII, époque de leur expulsion par différentes Puissances de l'Europe, par L. M. H.
WELD (Isaac). — Voyage au Canada dans les années 1795, 1796 et 1797. *Paris*, 2 vol. l'an XI.

PREMIÈRE PARTIE

HISTORIQUE

CHAPITRE PREMIER

LE CLERGÉ FRANÇAIS PROSCRIT

Sommaire : — La Constitution civile du clergé. — Conduite du clergé français. — Refus de prêter le serment. — Evêques et prêtres protestataires. — Séance intéressante à l'Assemblée Nationale. — Décrets de la Constituante. — Déportation des prêtres insermentés. — Décret du 26 août 1792. — Exil général du clergé. — Fuit par milliers. — Trois courants d'émigration vers la Grande-Bretagne et les îles anglo-normandes.

La révolution de 1789 en France a donné à tout l'univers, entre autres spectacles lamentables, celui d'un clergé irréprochable, poursuivi comme un troupeau de fauves et lancé par-dessus les frontières, après avoir été arraché à ses autels et à son foyer. Jamais peuple n'avait jusque-là donné un si triste exemple de perversion et de brutalité ; jamais aussi les nations d'Europe et d'Amérique n'ont fait preuve d'autant de générosité qu'en cette circonstance trois fois malheureuse. Pourtant ce clergé n'avait pas mérité qu'on lui fît subir de pareilles avanies, de si cruelles tortures physiques et morales. " Je ne sais, écrit M. de Tocqueville, si, à tout prendre, et malgré les vices apparents de quelques-uns de ses membres, il y eut jamais dans le monde un clergé plus remarquable que le clergé catholique de France, au moment où la révolution l'a surpris, plus éclairé, plus national, moins retranché dans les seules vertus privées, mieux pourvu de vertus publiques et en même temps de plus de foi. La persécution l'a bien montré." (1)

Ruiner le catholicisme en France : tel était le but non avoué des sectaires et des francs-maçons de l'époque. Pour y arriver plus sûrement, il fallait, avant tout, supprimer les têtes bien pensantes, en commençant par les évêques, les prêtres et les religieux que l'on trouvait gênants. L'Assemblée nationale fit donc voter cette fameuse *Constitution civile du clergé*, qui n'avait de civil que le nom, car elle empiétait sur le domaine religieux, en attentant au pouvoir du Saint-Siège et à l'autorité épiscopale. Le clergé devait signer cette constitution, sinon il s'exposait à la persécution. C'était lui demander d'abjurer sa foi. Comment les prêtres et les religieux pouvaient-ils prêter cet odieux serment d'allégeance sans violenter leur conscience, puisqu'en fin de compte, ils devaient entrer en plein schisme, en consentant à obéir à l'Etat plutôt qu'à l'Eglise, aux hommes plutôt qu'à Dieu. Aussi les protestations ne manquèrent pas d'arriver de tous côtés.

" Comment," s'écrièrent les évêques et les prêtres que révoltait l'idée du schisme et de l'hérésie, " ce n'est donc pas assez que le sacrifice de tous nos biens, de tous nos privilèges, de tout l'or du temple; il faudra encore abandonner cette religion même dont nous sommes les ministres ! Il faudra que nous prenions aussi le masque pour vous aider à séduire le peuple, et pour lui faire croire qu'il conserve sa religion, tandis qu'on le conduit dans les routes ténébreuses

---

(1) TOCQUEVILLE.—*L'ancien régime et la révolution*, p. 169

de l'erreur et de l'impiété ! Si cet inconcevable projet est jamais appuyé sur vos décrets, nous vous en prévenons, puisqu'il ne s'agit plus de nos fortunes, mais de la vérité et du salut éternel des peuples, le temps des complaisances est passé. Notre conscience nous forcera de vous le dire et nous vous le dirons : *Il vaut mieux obéir à Dieu qu'aux hommes.*"

La *Constitution civile du clergé* avait été présentée à l'Assemblée nationale le 29 mai 1790. Dans ses séances du 12 et du 24 juillet, elle décréta comme constitutionnelles les dispositions de ce fameux code, qui devait bouleverser si profondément le monde religieux. Le 30 octobre, tous les évêques siégeant au conseil de la nation, moins deux, signèrent un écrit composé par Mgr Boisgelin, archevêque d'Aix, intitulé : *Exposition des principes sur la constitution civile du clergé.* Ce document, resté célèbre, ne faisait que réclamer pour l'Eglise la jouissance de sa juridiction, et pour le Pape la reconnaissance de son autorité en matière disciplinaire et autres. Le tout était exposé avec la plus grande modération et avec une force de dialectique propre à en imposer à tout esprit non préjugé, ni malintentionné. Devant l'Assemblée, des évêques, entre autres l'archevêque d'Aix, l'évêque de Clermont, des prêtres comme l'abbé Maury, se firent l'écho de leurs collègues, au nombre de 300, en réclamant pour tous la justice qui leur était enlevée par la force brutale.

Le 27 novembre de la même année, un décret fut voté, réglant que tous les évêques et curés qui n'auraient pas prêté, sous huit jours, le serment de fidélité à la *Constitution*, seraient démis de leurs fonctions et regardés comme des perturbateurs de l'ordre public. Après bien des hésitations, Louis XVI finit par accorder sa sanction à cette loi révolutionnaire, et le 4 janvier 1791 fut le jour fixé pour recevoir le serment des évêques et des prêtres députés à l'Assemblée nationale. L'on procéda par ordre alphabétique des évêchés. L'évêque d'Agen, le premier appelé, prit la parole en ces termes : " Messieurs, les sacrifices de la fortune me tentent peu ; mais il en est un que je ne saurais faire : celui de votre estime et de ma foi ; je serais trop sûr de perdre l'un et l'autre, si je prêtais le serment qu'on exige de moi ".

Chaque évêque ou curé vint à tour de rôle protester contre le code persécuteur, au milieu du tumulte de l'assemblée qui, devenant de plus en plus violent, décida le président à déclarer que dorénavant le député ecclésiastique n'aurait plus qu'à se présenter à la tribune pour proclamer son adhésion en prononçant ces seuls mots : *Je le jure*. L'évêque de Poitiers, Mgr Beaupoil de Saint-Aulaire, s'avance alors et tout courbé sous le poids des ans, il s'écrie d'une voix solennelle : " Messieurs, j'ai soixante-dix ans, et j'en ai trente-cinq d'épiscopat ; je ne souillerai pas mes cheveux blancs par le serment de vos décrets, je ne jurerai pas."

" Placés entre le parjure et la perspective effrayante de la faim, s'écrie l'évêque de Dax, notre choix sera bientôt fait. Nous porterons nos regards vers l'éternité ; nous les porterons vers le tombeau dans lequel on veut nous ensevelir, nous en mesurerons de sang-froid la profondeur ! "

Le clergé se leva ensuite comme un seul homme et fit la même déclaration. La salle éclata en cris et en vociférations : *A la lanterne tous les évêques et tous les prêtres qui ne jureront pas!* Puis le président, rappelant tout le monde à l'ordre, s'écria : " Que ceux des ecclésiastiques qui n'ont pas encore prêté le serment, se lèvent et s'avancent pour le prêter ! " Personne ne se leva, personne ne jura. Et dans toute la France 50,000 ecclésiastiques refusèrent de prêter le serment schismatique. Sur 135 évêques, quatre seulement eurent le triste courage de se soumettre à une loi attentatoire à la liberté de l'Eglise et de ses dignitaires.

L'Assemblée nationale dite Constituante fut remplacée, le 1er octobre 1791, par l'Assemblée nationale législative, qui ne se montra pas moins persécutrice. Elle décida d'envoyer en province des commissaires chargés de faire une enquête sur la conduite des évêques et des prêtres insermentés dits *réfractaires*, accusés de fomenter des troubles religieux, de pousser le peuple à l'insubordination, etc. Entre temps l'Assemblée décréta que tout prêtre qui refuserait de prêter le serment *civique* serait déclaré incapable de toute fonction, privé de son traitement, réputé suspect et désigné pour l'exil ou la prison.

Le 26 mai 1792, l'Assemblée prononça un nouveau décret qui, cette fois, devait inaugurer le régime de la terreur : c'était, comme mesure de police, la déportation de tout ecclésiastique insermenté, du moment que vingt individus, quels qu'ils fussent, demanderaient l'exécution de la loi nouvelle. Ce décret livrait le clergé en bloc au caprice de vingt personnes ou mieux des vingt premiers misérables que feraient mouvoir les loges maçonniques. Bien que le roi posât son *veto* à toutes ces lois iniques, les Jacobins ne cessèrent pas d'exciter la populace contre les prêtres, et ceux-ci se virent obligés, pour échapper à la déportation avec ses conséquences désastreuses, de quitter leurs paroisses et de se cacher dans les villes sous des costumes d'emprunt, y gagnant leur vie dans l'exercice de métiers ou d'industries, et exerçant leur ministère dans des oratoires secrets, dans les caves et les bois, dans les montagnes et sur la mer, partout enfin où ils pouvaient opérer œuvre de bien. On se serait cru transporté au temps de Néron, alors que clergé et fidèles étaient obligés de vivre sous terre pour s'adonner à leurs exercices religieux. Cependant ils ne manquaient pas de courage ces braves martyrs de leur foi ; ils espéraient qu'un jour ou l'autre l'Eglise sortirait triomphante de ces indicibles épreuves.

Le 26 août 1792, un nouveau décret, encore plus barbare que les précédents, portait que tous les prêtres insermentés devaient quitter la France sous quinze jours, sinon ils seraient déportés à la Guyane française. C'est alors que les prêtres résolurent pour la plupart de s'exiler plutôt que d'engager leur conscience et d'apostasier. Munis d'un passeport qu'on les forçait de prendre avant leur départ, ils quittèrent leur patrie, bien à regret sans doute, mais enfin ils sauvaient leur vie, et qui sait ? la France serait peut-être heureuse un jour de leur ouvrir ses bras. Tous cependant ne franchirent pas la frontière ; plusieurs furent retenus par leurs infirmités ou leur grand âge, d'autres par l'amour du devoir auquel ils ne se croyaient pas libres de se soustraire. Ils s'exposaient par là à la persécution, et elle ne tarda pas à se présenter sous toutes ses formes.

Dès lors commença l'ère des exécutions, des immolations sans nombre, des massacres à la douzaine, dont Paris fut la première ville à donner le signal. La Province suivit bientôt. Et l'on vit ces prêtres, fuyant devant la hache du bourreau, s'acheminer vers des pays où ils seraient à l'abri de la rage des ennemis de l'Eglise. C'est un sauve-qui-peut général. Les uns fuient au sud, d'autres à l'est, d'autres au nord. Rome et l'Italie ouvrent largement leurs portes aux exilés. Pie VI se montre pour eux un véritable père. D'autres se dirigent vers la Suisse et l'Allemagne ; quelques-uns traversent les Pyrénées, et l'Espagne les reçoit. Enfin le plus grand nombre, surtout les prêtres des provinces septentrionales de la France, passent en Angleterre ou aux îles anglo-normandes. Ainsi des milliers d'ecclésiastiques, sortis de la France par toutes ses portes, purent échapper à la mort en fuyant à l'étranger. Mais de tous les peuples dont on vante l'hospitalité, l'Angleterre occupe le premier rang ; c'est le seul qui fit des démarches pour attirer chez soi ces malheureux abandonnés à leur triste sort. Il est toujours plus agréable d'accepter l'hospitalité spontanément offerte. Ailleurs on les reçut avec courtoisie sans doute, mais on ne les avait pas invités. Aussi l'empressement à traverser la Manche fut-il général. On savait d'avance que l'accueil serait bienveillant. " Cependant cette Angleterre est protestante et on y parle peu ou point la langue française ! N'importe, nous y serons à l'abri des séides de la république, allons-y !" Et tous les jours arrivaient à Douvres des bateaux chargés d'ecclésiastiques, et durant l'automne de 1792 surtout, cette émigration fut extraordinaire. Il en vint de presque toutes les provinces de France, mais surtout de Normandie, de Bretagne, d'Artois et de Picardie. Ce premier courant commença à s'affaiblir au mois de mai 1793, et semblait même vouloir disparaître, lorsque vers l'été de 1794 il s'en produisit un second, moins considérable, mais digne d'être mentionné.

Tous les prêtres n'étaient pas partis de France. Les uns y avaient été retenus par une santé débile ou par la crainte d'un déplacement, les autres, trop pauvres, n'avaient pas voulu entreprendre un pareil voyage sans argent ; d'autres enfin aimaient autant mourir que de laisser leurs ouailles à l'abandon. Puis il en était revenu plusieurs de Belgique, d'Italie et d'Espagne, chassés par le mouvement des armées de la révolution sur les confins de ces pays menacés d'envahissement ou déjà soumis. Malgré toutes les bonnes raisons que ces ecclésiastiques pouvaient avoir de rester chez eux, leur sort n'en était pas moins entre les mains des Conventionnels, aussi féroces que des tigres. Nous sommes à l'époque des fameuses *Noyades* dans la Loire, qui ont immortalisé le nom de Carrier. Une seconde persécution s'organise plus terrible encore que la première : les églises sont saccagées, les monastères fermés, les prêtres dispersés sans merci ; on les fusille, on les noie, on les déporte, on les emprisonne sur des pontons. " Vers la fin de l'année 1794 et en 1795, le nombre de prêtres français, disait de Lubersac en 1802, s'accrut tellement en Angleterre, que peu de temps après, selon les registres qui contiennent les noms, qualités et fonctions de tous les ecclésiastiques émigrés ou déportés en ce royaume, nous voyons que le nombre de ces ecclésiastiques a été évalué au moins à 8,000. Mais, bien entendu, ces listes ne sont que celles des secours accordés à cette époque ; car il est bon d'observer qu'un assez grand nombre d'ecclésiastiques sont restés très longtemps avant de s'y faire inscrire. Beaucoup n'y furent portés que vers la fin de l'année 1796, parce que jusque-là ils avaient pu se procurer des secours de leurs familles ou vivre de leurs épargnes ou du produit de leurs occupations." (1) Le grand nombre d'ecclésiastiques arrivés en Angleterre vers la fin de l'année 1794 et 1795, est aussi attesté par le *Laity's Directory* de 1795 : " Cette année 1795, après l'invasion de la Hollande par les armées françaises, le gouvernement anglais, ayant appris qu'un nombre considérable d'ecclésiastiques français, parmi lesquels il y avait plusieurs prélats avec des émigrés laïques, étaient tous exposés au danger de périr par le glaive de leurs ennemis sans pitié, ou de mourir de faim, de froid et de toute sorte de privations, a envoyé des vaisseaux de guerre en observation sur les côtes des Provinces-Unies, afin de sauver le plus grand nombre possible de ces infortunés. En réalité, beaucoup de ces malheureux ont ainsi échappé à la mort

---

(1) De Lubersac.—*Journal de l'Emigration*, pp. 12 et 13.

et ont été débarqués en Angleterre, où ils ont été traités avec cette humanité qu'avaient éprouvée déjà un si grand nombre de leurs compatriotes." (1)

Au lendemain du *Neuf thermidor* la France semblait vouloir se ressaisir. On avait cru, en effet, après la suppression de la Commune, la fermeture du club des jacobins et l'établissement de la Constitution de l'an III, que les prêtres pourraient sans crainte retourner dans leurs cures, et les évêques réintégrer leurs évêchés. On vit en effet bon nombre d'exilés rentrer en France et reprendre leurs travaux d'autrefois. Mais après le dix-huit fructidor, qui avait marqué une tentative de restauration royaliste, la persécution recommença comme de plus belle. C'est encore la proscription sans trêve ni merci, c'est la déportation pour la majeure partie, et la réclusion pour les vieillards, les malades et les infirmes. Des milliers se dirigent encore vers l'étranger, la Suisse, l'Allemagne, l'Italie, et surtout l'Angleterre dont la bienfaisance ne tarit pas. Ce troisième courant d'émigration se fit durant les années 1797, 1798 et 1799. Ce devait être le dernier, bien qu'après cette date il en émigra encore un nombre assez considérable, amené par des vaisseaux de guerre anglais qui s'emparaient des navires français chargés de prêtres expatriés. D'Angleterre, où ils ne faisaient qu'un bref séjour, ils passaient en France. Le Concordat devait enfin amener l'apaisement des esprits et calmer l'agitation religieuse qui durait depuis douze ans.

---

(1) *Laity's Directory for 1796.*

CHAPITRE SECOND

Mgr de la Marche, évêque de Saint-Pol de Léon, et
ses protecteurs anglais

Sommaire : — Séance de la Chambre des Communes du 21
février 1791. — Le député Milford et l'intolérance anglaise.
— A la chambre des lords. — Le bill de tolérance. —
Portland, Buckingham et Burke. — Ecrits et discours de
Burke en faveur de la tolérance et contre les principes
de la révolution. — Brouille entre Fox et Burke. — Burke
tend les bras aux exilés de France. — Arrivée de Mgr de
la Marche, évêque de Léon, à Londres. — Caractère et
histoire de ce Prélat. — Madame Silburne et son dévouement à la cause des prêtres français. — Burke et Haviland. — Ecole fondée par Burke pour les orphelins français. — L'abbé Maraine.

Le 21 février 1791, à la Chambre des Communes
anglaises, un député du nom de Milford eut le courage de s'élever contre l'injustice et l'inopportunité
des lois contre les catholiques. " Un livre qui est
entre les mains de tout le monde, disait-il, renferme
en soixante et dix pages l'énumération de toutes ces
lois depuis Elizabeth. Tous les règnes, excepté celui
de Jacques II et du prince régnant, ont ajouté quelques nouvelles pénalités à ce code terrible. La plupart de ces pénalités frappent le clergé catholique.
Les prêtres sont jugés coupables de haute trahison
et condamnés à mort pour des crimes qui n'en sont
pas ; pour avoir, par exemple, persuadé quelqu'un

de se faire catholique. Quelle cruauté n'y eut-il pas à punir ainsi des hommes qui agissent d'après leur conscience et qui pratiquent la religion qu'ils ont reçue de leurs ancêtres ? Il est aussi difficile de justifier les pénalités qui frappent les laïques pour entendre la messe, ne pas assister à l'office protestant et autres semblables manquements. Lorsque ces lois furent portées, Elizabeth venait d'être excommuniée par le pape ; le ressentiment de cette reine est la principale cause de leur sévérité. La suprématie du pape était d'abord toute spirituelle. A une époque où tout le monde la reconnaissait, cette suprématie lui permit d'intervenir dans les affaires temporelles. Depuis, les temps sont bien changés, et ce pouvoir du pontife romain ne peut plus être aujourd'hui une difficulté. Des concessions ont été faites naguère à l'Irlande, qui sont semblables à celles dont il s'agit maintenant pour l'Angleterre, et l'on n'a constaté aucun mauvais résultat dans ce pays, où les catholiques sont beaucoup plus nombreux que dans celui-ci. Il faut donc espérer que la Chambre ne verra aucun inconvénient à bien accueillir la motion qui lui est présentée." (1)

A la Chambre des Lords, le bill dit bill de tolérance rencontra de chaleureux défenseurs en Lord Rawdon et l'archevêque de Cantorbéry. Le bill fut adopté et sanctionné par le roi le 10 juin 1791. Les catholiques se trouvèrent sur un meilleur pied qu'auparavant, bien que la loi du *Test* ne fût pas abolie.

---

(1) *Parliamentary hist.* Vol. 28, p. 1262, et vol. 29, pp. 113-115.

Depuis 1688 ceux-ci n'avaient que quatre vicariats apostoliques : London, Midland, Northern et Western. C'est assez dire que l'Eglise catholique en Angleterre ne pouvait guère être florissante, puisqu'elle avait eu à lutter jusque-là contre les gouvernements et le peuple, contre les journaux et les livres, enfin contre tout ce qui était influent. Désormais elle aura plus de latitude ; ses adeptes pourront se réunir dans des églises à eux ; ils pourront se montrer au grand jour sans crainte d'être trop bafoués ou mis au rancart. Les bons exemples qu'ils pourront donner, feront réfléchir les gens bien pensants, les citoyens non préjugés, la partie la plus éclairée du peuple anglais. Des hommes de haute position et à l'esprit large applaudirent à la sanction du bill de tolérance, et dès ce moment l'on put affirmer que les catholiques auraient des défenseurs dans les deux Chambres, même parmi les protestants. Le duc de Portland, le marquis de Buckingham, Edmund Burke, pour ne citer que les plus éminents, se montrèrent les plus ardents à épouser la cause des catholiques, et lorsque les prêtres français commencèrent à affluer en Angleterre et surtout à Londres, Burke, qui avait beaucoup visité la France, se trouvait l'homme marqué par la Providence pour travailler à les faire accueillir avec toute la sympathie qu'ils méritaient. Dans ses voyages en France il avait un peu fréquenté le clergé, et voici ce qu'il en pensait :

" Lorsque j'eus l'occasion d'aller en France, dit-il dans ses *Réflexions sur la révolution française*, le clergé de ce pays attira beaucoup ma curiosité ;

mais loin de recueillir contre ce corps des murmures et des plaintes, comme j'avais lieu de m'y attendre d'après les ouvrages que j'avais lus, je n'entendis contre lui aucune déclamation ni publique ni privée, sinon parmi la classe des Jacobins. J'allai plus loin dans mes recherches, et je trouvai ce clergé en général composé d'hommes d'un esprit modéré et de mœurs décentes ; j'ai même rencontré dans ce corps respectable des membres d'un grand savoir et d'une parfaite candeur." (1)

C'est après avoir rendu un semblable témoignage au clergé de France que Fox eut le courage de reprocher à Burke son ami, dans une séance de la Chambre, en date du 6 mai 1791, d'avoir jugé la révolution française sans attendre le temps de l'expérience, de n'avoir pas vu dans ce *miraculeux événement une longue suite de jours de paix, d'humanité et de tolérance.* Alors Burke se leva presque indigné, et prenant la parole : " On m'accuse, dit-il, de porter un bill d'accusation contre tout un peuple ; il faut que je m'explique : tout fier que je suis de mon pays, je me sens le cœur français pour les victimes ; je n'ai pas le cœur français pour les bourreaux. On m'accuse de juger la constitution française avant l'expérience, et c'est précisément l'expérience que j'invoque contre elle, mais l'expérience de tous les siècles, de tous les peuples et surtout celle de mon pays. Quel guide plus sûr pouvais-je me proposer pour confondre les doctrines de ces législateurs nés

---

(1) Ed. Burke.—*Reflections on the revolution in France.*

d'hier, et qui, désavouant avec mépris tout rapport, toute conformité avec les législations anciennes et même avec la nôtre, déclarent qu'il faut tout changer, tout renouveler, parce que rien n'est à sa place dans l'ordre social."

L'orateur continua à développer sa thèse, puis il termina par ces paroles de la plus haute éloquence : " *Une longue suite de jours de paix !* Dieu nous préserve, dit-il, d'une paix qui nous rendrait complices et victimes de tant de témérité. Le torrent menace tout. Oui, je le vois, il va inonder bien des plaines voisines et je n'aperçois nulle part des digues qui s'élèvent. — *Une longue suite de jours d'humanité !* Où trouverez-vous la garantie d'une telle promesse ? Sera-ce dans ces meurtres populaires, si lâchement tolérés, appelés, provoqués par des hommes puissants..... *Une longue suite de jours de tolérance !* Quelle tolérance, grand Dieu ! que celle qui livre d'abord à l'oubli, puis au dédain, puis à la persécution la plus cruelle, la religion qui a si heureusement changé la face du monde et qui a fondé sous de saintes lois la république chrétienne. *Venez rendre témoignage de cette tolérance, pontifes et pasteurs qu'elle a dépouillés, chassés et proscrits ; venez parmi nous. Vous n'avez pas un moment à perdre pour fuir le martyre qui vous attend dans votre patrie. Venez aussi, filles de Saint-Vincent de Paul, anges de la charité chrétienne, vous qui avez été arrachées des hospices où vos soins guérissent les malades, consolent les mourants, ensevelissent les morts ; vous qui avez subi le plus infâme châtiment ; oui, venez dans notre île ; c'est ici que nos soins hospitaliers, que notre tendre vénération vous feront connaître la véritable tolérance.*" (1)

Ces nobles paroles, écho d'un cœur encore plus noble, retentirent dans tout l'univers, et spécialement en France où le clergé, pourchassé, ne savait où diriger ses pas. Il entendit l'appel généreux de l'Angleterre, et sans plus tarder, des milliers de prêtres, comme il a été dit déjà, traversèrent la Manche, les uns pour y trouver un refuge temporaire, les autres pour s'y fixer permanemment. Déjà Mgr de la Marche, évêque de Saint-Pol de Léon, s'y était rendu, conduit à Londres par une main mystérieuse, et il y avait rencontré deux puissants protecteurs. L'un s'appelait Edmund Burke, et l'autre était une dame anglaise très vertueuse, Madame Silburne. Ce fut grâce à l'action conjointe de ces trois personnes dévouées à toutes les œuvres de bien, influentes par le nom, dignes en tous points d'être écoutées et capables de se faire comprendre, que le clergé français pût trouver grâce devant l'intolérance protestante et rencontrer des sympathies là où, dix ans auparavant, il eût trouvé toutes les portes fermées.

" Mgr Jean-François de la Marche, dit le chevalier de la B., est né gentilhomme breton. Capitaine d'infanterie, il reçut plusieurs blessures à la bataille de Plaisance. Réformé en 1748, il reprit les études et embrassa l'état ecclésiastique. Grand vicaire pendant plus de seize années, il est évêque de Léon depuis vingt ans. (2) On lui accorde dans ce pays-

---

(1) *Speeches of the right hon. Ed. Burke*, vol. IV, p. 5 ; May 6, 1791.— *Morning Chronicle*, May 7, 1791.

(2) Ces lignes furent écrites en 1792.

Mgr DE LA MARCHE DANS SON CABINET
D'APRÈS DANLOUX, 1797

ci (1) l'estime et la considération que lui avaient acquises dans son diocèse une résistance presque continue et le sacrifice habituel de plus de deux tiers de son revenu au soulagement des pauvres ou à différents établissements publics, tous consacrés à l'avantage du peuple et à l'utilité de la classe la plus indigente et la plus négligée. Le délire de la Révolution n'a pu lui enlever le respect et l'affection de la majeure partie de ses diocésains. Qu'on interroge son clergé ; qu'on interroge même les quatre curés qui seuls, sur le nombre de quatre-vingt-sept, se sont laissés entraîner dans le schisme par intérêt, par séduction ou par crainte : tous rendront également témoignage à la douceur, à la prudence et à l'activité de son gouvernement."

Ajoutons à ce témoignage celui de Burke, que nous trouvons dans une lettre qu'il adressait en juillet 1791 à M. de Boisgelin : " Si je puis juger de lui dans le peu de temps que je l'ai vu, c'est un des hommes les plus estimables et les plus aimables. Il a été reçu ici par notre haut clergé, et par beaucoup d'autres, non assurément selon son rang et son mérite, mais avec une attention pour l'un et pour l'autre dont, par un effet de sa bienveillance naturelle, il a paru content."

M. de Boisgelin répondit : " Je ne puis vous dire assez combien nous avons été sensibles aux témoignages d'intérêt que le clergé d'Angleterre a marqués pour un de nos plus vertueux et plus respectables prélats. Vous avez aussi bien connu son caractère

---

(1) L'Angleterre.

dans la société que ses principes et son courage ; et tels sont les regrets de son diocèse, qu'on regarde son éloignement comme une calamité publique."

" Il y avait dans sa figure, dans sa vie, écrit M. l'abbé Sicard, un rayonnement de sainteté qui augmentait son prestige. Mme de Montagu le trouva logé à Londres dans une misérable chambre où il n'y avait qu'un grabat, une table, une chaise et un crucifix." (1)

Ajoutons à ces notes biographiques, que Mgr de la Marche avait précédé ses collègues dans l'épiscopat pour la raison qu'il avait été dénoncé à la Constituante au lendemain du jour où le serment à la constitution civile du clergé était devenu obligatoire. Sommé de comparaître à la barre de la Chambre, il était décidé à se rendre à cette injonction, lorsqu'il apprit que des gendarmes venaient s'emparer de sa personne. C'était vrai. Afin d'éviter une rixe entre la gendarmerie et la population de sa ville, il préféra se cacher d'abord, et puis traverser la Manche à la première occasion. Il prit pied sur la côte de Cornouailles, à Mount's Bay, le 28 février 1791. A Londres, où il se rendit sans retard, il lia connaissance avec Madame Silburne, cette dame de grande distinction dont nous venons de mentionner le nom, femme charitable s'il en fut jamais, appartenant à une famille de haut rang, mais elle-même plus éminente par ses vertus et la multiplicité de ses bonnes œuvres que par la noblesse de son origine.

---

(1) Le *Correspondant* de 1899, p. 915. *Sur les chemins de l'exil*, par l'abbé Sicard, curé de Saint-Médard, à Paris.

Dorothée Silburne, qui devait être la principale coopératrice à l'œuvre de Mgr de la Marche, était née à Durham en Angleterre. Son nom de famille était Robinson et le nom de son mari Sir Thomas Silburne. Dès que l'évêque de Saint-Pol de Léon lui eut été présenté, elle lui offrit sa résidence, jolie maison, située sur la petite rue de la Reine, au quartier de Bloomsbury. C'est là que l'évêque établit le centre de ses opérations, et ce fut bientôt la maison des prêtres exilés. Tous s'y rendaient à leur arrivée et y recevaient les secours les plus pressants. Madame Silburne eut dès lors occasion de rencontrer un bon nombre de ces prêtres et tout spécialement le curé de Morlaix, l'abbé Floch et l'abbé Poncin. Ces prêtres lui apprirent à aimer la France, et lorsqu'à l'époque de la Restauration elle vint résider à Roscoff, la vie lui fut agréable. En France comme en Angleterre, cette digne personne continua à semer le bien autour d'elle. Malheureusement elle eut à subir de grands revers de fortune. Ruinée à peu près, elle dut accepter une pension de 1800 francs que lui fit Louis XVIII sur sa liste civile. A sa mort, arrivée le 2 octobre 1820, elle avait 67 ans, le gouvernement fit élever à sa mémoire un monument destiné à rappeler aux générations futures le dévouement de la *Mère des prêtres exilés*, de celle que les Bretons appelaient la *bonne dame*. Ceux-ci ont conservé longtemps le nom vénéré de cette autre Sulamite. " A Roscoff et aux environs de Saint-Pol, dit un écrivain français, on se souvient et l'on devrait se souvenir encore longtemps de la bonne dame Dorothée Silburne, bienfaitrice de ceux qui ont été obligés de fuir devant la mort jusqu'en Angleterre, alors que la révolution et la persécution frappaient les meilleurs chrétiens de France. Dorothée Silburne fut une de celles qui les recueillit dans son manoir en Angleterre. Les bonnes gens qui allèrent d'ici là, lui firent prendre ce pays en telle affection qu'elle voulut venir habiter à Roscoff où elle finit ses jours, il y a maintenant quelques années. On y voit dans le cimetière le tombeau érigé sur ses restes, et la première question que font les gens reconnaissants quand ils vont à Roscoff est celle-ci : " *Où se trouve ici Dorothée Silburne ?* " (1)

Edmund Burke, qui, en plein Parlement, s'était déclaré le protecteur des exilés français et qui les eût aussi bien défendus s'ils avaient été attaqués, était protestant, bien qu'il fût né d'une mère catholique. Il demeurait à peu de distance d'un personnage dont le nom ne nous est pas inconnu : nous voulons parler du général Haviland, qui avait accompagné Wolfe en Amérique lors de la guerre de Sept ans. "Comme le général, dit Prior, biographe de Burke, résidait à Penn, dans le voisinage de Beaconsfield où Burke s'était fixé, la plus grande intimité s'établit de bonne heure entre les familles de ces deux hommes de bien, et ces relations furent cimentées, après la mort du général, par le mariage de son fils le major Haviland avec la nièce de Burke, Miss Mary French. Le major mourut lui-même à

---

(1) *L'âme du chrétien dans le chemin du paradis*, par l'abbé Roudant, curé de Ploudiry, arrondissement de Brest. Landerneau, 1860.

la Martinique en 1795, peu de temps après son mariage, au moment où il allait devenir père d'un fils qui fut Thomas Haviland, l'ancêtre de toutes les familles qui unissent aujourd'hui le nom de Burke à celui d'Haviland " (1).

Ces deux hommes unis par l'amitié, Haviland et Burke, s'unirent aussi par la charité, et il paraît bien certain qu'ils s'entendirent pour alléger le malheur des prêtres proscrits. Quant à Burke, sa protection s'étendait aux laïques aussi bien qu'aux ecclésiastiques. A Londres il les accueillait chez lui avec une bienveillance marquée ; il discourait avec eux sur les graves événements qui se passaient en France, et ses opinions toujours pertinentes permettaient difficilement la discussion. Dans sa résidence de Beaconsfield il reçut les plus célèbres exilés, entre autres Chateaubriand, Cazalès et Mgr de la Marche. Ces relations s'élargirent encore lorsque les portes du palais de Winchester, comme nous le verrons au chapitre suivant, furent fermées aux ecclésiastiques français. Le gouvernement anglais mit à leur disposition des résidences moins somptueuses, à la vérité, mais aussi agréables à habiter. Parmi ces résidences, il en était une connue sous le nom de Tyler's Green House, que le gouvernement destinait au clergé français, mais qui, pour certaines raisons, ne put servir à la fin qu'il lui destinait. A cette vue, Burke résolut de l'utiliser pour mettre à exécution un projet qu'il nourrissait depuis quelque temps : c'était de fonder une école à

---

(1) Prior.—*Life of Ed. Burke,* pp. 2-6.

l'usage des petits Français rendus orphelins par les guerres ou les échafauds de la révolution. Cet asile pouvait contenir soixante enfants. Afin d'assurer le succès de cette belle œuvre, Burke s'était assuré le concours de Pitt, du marquis de Buckingham, du duc de Portland, du lord chancelier Windham et du Dr Walker King, tous personnages puissants et protecteurs insignes des émigrants. Le gouvernement leur accorda une subvention annuelle de six cents livres sterling. Burke eut la surintendance de cette école, dont les professeurs devaient être français et catholiques. Le premier directeur en fut l'abbé Jean-Marin Maraine, ancien supérieur du séminaire de Saint-Nicaise, à Rouen. En 1814, l'école de Tyler's Green House existait encore ; à partir de ce moment le gouvernement de la Restauration se chargea de la maintenir. Mais en 1820, l'abbé Maraine passa en France avec tous ses élèves, et, deux ans plus tard, l'établissement fut vendu aux enchères et démoli. Cette école avait été ouverte au mois d'avril 1796.

Burke mourut le 9 juillet 1797, à l'âge de soixante-huit ans, laissant après lui un deuil général, surtout à l'école de l'abbé Maraine qu'il visitait souvent, et où on le considérait comme le père et le fondateur de cet asile ouvert à l'infortune.

CHAPITRE TROISIÈME

ANNÉES D'EXIL 1791-1799

SOMMAIRE : — Sensation à Londres occasionnée par l'arrivée de Mgr de la Marche.— Burke, Metcalfe et Wilmot à la tête du comité de secours. — Adresse au peuple anglais.— Meeting du 20 septembre 1792. — Composition du comité primitif de secours. — Souscriptions en faveur des prêtres réfugiés.— Conduite du peuple anglais.— Odyssée du clergé fuyant sa patrie.— L'hospitalité anglaise. — Lettre de l'évêque de Léon aux ecclésiastiques. — Exprime sa reconnaissance envers le roi et son peuple. —Winchester, asile ouvert au clergé.

L'arrivée de Mgr de la Marche fit sensation en Angleterre. Les journaux de toute nuance l'avaient accueilli avec les plus grands égards. Bien qu'à cette époque la presse n'eût pas toute la vogue et l'influence qu'elle possède aujourd'hui, elle avait cependant une certaine prise sur l'opinion publique. Les journaux les plus en vue s'appelaient le *Courrier*, le *Public Advertiser*, le *Morning Chronicle* et le *Times*. Le *Gentleman's Magazine* et l'*Annual Register* donnaient, le premier tous les mois, et le second, chaque année, un résumé assez complet des événements les plus importants. Mgr de la Marche eut donc recours à ce puissant levier pour tenir la population en éveil, implorer sa pitié et recourir à sa charité. Puis il se mit en communication avec Edmund Burke, Philip Metcalfe et John Wilmot, trois personnages qui semblaient les mieux disposés à l'égard de son œuvre, et de concert ils avisèrent aux moyens à prendre pour recueillir le plus grand nombre de souscriptions. Ils résolurent tout d'abord de faire appel à la commisération publique, afin de subvenir aux premiers besoins des exilés en général. M. Burke rédigea une adresse portant pour titre : *Case of the sustaining clergy of France, refugees in the British Dominions.* Cette adresse parut dans tous les journaux de Londres du 18 septembre. L'auteur y expose le cas des proscrits, leur misère, leur dénuement, et sollicite une souscription générale et des distributions de secours par un comité qui devrait être formé incessamment." (1)

Un meeting fut donc convoqué par la voie des journaux, et le 20 septembre, on vit groupés dans une salle du grand hôtel des francs-maçons, au quartier de Lincoln's Inn Fields, sous la présidence de John Wilmot, des hommes de la plus haute distinction, tels que le marquis de Buckingham, le comte Fitzwilliam, lord Onslow, Edmund Burke et Théodore Hester. Après avoir unanimement admis que les ecclésiastiques réfugiés étaient en tous points dignes d'être assistés, l'on décida, une fois pour toutes, que les secours seraient accordés aussi longtemps que les besoins existeraient. L'on croyait alors qu'il y avait 1500 ecclésiastiques proscrits en Angleterre, 1000 à Jersey, et que le tiers de ce nombre souffrait d'un réel besoin. Mais, s'il y avait augmentation, on demanderait de l'aide au gouverne-

---

(1) Voir en appendice, pièce A.

ment, et séance tenante, on nomma une commission permanente de secours. Ce comité ne se composa au début que de trente et un membres, mais il s'augmenta bientôt de trente-quatre autres. Les réunions devaient avoir lieu de temps à autre, *ad nutum*. Le comité primitif était composé comme suit :

John Wilmot, M. P., président ;
Theodor John Hester, secrétaire ;
Le Marquis de Buckingham ;
William Moreton Pitt, M. P. ;
Le comte Fitzwilliam ;
Lord Onslow ;
Philip Metcalfe, M. P. ;
William Wilberforce, M. P. ;
Isaac H. Browne, M. P. ;
William Baker, M. P. ;
Thomas Astle ;
Rev. Dr Dampier ;
Sir George Baker, baronet ;
Le Très Honorable Edmund Burke ;
Rév. Dr Cooke ;
Sir William Scott ;
Rév. Dr Jackson ;
Culling Smith ;
Rév. J. Burgess ;
Col. Ironside ;
Robert Barnewall ;
J. J. Angerstein ;
Sir William Pepperel ;
Thomas Bernard ;
Dr Laurence ;

Rév. Dr Walter King ;
Dr Brocklesby ;
Hon. R. B. Jenkinson ;
John Bowles ;
Rév. Charles Powlett.

Dès lors des listes de souscriptions commencèrent à circuler. Le roi et l'archevêque de Cantorbéry firent appel à la générosité de toutes les classes. L'Université d'Oxford souscrivit 12,000 francs, la ville de Bristol 12,000 francs, le comte Fitzwilliams £200, l'honorable David Latouche £200. Plusieurs évêques anglicans, entre autres celui de Durham, se distinguèrent par leur générosité. On y trouve les gratifications de Fox, de Burke, de King, secrétaire de lord Dundas. La liste imprimée des souscripteurs comprend environ 1000 noms qui apportèrent au fonds de secours la somme de £18,324-1-2. Plusieurs, voulant cacher leur nom, envoyèrent au comité qui une piastre, qui un écu ; d'autres un shilling. Une vieille fille envoya ses épargnes au chiffre de £50.

" On pourrait citer un très grand nombre de ces petites anecdotes qui, toutes, démontrent la sensibilité du peuple anglais. Qu'il nous soit au moins permis de révéler les faits suivants, s'écrie Mgr de la Marche :

" Quelques prêtres français s'adressaient pour leurs provisions à une pauvre marchande de légumes ; elle leur donna diverses fois ce qu'ils voulaient acheter ; ces prêtres la voyant obstinée à refuser le prix de sa marchandise, craignent d'abuser d'une pareille libéralité, et vont faire leur provision ailleurs. La bonne marchande se désole, et vient se plaindre de ne plus les revoir, parce qu'elle ne voulait pas recevoir leur argent.

" D'autres ecclésiastiques français marchandent des provisions, et se retirent sans en avoir pris, parce qu'ils les trouvent trop cher ; la marchande court après eux, et les force d'accepter gratuitement ce qu'ils avaient voulu acheter.

" Quelques autres demandant leur chemin dans les rues de Londres, se voient entourés par des femmes du peuple ; cet empressement autour d'eux leur inspire quelque crainte ; ces bonnes femmes s'en aperçoivent ; toutes s'empressant de les rassurer, leur offrent à l'envie quelques pièces de monnaie. Au premier mouvement de frayeur succèdent les larmes de la reconnaissance.

" M. l'évêque de Léon passait dans la rue avec son grand vicaire ; tout à coup celui-ci sent quelqu'un qui le presse ; il se retourne ; c'était un porteur de lait, qui lui avait mis une pièce de monnaie dans la main, et continuait son chemin sans vouloir être reconnu.

" Dans la liste des souscripteurs, on a vu le don de vingt-six guinées par une personne désignée sous le nom de *Misericordia ;* cette même personne a fait remettre d'autres dons en mains particulières et n'a jamais voulu être connue. Tout ce que l'on en sait, c'est que rien n'annonce dans son extérieur un homme aisé ; il n'en a pas moins contracté l'obligation de faire parvenir les mêmes sommes, aussitôt que les papiers publics en annonceraient le besoin.

" Parmi la foule de faits qui se présentent, n'oublions pas les petits enfants de l'école donnant à la souscription l'argent destiné à leurs menus plaisirs, etc., etc." (1)

Le roi Georges III, ses ministres, la noblesse, la bourgeoisie, toutes les classes se sentirent émues devant cette détresse, et tous les jours arrivaient de nouvelles souscriptions. Bientôt les évêques reçurent chacun cinquante piastres par mois, les prêtres dix piastres.

Ces secours parurent suffisants au début; mais lorsque le décret du 26 août vint frapper les ecclésiastiques insermentés, le nombre d'émigrés s'accrut avec une rapidité prodigieuse. Le gouvernement de la République leur avait fixé un terme de quinze jours pour quitter la France, sinon ils seraient déportés à la Guyane française. C'est à partir de ce moment que l'on vit des milliers et des milliers de ces malheureux en soutane, n'ayant d'autres ressources que leur espoir en Dieu, quelques pièces d'argent et quelques pauvres habits, quitter leur patrie et se sauver à l'étranger. Ils volent à la frontière, et là on trouve moyen de les dépouiller du peu qu'ils possèdent, sous le prétexte que l'argent français ne doit pas sortir de France. Une fois dehors, où iront-ils? Que faire ailleurs, où ils sont inconnus, où leur langue n'est point parlée, leur foi souvent méconnue? C'est donc la détresse qui s'offre à leurs regards, c'est le pain noir de l'exil qu'il va falloir mendier, c'est peut-être aussi la mort par la faim ou les privations.

---

(1) *Lettre de M. l'Evêque de Léon aux ecclésiastiques français réfugiés en Angleterre.*

" C'était, dit un écrivain contemporain, un spectacle singulier de voir ainsi des troupeaux de prêtres de tout âge et de tout rang errer à pied dans des montagnes et des pays presque inaccessibles, trouvant à peine la plus grossière nourriture et obligés le plus souvent de coucher sur la paille ou dans des écuries. Je puis assurer cependant, que pendant toute la route je n'ai pas entendu la moindre plainte." (1)

C'est ainsi que des évêques et des prêtres durent traverser les Alpes et les Pyrénées pour fuir la persécution et la mort. D'autres illustres proscrits, surtout ceux de Bretagne et de Normandie, coururent chercher un refuge à Jersey et en Angleterre. La proximité de ces îles devait naturellement les attirer et les engager à y chercher une hospitalité à laquelle ils étaient peut-être loin de s'attendre. Comment, en effet, pouvaient-ils espérer que la protestante Albion accueillerait des enfants de la France catholique, surtout des prêtres ? Cependant elle fut bien large l'hospitalité anglaise, elle fut généreuse et poussée même jusqu'aux dernières limites du possible. Car il ne faut pas oublier qu'elle donna refuge en cet automne de 1792 à près de 5000 ecclésiastiques et laïcs, et qu'elle réussit à les secourir tous. Quelle joie pour ces malheureux exilés d'avoir enfin retrouvé une paix que leur refusait leur patrie ? L'abbé Barruel nous a laissé le récit des scènes émouvantes, où se rencontre toujours le bonheur de la sécurité reconquise.

---

(1) Victor Pierre.— *Le clergé français en Savoie et en Piémont d'après les souvenirs inédits du chanoine Berlioz.* (*Revue des questions historiques*, juillet 1898).

" Il faut, dit-il, avoir vécu en France au milieu des Constitutionnels, des girondins, des maratistes, des jacobins de toute espèce, pour comprendre l'impression de sérénité et de paix que nous éprouvâmes tout à coup. C'était le doux réveil de l'âme qui, longtemps tourmentée de l'image des monstres, des furies, sort de ce rêve affreux.... A chaque village que nous traversions sur notre route, nous nous disions les uns aux autres : " Que ce silence est doux ! Ici on n'entend plus le cannibale *Ça ira*, ni la terrible *Carmagnole*, ni ces tambours sans cesse appelant ou des sectionnaires en délire, ou des nationaux, des fédérés, des patriotes toujours prêts à tuer. Ici on ne voit plus de ces milliers de baïonnettes levées, de piques toujours menaçantes, de sabres nus." Les voyageurs, en constatant l'accueil empressé des habitants du pays, se communiquaient ces réflexions : " Comme ils nous regardent ! avec quel intérêt leurs yeux se reposent sur nous ! comme ils semblent dire : Que vous avez souffert ? Venez et abordez, ici vous n'avez rien à craindre." (1)

En Angleterre l'hospitalité fut non seulement large, mais sûre et à l'abri de la persécution française, tandis qu'ailleurs, en Italie surtout, des évêques durent subir encore les ennuis d'une poursuite des plus acharnées. Ailleurs encore le clergé dut avoir recours à la mendicité, souffrir de toute manière, principalement dans ses croyances religieuses. En Angleterre, sauf quelques cas isolés où des gens du

---

(1) Barruel.—*Histoire du clergé de France pendant la Révolution française*, 1797, t. II, pp. 211-212.

peuple se portèrent à des voies de fait sur des prêtres dont l'allure les ennuyait, l'élan de compassion fut spontané, général et constant.

Les premières informations parvenues au comité de secours avait été incomplètes. Mgr de la Marche se mit alors en frais de refaire la statistique des prêtres assistés, conformément aux faits. D'après un mémoire qu'il dressa, 907 ecclésiastiques étaient portés sur la liste des *aumônés*, à laquelle il fallait ajouter une centaine non inscrits et environ 500 disséminés ici et là. Il y en avait un peu plus de 1000 à Jersey, auxquels il fallait venir en aide. Mais la persécution devait bientôt grossir ce chiffre, et d'une façon décourageante. Du 30 août au 6 octobre 1792, il paraît que le nombre des prêtres infortunés s'accrut jusqu'à atteindre le chiffre de 3372 (1). Les recettes allaient aussi en augmentant. A la fin de novembre la totalité de la souscription s'élevait à £440,000.

Comprenant qu'il avait à remplir un devoir de reconnaissance à l'égard de l'Angleterre, de son roi, de ses ministres et de son peuple, Mgr de la Marche adressa au clergé réfugié une longue lettre, dans laquelle il mit tout ce que son cœur d'apôtre pouvait renfermer de gratitude. Qu'on nous permette d'en citer quelques extraits :

Messieurs,

" Dépositaire de tous les sentiments qu'a fait naître en vous la générosité de la nation anglaise, je n'ai pas attendu jusqu'à ce jour pour remplir

---

(1) *Public Advertiser* du 18 octobre.

l'honorable mission dont vous m'avez chargé. Chaque fois que j'ai pu voir ces hommes précieux, par lesquels cette nation si magnifique à votre égard dispose ses bienfaits, j'ai essayé de rendre l'admiration et les transports que la reconnaissance vous inspire et dont vos instances me faisaient un devoir d'être l'interprète fidèle — vains efforts — je n'ai pu dire que faiblement ce que mon cœur sentait comme le vôtre, et vos instances nouvelles m'avertissent qu'il faut à votre gratitude un témoignage plus éclatant. Que ne m'est-il donné de satisfaire plus dignement un si juste désir!! Je le voudrais aujourd'hui. A cette impuissance que la grandeur du bienfait a rendue si excusable, souffrez donc que je supplée, en épanchant dans votre cœur ces mêmes sentiments qu'il m'a été si doux de vous voir tant de fois déposer dans le mien.

" C'est avec vous-mêmes, messieurs, que je viens m'entretenir de cet accueil qui vous console, de cette protection qui vous rassure, *de ces bienfaits qui vous étonnent*. La dette qu'il vous impose n'est pas de celles que vous puissiez acquitter par vos propres ressources ; mais la religion vous offre des moyens de le faire : notre Dieu peut se charger du bonheur d'un peuple qui fait tant pour le vôtre. La cause de nos maux, de notre exil, n'est-elle pas la sienne ? N'a-t-il pas dit à ses disciples que ceux qui le reçoivent le reçoivent lui-même, et qu'il prend sur lui la récompense ? Quels ne sont donc pas vos titres pour appeler de tous vos vœux ses bénédictions sur vos bienfaiteurs ? "

L'éminent évêque de Saint-Pol de Léon rappelle

ensuite aux malheureux proscrits qu'en résistant au pouvoir dans leur pays, ils n'ont pas voulu défendre les richesses de l'Eglise, mais leur foi menacée ; que c'est pour cette foi qu'ils ont préféré souffrir la persécution. Il leur dit aussi que les vœux qu'ils forment pour le peuple anglais doivent être d'autant plus sincères que les bienfaits qu'ils en ont reçus sont plus grands. Il trace le tableau des malheurs de la religion en France, et établit un contraste en leur faisant sentir la tranquillité dont ils jouissent en Angleterre. Puis entrant dans le détail de la bienveillance dont ils sont l'objet, le vénérable Prélat relève la manière délicate avec laquelle les Anglais ont été généreux à leur égard, et il en cite plusieurs traits touchants.

" Depuis longtemps, dit-il, la nation anglaise avait acquis des droits sur notre cœur par sa consolante sensibilité, et sur notre gratitude par ses offres généreuses ; mais nous ne connaissions pas encore toute l'étendue de la munificence de ce peuple qui nous avait accueillis avec tant de bonté. Qu'il soit béni, ce peuple ! Le ciel l'avait choisi pour réparer les droits de la nature et de l'humanité outragés. Dans nos temps de puissance et de gloire, il disputa à nos pères, toujours par de sanglants combats et souvent par des victoires, l'empire des deux mers ; il nous montre aujourd'hui qu'il est des triomphes plus précieux pour lui. Les ports vous sont ouverts. Vous n'avez pas à craindre de vous dire étrangers ; vous êtes malheureux ; à ce titre, il n'est plus d'étrangers pour l'Anglais. Il sera votre frère. Votre multitude vous effraie vous-mêmes. L'Anglais la voit sans s'étonner. Si jamais il s'applaudit de l'immensité de ses ressources, c'est en voyant le grand nombre des malheureux qu'il peut soulager."

La tolérance de la nation anglaise à l'égard des réfugiés fait contraste avec l'intolérance dont ils sont victimes de la part de leurs compatriotes ; mais le prélat ne récrimine pas contre les persécuteurs. Puis il continue :

" S'il nous était donné de retracer ici tous les traits touchants de bienfaisance dont chacun a été l'objet, quel tableau consolant nous aurions à vous offrir ! Partout, dans les ports, dans les villes, dans les campagnes, dans les îles, et dans la capitale, tous les citoyens se disputant d'ardeur, pour soulager des colonies d'exilés ! partout, cet accueil de la fraternité, des cœurs sensibles, qui semblent recevoir le service plus encore que le rendre ! souvent encore cette main qui se cache alors même qu'elle donne le plus, ou qui se plaint qu'on lui cache des maux, et qu'on la prive du plaisir de les soulager ! et cet empressement, ces attentions, cette générosité, dans toute une nation, dans toutes les classes qui la composent, dans ses corporations, dans ses maisons de ville, dans ses universités, dans ses collèges, dans les palais des riches, dans les maisons du citoyen aisé, jusque dans l'humble habitation du pauvre ! quel spectacle, messieurs, et quelle gloire pour le peuple qui le donne ! "

Le Prélat fait des vœux pour la prospérité de ses bienfaiteurs ; il adresse aussi des prières au ciel pour que Dieu mette un terme aux maux de son pays. (1)

Quelques semaines avant de lancer cette épître dans le monde des ecclésiastiques réfugiés, Mgr de la Marche s'était entendu avec le gouvernement dans le but d'envoyer au Canada autant de sujets que l'évêque de Québec pourrait ou voudrait en recevoir, car l'on prévoyait déjà l'heure où la caisse de secours deviendrait insuffisante à couvrir tous les besoins. Non seulement il fallait nourrir ces infortunés, on devait aussi les vêtir et le plus souvent les loger. C'était pour remplir ces trois intentions que George III avait fait ouvrir le château royal de Winchester qui, à un moment donné, servit d'asile à plus de 700 prêtres. Ce château fut ouvert le 4 novembre 1792. Seize ecclésiastiques y furent admis ce jour-là. Ce nombre s'accrut rapidement. Il y en avait 183 le 12 janvier 1793, 595 le 21 avril, et 680 le 15 novembre de la même année. La marquise de Buckingham, qui avait fait sienne la cause des prêtres proscrits, fonda une fabrique de tapisserie où deux cents d'entre eux trouvèrent de l'emploi. La vente de ces produits était consacrée à subvenir aux besoins des hôtes du château. Ceux-ci durent quitter Winchester vers le milieu de septembre 1796, pour faire place aux troupes anglaises. Ils s'en allèrent résider à Paddington, Thame et Reading, et d'autres à Londres.

---

(1) Cette lettre de Mgr de la Marche fut réimprimée à Québec, en 1793, sous le titre de : *Lettre de M. l'Evêque de Léon aux ecclésiastiques français réfugiés en Angleterre.* 18 pages in-12.

Le comité de secours déboursait tous les mois environ 200,000 francs. Cette somme considérable dépassait, sans aucun doute, les calculs les plus optimistes. Quelque généreuses que fussent les souscriptions de la première heure, la prudence commandait de ne pas escompter outre mesure la libéralité du peuple anglais. Réduire les dépenses était donc de sage politique, et l'on s'imagina à bon droit qu'en diminuant le nombre de bouches à nourrir, l'on allégerait d'autant le fardeau, qui finirait tôt ou tard par peser sur le peuple et provoquerait peut-être son indifférence. L'Eglise du Canada ayant demandé du secours, rien de plus facile que de lui en envoyer. Il suffirait de faire un appel pour être entendu. La suite des événements nous fera comprendre jusqu'à quel point ces prévisions furent déçues.

CHAPITRE QUATRIÈME

LA VIE DES PRÊTRES FRANÇAIS EN ANGLETERRE

Sommaire : — L'université d'Oxford et le Nouveau Testament qu'elle fait imprimer à l'usage du clergé français. — Liberté du culte catholique en Angleterre. — Noble dévouement de Mgr Douglas, évêque de Londres. — Les prêtres travaillent à gagner leur vie. — Constructions de chapelles catholiques. — Séjour des ecclésiastiques en Angleterre. — Leur départ. — Résultats de leur séjour. — Conversions au catholicisme.

Non contente de pourvoir aux besoins corporels de ses hôtes, la noble Albion s'occupa, en outre, de leurs besoins spirituels ; le clergé, dénué de tout, n'avait pas même à sa portée les livres les plus indispensables. La célèbre université d'Oxford fit réimprimer à ses frais quatre mille exemplaires du Nouveau Testament d'après l'édition de la Vulgate, pour distribution gratuite. C'est Chateaubriand lui-même qui nous apprend ce détail. " L'université d'Oxford, dit-il, a fait imprimer à ses frais et distribuer gratis aux pauvres curés un Nouveau Testament latin selon la version romaine avec ces mots : *A l'usage du clergé catholique exilé pour la religion.* Rien n'est plus délicat et plus touchant." Et le *Gentleman's Magazine* disait dans le temps : " En faisant réimprimer le Nouveau Testament pour l'usage des ecclésiastiques réfugiés, l'université d'Oxford vient d'ajouter une nouvelle libéralité à celles déjà faites à ces infor tunés, dont la conduite n'a jamais démenti la bonne opinion qu'on avait conçue d'eux, dès leur arrivée dans ce pays."

" J'ouvre, s'écrie Mgr Dillon, évêque de Narbonne, dans un discours prononcé à Londres, un Nouveau Testament et je lis à la première page : *Imprimé d'après l'édition de la Vulgate et publié par les soins et aux frais de l'université d'Oxford, pour l'usage du clergé français réfugié en Angleterre.*... Dieu de concorde et de paix, elles sont donc adoucies ces préventions les plus amères de toutes, celles qui naissent de l'opposition des sentiments en matière religieuse! C'est une société de savants illustres d'une autre communion que la nôtre, qui a pensé que, quelque abondantes que fussent les largesses du gouvernement à notre égard, elles ne correspondaient point à tous nos genres de besoins ! " *Non in solo pane vivit homo, sed in omni verbo quod procedit' de ore Dei.*" (1)

Mgr de la Marche exprima sa reconnaissance à l'université en lui envoyant une lettre rédigée en un latin soigné ; cette lettre fut lue dans une assemblée des directeurs d'Oxford.

Les prêtres français avaient pleine et entière liberté de célébrer l'office divin et d'exercer leur ministère partout où besoin en était. Bref, " Londres, ennemi si déclaré du papisme peu de temps auparavant, et de toutes ses cérémonies, se trouve avoir journellement plus de messes que la plus grande

---

(1) Lubersac.—*Journal de l'émigration*. 1802, pp. 73-74.

ville de l'univers où la religion romaine est dominante." (1)

Mgr Douglas, évêque de Centurie, alors vicaire apostolique pour le district de Londres, avait accueilli le clergé français avec la plus grande bonté. Dès le début il publia un mandement ordonnant une collecte. Il poussa même la condescendance jusqu'à écrire aux autres vicaires apostoliques d'Angleterre, avec prière d'imiter sa conduite. Mgr Douglas accorda tous ses pouvoirs aux évêques réfugiés dans son district. Les grands vicaires étrangers devinrent ses grands vicaires ; leurs fonctions toutefois étaient réservées aux seuls évêques français. Si un prêtre lui demandait quelque faveur, il le renvoyait à son évêque ou à un vicaire général. Mgr Douglas se montra la providence de ces ecclésiastiques qu'il traitait même avec plus de prévenance que ses propres curés. C'était un modèle de charité et d'affabilité. Il avait pu apprécier les vertus de ces malheureux qui avaient préféré l'exil à l'apostasie. Du reste il ne fut pas le seul à rendre hommage à leur moralité, à leur soumission aux décrets de la Providence.

Le *Gentleman's Magazine* n'avait donc pas tort quand elle portait aux nues la bonne réputation des ecclésiastiques réfugiés. Partout où ils passaient, ils faisaient acte de bons chrétiens. Comprenant la précarité de leur situation, ils n'hésitaient pas à gagner leur vie par le travail. Manger le pain de l'aumône,

---

(1) *Mémoires de l'abbé Baston, chanoine de Rouen*. T. II. *Années d'exil*, 1792-1803. Paris, 1899, p. 61.

n'est pas l'idéal de l'existence pour l'homme de cœur apte à exercer une profession ou un état. Pour un prêtre, la question se pose un peu plus difficile. A part l'enseignement, que peut-il faire ? Plusieurs réfugiés se firent précepteurs, professeurs dans des académies ou pensionnats, donnant des leçons de français, de latin, de musique, de dessin, de mathématiques ; mais la plupart s'improvisèrent tailleurs, horlogers, cordonniers, chapeliers, écrivains, facteurs, commis dans les magasins de commerce ou même ouvriers des champs (1). A Jersey ils achetèrent d'un Monsieur de Saint-Ouen un château et les terrains adjacents moyennant une redevance annuelle et la réversibilité du fond à l'extinction de la société. Devenus propriétaires, ces ecclésiastiques se firent cultivateurs et le succès vint couronner leurs efforts. (2)

Tous les ordres religieux, du moins les plus marquants, comptaient des représentants dans cette émigration. Mais le clergé séculier dominait. On connaît le mot de Hume : " Il n'y a point de clergé plus curieux à étudier que le clergé séculier de France," et ces lignes d'un autre écrivain : " Les curés, les chanoines, se faisaient artisans, petits marchands, coudoyant les laquais, les soldats, les ouvriers. Dans la dure situation où ils étaient tombés, ils aimaient à relire le poétique et charmant tableau que l'un d'eux a tracé de leur métamorphose et de leur chétive industrie :

---

(1) *Mémoires de l'abbé Baston.*
(2) Tresvaux.—*Histoire de la persécution en Bretagne,* t. I, p. 410.

......Suivons dans leurs greniers
L'ardeur de ceux qui savent des métiers,
De saint Crépin sous l'odorante étole
Est tout courbé le curé de Marolle ;
Il faut le voir organiser son tranchet,
Accommoder la semelle au rivet,
Du sanglier par une même voie,
A contrepoil deux fois passer la soie,
Et sur-le-champ pour assembler les points
Tirer en diable en fermant les deux poings.
L'un tient si bien les petites écoles
Qu'il gagne au moins par an trois pistoles.
Veux-tu que j'entre en de plus grands détails ?
On fait ici de jolis éventails,
Et j'ai connu quatre de mes confrères
Par ce métier arrangeant leurs affaires.
Eux plus que moi laborieux, adroits,
Font obéir la paille sous leurs doigts,
Et d'une tresse artistement ourdie
Font un chapeau pour la noble ladie ;
D'autres sachant manier les couleurs
Forcent la plume à se changer en fleurs,
Pour nous...
Laissons les vers et réflexions faites
Annonçons-nous pour marchand d'allumettes. (1)

On dit que le besoin rend industrieux. Ce fut le cas pour ces bannis. M. l'abbé Sicard écrit dans le *Correspondant* que la duchesse de Lorges ourlait des chemises et bordait des souliers. La marquise de Virieu était couturière, la marquise de Jumillac lingère, la comtesse de Périgord institutrice, la duchesse de Guiche garde-malade, Mlle de Montmorency porteuse d'eau. La marquise de Chabannes

---

(1) L'abbé Langlais.—*Essai historique sur le clergé de Rouen, pendant la révolution française.*

dirigeait à Londres une école, et la comtesse de Boisgelin, donnait des leçons de piano. (1)

Les exilés français, ecclésiastiques ou laïcs, ne furent donc pas tous à charge à la nation anglaise. On calcule qu'environ un tiers d'entre eux subvenait à ses besoins sans emprunter à la caisse de secours. Mgr de la Marche et Madame Silburne se multipliaient à l'envie pour tâcher de découvrir quelque emploi un peu en rapport avec la position de chacun. Et quand toute la machine de souscriptions et de répartitions sembla bien fonctionner, ces deux bienfaiteurs insignes se mirent résolument à l'œuvre pour leur trouver des chapelles où ils purent dire la messe, et célébrer les offices du dimanche et des fêtes ; les laïques eux-mêmes en profiteraient, car jusque-là ils se rendaient dans les chapelles catholiques anglaises, à Londres dans l'église Saint-Patrice.

Mgr de la Marche se décida à construire une chapelle dans le quartier de Soho. C'est là que le gros des proscrits s'était porté, surtout à l'arrivée du second courant d'émigration. Après avoir conféré du projet avec Madame Silburne, il réussit à acheter un terrain, et bientôt l'on vit surgir une humble chapelle que l'évêque de Léon dédia sous le vocable de *Sainte-Croix* ; elle fut ouverte au culte au milieu de l'année 1795. Le premier enfant qui y fut baptisé s'appelait Charles-Henri de Roquefeuille, né le 31 décembre 1793, dans l'île de Jersey.

La seconde chapelle française fut érigée en 1796

---

(1) *Le Correspondant*, 1899, pp. 917, 918.

par l'abbé Filloneau, grand vicaire de La Rochelle, sous le vocable de *Notre-Dame*, dans le faubourg de Southwark, au sud de la Tamise.

L'abbé Carron en ouvrait une troisième, aussi en 1796, dans le quartier appelé Totenham Court; il la dédia aux *Saints Anges;* c'est dans cette chapelle que fut prononcée l'oraison funèbre de Mgr de la Marche, le 29 avril 1807, par le chanoine de Chastellier, de la cathédrale du Mans. L'abbé Carron, qui était un prêtre entreprenant, fit construire à proximité de sa chapelle un asile pour les vieux prêtres et un hospice pour les femmes émigrées, deux écoles et un séminaire.

L'abbé Chantrel fonda la quatrième chapelle à Somerstown, sous le titre de *Sainte-Marie*.

L'abbé Bourret, (1) sulpicien, ancien directeur du séminaire d'Orléans, en fonda une cinquième sur la rue King. C'est la chapelle de Notre-Dame de l'Annonciation. Les Sulpiciens de Montréal lui envoyèrent des secours en argent et des vêtements sacerdotaux. On y conserve encore, comme souvenir de ce don fraternel, un ornement rouge à croix verte brodée en bosse d'or et d'argent avec divers personnages, dont un groupe représente les fiançailles de la sainte Vierge et de saint Joseph. Cette chapelle fut ouverte au commencement de l'année 1799; elle fut bénite, le 15 mars, par Mgr de Boisgelin, évêque d'Aix. On y vit réunis jusqu'à quatorze évêques. Là était le banc de Louis XVIII, et sur celui dit

---

(1) Mgr de la Marche parle de cet abbé dans une de ses lettres à l'évêque de Québec. Voir 14e lettre en appendice.

des princes on vit le comte d'Artois, plus tard Charles X, le duc de Berry, le duc d'Angoulême.

Toutes ces chapelles, à l'exception de celle de la rue King, changèrent de destination lorsque les émigrés purent retourner en France, et leurs archives furent remises au vicaire apostolique du district de Londres. Celle de King street, subventionnée par le gouvernement de la Restauration, resta chapelle française.

Au commencement de l'année 1800, il y avait encore sur le sol britannique 5621 ecclésiastiques secourus. Les départs ne commencèrent sérieusement que vers la fin de cette année-là. En décembre 1801 il en restait 3060, et trois mois plus tard 2983. A partir de la promulgation du Concordat, le 18 avril 1802, un mois après la paix d'Amiens, le retour en France devint presque général. Le 5 novembre 1802, il n'en restait plus que 876. Aussi toutes les grandes maisons de refuge, ouvertes au clergé par les soins du gouvernement, fermèrent en 1802. Lorsque Mgr Plessis fit son voyage *ad limina* en 1819 et 1820, il put recueillir quelques renseignements sur ce clergé, qui l'intéressait. Il nous apprend qu'à cette époque, il y avait encore 200 prêtres en Angleterre, dont 150 à Londres. La plupart desservaient des chapelles publiques et celles des ambassadeurs, ou célébraient leurs messes dans des oratoires privés. Il ne restait plus alors qu'un seul évêque : c'était Mgr de Thémines, évêque de Blois, très avancé en âge.

La noble conduite du roi et de ses ministres, la grande charité des évêques protestants, la commisération du peuple anglais, se traduisant par des souscriptions généreuses et jamais lassées, ne pouvaient rester longtemps inconnues, surtout à Rome. Le Père commun des fidèles s'intéressait, comme bien on pense, au sort de ses enfants chassés de France, la fille aînée et aimée de l'Eglise. Mais s'il avait souffert de ce malheureux état de choses, Pie VI avait vu avec une joie profonde l'Angleterre servir de refuge à ces ecclésiastiques, parce qu'il prévoyait que ce peuple, une fois lancé dans la voie de la charité, n'en sortirait pas, fût-ce même par orgueil national. Du reste, devant le désolant spectacle de miliers de prêtres réduits à la mendicité, comment la nation anglaise, si noble, si fière, pourrait-elle demeurer indifférente ou se montrer impitoyable?

Pie VI, mis au courant de ce qui se passait, adressa à l'évêque de Léon une lettre très flatteuse pour le peuple anglais et pour son roi. " Nous avons, écrivait le grand Pontife, toute raison d'applaudir et de louer d'une manière particulière l'illustre roi d'Angleterre et toute la nation britannique, qui, par un sentiment d'humanité, ont porté secours aux malheureux exilés. C'est une gloire, pour les Anglais, d'avoir cru qu'il était de leur devoir d'ouvrir leurs portes à ces infortunés, et un honneur pour leur pays, d'avoir su profiter de la circonstance, pour se montrer hospitalier à l'égard des étrangers." (1)

Et voilà que ces prêtres bannis, bientôt au nombre de 9000, se répandent dans presque tous les grands

---

(1) Ce bref du Pape fut donné à Rome le 21 septembre 1793.

centres de l'Angleterre. Ils édifient tout le monde par leurs mœurs rigides, leur piété, leur abnégation. Jusqu'à leur arrivée il existait en Angleterre des préjugés, qui, depuis Elizabeth, n'avaient fait que s'accroître contre le catholicisme. Qui disait catholique disait un être à part, mis au ban de l'opinion aussitôt que reconnu comme tel. On le conspuait, on l'ignorait ou on le persécutait. La Providence n'avait pas sans dessein dirigé vers cette île, autrefois l'île des Saints, cette armée de prêtres et de religieux. Puisqu'il ne leur était plus permis de faire du bien dans leur propre patrie, il leur serait loisible de semer et même de moissonner dans un champ plus aride sans doute, mais où, Dieu aidant, il y avait quelque espoir de succès. Le mouvement en faveur du catholicisme sera lent, très lent même. Ce n'est d'abord que la curiosité qui amène les protestants aux offices religieux. Chez d'autres c'est l'intérêt ou la charité à l'endroit d'étrangers poursuivis par le malheur. Chez tous se mêle de l'admiration pour ces prêtres irréprochables dans leur tenue et dans leurs mœurs. Bientôt catholiques et protestants se confondent, sans que les premiers aient à souffrir de cette immixtion, soit dans leurs croyances soit dans leurs pratiques religieuses.

"La conduite des prêtres français réfugiés en Angleterre, et les circonstances de leur arrivée parmi nous, écrivait, vers 1866, M. Husenbeth, dans sa *Vie de l'Evêque John Milner*, excitèrent tant de sympathie, que les préventions contre leur religion furent considérablement adoucies et dissipées, et qu'ainsi furent préparées, dans le pays, les voies pour les progrès rapides et continus du catholicisme dont nous sommes témoins depuis bien des années." (1)

Mgr Besson, évêque de Nîmes, exprimait la même idée, lorsqu'il s'écriait dans son oraison funèbre du Cardinal de La Rochefoucauld : " L'Ile fameuse, séparée depuis trois siècles de l'unité catholique, a commencé à redevenir l'*île des Saints.* Bossuet l'avait prédit, quand il montrait la fille de Henri-le-Grand rapportant la foi dans cette île comme un levain précieux pour sanctifier toute cette masse : Je vois, disait-il, *les sages concourir à ce sentiment que les jours d'aveuglement sont passés et qu'il est temps que la lumière revienne.* Un siècle s'écoula et la prédiction de Bossuet tardait encore à s'accomplir ; mais voilà que nos prêtres exilés sont venus semer de leurs mains fidèles le levain précieux de la foi. Les conquêtes du catholicisme ont commencé en Angleterre pour ne plus finir ; et, ce que nos chevaliers normands avaient fait par les armes dans l'ordre civil et politique, nos prêtres français l'ont fait par leurs exemples dans l'ordre religieux et surnaturel." (2)

L'élan une fois donné, les conversions commencèrent à se produire, d'abord peu nombreuses, mais se multipliant à la faveur des exemples venant de haut. Avant Newman, ce sont les révérends Wackerbath et Talbot, l'honorable Edward Douglas, vingt-deux ministres et onze professeurs d'Oxford et de Cambridge, parmi lesquels se distinguent Ward,

---

(1) Husenbeth.—*Life of Right Rev. John Milner*, p. 96.
(2) *Oraison funèbre* du Cardinal de La Rochefoucauld, prononcée le 20 avril 1876, dans la cathédrale de Rouen.

Oakeley, Faber, Kirwan Browne et Dalgairns, l'honorable Pakenham, la comtesse d'Arundel, les révérends Morris, MacMullen, Wilberforce, et enfin Manning, archidiacre de Chichester.

Le sillon tracé par les prêtres réfugiés avait été trop profond pour ne pas laisser de traces durables. En 1830, l'émancipation des catholiques est proclamée; Burke, Pitt, Castlereagh et Canning l'avaient proposée avec une noble ardeur. En 1837 l'université de Londres ouvre ses portes et ses grades à la jeunesse catholique. Peu à peu les catholiques semblent regagner le terrain qu'ils ont perdu depuis la réforme. En 1869, le gouvernement *désétablit* l'Eglise officielle en Irlande ; en 1880, le Saint-Siège crée de nouveau la hiérarchie catholique en Ecosse, et vers cette époque, l'Eglise élève à la pourpre romaine trois des plus illustres enfants de l'Angleterre, Manning, Howard et Newman. Puis elle continue à recueillir brin à brin des membres de l'église anglicane, des révérends, des séculiers bien connus, des professeurs des grandes universités. Chaque nouvelle conversion a son écho dans tous les coins de l'univers. Rome se réjouit du retour à la foi de chacun des membres isolés de cette belle nation, qu'elle aime malgré ses erreurs. " Une âme, dit saint Charles, est un diocèse assez vaste pour un évêque." Toutes ces unités réunies forment avec le temps des centres, des agglomérations, dont se composent les diocèses. Aujourd'hui l'Angleterre compte seize évêchés, l'Ecosse six. Ce résultat a été l'œuvre de longues années, et l'on est justifiable de croire à un développement plus rapide au cours du siècle dont nous ne faisons que de saluer l'aurore. Cependant l'hostilité contre le catholicisme existe encore en Angleterre, mais elle est plus civilisée, moins officielle, comme l'écrivait naguère un catholique anglais d'un grand nom.

" Un immense malentendu couvre encore comme d'un voile l'esprit public en Angleterre, et la main des Anges ne parviendrait pas aujourd'hui à le déchirer. Mais ce voile tombera sous peu de lui-même, et, s'il en succède d'autres à celui-ci, ils tomberont de même. Le catholicisme subira bien d'autres tempêtes en Angleterre avant d'avoir terminé sa mission, qui est celle de reconquérir toute la portion du peuple anglais demeurée chrétienne. Le vent souffle, mais le vaisseau n'en avance que plus vite, et, si quelques vagues l'envahissent de temps en temps, c'est précisément à cause de la rapidité de sa marche. Heureux ceux qui font la traversée au jour de l'orage ! Plus heureux ceux qui vivront assez pour assister à celui du triomphe ! " (1)

---

(1) Extrait du *Correspondant* du 25 janvier 1875 : *Lettre d'un catholique anglais.*

CHAPITRE CINQUIÈME

LES PRÉLIMINAIRES DE L'ÉMIGRATION AU CANADA

1792

Sommaire : — Question du recrutement de clergé canadien exposée par Mgr Hubert. — Lord Dorchester. — Mémoire de l'évêque de Québec à ce sujet. — Courant d'opinion en Angleterre contre le clergé catholique. — La présence des prêtres réfugiés opère un changement dans les idées. — Mgr Hubert en profite pour demander des prêtres français. — Projet d'envoyer des ecclésiastiques au Canada. — Alarme du clergé à l'appel du Comité de secours.

A compter de l'heure où le Canada, vaincu par le sort des armes, dut changer d'allégeance, jusqu'à l'arrivée des premiers prêtres français chassés de leur pays par les horreurs de la révolution, la France ne nous avait envoyé que très peu d'ecclésiastiques, et sur le petit nombre, plusieurs étaient retournés dans leur pays. Tel avait été le cas de l'abbé Antoine-Théodore Braun, de l'évêché de Trèves, arrivé sous-diacre en 1781 et parti en 1787, des abbés Capel et Ciquard, sulpiciens, qui ne firent, pour ainsi dire, que passer, poursuivis et bannis comme des êtres dangereux. Les autres finirent leur existence au milieu de notre population et les plus remarquables étaient les jésuites Cazot, Noël et Maquet, le récollet Dugast, l'abbé Lahaille, prêtre du séminaire de Québec.

Ce fut là tout le secours que nous eûmes de France. Les Sulpiciens n'avaient pu obtenir pour aucun d'eux la permission d'entrer au Canada. D'où une disette sérieuse de sujets pour leur séminaire et pour leurs missions. Les évêques souffraient aussi du manque de prêtres. Depuis l'élévation au sacerdoce de M. J. B. Pétrimoulx en 1758, il s'était écoulé près de huit ans avant qu'il y eût une seule ordination. Comme compensation cependant, quelques jeunes Canadiens passés en France lors de la cession du pays à l'Angleterre, en revinrent après avoir reçu l'onction sacerdotale.

De 1766 à 1794, c'est-à-dire pendant une période de vingt-huit ans, il y avait eu 140 ordinations. La perspective était peu encourageante. Les besoins augmentaient avec l'accroissement du pays. Les catholiques qui étaient au nombre de 60,000 lors de la séparation du Canada d'avec la France, avaient atteint en 1794 le chiffre de 160,000. Et puis il fallait compter avec les départs et les décès, surtout avec ces derniers qui, de 1766 à 1794, s'élévèrent à 134. Comme résultat, le clergé canadien en 1794 n'était guère plus nombreux qu'en 1766. Cette statistique était bien de nature à alarmer Mgr Hubert, et quoi qu'on fît, ce n'était pas les cinq ou six ordinations de chaque année qui pouvaient suffire à combler les vides. Il fallait donc coûte que coûte remédier à une aussi pénible situation. Mgr Hubert prévoyait le jour où le ministère des âmes souffrirait par le manque d'ouvriers à la vigne. Qui sait s'il n'avait pas déjà souffert ? Mais pour arriver à quelque résultat, il importait de ménager les susceptibilités d'un gouvernement plus anxieux de resserrer le lien colonial que de protéger la religion catholique dans sa hiérarchie. Inutile de compter sur l'antique mode de recrutement du clergé, aussi vieux que la colonie elle-même. L'expérience était toujours là pour en démontrer l'impraticabilité, tant que l'Angleterre s'y opposerait. Cependant Mgr Hubert ne s'était pas découragé. Les bons rapports qu'il avait toujours entretenus avec lord Dorchester, lui permirent un jour de lui communiquer ses impressions à ce sujet.

Cet homme (1) aux idées larges et généreuses, dévoué corps et âme aux Canadiens français, sans toutefois manquer à son devoir à l'égard des Anglais, était ouvert à toute conviction, et pour mieux arriver au règlement d'une question aussi épineuse, qui par sa nature pouvait lui apporter plus d'ennuis que de sympathie de la part de l'Angleterre qu'il savait hostile aux catholiques, il suggéra à l'évêque de préparer un mémorandum à l'effet d'établir d'une manière irréfragable le besoin de prêtres européens, et quel serait le meilleur moyen de les utiliser.

---

(1) Sir Guy Carleton, devenu Lord Dorchester en 1786, était né en 1724. En 1759 il avait accompagné Wolfe et pris part à la bataille des Plaines d'Abraham. Nommé gouverneur du Canada en 1767, il remplit cette haute charge jusqu'en 1778, alors qu'il fut remplacé par le général Haldimand. Il revint prendre son ancien poste de gouverneur, en 1784, après avoir agi en qualité de commandant en chef des troupes de Sa Majesté en Amérique. Il avait épousé, en 1772, Lady Mary Howard, fille de Thomas, comte d'Effingham. Lord Dorchester retourna en Angleterre en 1796, et y mourut en 1808, à l'âge avancé de 83 ans.

Mgr Briand se mit aussitôt à l'œuvre, tout en se félicitant de cette démarche. Le Prélat dressa un mémoire (1) d'assez longue haleine, où il appuie sur les causes qui avaient peu à peu éclairci les rangs du clergé canadien. Ce fut, lors de la cession, le rapatriement de plusieurs prêtres et religieux français ; l'interruption des études collégiales pendant un intervalle assez long ; la dispersion, après le siège de Québec en 1759, d'un grand nombre de jeunes gens propres au sacerdoce ; six ans de vacances de l'évêché de Québec ; enfin la séparation complète d'avec la France d'où l'Eglise du Canada avait coutume de tirer une partie de ses sujets.

Pour obvier à cet inconvénient, bien grave, d'un clergé menacé, sinon de destruction, du moins d'un progressif affaiblissement numérique, Mgr Briand avait proposé de faire appel aux deux séminaires de Saint-Sulpice et des Missions-Etrangères de Paris. Les prêtres de ces institutions, envoyés de France, auraient pu être utilisés comme professeurs, comme curés dans les villes et comme missionnaires. Le clergé canadien eût suffit à la desserte des paroisses de la campagne.

Plus tard, Mgr D'Esglis s'était adressé au gouvernement anglais, dans l'espoir que celui-ci l'autoriserait à recevoir des prêtres irlandais ou anglais pour les missions sauvages et l'enseignement des hautes sciences. Le Prélat obtint alors par l'entremise de l'abbé Hussey, de Londres, les abbés McDonnell et Edmund Burke ; deux autres, MM. Phelan et

---

(1) Voir ce mémoire en appendice, pièce B.

Power vinrent un peu plus tard. Mais ces prêtres parlaient une langue étrangère ; secourables aux missions du Haut-Canada et de l'Acadie, ils n'auraient pu être employés à d'autres travaux, étant donnée encore la différence de mœurs, de coutumes et d'usages. Du reste, accoutumés qu'ils étaient à parler librement de politique et à en raisonner à leur manière, ils pouvaient semer dans l'esprit des Canadiens des germes d'indépendance ou de révolte auxquels ils avaient été jusque-là réfractaires. Une obéissance aveugle aux évêques avait toujours distingué le clergé canadien ; il serait malheureux de le voir poussé en dehors de cette voie. Pour ces diverses raisons, il était prudent d'envoyer les prêtres irlandais ou anglais dans la Nouvelle-Ecosse, mais nulle part ailleurs.

Telle est la substance du mémoire de Mgr Hubert. La conclusion à en tirer s'imposait : " que l'Angleterre nous permette l'importation de prêtres français, et la situation sera sauve." Mais à Londres, d'où venaient les instructions, les ministres étaient toujours imbus de cette idée, que les Canadiens français manqueraient tôt ou tard de loyauté à la couronne britannique ; si on laissait pénétrer chez eux des ecclésiastiques de langue et d'origine françaises, ce serait desserrer le lien colonial et amener peu à peu le peuple canadien à désirer l'annexion aux Etats-Unis. On se trompait là-bas, car notre peuple était toujours resté fermement attaché au drapeau du vainqueur de 1759, et s'il se manifesta chez lui quelques velléités d'indépendance, elles furent transitoires et d'une portée insignifiante.

En 1790, la question du recrutement du clergé n'avait pas fait un pas de plus. Lord Grenville félicitait lord Dorchester d'avoir refusé au séminaire de Québec la permission d'adjoindre à son personnel deux prêtres récemment arrivés de France. Cependant les idées devaient bientôt se modifier ; il fallut, pour arriver à ce résultat si désiré, que deux ou trois mille prêtres français envahissent le sol anglais. Dès lors les hommes d'Etat commencèrent à ouvrir les yeux. Ils se demandèrent si vraiment ces malheureux, bannis à cause de leur dévouement à la royauté et à la religion catholique, avaient mérité un sort aussi lamentable. Puis, touchés de commisération à la vue de tant de misères accumulées sur des têtes aussi respectables, ces hommes au cœur bien né et portés instinctivement à s'apitoyer devant l'infortune, comprirent qu'il y allait de la bonne réputation de leur patrie, dans une circonstance où l'univers entier jetterait les yeux sur elle. Mais il y avait à considérer le fait que certaines gens, loin de se laisser attendrir, prêchaient l'abstention, et quelques autres même demandaient le renvoi immédiat de ces étrangers qui, d'après eux, allaient bientôt devenir une nuisance publique.

Le *Public Advertiser* s'écriait le 14 septembre 1792 : " Une souscription générale des Anglais pour ces étrangers, c'est bien la mesure la plus imprudente du monde. Elle aura pour conséquence immédiate l'augmentation du prix des vivres, la détresse de nos pauvres."

Le même journal poursuivait le lendemain la même idée : " De toutes les importations françaises, il n'y en a pas que nous devions recevoir avec plus de défiance que l'importation des prêtres... L'Angleterre ne veut plus d'importation française, les ministres y mettront fin et le parlement sanctionnera toute mesure ayant pour but d'arrêter un mal d'autant plus alarmant qu'il s'aggrave tous les jours davantage... Si ces papistes ne sont pas contents, qu'ils se réfugient à Rome, au sein de leur mère, et qu'ils y aillent répétant leur orgueilleuse maxime : *Est Roma caput Ecclesiæ.*"

D'autre part, la classe éclairée jugeait bien différemment la situation. Les réponses ne manquèrent pas aux diatribes d'une presse malveillante. " Vous êtes plaisant, écrivait un défenseur des exilés, les Français sont nombreux dans la métropole ! Tant mieux ! Nos écoles auront à moitié prix l'enseignement du français, et nous parlerons tous cette langue, depuis le prince jusqu'au pâtissier. Comment voulez-vous que le nombre de ces étrangers fasse augmenter le prix des vivres ? Ils sont mille, je suppose ; ce n'est pas la millième partie de Londres, (1) et ces mille bouches ne consomment que la moitié de ce que dépensent mille autres.... Le prix élevé des provisions, lorsqu'elles sont abondantes, prouve la prospérité du pays, et, il faut l'espérer, ce prix se maintiendra en Angleterre avec la cause qui le produit. On travaillera davantage et la production s'élèvera facilement au niveau de la dépense. Quant à la politique de ces prêtres, ils sont royalistes libéraux,

---

(1) La population de Londres était alors d'un million et demi d'habitants.

comme le roi, et jamais ils ne favoriseront en Angleterre le Jacobinisme qui les persécute en France. Sous le rapport religieux, leur influence n'est pas à craindre non plus. S'ils voulaient répandre leur religion, la langue anglaise leur ferait défaut, et, de nos jours, le danger en Angleterre n'est pas d'y voir adopter une croyance étrangère quelconque, mais malheureusement d'y voir rejeter toute croyance.... En définitive, il est bien regrettable qu'on publie des articles semblables à celui qui a paru les jours derniers. Ces articles malveillants surprennent d'abord ; puis ils portent une partie de la population à des actes stupides, qui sont une honte pour la nation britannique." (1)

Chaque coup ainsi porté contre le clergé français était amorti par des réponses marquées au coin de la plus grande bienveillance. Burke surveillait les agissements de ces journalistes, que la misère d'autrui n'avait pas eu le don d'émouvoir. Malgré tout, les souscriptions entraient abondantes. Nous avons vu qu'à l'automne de 1792, elles avaient atteint un chiffre assez élevé. Cependant il ne faut pas croire que le clergé français put vivre largement à l'aide des recettes provenant de ce seul chef. Si les secours étaient nombreux, les besoins ne l'étaient pas moins. Il y eut même une période où la chère était maigre, tellement qu'il fallut, surtout au commencement, lorsque les ecclésiastiques affluèrent, songer à prendre quelque moyen pour diminuer le nombre des nécessiteux. C'est ainsi que, dans les premiers mois de

---

(1) *Public Advertiser*, sept. 26, 1792.

l'année 1793, la caisse étant devenue vide, le Comité publia dans le *Courrier* de Londres un document qui jeta l'alarme au sein du clergé exilé. L'article débutait ainsi : " Lorsque les souscriptions commencèrent à s'ouvrir pour venir au secours des ecclésiastiques réfugiés dans les Etats britanniques, il y avait lieu de croire que, dans l'espace de peu de mois, ils pourraient retourner dans leur patrie. Mais les événements ayant fait échouer ces espérances, le Comité regarde le Canada comme un asile qui pourrait convenir à beaucoup de ces infortunés." (1)

Cet article créa une profonde sensation dans les rangs du clergé, et pour cause. Le Comité faisait un appel d'une sérieuse gravité, puisqu'il invitait des prêtres exilés à s'exiler de nouveau. Ce fut le sentiment général que l'on ne pouvait pas, sans trahir un peu sa patrie, abandonner cures et vicariats que l'on espérait réintégrer à brève échéance, pour s'enfoncer dans les forêts de l'Amérique, avec tous les risques de n'en sortir jamais.

" C'était une dure extrémité, écrit l'abbé Baston, que d'aller vivre au Canada pour ne pas mourir de faim en Angleterre. Il avait été effectivement question d'envoyer une colonie de prêtres dans cette vaste contrée où leur religion est encore dominante. Quelques personnes, notamment un Sulpicien, (2) qui avait une connaissance particulière des ecclésiastiques réfugiés en Angleterre, furent chargées par le gouvernement de fournir des notes sur le compte de

---

(1) Voir ce document en appendice, pièce C.
(2) C'était M. Candide-Michel Le Saulnier, qui vint au Canada en 1793.

ceux qu'ils croiraient propres à cette mission. On les voulait jeunes, instruits, de bonnes mœurs et de bonne santé, et n'ayant en France aucun titre qui les obligeât au retour, ou y renonçât... Peu à peu ils se rassurèrent. Les Anglais, se disaient-ils, ne laisseront point imparfaite l'œuvre magnifique qu'ils ont commencée. Les mêmes besoins continuent de solliciter leur humanité, et ils ont de plus une belle démarche à soutenir. L'amour-propre national s'unira à la générosité. Ils sont liés par les dons qu'ils ont déjà faits. En maintenant leur souscription ou en employant des moyens qui la remplacent, c'est autant pour eux que pour nous qu'ils travailleront. Quant au projet du Canada, vous verrez qu'il n'est que partiel, qu'on n'y enverra que des gens de bonne volonté, si même on l'exécute jamais." (1)

Les événements devaient justifier ces prévisions. Cet appel du comité de secours, qui équivalait à une menace d'exil, eut l'effet d'engager un bon nombre de prêtres à quitter l'Angleterre pour courir se réfugier ailleurs qu'en Amérique. Ils préférèrent se domicilier en Belgique, en Hollande et en Westphalie. Là, du moins, ils pourraient retourner dans leurs foyers aussitôt que l'occasion se présenterait favorable.

Au moment même où la presse s'était emparée de la question de secourir les prêtres réfugiés et destitués, le gouvernement anglais, de son côté, prenait la résolution d'envoyer au Canada tel nombre que l'évêque de Québec pourrait recevoir dans son

---

(1) *Mémoires de l'abbé Baston*, etc., t. II, pp. 26-27.

diocèse. Voulait-il par là enlever au peuple un fardeau qu'il semblait redouter, ou lui ôter tout prétexte de se plaindre ? La réponse importe peu. Ce qu'il est bon de connaître, c'est que les ministres favorisaient un mouvement qui allait enfin combler les vœux de Mgr Hubert. Le Prélat avait déjà fait quelques démarches dans ce sens, et il avait pu écrire au juge en chef Smith que " son projet était très bien vu à Londres et qu'il en augurait les plus beaux résultats pour son Eglise." L'évêque ne se trompait pas : non seulement Mgr de la Marche, le duc de Portland, (1) Edmund Burke et beaucoup d'autres Anglais influents, mais aussi le roi lui-même, favorisaient ce projet d'émigration, ecclésiastique et laïque, vers la colonie canadienne.

---

(1) William Henry Cavendish Bentinck, troisième duc de Portland, né en 1738, mourut en 1809. Fut créé lord Lieutenant pour l'Irlande en 1782, premier lord du Trésor en 1783 et 1807, secrétaire du département de l'intérieur en 1794, et secrétaire pour les colonies en 1796. Il avait épousé Lady Dorothy Cavendish, fille unique de William, quatrième duc de Devonshire. Personnage vacillant et faible de caractère.

CHAPITRE SIXIÈME

L'ÉVÊQUE DE QUÉBEC ET LES ENVOYÉS FRANÇAIS

1793

SOMMAIRE : — Les précurseurs MM. Desjardins, Raimbault, Gazel et La Corne quittent l'Angleterre pour New-York. — Leur entrevue avec Sir John Temple à New-York. — Arrivent à Québec. — Visitent le lieutenant-gouverneur et l'évêque. — But de leur mission exposé. — Réunion du Conseil exécutif au palais épiscopal. — Résultat des délibérations. — Mémoires et lettres de Mgr Hubert, des supérieurs des Sulpiciens, des Récollets et du Séminaire de Québec. — Souscription générale. — Préparatifs pour recevoir les émigrants français.

Après avoir recherché parmi les prêtres de sa nation trois sujets absolument recommandables par le talent, la vertu et l'esprit de sacrifice, Mgr de la Marche arrêta définitivement son choix sur les abbés Philippe-Jean-Louis Desjardins, André Raimbault et Pierre Gazel. Le premier était grand vicaire de l'évêque d'Orléans, M. Gazel avait enseigné au collège de Navarre et enlevé haut la main le titre de docteur en Sorbonne. Quant à M. Raimbault, il n'avait à exhiber ni grade, ni distinction honorifique, mais il possédait beaucoup des qualités particulières au rôle qu'on lui assignait. L'évêque de Léon leur adjoignit un laïc, canadien de naissance, François-Josué de la Corne de Saint-Luc, chevalier de l'ordre royal de Saint-Louis. Ce dernier devait s'occuper de l'émigration des royalistes, vu que le gouvernement semblait favoriser l'expatriation des laïcs aussi bien que des ecclésiastiques. Le Prélat, toujours prévoyant, avait obtenu une somme d'argent suffisante pour défrayer leurs frais de voyage, et, au moment du départ, il leur remit une lettre adressée aux évêques du Canada, (1) ainsi qu'un mémoire où il exposait le but de leur mission. (2) Sir Henry Dundas, (3) secrétaire d'Etat pour l'Intérieur, communiqua à M. Desjardins une lettre qu'il était chargé de transmettre à Sir Alured Clarke, lieutenant-gouverneur de la Province de Québec, l'informant que " c'était l'intention du gouvernement britannique de pourvoir à l'établissement d'émigrants français au Canada." Dundas recommandait, en outre, en vertu d'instructions spéciales signifiées à M. Desjardins, que si les fonds venaient à faire défaut, il pourrait s'adresser à Sir John Temple, agent consulaire anglais domicilié à New-York. (4) La lettre

---

(1) Voir 1ère lettre de l'évêque de Léon, en date du 8 décembre 1792.

(2) Voir ce mémoire, pièce D.

(3) Henry Dundas, vicomte Melville, était né en 1741. Ministre sous Rockingham, Shelburne et Pitt, secrétaire d'Etat et pour le département de l'Intérieur et pour celui de la guerre, Dundas devint Lord Melville. Accusé de péculat, il fut jugé coupable et renvoyé d'office. Il dut alors entrer dans la vie privée, et il mourut en 1811. Macaulay rapporte que le roi George III, après lui avoir refusé d'accorder aux catholiques les droits politiques ordinaires, lui aurait dit un jour: " Gardez pour vous votre morale écossaise."

(4) Voir ces instructions en appendice, pièce E. Sir John Temple était né en 1730, et avait épousé, le 20 janvier 1767 Elizabeth, fille de James Bowdoin, gouverneur du Massachusetts. Sir John mourut en 1796.

de Dundas contenant ses instructions, était datée du 10 décembre, et elle informait les envoyés d'avoir à s'embarquer à Falmouth dans vingt-quatre heures. Tous quatre se hâtèrent de se rendre à l'endroit désigné, mais il leur fallut attendre jusqu'au 21 avant de prendre leur passage sur le packet *Portland,* en destination de New-York.

La traversée de l'océan dura plus d'un mois. En effet le navire n'atteignit le port de New-York que le 8 février 1793. Leur première visite fut pour Sir John Temple, auquel ils transmirent un exposé de leurs dépenses passées et de celles qui allaient se présenter incontinent. (1) Tous comptes faits, ils avaient reçu £280, et ils avaient déboursé £288. Il leur fallait, en outre, se procurer des vêtements plus confortables ; on était en plein hiver, et ils n'avaient ni coiffures, ni habits, ni chaussures convenables pour résister au froid. Sir John comprit leurs besoins, et il autorisa M. Desjardins à tirer sur Dundas une lettre de change au chiffre de £78. (2)

La question financière réglée à la satisfaction de tous, les envoyés ne tardèrent pas à prendre le chemin du Canada, où ils avaient grande hâte d'arriver. Ce fut le 2 mars qu'ils éprouvèrent enfin ce bonheur, comme en fait foi l'entrefilet suivant extrait de la *Gazette de Québec* du 7 :

" La semaine dernière sont arrivés en cette ville trois prêtres français réfugiés de France, venus d'Angleterre à la Nouvelle-York dans le paquebot du

---

(1) Voir pièce F.
(2) Voir pièce G.

roi. Les recommandations de Sir Henry Dundas leur méritèrent un accueil distingué de la part de Son Excellence le major général Alured Clarke, lieutenant-gouverneur de Sa Majesté au Canada. C'est le lendemain de leur arrivée, le 3 mars, qu'ils eurent l'honneur d'être présentés à ce haut dignitaire au Château Saint-Louis."

Sir Alured Clarke, de son côté, se hâta d'informer Sir Henry Dundas de l'arrivée des prêtres français et de leur compagnon le chevalier de la Corne (1).

Les nouveaux arrivés n'eurent aussi rien de plus pressé que de se rendre chez Mgr Hubert, qui les accueillit avec une bonté toute paternelle. Elle dut être touchante cette première entrevue des représentants du clergé français avec notre évêque, canadien de naissance mais bien français de cœur et de tempérament. Ils étaient déjà bien oubliés ces jours malheureux, où l'intolérance anglaise avait fait chasser du Canada de pauvres prêtres, dont le seul crime était d'être de race étrangère. Mgr Hubert leur expliqua qu'il était décidé à recevoir autant de prêtres que possible, mais qu'il fallait avant tout s'assurer le concours du gouvernement canadien. On ne pouvait l'ignorer, puisqu'il entrait dans le plan général d'ouvrir la porte du pays et aux ecclésiastiques et aux laïcs. Comment l'ignorer, puisqu'il serait peut-être nécessaire de faire appel à sa générosité ? Pourquoi l'ignorer, si, comme on le disait tout haut, il était prêt à appuyer l'évêque dans la réalisation de son œuvre ? Du reste, il importait de conserver les bonnes

---

(1) Voir pièce H.

grâces du lieutenant-gouverneur, intéressé à tout connaître pour agir avec plus de prudence et pour mieux renseigner les autorités de qui il relevait.

M. Desjardins, que l'on retrouvera toujours à la tête de la délégation, et bientôt seul, avait préparé un mémoire (1) dans lequel il expliquait à Sir Alured Clarke l'objet précis de sa mission. Il ressort de ce document, que le plan consistait à obtenir des terres dans tel ou tel endroit de la province, au choix du gouvernement. Comme on était toujours sous l'impression que l'émigration des ecclésiastiques serait assez considérable, on crut utile de préparer les voies à une colonie agricole composée en grande partie de prêtres ; le précédent de Jersey était de nature à faire bien augurer d'un tel projet. Si le gouvernement décidait d'accorder un township ou canton, la prudence exigeait qu'il fît préparer par écrit une sorte de guide sur la qualité du sol, le genre de culture le plus convenable, etc. (2)

Cinq jours après le Gouverneur et son Conseil se réunirent au palais épiscopal, lieu ordinaire de leurs délibérations. (3) Sir Alured Clarke communiqua à ses aviseurs la lettre de Sir Henry Dundas. C'était un court exposé de la mission des délégués, qui, avant de prendre action, voulaient savoir quelle serait l'attitude du gouvernement. Il fut décidé à cette

---

(1) Voir ce mémoire en appendice, pièce I.

(2) Un tel document fut aussitôt dressé et envoyé à Londres, où il fut soumis à un petit comité composé de l'évêque de Léon, de Burke, de King et de Motz, secrétaire du gouverneur du Canada. Voir en appendice, pièce J.

(3) Voir ces délibérations en appendice, pièce K.

première réunion 1° d'examiner quel mode pourrait être suivi au sujet des concessions de terres ; 2° de trouver des logements à l'usage des émigrés, en attendant de les placer sur des lots ; 3° de secourir les premiers arrivés.

Sir Alured Clarke communiqua aussi à son Conseil un mémoire (1) signé par Mgr de la Marche, référant à la mission des quatre ambassadeurs, chargés de préparer les voies à une émigration en règle.

Le lieutenant-gouverneur et son Conseil, sans se prononcer toutefois sur le projet soumis à leur considération, résolurent de le transmettre à l'évêque, à son coadjuteur, aux supérieurs des communautés religieuses, avec prière d'apporter, chacun en particulier, le secours de ses lumières afin qu'il y eût entente parfaite sur le meilleur mode de réaliser les vues du gouvernement impérial. MM. Dunn et Baby, tous deux membres du Conseil, furent chargés de faire rapport à M. Desjardins et à ses collègues du résultat de cette espèce d'enquête privée.

La réponse de Mgr Hubert est, sans contredit, la plus intéressante et la plus digne d'être rapportée. (2) Nous nous bornerons toutefois à signaler le fait que l'évêque réclamait les biens des Jésuites qu'il voulait consacrer au développement de l'éducation dans les villes et les campagnes. Quant aux ecclésiastiques émigrés, l'évêque déclare, dans sa lettre, qu'il pourrait disposer pour eux des ressources suivantes :

1° Le séminaire a un besoin pressant de sujets ;

---

(1) Voir en appendice ce mémoire, pièce D.
(2) Voir en appendice, pièce 4.

2° Il se présente des paroisses nouvelles à établir ;

3° Plusieurs anciennes paroisses sont dépourvues de curés ;

4° D'autres, trop peuplées pour être desservies par un seul prêtre, ont besoin de vicaires.

Mgr Hubert était, lui aussi, sous l'impression, comme beaucoup d'autres, que le nombre d'émigrants serait considérable. Voilà pourquoi les Jésuites et les Récollets, afin de ne pas être en reste de bons procédés, avaient résolu d'ouvrir toutes grandes leurs portes aux ecclésiastiques.

Le Père Félix de Berey, supérieur du couvent des Récollets, offrit ses couvents de Québec, des Trois-Rivières et de Montréal. Les trois maisons pouvaient donner asile à une trentaine de prêtres. Les émigrants laïcs pourraient être logés dans les casernes de William-Henry (Sorel) et de Yamachiche. (1)

M. Brassier, supérieur des Sulpiciens, offrait la seigneurie de Yamaska où des terres pouvaient être concédées à des conditions faciles. Le Séminaire serait disposé à recevoir douze prêtres, préférablement des Sulpiciens. Quant au projet agricole, il y trouve beaucoup de difficultés d'exécution. Le Canada est un pays qui n'a pas les avantages que la Thébaïde offrait jadis aux anachorètes. (2)

Le Séminaire de Québec mettait à la disposition des émigrants sa maison de Saint-Joachim et celle de la Canardière (Maizerets). (3)

---

(1) Voir en appendice, pièce M.
(2) Voir en appendice, pièces N et O.
(3) Voir en appendice, pièce P.

En somme l'on avait pu trouver de prime abord un nid tout prêt pour 75 prêtres, en attendant que l'évêque pût les placer dans les paroisses, missions et chapelinats.

Mgr Hubert, avec l'agrément du Conseil exécutif, fit ouvrir dans les campagnes une souscription destinée à fournir aux familles françaises le linge, les meubles et les provisions dont elles auraient le plus pressant besoin à leur arrivée. Ce fut à qui montrerait le plus d'empressement à combler les vœux du premier pasteur du diocèse. On a vu, disait un ancien prêtre du séminaire de Québec, jusqu'à des pauvres gens s'offrir à transporter gratuitement les effets des émigrants. D'autres mirent à la disposition de l'évêque des maisons non occupées, d'autres des appartements meublés.

On était généralement sous l'impression qu'en accueillant ainsi des prêtres ou des familles françaises, on travaillait à l'avancement de la province, à son développement intellectuel et moral.

De son côté le gouvernement ne resta pas inactif. Hugh Finlay, membre du Conseil exécutif, soumit à l'abbé Desjardins une liste des cantons et townships disponibles, avec l'entente qu'il en choisirait deux seulement pour y établir ses compatriotes. Cette liste comprenait les townships de Frampton, Tring, Armagh, Rawdon, Wickham, Buckingham, Hemmingford, Hinchinbrooke, Chatham, Clifton, Grenville et Suffolk.

Le Conseil avait aussi recommandé aux juges résidant dans les villes de Québec, Trois-Rivières et Montréal, conjointement avec les shérifs et les greffiers de la paix, de recevoir toute contribution à l'œuvre des réfugiés. (1)

Dans le même temps, MM. Desjardins et Gazel adressaient au lieutenant-gouverneur leurs remerciements relativement à l'attitude aussi prompte qu'énergique du Conseil exécutif. Puis ils lui exposaient en peu de mots ce qu'il conviendrait de faire à l'arrivée du convoi si impatiemment attendu. On ne pouvait être trop prévoyant. Ces émigrants arriveraient dépourvus de tout ; on les logerait provisoirement au séminaire, au collège des Jésuites et au monastère des Récollets. Mais qui leur procurerait des lits, des matelas, des draps ? (2)

Le 3 juillet, Sir Alured Clarke adressait à Sir Henry Dundas copie des minutes de son Conseil, lui annonçant que des mesures avaient été prises à l'effet de subvenir aux besoins les plus impérieux des ecclésiastiques, sans toutefois embarrasser les finances de la Province. Au sujet des concessions de terres, les émigrants auraient toute liberté d'action. (3)

Ces négociations terminées, il ne restait plus qu'à attendre les événements.

---

(1) Voir pièce Q.
(2) Voir pièce R.
(3) Voir pièce S.

CHAPITRE SEPTIÈME

LORD SIMCOE ET LES ENVOYÉS FRANÇAIS

1793

SOMMAIRE : — Sentiment de commisération s'étend jusque dans le Haut-Canada. — Correspondance de M. Desjardins avec le gouverneur Simcoe. — Celui-ci l'invite à se rendre à Niagara. — MM. Desjardins et la Corne acceptent l'invitation. — Voyage des deux envoyés. — Séjour à Niagara. — Lady Simcoe et lord Simcoe. — Portrait de ces derniers dépeint par le duc de La Rochefoucauld-Liancourt, touriste français. — Retour des envoyés. — Mémoire de M. Desjardins à lord Simcoe. — Retour de lord Dorchester. — Son entrevue avec M. Desjardins.

Comme nous venons de le constater, tout fut mis en branle pour assurer un bon accueil à ces émigrants. Il existait dans l'air, à Québec aussi bien qu'à Londres, un courant de commisération susceptible d'engendrer des miracles de charité. Ce qui étonne encore davantage, c'est que dans le Haut-Canada un sentiment aussi sympathique semblait s'être développé, surtout dans les hautes sphères de la société. Là aussi la pitié en face du malheur ne devait pas être méconnue. Mais il y avait, en outre, une raison grave qui militait en faveur d'un projet d'immigration, celle-ci fût-elle même de provenance française. Le Haut-Canada était encore peu peuplé, et ses terres si fertiles n'attendaient plus que des bras pour les ouvrir à la culture. Le gouverneur

Simcoe, (1) homme entreprenant, aux vues larges et éclairées, se trouvait en excellente position pour travailler au progrès matériel de sa province. Il n'avait qu'à le vouloir sérieusement pour que le succès sourît à ses efforts. Depuis deux ans déjà qu'il ruminait en sa tête cette question de colonisation, il n'avait pas encore trouvé de solution satisfaisante, et quand, au mois de mai 1793, il reçut de l'abbé Desjardins une lettre (2) qui lui exposait le but de sa mission au Canada, il était ouvert à toute négociation propre à réaliser son dessein. L'abbé priait Son Excellence de vouloir bien lui indiquer un endroit où ses compatriotes, ecclésiastiques et laïcs, pourraient se fixer, si toutefois Elle agréait son plan de colonisation. La réponse de lord Simcoe ne fut pas lente à venir ; elle est marquée au coin de la plus grande bienveillance, comme aussi de la prudence la plus diplomatique. " Il est bon que

---

(1) John Graves Simcoe naquit à Cotterstock, Northamptonshire, en 1752. Il était le fils du capitaine John Simcoe, comdant du navire royal *Pembroke;* il fut tué au siège de Québec en 1759. Entra à dix-neuf ans dans la carrière militaire, et arriva en Amérique le jour même de la bataille de Bunker's Hill. Après avoir servi durant la guerre de la Révolution, il retourna en Angleterre et se fit élire député aux Communes en 1790. L'année suivante il était nommé lieutenant-gouverneur du Haut-Canada. Il fixa le siège du gouvernement à Newark, puis à York, et divisa sa province en 19 comtés. En 1796 il fut envoyé comme gouverneur à Saint-Domingue. En 1798 il reçut le titre de lieutenant général. En 1806 il partit pour le Portugal avec le comte de Rosslyn afin de rejoindre le comte de Saint-Vincent. Il mourut en voyage, la même année.

(2) Voir pièce T.

vous sachiez, disait en substance le noble lord, que la province du Haut-Canada est surtout habitée par des personnes qui ont été chassées des Etats-Unis pour ce même attachement à leur roi qui caractérise dans le moment actuel la conduite des Loyaux français éprouvés par les horreurs de l'exil. Ce sera, pour ces Français qui viendront coloniser le Haut-Canada, un allégement à leurs souffrances, que de vivre à côté d'un peuple qui sympathisera avec eux dans leurs malheurs communs, et de constater en même temps, qu'avec un peu de travail et de courage, il est possible dans un pays fertile d'arriver à atteindre le confort et à se procurer les nécessités de la vie.... Permettez-moi d'ajouter, qu'en autant que mon exemple et ma position pourront être de quelque utilité à ces Messieurs, ecclésiastiques et autres, je suis prêt à les accueillir avec sympathie et avec un profond respect pour leurs souffrances, et je dirai même qu'ils ont conquis ma reconnaissance pour s'être opposé aux principes qui ont menacé de détruire tout ce qui est sacré et sage dans les institutions humaines, et pour avoir résisté aux hommes méprisables qui prônent ces principes. Je serai personnellement heureux de contribuer au bonheur de tout Français loyal qui désirera se placer sous la tutelle du gouvernement dont la direction m'a été confiée par Sa Majesté. J'entre de grand cœur dans les desseins des ministres de la Grande-Bretagne, etc., etc." (1)

Le shérif McDonnell écrivait, quelques jours après

(1) Voir pièce U.

à M. Desjardins, que Son Excellence le lieutenant-gouverneur serait très heureux de s'entretenir avec lui, et il lui proposait en conséquence d'entreprendre le voyage de Québec à Niagara (1). Ce désir équivalant un ordre, l'abbé n'hésita pas une minute, et après en avoir conféré avec Sir Alured Clarke, il répondit, le 28 juillet, au noble lord, lui annonçant son départ à brève échéance pour le Haut-Canada. En effet, le 3 août, M. Desjardins et le chevalier de la Corne se mettaient en route pour la capitale de la province-sœur. C'était à cette époque la petite ville de Newark, où siégeait le parlement; là aussi se trouvait la résidence du gouverneur et de son entourage officiel. Isaac Weld, qui visita le Canada au cours des années 1795, 1796 et 1797, en parle ainsi : " La ville de Niagara (Newark) contient environ 70 maisons, un tribunal, une prison, et un édifice où les assemblées législatives tiennent leurs séances. La plupart des maisons sont en bois ; celles qui sont immédiatement sur les bords du lac, ont une pauvre apparence, mais la partie la plus élevée de la ville habitée, principalement par les officiers du gouvernement, est très bien bâtie." (2)

Les deux Français furent reçus à bras ouverts. Lady Simcoe se montra fort aimable, et son hospitalité fut des plus bienveillantes. C'était une femme d'environ trente-six ans, un peu timide peut-être, mais bonne, obligeante, toute de dévouement pour son

---

(1) Voir pièce V.
(2) Cf. *Voyage au Canada dans les années 1795, 1796 et 1797*. Traduit de l'anglais d'Isaac Weld. T. II, pp. 253, 254.

mari et sa famille. Son talent pour le dessin lui procurait l'occasion d'être utile à lord Simcoe qui, sans elle, aurait été obligé d'avoir recours à un dessinateur pour dresser ses plans militaires.

Quant à lord Simcoe, en voici un portrait qui nous paraît assez ressemblant :

" Actif, éclairé, juste, bon, ouvert, il a la confiance du pays ; il a celle des troupes, et de tout ce qui coopère avec lui à l'administration du gouvernement ; il s'occupe sans relâche des affaires, conserve au roi d'Angleterre ses amis, et ne perd aucun moyen de lui en faire de nouveaux. C'est, ce me semble, réunir toutes les qualités nécessaires à sa position, toutes celles qui peuvent conserver à l'Angleterre l'importante propriété du Canada, s'il est vrai qu'elle puisse longtemps être conservée. Dans la vie ordinaire le gouverneur Simcoe est simple et sans compliments ; il loge dans une mauvaise petite maison de bois, jadis occupée par les commissaires à la navigation du lac. Il y est gardé par quatre soldats qui viennent du fort tous les matins, et qu'il renvoie tous les soirs. Là il vit avec générosité, hospitalité et sans faste ; son esprit est facile et éclairé, il parle bien sur tous les sujets, plus volontiers sur ses projets que sur toute autre matière, et avec plus de plaisir encore sur la guerre qui semble être en lui une passion dominante. Il connaît bien l'histoire militaire de tous les pays ; il ne voit pas une élévation qu'il ne songe à la forme du fort qu'il faudrait y établir, qu'il ne lie à cette construction le plan de la campagne, et surtout de celle qui le conduirait à Philadelphie ; et l'on peut croire, en l'entendant dire qu'il désire la paix, que sa raison a un grand empire sur ses passions, ou qu'il se trompe lui-même." (1)

Cette citation, extraite d'un récit de voyage aux Etats-Unis par le célèbre duc de La Rochefoucauld-Liancourt, dépeint lord Simcoe sous des couleurs assez agréables ; mais il ne faut pas oublier que ce touriste avait hébergé à la table du gouverneur pendant plusieurs jours, et qu'il eût été inconvenant de sa part de se montrer un peu sévère dans ses appréciations. Tout de même ces éloges sont mérités : lord Simcoe possédait de grandes qualités d'esprit et de cœur, et M. Desjardins n'eut qu'à se louer d'avoir entrepris un voyage aussi fastidieux, ne fût-ce que pour avoir lié connaissance avec cet homme.

Les deux envoyés firent un séjour d'environ trois semaines dans la capitale du Haut-Canada, et au cours de leurs entrevues avec le gouverneur, ils discutèrent tous les côtés de la question de l'émigration française, sans arriver cependant à une décision finale et complète. Il y avait tant de points à considérer. Quelle serait la nature de cette émigration ? Comprendrait-elle des ecclésiastiques seulement, ou des laïcs et des prêtres simultanément ? Il y avait donc lieu de réfléchir avant de prendre une détermination, qui pût être acceptée par tous les intéressés. L'on convint de s'en tenir là jusqu'à plus ample informé. On finirait par s'entendre au moyen d'une correspondance suivie et détaillée. Maintenant que

---

(1) *Voyage dans les Etats-Unis d'Amérique, fait en 1795, 1796 et 1797. Par La Rochefoucauld-Liancourt.* T. II, pp. 60 et 61.

l'on se connaissait mieux, il serait plus facile d'arriver à une solution.

Là-dessus, M. Desjardins et son compagnon firent leurs adieux à Son Excellence et reprirent la route de Québec, après avoir fait une courte étape dans la petite ville d'York, la future capitale du Haut-Canada. De ce dernier endroit M. Desjardins adressa à lord Simcoe un mémoire assez détaillé où il expose son projet à lui, élaboré avec soin, et destiné dans l'esprit de son auteur, à couper court à tout atermoiement. (1) Toujours pénétré de cette idée que les prêtres viendraient en nombre chercher un refuge au Canada, il se fait fort d'appeler à son secours un missionnaire qui, trois ans auparavant, avait accompagné en Amérique un parti de Français, lesquels réussirent à fonder sur les rives de l'Ohio une petite ville nommée Gallipolis. (2) Tout sembla leur sourire au début. Mais, harcelés

---

(1) Voir pièces W et X.

(2) Gallipolis avait été fondée en 1790 sur les bords de l'Ohio. En 1796, la petite colonie renfermait environ 80 personnes, et en 1805, ce nombre était tombé à 20. Il y eut d'autres fondations d'origine française à l'époque de la révolution, entre autres, en 1794, celle d'Asylum sur les bords de la Susquehannah, à deux cents milles de ses sources, par MM. de Noailles et Talon. Dès l'année suivante, il y avait un commencement de ville, avec 30 maisons. On y voyait groupés M. de Blacons, député du Dauphiné à la Constituante ; M. Bec-de-Lièvre, ancien chanoine ; l'abbé de Sévigny, archidiacre de Toul ; l'abbé Fromentin ; l'abbé Carles, chanoine du Quercy ; M. d'Andelot, de Franche-Comté, officier d'infanterie ; M. du Petit-Thouars, officier de marine, qui, après avoir été envoyé à la recherche de La Pérouse, avait été arrêté sur les côtes du Brésil, puis envoyé au Portugal, d'où il s'était échappé pour gagner l'Amérique ; M. Brévost, bourgeois de Paris ; Madame

plus tard par les Indiens, ils durent décamper et ils se fixèrent à Saint-Louis, dans le Missouri, se faisant accompagner de leur missionnaire. C'était Dom Didier, moine bénédictin, procureur de l'abbaye de Saint-Denis, religieux fort distingué et très serviable. Il se ferait sans doute un plaisir de se mettre à la disposition du groupe d'émigrants. De même, M. l'abbé Levadoux, alors chargé de la mission des Kaskakias, serait aussi heureux d'accepter l'invitation de venir au Canada. Ce serait le noyau autour duquel se grouperaient les nouvelles recrues prises dans les rangs du clergé réfugié. L'endroit le plus propice pour un établissement semblerait être au fond de la baie de Burlington, où les terres sont excellentes. Le gouverneur pourrait faire dresser un plan de ces terrains et indiquer ceux qui sont disponibles. Cependant libre à Son Excellence d'en désigner d'autres plus agréables à habiter, comme il s'en trouve en différents endroits de la province, par exemple sur les bords du lac Erié.

Le mémorialiste propose, en outre, la fondation d'un hôpital, dont la direction pourrait être confiée à une congrégation de religieuses dites Filles de Saint-Vincent de Paul, qui seront bien aises de se transporter au Canada, pourvu qu'on leur en fasse la demande. Trois maisons de cette nature auraient leur raison d'être : une à York, une seconde à Kingston et une troisième à Détroit. On pourrait

---

d'Antrepont, veuve d'un intendant de maison à Paris. Ces colons s'étaient improvisés défricheurs et industriels. Ils faisaient de la potasse, du sucre d'érable, de la mélasse et du vinaigre.

doter ces communautés en leur concédant des lots de ville qu'elles vendraient ou feraient fructifier à leur manière. Le même procédé pourrait être mis en vigueur à l'égard des ecclésiastiques.

Lord Simcoe répondit à M. Desjardins en lui proposant une concession de terres sur les bords du lac Erié, depuis le fort du même nom jusqu'à la Pointe-aux-Pins. Quant à la fondation des maisons hospitalières, il croit que le gouvernement britannique seul pourra décider de son opportunité.

Les délégués, (1) en arrivant à Québec, furent informés que Lord Dorchester, parti du Canada le 17 août 1791, était de retour depuis le 24 septembre. M. Desjardins s'empressa d'aller lui porter ses hommages. Il lui soumit en même temps ses projets de colonisation dans les deux provinces avec tous les détails y afférents. Lord Dorchester était déjà renseigné. En Angleterre il avait rencon-

---

(1) Le rôle du chevalier de la Corne s'arrête ici. François-Josué de la Corne était originaire du Canada. Il était né le 23 mars 1750 du mariage de Louis de la Corne et d'Elizabeth de Ramezay, fille de Claude de Ramezay. Louis de la Corne était seigneur de Terrebonne, et chevalier de Saint-Louis. Il était mort à Terrebonne en 1762. Les la Corne portaient différents noms : il y avait les la Corne de Chapt, les sieurs de la Colombière, de Saint-Luc, les Dubreuil. Le délégué à Québec était sieur de Saint-Luc, et aussi chevalier de Saint-Louis.

Après avoir rempli l'objet de sa mission, le chevalier continua de résider en cette province, mais il ne paraît pas y avoir acquis la fortune, car on le voit mourir à l'Hôpital-Général de Québec, le 15 décembre 1810. Il fut inhumé avec tous les honneurs de l'Eglise dans le cimetière des pauvres, contigu à la chapelle du monastère.

tré Mgr de la Marche. Les ministres de Sa Majesté l'avaient tenu au courant de tout, de sorte qu'il lui était facile d'aider l'abbé Desjardins dans sa louable entreprise. Du reste, c'était un homme compatissant, sensible aux malheurs d'autrui, toujours prêt à rendre service, mais très prudent. Dès cette première entrevue, il accorda à son distingué visiteur l'autorisation de faire venir au Canada MM. Chicoineau et Ciquard, deux sulpiciens qui n'attendaient qu'un signe pour quitter le séminaire de Baltimore, où ils s'étaient réfugiés en 1792. Puis il fut entendu que l'on ferait venir de Londres, au printemps suivant, une cinquantaine de prêtres. Le gouverneur en écrirait à Sir Henry Dundas, qui, de son côté, verrait l'évêque de Saint-Pol de Léon au sujet du meilleur choix à faire parmi les milliers de prêtres soutenus par la charité publique.

M. Desjardins adressa alors à Mgr de la Marche une longue lettre, dont nous détachons ce fragment :

" Les émigrés français ont éprouvé d'une manière bien consolante les effets de la générosité anglaise. Ceux qui viendront en Canada ne doivent pas naturellement s'attendre à de puissants secours pécuniaires. Mais les deux provinces leur offrent de toutes parts des ressources.

" Par rapport aux ecclésiastiques, dont il paraît que le gouvernement veut bien favoriser la transmigration en ce pays, voici, Monseigneur, ce que je puis avoir l'honneur de vous répondre pour le moment. Il n'y a dans toute l'étendue du diocèse de Québec qu'environ cent quarante prêtres. Ce nombre est évidemment trop petit pour faire face à près de 150,000 catholiques que l'on y compte.

" Le clergé de ce Diocèse secondera ma manière de penser en tout ce qui dépendra de lui ; et du côté du gouvernement, j'aperçois les intentions les plus favorables...."

Et puis tout rentra dans le silence. Il n'y avait plus qu'à attendre le retour des navires à l'ouverture de la navigation, pour connaître le résultat des démarches de l'abbé Desjardins. On conçoit l'anxiété de cet homme, qui avait déployé tant de zèle pour parvenir au succès, anxiété bien et duement partagée par Mgr Hubert, le plus intéressé à une œuvre qu'il avait faite sienne, laquelle devait, dans son esprit, régénérer l'Eglise du Canada.

CHAPITRE HUITIÈME

L'ÉMIGRATION DE 45 PRÊTRES FRANÇAIS AU CANADA

1791-1802

Sommaire : — L'hiver de 1793-94. — M. Desjardins malade. — Arrivée des vaisseaux au printemps. — Quatre ecclésiastiques seulement envoyés de Londres à Québec. — Désappointement général. — Le groupe des onze Sulpiciens. — L'émigration ecclésiastique de 1794 à 1802. — Le rôle de Mgr de la Marche. — Fin de sa carrière. — Schisme de la Petite Eglise. — L'émigration des prêtres français aux Etats-Unis. — Marche parallèlement à celle dirigée vers le Canada. — La question des passeports. — Difficultés qu'elle soulève. — Attitude de Sir Robert Shore Milnes. — Le duc de La Rochefoucauld chassé du Canada par lord Dorchester. — Colère du duc.

L'hiver de 1793-94 s'écoula paisiblement. Les envoyés s'occupèrent chacun de son côté, à remplir les différentes fonctions que leur avait assignées Mgr Hubert. M. Gazel devint aumônier de l'Hôpital-Général, M. Raimbault fut nommé professeur au séminaire, M. Desjardins, tombé malade d'une fièvre dont il avait contracté le germe au cours de son voyage à Niagara, dut attendre de meilleurs jours pour se mettre à la disposition de l'évêque. Sa convalescence fut assez longue, cependant il put accepter de donner au séminaire des conférences sur la théologie et l'Ecriture sainte, en même temps qu'il remplissait les fonctions de directeur et de chapelain des Religieuses de l'Hôtel-Dieu du Précieux Sang et des Congréganistes de Notre-Dame. Entre temps il prêchait à la cathédrale, confessait au séminaire, où il avait ses chambres. Se multipliant toujours, l'abbé Desjardins était devenu un facteur important, et pour l'évêque et pour son séminaire. Le public, attiré à ses leçons, à ses prédications, sut apprécier en lui le talent et la dignité. Il devenait de plus en plus convaincu que ce premier groupe de prêtres français réunissait dans chacun de ses membres toutes les qualités propres à leur état; il faisait bien augurer pour l'avenir. " S'ils viennent cinquante ou cent, disait-on, quel merveilleux essor va prendre l'Eglise canadienne? Ce sera un véritable bonheur que de se laisser guider par de tels apôtres du Seigneur." Hélas ! nombreuses furent les déceptions, quand la flotte du printemps n'apporta que quatre ecclésiastiques. C'était les abbés Jean-Denis Daulé, Louis-Joseph Desjardins, J.-B.-M. Castanet et F.-G. le Courtois. (1)

Mais où étaient donc les cinquante prêtres que l'on attendait avec tant d'impatience ? Que s'était-il passé là-bas ? Mgr de la Marche avait-il enrayé un mouvement qu'il avait si manifestement encouragé ? Le gouvernement anglais avait-il modifié ses vues, de crainte qu'en introduisant au Canada un élement nouveau, il ne mît en danger la loyauté des Canadiens ? Non, rien de tout cela ne s'était produit ; Mgr de la Marche était resté fidèle à ses idées, le gouvernement ne lui avait mis aucune

---

(1) Voir 4e lettre de l'évêque de Léon, en date du 15 avril 1794.

entrave. Mais les ecclésiastiques, ne pouvant oublier si vite leur patrie, leurs familles et leurs intérêts, avaient toujours vécu avec l'espérance d'entrer dans leur foyer, de réintégrer leurs cures, du moment que la tempête révolutionnaire se calmerait. Mgr de la Marche avait eu beau leur représenter qu'ils retrouveraient au Canada une patrie nouvelle, où vivait, dans la tranquillité et dans une aisance relative, un peuple moral, docile à la voix de ses pasteurs, rien n'y fit. Son appel était resté sans écho. Un abbé Simon, ancien curé de Biencourt au diocèse d'Amiens, distributeur des secours pour le cantonnement de Lenham, lui écrivit qu'il avait communiqué à ses prêtres l'offre du gouvernement anglais de les faire transporter au Canada, et qu'ils avaient tous refusé, parce qu'ils espéraient, disaient-ils, retourner dans leur pays sans trop de retard.

" Le gouvernement, écrit l'abbé Baston, renvoya l'accomplissement de cette affaire à un temps indéfini, soit qu'il ne crut pas que les circonstances fussent favorables pour l'exécution d'un pareil dessein, soit qu'y réfléchissant plus sérieusement, il eut jugé impolitique d'établir si loin des milliers de Français dans un pays assez récemment arraché à la France. Cette secousse produisit néanmoins l'effet utile d'engager un grand nombre de prêtres à repasser la mer et à chercher dans les Etats du continent un lieu où ils pussent vivre et dormir, sans avoir à craindre la déportation lointaine dont ils avaient été menacés." (1)

---

(1) Baston.—*Mémoires*, T. II, p. 28.

M. Desjardins comprit immédiatement que toute cette affaire d'émigration, préparée avec tant de soin et au prix de beaucoup de sacrifices, était un coup manqué. Que de travail, que de démarches pour arriver à un aussi pauvre résultat ? Quoi qu'il en fût, M. Desjardins pouvait entrer sous sa tente, en se disant, à part soi, qu'il avait accompli sa mission avec énergie et diligence. S'il y avait eu des empêchements dans certains quartiers, il n'en pouvait être tenu responsable.

Dans une lettre qu'il écrivait à lord Simcoe en juin 1794, il lui déclare franchement qu'il avait toujours attendu un convoi d'émigrants, dont l'intention, clairement manifestée, était de se réfugier dans le Haut-Canada, mais qu'il avait été déçu dans son attente. Et les évêques, (1) Mgr Hubert surtout, qui comptaient sur cet appoint pour ravitailler le clergé, ne furent pas les moins désappointés. Tous ces préparatifs, ces organisations multiples, tout ce monde mis en branle, tout cela n'avait abouti qu'à un vaste fiasco ! Cependant l'année 1794 ne devait pas s'écouler avant d'apporter quelques consolations au cœur du Prélat. Un jeune séminariste, du nom

---

(1) Durant la courte période, qui s'étend du 23 mai au 25 juin 1794, il y avait dans le diocèse de Québec trois évêques : Mgr Briand, retiré depuis 1784 ; Mgr Hubert, titulaire ; Mgr Denaut, coadjuteur depuis le 23 mai. Un quatrième, Mgr Bailly, était mort le 20 mai de la même année. Mgr Briand mourut à son tour le 25 juin. Mgr Hubert vécut jusqu'au 17 octobre 1797. Ce fut Mgr Plessis qui devint coadjuteur de Mgr Denaut. Le diocèse de Québec avait donc connu six évêques, durant la courte période de 1766 à 1797, y compris Mgr D'Esglis, successeur immédiat de Mgr Briand.

de Périnault, et l'abbé François Ciquard, sulpicien, vinrent grossir le contingent de l'année. Le premier jour de septembre, onze Sulpiciens, partis d'Angleterre quelques semaines auparavant, après un bref séjour à Londres, couraient se réfugier au séminaire de Montréal, où on les accueillit comme autant d'envoyés de la Providence. Voici leurs noms : Roux, Malard, Thavenet, Humbert, Rivière, Sattin, Molin, Robin, Sauvage de Châtillonnet, Nantetz et Garnier des Garets. (1)

1794 nous avait apporté 17 prêtres, 1795 n'en vit arriver que cinq : MM. Malavergne, de la Vaivre, Courtin, Raimbault et Lejamtel. (2) M. Raimbault n'était pas encore prêtre.

L'année 1796 fut un peu plus abondante. On vit arriver en différents détachements quatre Sulpiciens et quatre prêtres séculiers : MM. Saint-Marc, Orfroy, Villade, Joyer et un séminariste du nom de Fournier. Les sulpiciens s'appelaient Houdet, Chicoineau, Jaouën et Roque.

Aucun ne vint en 1797.

1798 nous en amena encore cinq : MM. de Borniol, Gibert, Champion, Sigogne et Gaiffe, sulpicien.

M. J.-L. de Calonne et M. Pichart arrivèrent l'année suivante.

En 1801, ce fut M. N.-A. Thorel, venu accidentellement à Québec avec dix autres prêtres retenus prisonniers sur un navire français dont s'était

---

(1) Voir 5e lettre de l'évêque de Léon, en date du 4 juin 1794.

(2) Voir 6e lettre de l'évêque de Léon, en date du 11 mai 1795.

emparé une corvette anglaise. Sur les onze, M. Thorel seul obtint la permission de prendre pied à terre, parce qu'il était presque mourant. Les autres retournèrent dans leur pays, après avoir été déposés sur le sol de l'Angleterre.

Enfin, en 1802, un sulpicien du nom de Boussin, vint clore la liste des 45 prêtres et séminaristes français qui abordèrent à nos rivages de 1791 à 1802. Les uns, au nombre de dix-huit, dirigés vers le Canada par les Sulpiciens ; d'autres amenés par un concours de circonstances spéciales ; quelques-uns, envoyés par Mgr de la Marche, à la sollicitation pressante de l'évêque de Québec.

Le rôle de Mgr de la Marche semble s'arrêter avec l'année 1800. (1) Mais jusque-là il ne cessa pas un seul instant de s'occuper du Canada en y envoyant des ecclésiastiques, quand il en rencontrait quelqu'un de bonne volonté. Il dut aussi, dans plusieurs cas, régler la question des passeports que le gouvernement s'était réservé le droit d'accorder à son escient.

On aimera sans doute connaître comment se termina la carrière de Mgr de la Marche.

Au lendemain du Concordat de 1801, le Souverain Pontife demanda à tous les évêques de France de donner leur démission. 36 sur 81 refusèrent. En 1804, il ne restait plus que douze récalcitrants, dont l'un était Mgr de la Marche, qui continuait toujours

---

(1) Les archives du palais épiscopal de Québec renferment 16 lettres que ce Prélat écrivit à l'évêque de Québec depuis le 8 décembre 1792 jusqu'au 25 avril 1800. Toutes ces lettres sont reproduites en appendice.

à s'appeler évêque de Saint-Pol de Léon, bien que son diocèse eût été annexé à celui de Quimper, et que le pape lui eût donné un successeur. Croyant devoir régulariser la position de son remplaçant, il lui déléguait de temps à autre ses pouvoirs. Les évêques de La Rochelle et de Blois ne consentirent pas d'abord à écouter Rome, et leur conduite, endossée par un certain nombre de prêtres, donna lieu à un schisme, dont la collectivité prit le nom de petite Eglise. Ces deux prélats, heureusement, se réconcilièrent avec Rome avant leur mort. Mais la petite Eglise, recrutée surtout dans le Bas Poitou, n'a pas encore cessé d'exister. Elle compte aujourd'hui deux mille fidèles, qui vivent en dehors de l'Eglise et ne fréquentent pas les sacrements. C'est le dernier débris du vieux gallicanisme français.

Mgr de la Marche (1) ne prit aucune action dans la poussée d'émigration qui se fit jour à cette époque vers les Etats-Unis d'Amérique. C'est aux Sulpiciens que revient tout l'honneur de ce mouvement, qui marque dans l'histoire de l'Eglise américaine l'inauguration d'une vie nouvelle. Mgr Carroll, évêque de Baltimore, se trouvait encore plus dépourvu d'ouvriers ecclésiastiques que son confrère de Québec. Son diocèse, le plus vaste de l'univers, s'étendait, en 1789, de la rive droite du fleuve Saint-Laurent aux

---

(1) Mgr Jean-François de la Marche est mort le 23 novembre 1806, pauvre comme il avait vécu, mais honoré de ses contemporains, à raison de son dévouement aux prêtres réfugiés en Angleterre. Il était âgé de 77 ans. Sur son lit de mort il donna sa bénédiction à Louis XVIII, qui en avait fait la demande.

frontières de la Floride, et de l'océan Atlantique au Mississipi. A part les groupes de catholiques échelonnés le long du Mississipi et dans les contrées limitrophes du Canada, à part aussi les agglomérations que lord Baltimore avait établies dans le Maryland, les catholiques étaient disséminés un peu partout, et se trouvant ainsi presque hors d'atteinte, souffraient de se voir privés de secours religieux. Les Jésuites avaient ouvert des résidences dans le Michigan, entre autres à la Baie Verte, à Saint-Joseph, au Sault Sainte-Marie, à l'Arbre-Croche, à la Prairie du Chien et au fort Saint-Antoine. Les missions du Mississipi et de l'Arkansas venaient d'être transférées de l'évêché de Québec à celui de Baltimore. Mgr Carroll se trouvait donc dans une situation beaucoup plus précaire que l'évêque de Québec ; il n'avait pas même de séminaire pour former des ecclésiastiques. Force lui fut alors d'avoir recours à l'étranger, et ce fut à M. Emery, supérieur de Saint-Sulpice, à Paris. M. Emery voulant sauver du naufrage qui menaçait les ordres religieux, quelques membres de son institut, et aussi pour venir en aide à la hiérarchie naissante dans l'Eglise des Etats-Unis que Mgr Carroll, nouvellement consacré, gouvernait déjà avec une fermeté et une sûreté de main incomparable, avait offert au Prélat d'aller fonder en Amérique un séminaire, d'après le système préconisé en France et adopté aussi à Montréal. L'évêque ne pouvait manquer d'accepter une proposition qui allait combler son vœu le plus cher, c'est-à-dire la fondation d'un séminaire où seraient formés les aspirants au sacerdoce. Quel excellent appoint pour le recrutement de son clergé, dans un pays où tout était à créer au point de vue de l'organisation religieuse ?

L'émigration de prêtres français aux Etats-Unis commença donc en 1791, et se continua parallèlement à celle que Mgr de la Marche et les Sulpiciens dirigèrent vers nos parages, avec cette différence toutefois que, chez nos voisins, elle ne cessa point avec l'année 1802. Notons aussi que plusieurs de ceux qui se consacrèrent, dès le début, aux missions des Etats-Unis, furent bientôt envoyés au Canada, et c'est ce qui explique l'à-propos des pages suivantes que l'on pourrait considérer, sans cette explication, comme un hors-d'œuvre. Du reste, les rapports intimes qui existèrent toujours entre les Sulpiciens de Baltimore et leurs confrères de Montréal et avec d'autres membres éminents du clergé canadien, justifient pleinement la mise en lumière de ces renseignements, d'ailleurs assez intéressants.

Le premier groupe venu aux Etats-Unis comprenait cinq prêtres et deux séminaristes. C'étaient les abbés Antoine Garnier, Michel Levadoux, Charles Nagot, Jean Tessier, L. Cahier de Lavau, chanoine de Saint-Martin de Tours. Les séminaristes s'appelaient Mondésir et Périnault, le même Périnault que nous retrouverons plus tard à la tête d'une paroisse canadienne. MM. Garnier, Levadoux, Nagot et Tessier appartenaient à l'illustre famille de M. Olier. A eux s'étaient adjoints trois aspirants au sacerdoce, de Londres, du nom de Tulloch, Cardwell et Floyd. M. Emery avait frété un petit navire pour transporter sa petite colonie de prêtres. A Saint-Malo, lieu de l'embarquement, quelques laïcs eurent la permission de prendre passage, et parmi eux se trouvait Chateaubriand. L'illustre auteur du *Génie du Christianisme* mentionne ce fait dans l'introduction de son *Voyage en Amérique*, quand il dit : " J'avais pour compagnons de voyage de jeunes séminaristes de Saint-Sulpice, que leur supérieur, homme de mérite, conduisait à Baltimore." Ce supérieur était M. Nagot, prêtre d'une grande distinction.

Le navire entra dans la baie de Chesapeake, après trois mois d'une navigation peu accidentée ; une relâche de trois semaines aux îles de Miquelon fut le seul incident remarquable de cette traversée. L'arrivée à Baltimore eut lieu le 10 juillet. M. Nagot acheta au prix de 11,000 francs une petite maison et quatre acres de terrain hors de la ville, et l'installation de ses compagnons s'y fit vers la fin de l'année 1791. Le séminaire de Baltimore était fondé. Au mois d'août de la même année, un autre sulpicien était venu s'installer au milieu de ses confrères: c'était M. Jean Dubois.

L'année 1792 vit débarquer à Baltimore huit nouveaux ecclésiastiques. Ce furent, le 29 mars, MM. Chicoineau, Flaget, David et un jeune diacre, M. Théodore Badin ; le 2 juin, M. François Matignon, et, le 24 juin, MM. Ambroise Maréchal, Gabriel Richard et François Ciquard, ancien supérieur du séminaire de Bourges.

Il n'en vint aucun en 1793, et un seul en 1794, M. Pierre Babad ; ce fut le Canada qui, cette année-là, eut le bonheur de recevoir d'un seul coup onze disciples de M. Olier. Mais trois prêtres, retour de Guyane, se fixèrent à Baltimore ; c'étaient MM. Jean-François Moranvillé, Charles Duhamel, tous deux missionnaires du Saint-Esprit, et M. Hérard.

L'année 1795 vit arriver M. Louis-Valentin-Guillaume Dubourg, et 1796 M. Jean Lefèvre de Cheverus, qui avait quitté l'Angleterre, où il avait séjourné pendant trois ans. (1)

Sept prêtres arrivèrent en 1798 : MM. Barrière, Dilhet, Fournier, Olivier, Rivet, Salmon et Sibourd. L'unique sulpicien était M. Dilhet. MM. Fournier et Salmon moururent peu de temps après leur arrivée.

Voici donc vingt-neuf ecclésiastiques, sulpiciens, prêtres séculiers, missionnaires du Saint-Esprit, destinés au diocèse de Baltimore, tandis que durant une période correspondante, quarante-cinq vinrent échouer sur nos rives canadiennes. Six de ces prêtres réfugiés aux Etats-Unis devaient porter avec éclat le fardeau de l'épiscopat : M. Flaget, à Bardstown d'abord, puis à Louisville ; M. de Cheverus à Boston ; M. Dubourg à la Nouvelle-Orléans. M. Maréchal a été le troisième archevêque de Baltimore, et M. Dubois le troisième évêque de New-York. M. David a rempli pendant plus de quinze ans les fonctions de coadjuteur de Bardstown et de Louisville, sous le titre d'évêque de Mauricastre. On a dit de Mgr Flaget, dont la juridiction embras-

---

(1) L'abbé de Cheverus était passé en Angleterre à l'automne de 1791. Il se fixa à Tottenham pour enseigner le français dans une école protestante. Il en profita pour apprendre la langue anglaise. Sa correspondance avec l'abbé Matignon l'engagea à prendre à son tour le chemin de l'Amérique. Cet abbé, comme on sait, devint cardinal.

sait tout le pays entre la frontière méridionale du Tennessee et les rives du Saint-Laurent, que dans ses courses apostoliques il a marqué par chacune de ses haltes principales le siège d'un évêché. Ce sont Saint-Louis sur le Missouri, Vincennes dans l'Indiana, Détroit dans le Michigan, Cincinnati, capitale de l'Ohio, Buffalo sur le lac Erié, Pittsburg dans la Pennsylvanie occidentale. M. Matignon à Boston, M. Moranvillé à Baltimore, M. Richard à Détroit, ont été plus que des missionnaires : ils furent des fondateurs, des créateurs de paroisses et d'œuvres diverses. Sans avoir porté la mître, ils en ont eu toute l'autorité, tout le prestige. L'Eglise catholique aux Etats-Unis doit une énorme dette de reconnaissance à ces pionniers de l'Evangile, sulpiciens, jésuites, prêtres séculiers, mais surtout aux sulpiciens et à leur séminaire de Baltimore qui a été, suivant l'expression d'un écrivain américain, la mère et la nourrice des premiers ministres de Dieu qui ont été élevés dans le sein de l'Eglise des Etats-Unis.

Ouvrons ici une parenthèse pour nous permettre de mieux faire connaître toute la série de difficultés auxquelles les émigrants, laïcs et ecclésiastiques, se trouvèrent en butte au cours de leurs multiples pérégrinations. L'une des plus sérieuses fut celle inhérente à la question des passeports. N'entrait pas qui voulait dans notre pays. Le gouvernement canadien voulait exercer un contrôle absolu sur les entrées au Canada comme sur les sorties. Cette surveillance était louable, mais tout dépendait de la manière dont on l'exerçait.

Cette question des passeports ne fut jamais réglée

d'une manière bien satisfaisante pour les intéressés ; qu'elles eussent à transiger avec des laïcs ou avec des ecclésiastiques, les autorités canadiennes, aussi bien que les représentants officiels du gouvernement britannique aux Etats-Unis, se montrèrent parfois d'une sévérité que l'on serait porté à croire entachée d'exagération. Prenons, pour exemple, le cas des sulpiciens de Baltimore. Aucun d'eux ne pouvait franchir la frontière canadienne, sans s'être préalablement muni d'un passeport du ministre plénipotentiaire anglais fixé à Philadelphie. Avant de l'accorder, celui-ci devait soumettre chaque cas particulier à l'agrément du gouverneur du Canada. Ce commerce de lettres provoquait de longs retards, qui pouvaient être préjudiciables aux intérêts individuels aussi bien qu'aux intentions des communautés. On a vu M. Desjardins intercéder auprès de lord Dorchester pour qu'il donnât, une fois pour toutes, son acquiescement à chaque passeport signé par le ministre plénipotentiaire M. Hammond. (1)

En 1797, Mgr de la Marche écrivait à lord Dorchester, (2) le priant de recevoir quatre Sulpiciens qui allaient se renfermer dans le séminaire de Montréal, savoir MM. Jean Gaspard de Saint-Félix, Antoine-Jacques Houdet, Pierre Bonyer, J.-B. Chicoineau, et un chanoine de Tours, M. Louis Cahier de Lavau. Deux seulement se rendirent jusqu'au Canada, les trois autres s'arrêtèrent aux Etats-Unis.

Semblable demande avait déjà été faite par l'évêque de Léon à l'endroit de M. Levadoux, sulpicien,

---

(1) Voir pièce Z.
(2) Voir pièce AA.

Gabriel le Courtois, prêtre séculier, et Dom Didier, dominicain. Mgr de la Marche recommandait, en outre, l'admission de M. de la Marre, fils, ami de M. Desjardins, l'aîné. (1)

Le gouverneur Prescott (2) paraissait s'opposer systématiquement à l'introduction de prêtres français dans notre pays, et pour deux raisons principales : 1° leur immixtion dans les rangs du clergé aurait pu être de nature à empêcher les prêtres d'origine canadienne d'être promus aux charges supérieures ; 2° elle pourrait créer de nouveaux liens entre le Canada et la France, ou contribuerait à empêcher le souvenir de la mère-patrie de s'éteindre dans l'esprit des Canadiens. (3)

Sir Robert Shore Milnes, lieutenant-gouverneur de la province, ne semblait pas mieux disposé que son prédécesseur au sujet de l'admission des prêtres réfugiés. Dans une lettre à Sullivan, sous-secrétaire d'Etat, en date du 21 octobre 1803 (4), pour mieux faire valoir son opinion, il paraît vouloir révoquer en doute la loyauté du grand vicaire Desjardins, bien

---

(1) Voir pièces BB et CC.
(2) Le major général Robert Prescott était né en 1725. Il vint au Canada en 1796, en qualité de gouverneur. Il dénonça le système de concession de terres adopté avant lui, système par lequel un bureau organisé dans le but de distribuer ces terres avait fait preuve de favoritisme et de népotisme aux dépens du trésor public et des citoyens en général. Prescott mourut à l'âge de 89 ans, à Rose Green, près de Battle, en Sussex. C'était un homme droit et qui ne pouvait souffrir l'injustice.
(3) Voir pièce DD.
(4) Voir pièce EE.

que celui-ci eût prêté le serment d'allégeance à la couronne britannique, dès le 20 octobre 1794 (1). Sir Robert (2) croyait (en était-il bien convaincu ?) que l'introduction de l'élément ecclésiastique français aurait pour résultat d'affaiblir chez les prêtres canadiens le sentiment de dépendance qu'ils devaient au gouvernement anglais, et de leur mettre en esprit l'idée que Sa Majesté n'avait pas le droit de s'immiscer dans les affaires religieuses du Canada.

L'abbé J.-L. de Calonne eut toutes les peines du monde à obtenir son entrée à Québec, et cette opposition, devenue vexatoire, lui fut toujours suscitée par Sir Robert Shore Milnes, qui aurait agi plus sagement, en gardant le silence sur cette question, (3) vu qu'il avait alors quitté la province. Ce haut personnage s'effrayait toujours à l'idée que les Canadiens pourraient conserver dans leur cœur le souvenir de la France ; la présence des prêtres français au milieu d'eux, disait-il, les rendrait tôt ou tard rebelles. Les événements ne lui donnèrent pas raison, car s'il y eut dans la province de Québec des loyaux à la couronne anglaise, on les trouve dans les rangs du clergé français, et on pourrait même reprocher à quelqu'un d'entre eux d'avoir un tant soit peu exagéré ce sen-

---

(1) Voir pièce FF.

(2) Sir Robert Shore Milnes avait été assermenté comme lieutenant gouverneur le 31 juillet 1799, deux jours après le départ de Prescott pour l'Angleterre. Il resta à Québec jusqu'au 5 août 1805, et s'en retourna à Londres, d'où il ne revint plus. Cependant il continua d'être lieutenant-gouverneur jusqu'au 29 novembre 1808, avec les émoluments de £1500 attachés à sa charge.

(3) Voir pièces GG. OO. PP. QQ. et RR.

timent. Quant au clergé canadien, il fut toujours loyal, à peu d'exceptions près. Eût-il failli sous ce rapport, le Canada d'aujourd'hui serait un Etat de la grande République américaine.

Les passeports pour sortir du pays étaient plus faciles à obtenir. Cependant il arriva plusieurs fois que le gouverneur se fit tirer l'oreille avant d'accorder une telle faveur. L'autorité civile nous paraît avoir agi dans ces circonstances avec une prudence un peu outrée. Etant données nos conditions politiques présentes, il est bien malaisé de comprendre les raisons qui la faisaient agir avec une aussi grande rigueur à l'égard de gens si peu dangereux.

Dans une circonstance, assez intéressante pour qu'on la mentionne, lord Dorchester refusa catégoriquement de recevoir un noble français, qui pourtant aurait désiré un meilleur accueil. Le duc de La Rochefoucauld-Liancourt avait déjà parcouru une partie des Etats-Unis. (1) A Philadelphie il avait visité M. Hammond, qui lui avait promis d'écrire en sa faveur au gouverneur du Canada. Accompagné d'un autre Français de ses amis, il traversa la frontière et se rendit à Newark, où il reçut la plus cordiale hospitalité de lord Simcoe. De là il courut à

---

(1) François-Alexandre-Frédéric, duc de La Rochefoucauld-Liancourt naquit le 11 janvier 1747. C'était un homme politique, un agronome et un philanthrope Il se sauva en Angleterre après le 10 août 1792, puis passa en Amérique en 1795, où il séjourna pendant quatre ans. Le duc avait fait de grands sacrifices pour la défense du roi. Il publia, en 1798, la relation de son voyage aux Etats-Unis en 8 volumes, et en 1800 un petit ouvrage sur les prisons de Philadelphie.

Kingston. Ici il devait recevoir ses papiers de Québec. Mais au lieu du permis qu'il attendait, il fut surpris de trouver l'intimation de quitter le Canada sous le plus court délai. Imaginez la colère de ce grand personnage, que lord Simcoe avait hébergé sans réfléchir aux conséquences. Aussi jugea-t-il à propos de déverser sa bile sur lord Dorchester, l'auteur de tout ce mal. Voici un échantillon de sa prose atrabilaire :

" Son Excellence m'a fait donner *un ordre d'exclusion* par son secrétaire, car il n'a pas même pris la peine de signer la lettre, et a ajouté ainsi la grâce des formes à l'agrément de la chose. On me dit pour me consoler que son *Excellence* est un *radoteur*, qu'il ne fait rien lui-même, etc. ; que sans doute, quelque prêtre français émigré m'aura rendu ce bon office auprès de quelque secrétaire ; cela est possible, car quoique, grâce au ciel, je n'aie jamais fait de mal à personne, je ne laisse pas de trouver des gens qui voudraient m'en faire. Quoi qu'il en soit, il faut prendre son parti, et rire de ce désappointement... En arrivant au Canada, *ma grâce* était comblée d'honneur, des officiers pour me suivre, des hommages de respect, etc. ; aujourd'hui j'en suis chassé comme un vaurien.

.................................Et je n'ai mérité
Ni cet excès d'honneur ni cette indignité." (1)

L'on se demandera à bon droit quelles raisons pouvait avoir lord Dorchester pour fermer les portes du

---

(1) *Voyage dans les Etats-Unis d'Amérique*, T. II, p. 167.

Canada au duc de La Rochefoucauld. Si on juge l'homme par ses écrits, il nous paraît que le gouverneur n'avait pas eu tort. Ses récits de voyage pullulent de diatribes contre le clergé catholique en général et contre le clergé canadien en particulier. En maints endroits de son grand ouvrage il exalte outre mesure l'amour des Canadiens pour la France, essayant de faire croire qu'ils retourneraient facilement à leur ancienne allégeance, si l'Angleterre les traitait mal.

CHAPITRE NEUVIÈME

UN ÉPISODE DE L'ÉMIGRATION ECCLÉSIASTIQUE

1801

SOMMAIRE : — Déportation des prêtres à la Guyane. — Accidents de la route. — Prise de vaisseaux français par les corvettes anglaises. — La *Vaillante* et la *Dédaigneuse* capturées par les Anglais. — L'*Elizabeth*, portant onze prêtres français, amenée à Québec en 1801 par la *Résistance*, frégate anglaise. — Maladie à bord. — Un des prêtres prisonniers, gravement malade, loge à l'Hôpital-Général et il y meurt. — Courtoisie de l'évêque et de la population envers ces prêtres français. — Lettres de ces derniers à l'évêque. — Retournent en Europe au bout d'un mois.

La grande masse des prêtres réfugiés en Angleterre, en Ecosse et dans les îles anglo-normandes s'y étaient transportés à leurs risques et périls, fuyant hâtivement la persécution la plus atroce. Mais il y en eut un certain nombre que le gouvernement de la République avait condamnés à la déportation à Cayenne, dans la Guyane française. On les paquetait sur des navires, souvent à côté de vils forçats, dont le contact ne pouvait être que repoussant. Ces voyages d'outre-mer ne furent pas toujours heureux pour les révolutionnaires qui les organisaient, car il fallait bien souvent compter avec les vaisseaux de guerre ennemis qui croisaient sur les côtes de l'Atlantique, tant en Amérique qu'en Europe.

En 1797, le 7 août, le capitaine anglais Pellew, commandant l'*Infatigable*, s'empara de la *Vaillante*, corvette française, en destination de Cayenne. Ce coup fit le bonheur des vingt-cinq prêtres que le commandant anglais trouva à bord du navire capturé. Il les fit approcher de lui, et leur adressa la parole en les saluant : " Je suis heureux, messieurs, leur dit-il non sans une certaine émotion, de délivrer des hommes qu'on envoyait à une mort presque certaine ; vous êtes la plus riche prise que j'aie faite dans les combats. " Puis, avec une courtoisie peu ordinaire, il donna l'ordre de faire embarquer sur l'*Infatigable* tous les criminels ; il confia à la *Vaillante* les prêtres français, qui furent bientôt déposés dans la rade de Plymouth, et finalement envoyés à Londres. C'était la liberté pour ces pauvres proscrits, et l'Angleterre devint pour eux une seconde patrie, beaucoup plus agréable à habiter, malgré tout, que cette pauvre France livrée aux plus lamentables excès.

En 1800, la *Dédaigneuse* fut envoyée à Cayenne pour rapatrier les survivants du clergé déporté. Elle ramenait dix-huit prêtres ; mais au moment où elle allait toucher les côtes d'Espagne, elle fut aperçue par des vaisseaux anglais, et le 6 février 1801, l'amiral Thomas Pasly écrivait aux lords de l'amirauté : " J'ai l'honneur de vous informer qu'il vient d'arriver ici la frégate française la *Dédaigneuse*, capturée par l'*Oiseau* et le *Sirius*, après une chasse de quarante-deux heures et une canonnade de deux heures, après laquelle la frégate a amené ses pavillons. Elle était partie de Cayenne et était à destination de Rochefort. Elle a été rencontrée près des côtes de l'Espagne et capturée à quatre milles du rivage." Les dix-huit prêtres arrivèrent à Plymouth au milieu de février 1801.

La même année, le 7 octobre, arrivait à Québec la frégate anglaise la *Résistance*, capitaine H. Digby, accompagnée du navire français l'*Elizabeth*, pris en revenant de Cayenne et lorsqu'il se dirigeait sur Barcelone, en Espagne. Ce vaisseau était chargé de coton et de bois de teinture. Il portait à son bord onze prêtres, qui furent agréablement surpris de se voir transportés en plein pays français. Une maladie contagieuse sévissait parmi l'équipage, et les autorités ne leur permirent point de prendre pied à terre. Il n'y eut d'exception que pour l'abbé Nicolas-Aubin Thorel ou Thoreil, dont l'état maladif inspirait des craintes sérieuses. Les portes de l'Hôpital-Général lui furent ouvertes ; ce pauvre prêtre était dans un état pitoyable, comme, du reste, tous ses confrères. Une religieuse dut s'adresser à des personnes charitables afin de lui procurer du linge. L'annaliste du monastère écrit à ce sujet : " Si cette misère fut un sujet de peine pour nous, elle n'en fut pas moins un sujet de grande édification, en voyant la constance et la résignation avec lesquelles ce vertueux ecclésiastique supportait ses maux, rendant ainsi hommage à notre sainte religion."

M. Thorel mourut le 22 janvier 1802, à l'âge de 47 ans. Il était natif d'Ecouis, dans le diocèse de Rouen. Nous trouvons sur la liste civile du Bas-Canada, pour l'année 1801, la mention d'une somme de £55-13-11 appropriée par la Législature " pour défrayer les dépenses extraordinaires encourues par l'Hôpital-Général de Québec pour M. Thoret (?), prêtre français, prisonnier de guerre, qui y a été placé par ordre du gouvernement le 6 octobre 1801 et y est mort le 22 janvier 1802."

Voici les noms de ces prêtres :

Ténèbre, curé de Croix-de-Vie, département de la Vendée, diocèse de Luçon, sexagénaire.

Porte, curé des Mollettes, département et diocèse de Chambéry.

Brus, curé du département du Tarn, diocèse de Lavaur.

De Jumilhac, chanoine du chapitre noble de la cathédrale de Toul.

Thevenet, chanoine de Luiseaux, département de Saône-et-Loire, diocèse de Saint-Claude.

Plombat, curé de Sulvanhac, diocèse de Rodez.

Jean Ragneau, religieux capucin, prêtre.

Al. Huysens, curé de Détrier, diocèse de Chambéry.

Colloquin, vicaire du diocèse de Reims.

Trollé, desservant de Naucray, diocèse de Sens.

Thorel, prêtre du diocèse de Rouen.

Cette liste fut dressée par Mgr Plessis qu'il a fait suivre de la note suivante : " N. B.—Ce dernier (M. Thorel) descendit de la frégate où il était prisonnier et mourut à l'Hôpital-Général, où il fut enterré. Ce fut avec beaucoup de peine que le coadjuteur de Québec, Mgr Plessis, réussit à avoir la permission du gouverneur de faire mettre à terre M. Thorel alors dangereusement malade. Quant aux autres messieurs, la charité du clergé et des fidèles de la ville de Québec leur fit prodiguer tous les secours dont ils étaient capables pour rendre leur captivité plus supportable."

On reconnaît bien ici la tactique impitoyablement hostile au clergé français, qui signala la carrière de Sir Robert Shore Milnes. Pourquoi avoir refusé à ces pauvres prisonniers, qui souffraient depuis plusieurs semaines (1) de privations de toute nature, le plaisir bien légitime de visiter Québec, son évêque, son clergé et même ses principaux citoyens ? On se demande avec raison, quel mal auraient pu causer au gouvernement de Sa Majesté ces dix prêtres inoffensifs, qui n'avaient d'autre désir que de retourner dans leur pays. Mais non, il valait mieux les retenir captifs à bord d'un navire empesté de fièvre, quitte à les voir mourir l'un après l'autre. La population de Québec toutefois agit bien différemment : touchée de leurs misères, et un peu offensée de l'espèce de persécution dont ils étaient l'objet, nos gens souscrivirent de l'argent pour venir à leur secours. Mgr Plessis paya beaucoup de sa personne, et fit preuve dans cette circonstance de la plus louable charité. Aussi ces prêtres ne voulurent pas quitter Québec sans lui envoyer leurs remerciements. L'on ne lira pas sans attendrissement les deux lettres suivantes, qui lui furent adressées au moment de la séparation : (2)

---

(1) Du 17 juillet au 6 octobre.
(2) Mgr H. Têtu, à qui nous empruntons la majeure partie de ces renseignements, a publié dans le *Bulletin des recherches historiques* du mois d'avril 1900, un article spécial sur le compte de ces prêtres prisonniers. Les deux lettres adressées à Mgr Plessis sont conservées aux archives du palais épiscopal.

A Monseigneur le Coadjuteur de Québec,

A Québec.

Monseigneur,

Nous quittons la rade de Québec comblés de vos bienfaits ; daignez agréer l'hommage pur et sincère de notre reconnaissance ; vêtus, nourris, secourus dans tous nos besoins spirituels et temporels, votre conduite à notre égard nous rappelle vivement celle des évêques de la primitive Eglise. Crainte de porter atteinte à votre modestie, nous garderons un silence profond sur tant de vertus dont l'éclat a fait sur nous une impression durable ; nous ne dirons rien de ce discernement des esprits qui vous rend si judicieux à connaître les hommes, de cette noble simplicité qui vous familiarise à tous, sans qu'aucun manque au respect qu'on doit à votre place et plus encore à votre mérite personnel ; enfin de cette charité effective, compatissante, qui vous gagne tous les cœurs en les élevant à Dieu. Jouissez longtemps de ces faveurs que vous aurez reçues du ciel ; vous ne le ferez jamais que pour la gloire de Dieu et le salut des âmes. Pour nous, il nous restera le doux plaisir de publier vos vertus et vos bienfaits partout où la Providence dirigera nos pas ; nous osons y ajouter le regret sincère de nous voir éloignés d'un prélat qui nous laisse tant à admirer en lui. Il faut, au reste, Monseigneur, que Dieu soit bien mécontent de nous, puisqu'il n'a pas trouvé à propos de nous ménager les moyens de demeurer auprès de vous et dans cette terre heureuse de Gessen où les vrais Israélites jouissent de l'heureuse liberté des enfants de Dieu, tandis qu'il nous faut revenir dans cette malheureuse Egypte, notre patrie, frappée peut-être encore des ténèbres de l'erreur. Oh ! si jamais nous pouvions obtenir de Mgr l'évêque de Saint-Pol et du gouvernement anglais l'agrément de revenir à Québec, nous volerions vers vous, Monseigneur, comme vers un bon père, pour jouir du spectacle touchant de vos exemples et de vos vertus. C'est dans ces sentiments et avec ceux d'un profond respect, que nous avons l'honneur d'être,

   Monseigneur,
    De Votre Grandeur,
Les très humbles et très obéissants serviteurs,

 Brus, curé.   Al. Huysens, curé.
  Jean Ragneau, prêtre. Plombat, ptre, curé.

P. S. Nous osons vous prier de faire agréer nos très humbles remerciements à tous vos dignes coopérateurs et aux dignes épouses de J.-C., qui ont contribué à nous secourir, ainsi qu'à tous les fidèles, sans oublier ceux que l'humanité a rendus sensibles à nos malheurs.

 A bord de la frégate *La Résistance*, ce 29 octobre 1801.

A Monseigneur le Coadjuteur de Québec,
        A Québec.
Monseigneur,

 L'accueil gracieux qu'a bien voulu nous faire Votre Grandeur nous a pénétrés de la plus vive sensibilité et a adouci les rigueurs inséparables de notre déportation ; il nous a d'autant plus flattés que nous le regardons comme un prélude et un heureux présage de celui que nous espérons avoir en France.

Nous avons été douloureusement affectés quand, après notre capture, nous avons su que nous allions être conduits au Canada. Aujourd'hui nous regardons ce voyage comme un bienfait de la Providence qui nous y menait comme par la main, pour notre instruction et notre édification. Un prélat doué d'éminentes vertus, qui à une vraie modestie réunit une noble et touchante simplicité, un père dont l'âme généreuse et compatissante a été vivement émue à la vue de notre misère et de nos souffrances, et qui par une tendre et vigilante sollicitude nous a prodigué au delà de nos souhaits tous les secours qui nous étaient nécessaires ; un clergé édifiant en qui nous avons trouvé des frères et des amis et des fidèles imitateurs de leur respectable modèle ; enfin un peuple de mœurs patriarcales ; tel est le spectacle ravissant qui nous attendait au Canada, et que nous avons vu avec admiration. Mais ce qui l'avait causée, Monseigneur, cette admiration, va devenir le sujet de nos vifs regrets. Nous aurions bien désiré ne point nous séparer de Votre Grandeur, fixer notre séjour dans votre diocèse, y respirer en paix, à l'ombre d'un gouvernement pacifique et protecteur, et consacrer nos veilles et nos faibles talents à coopérer au salut d'une partie du troupeau confié à vos soins. Mais cela n'entre pas dans les vues de Dieu ; nous ne sommes point assez purs, nous n'avons point encore été assez éprouvés dans le creuset des tribulations pour avoir l'honneur d'être agrégés de mœurs et de vertus angéliques. Semblables aux Israélites murmurateurs, nous aurons parcouru des yeux, à loisir, les coteaux riants et fertiles du Saint-Laurent ; nous aurons vu la terre d'abondance, la terre désirée, mais il ne nous aura pas été donné d'y poser les pieds. *Terram lacte et melle fluentem.*

Nous partons, Monseigneur, couverts de vos bienfaits, nous sommes pénétrés de la plus vive reconnaissance envers Votre Grandeur ; nous en sentons toute l'étendue, mais les expressions nous manquent pour la rendre.

Daignez agréer, Monseigneur, nos respectueux et sincères adieux ; nous prions le Très-Haut de vous conserver à ce vaste diocèse pour son bonheur et son salut, sous les auspices d'une paix profonde, à l'abri des orages et des tempêtes révolutionnaires.

Nous vous laissons à regret l'infortuné Thorel, mais nous nous consolons sur son sort, le sachant en si bonnes mains ; et le recommander à votre sollicitude serait déjà avoir oublié combien vous êtes compatissant et généreux.

Nous avons l'honneur d'être,

De Votre Grandeur,

Monseigneur,

Les très humbles, très obéissants

et très respectueux serviteurs,

Les prêtres français,

Ténèbre, Trollé, Colloquin,
Thevenet, De Jumillac, Porte.

A bord de *La Résistance*, 30 octobre 1801.

Retournés en Angleterre, le même automne, ces prêtres durent prendre bientôt le chemin de la France, car c'était précisément le temps où le clergé entrait en foule dans la patrie qui lui tendait ses bras meurtris. Il nous a été impossible de nous procurer des renseignements complets sur leur compte. Perdus à travers la masse des rapatriés, c'eût été presque miracle que de retracer même leurs noms au milieu de milliers de confrères. Nous avons toutefois recueilli certains détails, qui ne sont pas dépourvus d'intérêt, quoiqu'ils portent plutôt sur leurs antécédents.

Disons tout d'abord qu'ils avaient été déportés à Rochefort en vertu de la loi du 19 fructidor an V (5 septembre 1797). Là ils avaient été détenus en attendant leur embarquement pour Cayenne. Après avoir séjourné en Guyane jusqu'en 1801, ils s'en revenaient en France, lorsque parvenu à la Martinique, leur navire fut capturé par un corsaire anglais. C'était à la date du 17 juillet. Comme nous l'avons vu, l'*Elizabeth*, qui les portait, arriva à Québec en même temps que la *Résistance*, le 6 octobre. Les notes prises par Mgr Plessis étant incomplètes, nous leur adjoignons les suivantes :

Ténèbre (Alexis-Charles-François), âgé de 58 ans, était né à Tours, et mourut curé de Vairé, dans la Vendée, à 12 kilomètres des Sables d'Olonne.

Porte (Guillaume), âgé de 55 ans, natif de la Chapelle-Blanche, diocèse de Chambéry. Il est mort en 1833, curé de la Chapelle-Blanche.

Brus (Jacques), âgé de 53 ans, né à la Bruguière, département de Tarn. Devint, après 1801, curé à Péchaudier, diocèse d'Alby.

Chapelle de Jumilhac (René-Félix), âgé de 55 ans, né à Fontaine. Mourut curé de Mouilleron en-Pareds, en Vendée.

Thévenet (François-Thomas), âgée de 51 ans, né à Cuzance. Lorsqu'il fut incarcéré à Rochefort, il avait été enregistré comme curé de Cuzance, département de Lot, diocèse de Besançon. " C'était un prédestiné, " lisons-nous au registre. Pitou a écrit erronément, que Thévenet mourut à Cayenne, en 1801.

Plombat (Antoine-Pierre), âgé de 53 ans, né à la Trinité de Laval. Enregistré sous le titre de curé de Saint-Mars-sous-Ballon, diocèse de Laval, département de la Sarthe. Cette paroisse est à 20 kilomètres du Mans.

Ragneau ou Ragueneau (Jean), âgé de 52 ans, né à Blois, était curé de la Chapelle-Tireuil, diocèse de Blois, dép. des Deux-Sèvres, à 30 kilomètres de Niort. Il avait été le seul des onze prêtres prisonniers à prêter le serment schismatique. " Il le rétracta avec larmes," dit le registre des déportés.

Huysens (Marc-Antoine), 40 ans, natif de Saint-Jean-de-Maurienne. Devint plus tard curé de Montmélian, dans le diocèse de Grenoble, où il est mort en 1840.

Colloquin (Louis-Pierre), 40 ans, né à Vienne-le-Château, département de la Marne.

Trollé (Charles), 43 ans, né à Coilly. Mort curé de Sépeaux, le 9 janvier 1827. Sépeaux est dans le département de l'Yonne.

CHAPITRE DIXIÈME

LES PRÊTRES RÉFUGIÉS ET L'OPINION PUBLIQUE AU CANADA

Sommaire : — Recrutement du clergé par voie d'immigration. — Conduite de Mgr Hubert, de Mgr Denaut et de Mgr Plessis à l'égard des prêtres français. — Témoignages de reconnaissance pour l'Angleterre et son roi. — Discours de Mgr Plessis. — Sermon de l'abbé Le Saulnier, sulpicien. — Les derniers survivants des quarante-cinq réfugiés. — Mgr de Forbin-Janson. — Les Oblats de Marie Immaculée.

Nous avons vu que l'élan de charité, si spontanément développé au sein de la nation anglaise, avait eu son écho jusqu'au Canada. Le gouvernement de la province de Québec pouvait-il ignorer ce que le gouvernement britannique avait fait, ou se proposait de faire, à l'égard de ce clergé français, que la détresse avait rendu intéressant. Mgr Hubert s'était donc trouvé à l'aise, quand il s'était adressé au lieutenant-gouverneur dans le but de créer un courant d'émigration ecclésiastique vers le Canada. Comment le noble lord aurait-il pu lui refuser sa demande, lorsqu'en Angleterre on recevait les prêtres par milliers, et qu'on leur faisait l'hospitalité si douce et si large ? Mgr Hubert n'eut donc qu'à demander pour obtenir, et du moment qu'il vit sa démarche agréée, il se mit aussitôt à l'œuvre. Dès lors ce Prélat devint l'apôtre de l'immigration ecclésiastique. Son dévouement ne connut plus de bornes. Il paya de sa personne et de sa bourse, plus qu'on ne saurait dire. S'il ne réussit pas dans la mesure qu'il anticipait, la faute ne doit pas lui en être imputée. Nous devons lui tenir bon compte des résultats obtenus, comme aussi de l'énergie qu'il déploya afin d'arriver à un succès plus complet. A lui revient l'honneur d'avoir réussi à introduire au Canada ces prêtres réfugiés qui nous ont rendu tant de services, et dont les noms devraient être inscrits sur une colonne de granit, pour que jamais leur mémoire ne fût oubliée. Reconnaissance donc à cet évêque de Québec ! Son administration, heureuse sous tant de rapports, a été rendue plus féconde encore par cette hospitalité si généreusement offerte aux prêtres choisis par Mgr de la Marche dans le but de venir au secours du clergé canadien.

Le successeur de Mgr Hubert au trône épiscopal ne sembla pas déployer autant de zèle à l'égard de l'immigration ecclésiastique. Le fait est qu'à cette date — 1797 — le courant d'émigration du clergé réfugié sur le territoire anglais, à Jersey aussi bien qu'à Londres, se faisait plutôt vers la France. On était en effet à la veille du rapatriement. Les ecclésiastiques n'attendaient que l'heure propice pour retourner dans leurs foyers, et ils préféraient rester où ils étaient, afin d'être plus à proximité de la France. L'abbé Desjardins donne à entendre, dans son journal, que Mgr Denaut répugnait à continuer l'œuvre de son prédécesseur. Possible qu'il n'éprouva pas les mêmes besoins, les nouvelles recrues ayant pu remplir suffisamment les cadres. Mais il ne serait pas juste de croire que ce fut par hostilité ou par quelque autre motif aussi peu honorable. On n'a pas de preuve, du reste, qu'au cours de son administration, de 1797 à 1806, il les ait traités injustement. Nous constatons, au contraire, qu'il se plaisait à les réunir et à les visiter, et qu'il accueillit les derniers arrivés avec la plus grande condescendance.

Mgr Plessis, successeur de Mgr Denaut, fut, des trois prélats, celui qui entretint les plus longs et les plus fréquents rapports avec les prêtres réfugiés. Le grand évêque comprit quelle espèce d'hommes il tenait sous sa main, et sans abuser toutefois de leur abnégation et de leur zèle dévorant, il en sut tirer le meilleur parti possible, dans un temps où l'Eglise du Canada souffrait encore du manque d'ouvriers. Mgr Plessis avait surtout à cœur d'améliorer le sort des paroisses. Son premier soin fut de donner au district des Trois-Rivières le renfort qui s'imposait. Du même coup il fortifiait Nicolet, objet de ses plus chères prédilections. Au bout de quelques années, huit paroisses, tant du côté nord que du côté sud du fleuve, dans les environs de la future métropole trifluvienne, avaient à leur tête des prêtres français. C'étaient la ville des Trois-Rivières, Nicolet, Bécancourt, Gentilly, la Pointe du Lac, la Baie du Febvre, Saint-Michel d'Yamaska et Saint-François du Lac. Aujoutons à cette liste, déjà bien significative au point de vue curial, le fait que le curé de Nicolet était aussi supérieur du collège, et que le chapelain des Ursulines des Trois-Rivières s'appelait M. de Calonne, et l'on aura une idée assez juste de ce que pouvait prendre d'importance ce petit noyau de prêtres, ayant bu au même calice d'amertume, tous hommes d'un caractère éprouvé. Mgr Plessis avait donc cent fois raison de leur confier des cures importantes, comme celles que nous venons de nommer. En les groupant, il leur donnait l'occasion de se rencontrer plus souvent, de fraterniser tous ensemble et de s'unir par des liens encore plus étroits, si possible. La religion catholique pouvait-elle souffrir de ces réunions de prêtres instruits, savants même, et prêts à tous les dévouements ?

La tradition nous rapporte qu'on appelait ce coin de notre province la *Petite France*. Heureuse petite France, d'avoir eu à sa tête, de 1796 à 1847, c'est-à-dire pendant plus d'un demi-siècle, des prêtres comme les Raimbault, les Le Jamtel, les Ciquard, les Fournier, les Courtin, les Orfroy, les Joyer et les Gibert ! Heureux curés qui avez eu des paroissiens aux mœurs si pures, des familles si dévouées à la religion et au culte de leurs ancêtres !

En 1790, Mgr Plessis écrivait à Mgr de la Marche cette phrase que nous détachons d'une longue lettre au sujet de ses bulles : " Les ecclésiastiques français continuent d'édifier le diocèse de Québec et d'y procurer la gloire de Dieu et le salut des âmes. J'ai souvent remercié le Ciel d'avoir apporté un aussi précieux secours à cette petite portion du troupeau de Jésus-Christ."

Après avoir entendu un aussi beau témoignage, on ne doit pas être surpris de voir le grand évêque exprimer, dans un langage tout vibrant d'émotion, sa reconnaissance envers l'Angleterre, accueillant à à bras ouverts ces prêtres proscrits, dont le Canada avait été si heureux de recueillir à son tour quelques nobles débris. C'était à l'occasion de la victoire signalée de la marine anglaise sur celle de France, en 1798. Mgr Plessis, prêchant dans sa cathédrale, prononça un sermon qui devait faire sensation. C'est un morceau à lire et surtout à méditer. L'extrait suivant est d'une haute éloquence, et il traduit bien la pensée du prédicateur au sujet de la conduite des Anglais envers les prêtres bannis de France.

" Venez, dit ce peuple bienfaisant, s'adressant aux exilés, venez, restes précieux d'une nation toujours notre rivale, mais dont nous avons toujours honoré le courage et respecté la vertu. Prélats vénérables, ministres édifiants d'une religion que nous ne connaissons plus ; descendants des anciens héros de la France, sujets de toutes les classes, que l'amour du devoir a rendus malheureux, qui avez renoncé à vos places, à vos titres, à vos sièges, à vos propriétés, plutôt que de trahir vos consciences et de consentir au renversement de l'Autel et du Trône ; venez, nous vous offrons une nouvelle patrie dans une terre étrangère. Venez partager nos foyers, nos fortunes, nos emplois, notre abondance. Si vous ne retrouvez pas au milieu de nous tout ce que vous avez perdu, vous serez au moins dédommagés par nos efforts pour adoucir votre exil et vos malheurs. Le Prophète l'avait dit, il y a longtemps : " *Je n'ai jamais vu le juste abandonné, non vidi justum derelictum.* Français émigrés, vous en faites aujourd'hui la douce expérience. Mais de quelle main se sert le Ciel pour vous procurer les secours les plus abondants ? De la main d'un peuple qui fut toujours l'émule du vôtre, que des intérêts d'Etat rendaient ennemi, et qui semblait vous haïr de bonne foi, mais qui dans vos malheurs n'aperçoit plus en vous que des frères souffrants. *Salutem ex inimicis nostris et de manu omnium qui oderunt nos.*" (1)

Ce témoignage solennel de reconnaissance, partagé par toute la population catholique, devait avoir son écho, vingt et un ans plus tard, dans la bouche d'un Sulpicien, le premier qui soit venu au Canada après 1789. C'était à l'occasion du décès de Sa Majesté George III en 1820. Mgr Plessis, fraîchement arrivé d'Europe, avait annoncé, dans un mandement à son clergé, cette mort, dont il avait appris la nouvelle pendant son séjour à Florence, le 19 janvier. M. Le Saulnier, alors curé d'office à l'église paroissiale de Montréal, sut trouver dans son cœur des élans de la plus vive gratitude envers ce grand roi, si magnanime et si dévoué à la cause des prêtres réfugiés. Après avoir donné lecture du document épiscopal, il s'écria :

" Dans le temps qu'une révolution désastreuse avait plongé dans la ruine un des plus beaux royaumes de l'Europe, et renversé ses autels, George III, reçut avec une magnificence digne d'un Roi ses prélats et ses prêtres ; il les traita avec distinction ; il condescendit à les regarder comme ses enfants et à parler d'eux dans les termes flatteurs de *Mon clergé français.*

---

(1) *Discours prononcé à l'occasion de la victoire remportée par les forces navales de S. M. B. le 1 et 2 août 1798, sur la flotte française, prononcé dans l'église cathédrale de Québec, le 10 janvier 1799, par Messire J. O. Plessis, curé de Québec, etc.*

" Il fit partout ouvrir des souscriptions pour le soutien des indigents ; des sommes d'argent furent levées ; mais ces fonds, quoique considérables, furent à la fin épuisés ; mais la munificence royale était inépuisable. Il obtint du Parlement un *Bill* pour qu'ils fussent soutenus aux dépens du public ; il donna même un de ses palais pour y loger plus de cinq cents d'entre eux, comme si la vertu dans la détresse et la foi assaillie par la persécution eussent eu des droits illimités à sa protection.

" Il fit davantage. Touché des malheurs de leur pays et désirant y rétablir l'ordre et la religion, il envoya ses armées et ses flottes qui combattirent avec gloire cette puissance impie qui menaçait de renverser l'univers... Sa feue Majesté avait même fait plus : le nombre des prêtres, étant devenu insuffisant pour les besoins spirituels d'une population croissante, il permit à leurs évêques d'en inviter d'autres pour les aider dans le soin des âmes. Le souvenir de tant d'actes de bienfaisance ne pouvait qu'exciter leur sensibilité ; il ne pouvait que les porter à s'écrier, qu'ils avaient perdu leur bienfaiteur et qu'en le perdant, ils avaient perdu le plus tendre des pères. Donnons donc un libre cours à notre douleur. Rien ne pouvait être plus juste ; leurs larmes ne pouvaient couler en trop grande abondance..."

Combien d'autres témoignages ne pourrions-nou pas ajouter, afin de prouver la reconnaissance des dignitaires canadiens envers la généreuse nation qui, pendant une période de dix ans, avait souscrit la somme énorme de quarante-cinq millions de francs dans le but de venir en aide à des Français, alors même qu'elle avait à lutter contre la France dans des guerres épuisantes pour son budget. Qui, ayant été témoin d'une si noble attitude, aurait pu manquer de loyauté, dans ce Canada, où la plus haute autorité dans le domaine politique, anglaise aussi, donnait des preuves non équivoques d'une égale charité en présence d'une égale infortune ? Nous aimons à rappeler le souvenir de cette explosion de gratitude et de loyauté de la part des évêques, des prêtres français et du clergé Canadien. Cette leçon, d'une haute portée, ne devrait jamais être perdue de vue, et ceux qui en profiteront seront les sages et les véritables patriotes.

Les contemporains des Raimbault, des Calonne et des Roque se sont toujours complu à considérer ces réfugiés comme des héros de la foi. Ils étaient respectés en conséquence. " C'est un prêtre français, disait-on, qui a tout quitté, famille et patrie, plutôt que de renoncer à sa religion ; ce doit être un saint prêtre." Et notre peuple ne se trompait pas dans ses appréciations. Ils étaient tous vertueux, charitables, et très attachés à leur patrie d'adoption. Ils proclamaient bien haut leur patriotisme, et surtout ils savaient en donner des preuves à l'occasion. Y eut-il en Canada un plus fervent patriote que l'abbé Sigogne ? Y eut-il aussi un saint plus remarquable que l'abbé de Calonne, un prêtre plus dévoué à la jeunesse que l'abbé Jean Raimbault ? N'allons pas croire toutefois que, pour être devenus Canadiens comme nous, ils aient complètement oublié leur pays d'enfance, cette terre de France où ils avaient encore, qui un père, qui une mère, qui des frères ou des sœurs. Bien souvent ils durent gémir en silence sur les rigueurs d'une séparation devenue irrévocable. Dans leurs réunions intimes, ils évitaient de se communiquer leurs impressions à cet égard, mais ils parlaient de la France, de ses malheurs et de ses triomphes, de ses tristesses et de ses joies. On se passait l'*Ami du clergé*, petite feuille dévouée aux intérêts de la France catholique, qui ne refusait pas la collaboration des écrivains canadiens. On trouvait moyen, ces jours-là, de revivre un peu de la vie française, si brusquement interrompue.

Après la disparition de Mgr Plessis, en 1825, les rangs des prêtres réfugiés étaient déjà éclaircis. Quinze ans plus tard, il ne restait plus que quelques vieillards de la phalange des quarante-cinq. De temps en temps, lors des solennités religieuses, à l'occasion des retraites ou de la fête du sacerdoce, on voyait émerger de la foule ces têtes blanchies à l'ombre du sanctuaire s'inclinant doucement vers la tombe. Restés sur la brèche avec cette vaillance qui avait fait l'honneur de leur longue carrière, il ne leur restait plus qu'à se compter pour se dire, chacun à part soi : " Qui de nous sera le dernier survivant ? "

C'est alors qu'apparut sur la scène une noble figure d'évêque, un Français aussi, exilé volontare, qui, après avoir semé le bien à profusion sur le sol des Etats-Unis, ne voulait pas repasser la mer avant d'avoir donné aux Canadiens une part des bienfaits que son cœur d'apôtre et sa fortune de grand seigneur pouvaient leur apporter. Ce prélat s'appelait Charles-Auguste de Forbin-Janson, évêque de Nancy et de Toul, primat de Lorraine. Il ne manqua pas de lier connaissance avec MM. Raimbault, Desjardins, Daulé, Roque, Villade et les autres survivants de l'époque de la révolution. Ce fut un bonheur pour lui que de faire la rencontre de compatriotes aussi distingués, victimes, comme lui, de la persécution. Quelque temps auparavant, il avait découvert à Buffalo une famille française, émigrée d'une paroisse de son diocèse de Nancy, et il avait écrit à son coadjuteur Mgr Menjaud : " Vous figurez-vous le sentiment que j'ai éprouvé et causé à Buffalo, quand le hasard m'y a fait découvrir, à deux mille lieues de la patrie, une famille de mon tant regretté diocèse de Nancy, de la paroisse de Varengeville ! Que de larmes d'attendrissement ont coulé de part et d'autre ! Une famille des miennes ! des enfants à moi ! des brebis de mon cher troupeau ! "

Le saint Prélat français accueillit ces héroïques défenseurs de la foi avec la plus touchante bonté, et avant de retourner en Europe, il put leur dire : " Moi, je pars, mais vous resterez pour finir votre existence dans ce pays du Canada, où vous avez fait des prodiges de dévouement, après avoir tout sacrifié, amis, parents, famille, patrie. Vos œuvres resteront après vous. Soyez bénis. Moi, je m'en vais à Rome déposer aux pieds du Pontife Suprême l'hommage de ma piété filiale. Je lui exposerai les besoins de l'Eglise du Canada ; je lui ferai connaître vos travaux, et je lui demanderai une bénédiction spéciale. Puis j'irai à Marseille, frapper à la porte de Mgr Mazenod, mon grand ami, pour qu'il envoie au Canada des Religieux de l'Ordre des Oblats qu'il vient de fonder. Ces bons Pères viendront sans doute à la voix de vos évêques, et travailleront à consolider le temple spirituel que vous avez vous-mêmes édifié. Enfin, j'irai en Angleterre solliciter, à genoux s'il le faut, la grâce des cinquante-huit Canadiens français déportés à la Nouvelle-Galles du Sud. Quand j'aurai exécuté ce programme, je pourrai dire avec le vieillard Siméon : *Nunc dimittis, Domine.* En attendant, priez Dieu pour le succès de mes entreprises, et recevez, comme gage de mon estime et de ma sollicitude, ma paternelle bénédiction."

Le 2 décembre 1841, quatre Pères Oblats débarquaient à Québec, et prenaient rang dans le clergé canadien. (1)

La veille du jour où Mgr de Forbin-Janson rendait sa belle âme à son Créateur, le 11 juillet 1844, les Canadiens exilés quittaient le pays gallois pour s'en revenir dans leur patrie. Quatre prêtres français vivaient encore, quand ils arrivèrent à Saint-Jean d'Iberville, le 18 janvier 1845. C'étaient MM. Daulé, Desjardins, Joyer et Orfroy. MM. Roque, Raimbault et Sauvage étaient disparus de la scène du monde, emportant avec eux les regrets du peuple canadien.

Le dernier survivant fut M. Jean-Denis Daulé, mort en 1852, à l'Ancienne-Lorette. Par une coïncidence assez remarquable, l'année 1850 avait vu dis-

---

(1) C'étaient les P. P. Baudrand, Honorat, Lagier et Telmon. Le 1er juin 1842, arrivèrent sept Jésuites, les RR. PP. Chazelle, Hanipaux, Luiset, Martin, Saché, Duranquet et Tellier.

paraître le dernier ecclésiastique français émigré aux Etats-Unis, dans la personne du vénérable évêque de Bardstown et de Louisville, Mgr Flaget. Le rôle de la France sera désormais inséparable de l'admirable mouvement auquel obéit le catholicisme, dans les Etats-Unis comme au Canada. Elle est toujours la fille aînée de l'Eglise, puisque dans les jours de ses plus terribles épreuves, au moment même où elle persécute l'élite de ses enfants, le triomphe de la religion, qu'elle espère anéantir, s'opère ailleurs par ceux-là même qu'elle a voulu réduire à l'impuissance.

CHAPITRE ONZIÈME

L'ÉMIGRATION ROYALISTE FRANÇAISE DANS LE HAUT-CANADA. — 1798

Sommaire : — L'émigration des royalistes français en Angleterre. — Réception qu'on leur fait. — Misères cachées. — Chateaubriand. — Comité laïque de secours. — Projet de souscription pour fonder des colonies françaises au Canada. — Le vicomte de Vaux. — Le comte Joseph de Puisaye. — Ses antécédents. — Projette de s'établir au Canada. — Enrôlement des royalistes. — Colonie du comte de Puisaye. — Attendue dans le Haut-Canada.

L'émigration des royalistes français en Angleterre coïncide à peu près avec celle des ecclésiastiques, comme on peut s'en assurer à la lecture des journaux anglais de cette époque. Leur arrivée à Londres ne provoqua pas autant d'attention non plus que de sympathie ; cependant la presse sut créer en sa faveur un certain courant de commisération, et bientôt l'on comprit, dans le public, que la charité devait s'étendre à eux comme aux prêtres accablés de misères. Le comité de secours dit de *Marine Society Rooms* publia un appel chaleureux intitulé : " Avis du comité pour secourir à la fois les laïques et les ecclésiastiques français. " (1) La souscription pour les laïques, dit Barruel, fut moins abondante que la souscription pour les ecclésiastiques, soit parce qu'il

---

(1) *British Museum.—Add. MM. Min. oct. 3, 1792.*

était plus difficile de constater leurs besoins, soit peut-être aussi parce que leur cause était moins bien connue, et que trop malheureusement elle pouvait paraître, dans plusieurs, équivoque. L'histoire se chargera sans doute un jour de justifier celle des vrais royalistes. En attendant, nous croyons pouvoir dire que leur reprocher de n'être point restés en France, pour y servir la cause du trône, c'est n'avoir pas du tout l'idée de la révolution française ou de la manière dont elle fut conduite dès le commencement. (1) D'après Lingard, il serait justifiable de conclure que les émigrés laïques étaient plutôt tolérés, tandis que les ecclésiastiques étaient accueillis à bras ouverts. (2) Mis en méfiance à l'égard de ce flot d'émigrés dont on ne connaissait ni les antécédents, ni les dispositions présentes, le gouvernement, approuvé par le roi, décréta que tous les étrangers devraient se retirer à l'intérieur du pays, à dix milles de la côte et à cinquante milles de Londres. Lorsqu'on en vint à l'application de cette loi rigoureuse, les autorités montrèrent une grande tolérance pour les prêtres, et une grande sévérité pour les laïques. Ceux-ci obtinrent cependant d'être secourus, mais il y en eut qui préférèrent souffrir la misère noire plutôt que d'accepter l'obole qu'on leur offrait. Chateaubriand fut de ceux-là. Il avait un compagnon d'exil dans la personne d'un nommé Hingant, conseiller du parlement de Bretagne.

---

(1) Barruel, *Histoire du Clergé*, p. 355.
(2) Les Anglais distinguaient les prêtres proscrits par le nom de *réfugiés*, des laïques qu'ils appelaient tout simplement *émigrés*.

Celui-ci avait refusé la petite pension que le gouvernement anglais accordait aux magistrats, et Chateaubriand, de son côté, n'avait pas voulu accepter le shilling *aumôné* quotidiennement aux émigrés. Aussi quelle détresse ! Lui-même l'a dépeinte en des traits qui font frémir d'horreur : " La faim me dévorait ; j'étais brûlant ; le sommeil m'avait fui ; je suçais des morceaux de linge que je trempais dans de l'eau ; je mâchais de l'herbe et du papier. Quand je passais devant des boutiques de boulanger, mon tourment était horrible. Par une triste soirée d'hiver, je restai deux heures planté devant un magasin de fruits secs et de viandes fumées, avalant des yeux tout ce que je voyais. J'aurais mangé non seulement les comestibles, mais leurs boîtes, paniers et corbeilles. Je n'avais point de draps, quand il faisait froid, mon habit, une chaise, ajoutés à ma couverture, me tenaient chaud. Trop faible pour remuer ma couche, elle restait comme Dieu me l'avait retournée."

Le gouvernement anglais secourut les laïques, mais pas dans la mesure que ceux-ci auraient désirée, étant données la multiplicité de leurs besoins et l'exiguité de leur ressources. Cependant ils surent se contenter des maigres aumônes que le comité de secours leur allouait, et ces malheureux exilés se montraient gais dans leur résignation. " Mes compagnons à Londres, disait le même Chateaubriand, avaient tous des occupations ; les uns s'étaient mis dans le commerce de charbon, les autres faisaient des chapeaux de paille, d'autres enseignaient le français. Ils étaient tous bien gais. Le défaut de notre nation, la légèreté, s'était dans ce moment changé en vertu. On riait au nez de la fortune ; cette voleuse était toute penaude d'emporter ce qu'on ne lui redemandait pas." (1) Un journal de Paris, le *Publiciste*, contenait, le 9 avril 1803 (19 germinal an XI), une lettre écrite de Londres par un voyageur allemand, où l'on trouve l'éloge des Français expatriés à Londres : " Je crois, dit-il, qu'on ne peut achever de connaître les Français que hors de leur pays, et leur rendre tout à fait justice que lorsqu'on les a vus malheureux. Il n'y a pas d'homme au monde qui sache, comme le Français, supporter le malheur avec courage et sans orgueil, apercevoir toutes les ressources que laisse la mauvaise fortune et les employer sans s'avilir. J'avais été déjà frappé en Allemagne de cette noble industrie au moyen de laquelle nous avons vu tant de Français, bannis de leur patrie, se soustraire au besoin, parvenir quelquefois à l'aisance, mais je n'avais rien vu de semblable à ce que j'ai trouvé en arrivant ici en Angleterre."

A l'instar des ecclésiastiques, qui pouvaient escompter la vigilance d'un comité de secours très vigilant, les réfugiés laïques, eux aussi, eurent une organisation, qui dura jusqu'à l'époque de la Restauration, mais beaucoup moins importante à partir du 29 octobre 1802, alors que les exilés purent rentrer en France en assez grand nombre. Mgr de la Marche avait un pied dans l'un et l'autre comité, et l'on vit souvent son influence s'imposer en faveur des laïques. S'il recevait des secours extraordinaires, il les versait

---

(1) Chateaubriand.—*Mémoires d'Outre-tombe*, T. II, p. 86.

entre les mains du comte de Botherel, secrétaire du comité laïque.

Les membres de ce comité étaient, à l'origine, les suivants :

MM. le baron de Rénac, président ; le comte de Coigny, le comte de la Houssaye, le président de la Houssaye, le comte de Ploen, le comte de Bizien, le duc de Lorges, le baron de Suzannet, le comte de Blangy, le vicomte de Saint-Riveul, le président de Frondeville, le comte de Botherel, le baron de Nautiat, Mgr l'évêque de Montpellier et le comte de Novion. (1)

Dans le temps même où ce comité commençait à agir avec toute l'efficacité que la noblesse et l'influence de ses membres étaient propres à activer, un nommé Charles Grant, vicomte de Vaux, lançait l'idée de fonder au Canada des colonies d'émigrants français, dans une brochure intitulée : *Proposal for a subscription to form Colonies in Canada of French Emigrants Royalists and ecclesiastics.* Ce projet coïncidant avec celui du gouvernement, avait donc des chances de réussir, s'il était habilement conduit. Le noble vicomte débuta par se faire concéder des terres dans le Haut-Canada, mais il ne put venir en prendre possession, à raison de sa trop grande pauvreté. Il avait calculé que le gouvernement lui procurerait les moyens de se rendre au Canada, comme il devait faire bientôt pour le comte de Puisaye. (2)

---

(1) *Record office.—Papers relating to the french clergy refugees.*

(2) *Archives du Canada.* Papiers d'Etat. Bas-Canada. Q. 99. 16 juin 1805, Londres.

En 1804, le vicomte de Vaux écrivait de Londres à Sullivan (1) qu'il espérait partir le 29 avril, et, pour ce faire, il sollicitait des lettres de recommandation. (2) Etant très instruit, il crut qu'il aurait plus de chances d'arriver à ses fins, s'il donnait des preuves palpables de ses connaissances. Il transmit à Camden, (3) le 18 novembre de la même année, une épreuve de ses travaux littéraires. En même temps il soumettait un petit traité de cosmographie, qui, d'après lui, pourrait être utile aux navigateurs et aux étudiants. (4) Le 15 janvier 1805, Peter Hunter, lieutenant-gouverneur du Haut-Canada, écrivant à Camden, l'informait que le comte de Vaux recevrait la même quantité de terres qu'on avait accordée à M. de Puisaye, soit 1000 acres pour lui-même, et 50 acres pour chacun des membres de sa famille. (5)

Toutes ces négociations entre le comte de Vaux et les gouvernements britannique et haut-canadien, semblent n'avoir abouti à aucun autre résultat. De Vaux dut mettre de côté ses idées d'expatriation, car on ne le voit plus figurer nulle part dans les pièces officielles.

Parmi les exilés français, il s'en trouvait un qui

---

(1) John Sullivan, né le 7 avril 1744. Sous-secrétaire de la guerre de 1801 à 1805, puis membre du Conseil privé.

(2) *Archives du Canada*. Q. 299, 28 mars 1804, Londres.

(3) John Jefferies Pratt, né en 1759, devint lord du Trésor en 1794, après la mort de son père, puis secrétaire d'Etat et président du Conseil. Fut créé marquis en 1812, et mourut en 1840.

(4) *Archives du Canada*, Q. 299, 18 novembre 1804. Londres.

(5) *Ibidem*, Q. 300, 15 janvier 1805, York.

avait joué en France un rôle très important. Homme d'une grande activité et d'une audace peu commune, il devait se transporter plus tard au Canada pour se mettre à la tête d'une colonie d'émigrants, dont les membres, royalistes à tous crins, étaient Français. Cet homme s'appelait le comte Joseph de Puisaye. Voici son histoire, en peu de mots.

Né à Mortagne en 1755, Joseph de Puisaye fit ses études au séminaire de Saint-Sulpice, à Paris. A dix-huit ans il en sortait pour embrasser la carrière des armes. Lors de la révolution, il était colonel des Cent-Suisses. La noblesse du Perche l'élut député aux Etats généraux. En 1791, il devint maréchal de camp, puis commandant de la garde nationale d'E-vreux. Après le 31 mai 1793, le général Wimpfen le nomma chef de son état-major et lui confia le commandement de l'avant-garde de l'armée fédéraliste, qui fut dispersée par une poignée de volontaires venus précipitamment de Paris. Afin de sauver sa tête, Puisaye courut en Bretagne, et là il se mit à la tête de la chouannerie, organisa un conseil militaire et émit pour trois milliards de papier-monnaie semblable aux assignats républicains. En septembre 1794, Puisaye passa à Londres, et après avoir obtenu facilement une entrevue avec Pitt, alors premier ministre, il lui fit agréer son projet d'attaquer les républicains français. A la fin de prairial 1795, une escadre anglaise composée de 3 vaisseaux de ligne, 2 frégates, 4 bâtiments de 30 à 36 portant environ 6000 émigrés, fit voile vers les côtes de Bretagne. Pitt avait confié au comte d'Hervilly le commandement des 6000 hommes ; Puisaye devait prendre celui des royalistes bretons qu'il avait inféodés à sa cause. A peine l'expédition avait-elle abordé sur la presqu'île de Quiberon, qu'elle fut mise en déroute par les troupes républicaines commandées par Hoche. D'Hervilly succomba, Puisaye réussit à s'échapper. Les royalistes l'accusèrent, bien à tort, croyons-nous, d'avoir été cause de l'insuccès d'une entreprise qui paraissait devoir réussir, et, jamais depuis, il ne put entrer dans leurs bonnes grâces.

En 1797, Puisaye fit remettre à Louis XVIII ses pleins pouvoirs. Il avait résolu de s'expatrier encore une fois, pour son propre bénéfice et pour le profit de compatriotes émigrés en Angleterre, qui se crurent justifiables de tenter fortune au Canada. Puisaye était bien l'homme pour se mettre à la tête d'une organisation de cette nature, qui demandait de l'argent, du courage et un grand savoir-faire. " A une grande intelligence, écrit M. A. Thiers, à une rare habileté pour réunir les éléments d'un parti, Puisaye joignait une extrême activité de corps et d'esprit, et une vaste ambition." Il s'ouvrit au gouvernement et lui exposa un projet de colonisation ou plutôt d'un établissement au Canada au moyen d'un mémoire bien détaillé et qu'il intitula : " Esquisse politique et financière d'un établissement à former au Canada pour l'établissement des émigrants français." (1) L'auteur traite son sujet avec une rare compétence. Il expose d'abord les motifs qui l'ont guidé dans la formation d'un si grand projet. Pour lui, l'intérêt de l'Etat prime tous les autres; il en

---

(1) Voir pièce HH, en appendice.

retirerait un prestige nouveau, et ajouterait au crédit public et à la juste et haute opinion qu'on entretient dans tous les pays des grandes ressources qu'il est possible de tirer de la moralité du peuple anglais. En quoi consistera l'établissement proposé ! Comment l'appellera-t-on? Quand et comment sera-t-il effectué ? Sur quels fonds seront prises les premières avances? Comment les terres seront-elles défrichées et mises en rapport? Quand, en quel nombre et de quelle manière les émigrants seront-ils envoyés au nouvel établissement ? Voilà autant de questions que le mémorialiste résout à sa façon, avec un grand bon sens et un aplomb qui nous font croire que c'est bien Puisaye qui en est l'auteur. (1)

Communiqué à la presse, du moins dans ses grandes lignes, le mémoire de Puisaye ne resta point inaperçu, d'autant moins que l'on sut bientôt, à n'en pouvoir plus douter, que le gouvernement l'approuvait de toutes ses forces. Les demandes de départ se mirent à affluer auprès du comte, qui s'était chargé de recruter sa colonie. Près de cinq cents personnes de toute condition et de tout sexe ne craignirent point, au début, de tenter une telle aventure. Nous trouvons dans un ouvrage publié, quelque temps après, une longue liste de noms d'applicants. Elle nous démontrera jusqu'à quel point on avait confiance dans cette entreprise. On y rencontre 8 marquis, 2 évêques, 1 moine bénédictin, 2 prêtres, 1 médecin, 6 comtes, 1 baron, plusieurs

---

(1) Ce mémoire ne porte ni date ni signature.

officiers de marine, 7 chevaliers de Saint-Louis, une princesse, une comtesse, une marquise, enfin toute une lignée de gens de la plus haute noblesse, que les appels du comte de Puisaye avaient séduits.

" C'était le chevalier d'Autichamp, le comte de Puisaye, chefs du détachement. On comptait parmi les émigrés de leur suite un Bigot, officier de carabiniers ; un baron de Narbonne ; un Nau, conseiller au Châtelet de Paris ; un Naudot, médecin de Montauban ; un Roux, des Bouches-du-Rhône. Puis il y a aussi Salignac, fils, ancien chevau-léger ; le marquis de Surville ; le curé Lefebvre ; Laferrière ; Clinchamps, officier de marine ; Collard, chevalier de Saint-Louis ; Brochard de Crépy ; Cambis, de Paris ; le curé Chevreux ; l'ingénieur Chiéra ; Cicé, capitaine au régiment du ci-devant roi ; Clercy, capitaine ; le comte de Dierdaman ; le chevalier Doria ; le comte d'Orlan ; le marquis de Dalligny ; le chevalier Chabot ; Brocard, conseiller du Parlement ; le marquis de Beuveron ; le marquis de Bemuer ; le marquis de Béthune ; le marquis de Belzunce ; le chevalier de Belmont ; le comte de Belleville ; le marquis de la Roche-Lambert ; le marquis de l'Ostange ; l'évêque de Rennes ; le marquis de Barentin ; Barentin, garde des sceaux ; d'Auteroche, évêque de Condom ; le chevalier d'Audiffret ; le chevalier Arnault, fils ; le chevalier Anselme ; le comte de Damas ; le comte d'Aigremont ; le bénédictin Fosse ; le prêtre Dubos ; Louis Duplessis d'Argentré ; Duprat Emanyard ; l'officier de marine Flotte ; les femmes Choiseux, Clédié ; la ci-devant princesse d'Hénix ; la fille Denissan ; la comtesse d'Harcourt ;

la marquise de Périgord et une foule d'autres femmes." (1).

Il n'y a pas de doute que cette liste avait été dressée à la légère, vu qu'à l'exception du comte de Puisaye, il n'y en eut pas un seul de ceux-là qui prirent part au mouvement d'émigration. La liste officielle accompagnant la lettre du président Russell, en date du 21 novembre 1798, ainsi que la lettre du général Hunter, du 11 octobre 1799, portent les noms suivants :

1. Le comte Joseph de Puisaye, lieutenant-général.
2. Le comte de Chalus, major-général.
3. Le colonel d'Allègre.
4. Le marquis de Beaupoil de Saint-Aulaire, colonel.
5. La vicomte de Chalus, colonel.
6. Coster de Saint-Victor, colonel.
7. De Marseuil, lieutenant-colonel.
8. Quetton de Saint-George, lieutenant-colonel.
9. Boiton, capitaine.
10. Ambroise de Farcy de Roseray, capitaine.
11. De Poret, capitaine.
12. Gui de Beaupoil, lieutenant.
13. Lambert de la Richerie, lieutenant.
14. Hyppolite de Beaupoil.

Ces quatorze personnages représentaient l'état-major de ce petit noyau de royalistes. Ceux qui sui-

---

(1) *Voyages et aventures des émigrés français depuis le 14 juillet 1789 jusqu'à l'an VII, époque de leur expulsion par différentes puissances de l'Europe, par L. M. H.* (Prud'homme)

vent peuvent être considérés comme de simples soldats.

15. Champagne.
16. Abraham Berne.
17. Padioux.
18. Fauchard.
19. Renoux.
20. Segent.
21. Bugle.
22. Auguste, décédé à Québec.
23. Polard.
24. Létourneux dit Langevin.
25. Langel.
26. Bagot.
27. René Fouquet dit Lacouille, perdu à Plymouth.
28. Deybach dit Quiberon, décédé à Québec.
29. Furon.
30. Brigage, perdu à Plymouth.
31. Marchand.

Les autres n'étaient que de pauvres domestiques attachés à la fortune de leurs maîtres, à l'exception toutefois de William Smithers, parent du comte de Puisaye. C'étaient :

32. Nathaniel Thompson.
33. John Thompson.
34. John Fitzgerald, perdu à Montréal.
35. Thomas Jones, perdu à Québec.
36. Joseph Donavan, perdu à Québec.
37. William Smithers.

Dans le parti se trouvaient sept femmes seulement :

38. La marquise de Beaupoil.

39. La vicomtesse de Chalus.
40. Madame Smithers.
41. Françoise, épouse de Létourneux.
42. Mary Donavan, perdue à Québec.
43. Catherine Donavan, perdue à Québec.
44. Betsy Donavan, perdue à Plymouth.

Si de ces 44 on défalque les morts et les perdus le long de la route, en Angleterre et au Canada, au nombre de dix, il n'en reste plus que 34. Mais le comte de Puisaye avait eu la précaution d'en remplacer quatre par les suivants :

Boyer à la place de Thomas Jones.

Saly Robinson à la place de Mary Donavan.

Catherine — à la place de Catherine Donavan.

Barbe — à la place de Betsy Donavan.

Toute la colonie ne se composait donc que de 38 personnes, dont 7 femmes.

Elle devait bientôt s'accroître de 21 Canadiens pris à gages en qualité de domestiques et d'artisans. C'étaient Valière, forgeron, et sa famille, Mainville, journalier, et sa famille, Gareau, Antoine Laflèche et un nommé le Bonhomme.

Padiou, surnommé le Drama, mourut dans le Haut-Canada, en 1799.

Ces émigrants traversèrent l'océan vers la fin de l'été de l'année 1798, et parvinrent à destination de Québec, le 7 octobre. Le 3 novembre, le président Russell écrivait de York au duc de Portland : "J'ai reçu aujourd'hui une lettre de M. de Puisaye, m'annonçant qu'il est arrivé à Québec, le 7 ultimo, avec quelques officiers généraux, supérieurs et subalternes, quelques soldats, et deux femmes, en tout 40 personnes, et qu'il viendrait sans délai me rejoindre dans cette ville. Je lui ai expédié une lettre qu'il recevra à Kingston, dans laquelle je lui dis qu'il est impossible, dans cette saison avancée de l'année, de trouver ici des logements convenables pour recevoir cet hiver un si grand nombre de personnages distingués ; et je le prie, en conséquence, de vouloir bien s'arrêter à Kingston avec sa suite, ou d'en envoyer une partie à Newark, où il pourra plus aisément trouver le moyen de se loger, vu que ces deux endroits sont établis depuis plus longtemps ; et j'ajoute que je serai heureux de le voir ici, afin de nous entendre sur la manière la plus avantageuse d'établir sa compagnie." (1)

L'itinéraire, ainsi tracé par le président du Haut-Canada, fut suivi ponctuellement. Ils quittèrent Québec, heureux en apparence de se voir rendus en bonne condition, mais ce ne fut pas sans une certaine appréhension pour l'avenir qu'ils remontèrent le Saint-Laurent pour aller se fixer dans un lieu que l'on disait malsain et quasi inhabitable. On leur avait nolisé douze bateaux qui devaient servir à les transporter avec leurs bagages. Les royalistes, leurs compagnons et les domestiques arrivèrent à Kingston, le 29 octobre, prêts à aller s'établir dans l'endroit qui leur serait assigné.

---

(1) Voir cette lettre en appendice, pièce II.

CHAPITRE DOUZIÈME

LES COLONIES DE WINDHAM ET DE NIAGARA ET L'EXODE
DES ROYALISTES — 1799-1815

SOMMAIRE : — Eloges décernés au comte de Puisaye par lord Windham. — Puisaye cherche un endroit convenable pour s'y fixer. — Résolutions du Conseil exécutif. — Windham et Niagara sont choisis. — Odyssée des royalistes. — Quetton de Saint-George. — Coster de Saint-Victor. — Dernières années du comte de Puisaye. — Les émigrants de désir. — Le chevalier de la Garde. — Le comte du Barail. — L'abbé Receveur. — Le duc de Caulaincourt.

Le 5 juillet 1798, lord Portland écrivait à Russell, président du gouvernement du Haut-Canada, pour l'informer que c'était l'intention du ministère britannique de concéder des terrains dans sa province au comte Joseph de Puisaye et à une quarantaine d'autres Français, qui avaient manifesté le désir de s'y fixer, et qu'il ferait bien de préparer les voies à ces émigrants, afin que leur installation ne fût pas trop lente à se faire. (1)

Le 30 juillet de la même année, lord Windham, (2)

---

(1) Voir cette lettre, pièce JJ.
(2) M. Windham était né à Londres, le 14 mai 1750, et fit son éducation à Eton, Glasgow et Oxford. Il entra au parlement, en 1782, comme député de Norwich, et siégea d'abord dans l'opposition. En 1793, il se mit à la remorque d'Edmund Burke et devint secrétaire de la guerre en même temps que

secrétaire pour les colonies, écrivant à son tour au même, s'ouvre à lui au sujet du comte. " Je connais bien mieux que tous les autres ministres de Sa Majesté le comte de Puisaye, puisque, dans toutes ses négociations avec le gouvernement, il a recouru à mon entremise. Les soupçons que ses propres compatriotes ont cherché à faire planer sur lui, et par lesquels ils semblent avoir mieux réussi à circonvenir contre lui l'esprit de son souverain, sont qu'il s'est vendu au gouvernement anglais et aux intérêts anglais, qu'il a trahi ceux de sa patrie.

" A ceux donc auprès desquels je puis me flatter d'avoir du crédit, il me suffira de dire qu'il n'a jamais fait un tel sacrifice des intérêts de son pays, par la simple raison que rien de pareil ne lui a jamais été demandé. Mais, de plus, dans toutes les choses de moindre importance, rien de plus franc, de plus simple et de plus ouvert que toute la conduite de M. de Puisaye ; tout en restant très fidèlement attaché à tout ce qu'exigeaient ses devoirs envers son souverain, il a observé ce qu'il devait aux désirs et aux intérêts d'un gouvernement sur lequel il lui fallait compter pour sa subsistance, et des intentions duquel il ne se défiait pas le moins du monde. Je puis parler de toute sa conduite sous ces rapports

---

secrétaire pour les colonies, avec un siège dans le cabinet, siège qu'il conserva jusqu'en 1801, lors de la démission de Pitt. W. Windham mourut le 4 juin 1810. Il avait été un des adversaires du Canada Bill.

Pope a tracé de Windham ce portrait :

> Wyndham, just to freedom and the throne,
> The master of our passions and his own.

avec une si parfaite connaissance de cause, qu'il n'est pas possible que je sois induit en erreur, et me portant responsable de la vérité de mon attestation, je ne me borne pas à le défendre contre toute ombre d'imputation calomnieuse qu'on a cherché à faire planer sur sa tête, mais je veux proclamer ses mérites et le recommander en conséquence à vos bons offices, non seulement comme un homme qui, j'en suis persuadé, ne manquera pas de prouver qu'il en est digne, mais comme un homme que nous sommes tenus particulièrement de soutenir, sachant, comme nous le savons, que les calomnies répandues contre lui sont sans fondement, et qu'il les a encourues par une conduite que nous devons estimer fort méritoire." (1)

Avec un pareil certificat, Puisaye pouvait entrer au Canada la tête haute, et s'en prévaloir auprès des autorités politiques. Nous avons vu qu'il arriva à Québec le 7 octobre, et que, sans trop s'y attarder, il prit la route du Haut-Canada, afin de s'aboucher avec le président Russell (2) pour qui il était porteur de lettres signées par Portland et King. Il arriva

---

(1) Voir pièce KK.
(2) Peter Russell vint au Canada en 1792, et devint membre du Conseil exécutif et député à l'Assemblée législative. Après le départ de lord Simcoe, en 1796, il administra la province du Haut-Canada jusqu'à l'arrivée du général Hunter, en 1799. On a accusé Russell de s'être enrichi avec sa famille aux dépens du trésor public ; il devint un grand propriétaire de terrains, sans qu'il lui en coutât beaucoup d'argent. McMullen dit qu'il agit illégalement pour se mieux pourvoir, lui et les siens. Russell mourut très riche à Toronto, et ne se maria jamais.

à York, le 18 novembre; quelques-uns s'étaient arrêtés à Kingston, d'autres se rendirent à Niagara, en attendant le jour où ils pourraient se grouper ensemble dans un endroit propice. Mais il fallait le choisir cet endroit, de manière à contenter tout le monde.

Russell avait décidé, conformément aux instructions reçues de Londres, que la petite colonie serait placée sous une espèce de régime militaire en même temps que civil. Puisaye devait être et commandant de ce corps d'armée et juge de paix. Ce corps devait être composé de la manière suivante : 1 major commandant, 2 capitaines, 2 lieutenants, 4 sous-lieutenants, 1 adjudant, 1 quartier-maître, 1 aumônier, 1 chirurgien, 1 aide-chirurgien, 6 sergents, 8 caporaux et 150 soldats. Cette organisation avait pris origine à Londres, à l'instigation de Puisaye, qui se voyant criblé de demandes, crut à un recrutement facile. (1) A l'exemple des ecclésiastiques, et pour des raisons équivalentes, les laïcs prirent peur au moment du départ, n'aimant pas, en outre, à se lancer dans une aventure risquée. Puisaye, qui en avait vu bien d'autres, n'hésita pas à prendre son parti de la situation. Il voulait faire grand, et il eût pu réussir dans une certaine mesure, étant donné son crédit auprès du cabinet anglais.

Le Conseil exécutif s'était réuni à York, le 27 novembre, et il avait adopté une résolution par laquelle les townships d'Uxbridge, de Gwillimbury, un autre non encore nommé, situé en arrière de

---

(1) Voir en appendice, pièce LL.

Whitby, étaient mis à la disposition du comte de Puisaye et de ses compagnons, avec une réserve sur le lac Ontario pour y fonder une ville et une commune. Le gouvernement accordait à Puisaye 5,000 acres de terre. (1)

Cette résolution du Conseil fut aussitôt communiquée au duc de Portland par Russell, qui écrivait à la même date : " J'ai choisi, pour y établir cette colonie d'émigrants français, l'étendue de terre inhabitée et située entre cette ville (York) et le lac Simcoe, à une égale distance des établissements français dans le Bas-Canada et sur la rivière Détroit, car, vu sa proximité du siège du gouvernement, il sera facile, non seulement de leur porter secours en cas de besoin, mais aussi de surveiller tous leurs mouvements, qui seront ainsi sous le contrôle de l'administration. De plus, leur nombre contribuera à peupler cet espace inhabité par lequel les Indiens peuvent aujourd'hui s'avancer pour détruire cette ville, avant que leur approche puisse être signalée. Dans ce but, j'ai ordonné à l'arpenteur général de diviser quatre cantons, au nord de Markham, Pickering et Whitby, et M. de Puisaye se propose d'accompagner le sous-arpenteur afin de pouvoir explorer ce pays." (2)

L'hiver de 1798-99 se passa, sans apporter de changement à la situation des émigrants. Le gouvernement leur faisait distribuer des rations, en

---

(1) En 1830, les héritiers du comte réclamèrent 4,150 acres sur les 5,000, alléguant que le concessionnaire n'avait reçu en réalité que 850 acres.

(2) Voir pièce MM.

attendant de nouveaux développements. Au mois d'août, le lieutenant général Peter Hunter (1) arrivait d'Angleterre pour remplacer Russell. Hunter avait reçu instruction, avant son départ de Londres, de considérer les émigrants français comme ses prédécesseurs avaient fait à l'égard des émigrants amériricains, et de leur accorder des terres aux mêmes conditions. Puisaye se rendit à la hâte chez le lieutenant-gouverneur. Il ne lui cacha pas ses préférences en ce qui le concernait plus personnellement. L'enclave formée par la baie de Burlington lui paraissait l'endroit le plus avantageux pour s'y fixer. Nous avons vu que l'abbé Desjardins avait également jeté un œil d'envie sur ce lieu séduisant. Mais il y avait un obstacle sur la voie. Le gouvernement, eût-il désiré être agréable au Français, aurait été obligé d'acheter des terres réservées là même aux Mississagas. Ceux-ci demandaient vingt-cinq centins de l'acre pour une étendue de 69,120 acres ; ce qui faisait le joli denier de $17,250. Le gouvernement ne pouvait consentir à ces conditions, considérées trop onéreuses.

Finalement les colons français se scindèrent en deux camps : les uns, au nombre de vingt-cinq, allèrent s'établir à 20 milles au nord de York, dans l'endroit choisi par Russell, qu'ils appelèrent d'abord

---

(1) Peter Hunter ne connaissait rien des affaires du Haut-Canada. Il se laissa conduire par son Conseil, sans s'occuper de l'Assemblée législative. Aussi son administration, qui devait durer six ans, ne fut marquée par aucune législation utile. Il fut remplacé, en 1805, par Alexandre Grant, qu'on appelait le Président, tout comme Russell. Hunter était lieutenant-gouverneur.

Windham, en reconnaissance des services que leur avait rendus lord Windham avant leur départ d'Angleterre ; les autres préférèrent Niagara. Le comte de Puisaye avait acheté une ferme dans les environs de l'ancienne capitale du Haut-Canada, et il s'y fit accompagner de Madame Smithers, (1) du comte de Chalus, et de domestiques.

Nous trouvons sur une vieille carte de 1798, un plan où se trouvent indiqués et numérotés les lots de terres concédées aux Royalistes, de chaque côté de la voie qui conduit de Toronto au lac Simcoe. Ces lots sont situés à environ vingt milles de la capitale, et à dix-sept du lac, et font aujourd'hui partie des comtés d'York et d'Ontario.

Canton de Vaughan (York).

No 56—Michel Ségent et François Renoux.
No 57—Julien le Bugle.
No 58—René-Auguste, comte de Chalus, Ambroise de Farcy et Quetton Saint-George.
No 59—Quetton Saint-George.
No 60—Jean-Louis, vicomte de Chalus.

Canton de King (York).

No 61—René-Auguste, comte de Chalus, et Augustin Boiton.

Canton de Markham (York)

No 52—Le comte de Puisaye.
No 53—René-Auguste, comte de Chalus.

---

(1) Madame Smithers était la belle-mère du comte de Puisaye, et William Smithers, son beau-frère. Celui-ci changea plus tard son nom en celui de William Kent.

No 54—Jean-Louis, vicomte de Chalus, et René-Auguste, comte de Chalus.
No 55—Jean-Louis, vicomte de Chalus.
No 56—Le chevalier de Marseuil et Michel Fauchard.
No 57—Le chevalier de Marseuil.
No 58—René Letourneux, Augustin Boiton et Jean-Louis, vicomte de Chalus.
No 59—Quetton Saint-George et Jean Furon.
No 60—Ambroise de Farcy.

Canton de Whitchurch (Ontario).

No 61—Michel Ségent.

Le nombre d'acres accordés aux Royalistes était assez considérable. Le comte de Puisaye, pour sa part, en reçut 850 ; le comte de Chalus, 650 ; d'Allègre, 450 ; le vicomte de Chalus, 350 ; Marseuil, 300 ; Quetton Saint-George, 400 ; Farcy, 350 ; Renoux, 150 ; Ségent, 150 ; Fauchard, Furon, Langel, Bugle, Marchand, chacun 100. Total : 4,150 acres.

On était à l'été de 1800. Déjà plusieurs colons s'étaient laissés aller au découragement. Les terrains ne paraissaient pas très fertiles, et les défrichements requéraient un travail bien trop ardu pour eux. Le marquis de Beaupoil et Coster de Saint-Victor avaient abandonné leurs compagnons, avec l'intention de s'en retourner en Angleterre. Ils s'étaient munis de passeports à cet effet, et il paraît assez probable qu'ils traversèrent l'océan de bonne heure à l'automne. (1)

---

(1) Voir pièce NN.

Au mois de mai précédent, Saint-Victor exposait dans une lettre au général Hunter, les raisons de son départ : " Vous savez très bien, disait-il, que dans ce pays un homme accoutumé et endurci aux travaux des champs, est sûr de vivre du fruit de ses labeurs ; que le riche qui apporte du capital avec lui, peut réussir en agriculture, même s'il est obligé de payer des manœuvres ; mais celui qui n'a ni force ni argent, s'il emprunte pour défricher sa terre, avec la certitude de ne jamais rembourser le prêteur, il n'a d'autre perspective que de perdre son temps, sa terre, sa liberté, de sacrifier sa famille et d'exposer sa réputation d'intégrité. Lorsque le comte de Puisaye me proposa de l'accompagner au Canada, il me dit qu'il serait formé parmi les émigrants un corps de militaires qui seraient soumis à mon commandement, que les Royalistes qui en feraient parti travailleraient en commun pour leurs officiers aussi bien que pour eux-mêmes, et il exigea de moi une lettre lui devant servir d'autorité auprès du ministre pour appuyer sa demande. Mais ce corps de militaires qui devaient me procurer un salaire, ces Bretons qui devaient m'assister, n'étaient que pures chimères, et ce n'est qu'ici que j'ai pu m'en assurer. Cette déception me place, moi et ma famille, dans la situation la plus pénible qui m'ait été faite au cours de ma vie d'émigré."

Le marquis de Beaupoil et Coster de Saint-Victor ne furent pas seuls à déserter le Canada. On constate en effet, qu'à la date du 11 octobre de l'année 1799, il n'en restait plus que vingt-cinq sur quarante. Thomas Jones et John Fitzgerald, qui s'étaient écartés durant le trajet de Québec à York, avaient fini par rejoindre leurs compagnons.

Voici la liste officielle des émigrants alors fixés à Windham et à Niagara, et des colons retirés en Angleterre ou ailleurs :

A NIAGARA

Le comte de Puisaye, lieutenant général.
Le comte de Chalus, major général.
Marchand, soldat.
Madame Smithers, femme de charge du comte de Puisaye.
John Thompson, domestique du comte de Puisaye.

A WINDHAM

Monsieur d'Allègre, colonel.
Le vicomte de Chalus, colonel.
Monsieur de Marseuil, lieutenant-colonel.
Monsieur Quetton de Saint-George, lieutenant-colonel.
Monsieur Boiton, capitaine.
Monsieur de Farcy, capitaine.
Monsieur de la Richerie, lieutenant.
Madame la vicomtesse de Chalus.
Renou, soldat.
Fauchard, soldat.
Sejan (Segent ?) soldat.
Le Bugle,   "
Champagne   "
Polard   "

Furon, soldat.
Letourneux dit Langevin, soldat.
Fanny, sa femme, (Françoise).
Langel, soldat.
Boyer.

Rapatriés ou installés ailleurs :

Le marquis de Beaupoil, colonel.
M. de Saint-Victor, colonel.
M. de Saint-Aulaire, sous-lieutenant.
Monsieur de Beaupoil, jeune.
Madame la marquise de Beaupoil.
Betsey, servante.
William Smithers.
Nathaniel Thompson, domestique.
Thomas Jones, " (retrouvé).
John Fitzgerald, " (retrouvé).
John Donavan, "
Mary Donavan, "
Catherine Donavan, "
Lambert, soldat.
Bagot, "
John ou Abraham Berne.

L'odyssée des émigrés français à Windham et à Niagara ne fut ni longue ni bien intéressante. La grande question, pour eux, consistait à acquérir en bonne forme les terrains qu'on leur avait concédés. Le gouvernement exigeait qu'ils se fissent naturaliser ; eux le voulaient bien, mais il fallait pour cela un acte du parlement, et le gouvernement hésitait. En attendant, on se contentait de leur assigner des terres, d'après le même principe qu'aux Loyalistes américains primitifs. Le 24 mai 1801, Puisaye écrivait de Niagara au général Hunter : "Mon intention est de partir à la fin de l'automne pour l'Angleterre. Dans l'intervalle, je m'occuperai à composer un ouvrage de quelque étendue que je destine à la publicité." Découragé plutôt que ruiné, il passa en Angleterre, ainsi que plusieurs autres avec lui. Toujours est-il, qu'à la date du 3 juin 1802, il ne restait plus que treize émigrants à Windham, les autres avaient abandonné la partie. Le nom même de Windham fut abandonné. Ce ne sera plus désormais que " Oak Ridges," qui rappellera le souvenir du berceau de cette colonie d'émigrés français.

Le 1er octobre 1806, le lieutenant-gouverneur Gore écrivait à lord Windham : " Relativement à ceux qui ont suivi le comte de Puisaye, leur nombre est tout à fait insignifiant : ils vivent paisiblement, mais quelques-uns ne sont pas très à l'aise ; ceux d'entre eux qui se sont livrés à l'agriculture, ont subi des revers, à cause de leur manque d'habileté à défricher la terre." (1)

L'un des plus tenaces fut Quetton de Saint-George, qui ne quitta son poste qu'en 1815. Son histoire n'est pas longue ; elle mérite toutefois d'être rapportée car il est un des rares qui aient fait souche au Canada, bien que son unique garçon soit né à Montpellier, en France. Laurent Quetton de Saint-George s'était marié avec une sœur de l'honorable juge Vallière de Saint-

---

(1) *Archives du Canada*, série Q. v. 305, p. 45.

Réal, qui lui donna deux enfants, un garçon et une fille. (1).

Comme il a été antérieurement démontré, Quetton de Saint-George avait obtenu 400 acres de terres dans les townships de Markham et de Vaughan. Il commença à les défricher, mais il comprit bientôt que la fortune serait lente à venir par la seule culture du sol. Alors il se mit en frais de faire du commerce avec les sauvages, et pour mieux les atteindre, il établit plusieurs comptoirs, dont l'un à Orillia, sur les bords du lac Couchiching, et un autre entre Niagara et Queenston, dans la maison même qu'avait fait construire le comte de Puisaye

---

(1) Le fils, Laurent Aurez, fit ses études au collège des Jésuites, à Montréal, puis il étudia le notariat sous M. Louis Panet, à Québec. Admis à la profession, il épousa, en 1835, la fille unique de M. George Alsopp, seigneur du fief de Jacques-Cartier et d'Auteuil ; de son mariage naquirent trois enfants, dont un seul survit, M. Quetton de Saint-George, régistrateur du comté de Portneuf. Les deux autres furent le docteur Esdras-Alfred, ancien député de Portneuf, et le notaire George, tous deux décédés en 1890. La fille, Marie, fit son instruction dans un couvent de Saint-Germain en Laye, près de Paris. Elle se maria en France avec M. Paul Marmet, marchand, qui vint s'établir au Canada en 1838, dans la paroisse des Grondines. Monsieur Marmet mourut quelques années plus tard. Sa veuve, restée pauvre, dut se livrer à l'enseignement pour gagner sa vie. Lorsqu'elle mourut, en 1860 ou 1861, elle enseignait au couvent de St-Grégoire, comté de Nicolet. Un fils, sorti de ce mariage, Alphonse, fit ses études au Séminaire de Québec, et montra de si belles dispositions, qu'il fut envoyé à Paris, en 1853, par ses supérieurs, pour se perfectionner dans l'étude des lettres. Il mourut à Paris, le 1er mars 1854, et fut inhumé au cimetière Montparnasse.

pour son propre usage. (1) Quetton établit une société commerciale avec Ambroise de Farcy, afin de mieux surveiller ses intérêts. Cette société fut dissoute en 1805, dans le temps où Farcy quitta le Canada. C'est aussi à dater de cette année que Quetton se retira à York et y résida permanemment jusqu'à son départ définitif pour le pays de ses ancêtres. Désormais il fera le négoce pour son compte, retenant à son emploi Augustin Boiton, l'un de ses compatriotes, avec résidence et magasin à Kingston.

Nous lisons dans l'*Upper-Canada Gazette and Oracle* du 4 juillet 1807, que Quetton se plaint amèrement du fait que l'on a protesté l'un de ses billets sans l'avertir, et il se console de cette misère en citant ces deux vers bien connus :

> Celui qui met un frein à la fureur des flots,
> Sait aussi des méchants arrêter les complots.

Pendant son séjour à York, Quetton se lia d'amitié avec la famille des Baldwin, et lorsqu'il quitta le pays, tous ses intérêts commerciaux, ainsi qu'une maison qu'il possédait sur la rue King, (2) passèrent

---

(1) Cette maison existe encore et a changé de propriétaire bien souvent. En voici la liste chronologique : le comte de Chalus, Quetton de Saint-George, S. Kent, capitaine Baxter, Warren, Shickaluna, Mills, capitaine Geale Dickson et Jackson. Cette maison servit d'hôpital durant la guerre de 1812.

(2) Cette maison, que Quetton fit construire en 1807, fut le premier édifice en briques de la capitale du Haut-Canada. Située à l'angle nord-est des rues King et Frédéric, elle a conservé, malgré son grand âge, sa jolie apparence. Lorsque la Canada Land Company vint ouvrir ses bureaux à York, en 1826, elle loua d'abord, puis acheta de John Spread Baldwin cette propriété.

entre les mains d'un jeune membre de cette belle et grande famille, du nom de John Spread Baldwin, qui posa, au même endroit, les bases d'une grande fortune. Il y a tout lieu de croire, à ce propos, que son commerce n'ayant pas prospéré, Quetton se vit forcé de recourir à des emprunts successifs de la famille Baldwin, et que celle-ci, pour entrer dans ses fonds, obtint de son débiteur tout ce dont il put disposer. Cependant il sauva du naufrage ses terres de Windham, qui devaient retourner à ses héritiers.

Retourné en France en 1815, Quetton de Saint-George retrouva son père encore vivant à Montpellier. De Paris, où il se rendit presque aussitôt, il écrivait, le 11 août 1816, à l'honorable M. Duchesnay, conseiller législatif, qu'il avait rencontré le comte de Chalus à la recherche d'une position sociale, tout comme Jérôme Paturot. Quant à lui, il s'était adressé au ministère de la guerre pour faire reconnaître son grade de colonel d'infanterie et son titre de chevalier de Saint-Louis. Plus tard le ministre obtempéra à un désir aussi légitime. (1)

Le 30 avril 1818, Saint-George écrivait de nouveau à M. Duchesnay. Cette fois il lui donne des nouvelles d'Antoine de Farcy de Roseray, un de ses compagnons de la colonie de Windham : " Il ne changera pas de caractère, dit-il, il est trop vieux. Il a toujours été insouciant, même pour ses affaires ;

---

(1) C'est à dater de ce jour que Quetton dut prendre la particule. Il avait ajouté Saint-George à son nom, en souvenir du jour où il avait touché le sol d'Angleterre, qui coïncidait avec la fête du patron des Anglais.

en un mot, c'est un pauvre sire, pour ne pas dire davantage. "

Quetton de St-George épousa, en France, Mlle Adèle Barbeyrac, et vécut deux ans auprès d'elle et de sa famille dans le village de Saint-George d'Orques, à 8 kilomètres de Montpellier. La fortune paraissait lui sourire, car on le voit propriétaire d'une maison de ville et d'une villa dite Langaran, à la campagne. Lors d'un voyage qu'il fit à Paris au printemps de 1821, il tomba malade à Orléans, et il y mourut le 8 juin. La lettre que sa femme écrivit quelque temps après à M. Duchesnay, dénote une personne instruite, et remplie des plus beaux sentiments religieux. Un enfant était issu de cette union, Henri, né le 15 mars 1820. Parvenu à un certain âge, il vint s'établir à Toronto, avec l'intention, sans doute, de faire valoir les terrains que son père avait obtenus en concession pendant son séjour à Windham. Il finit par résider à Oak Ridges, à quelques milles de la capitale, et il y mourut en 1893, laissant après lui une fille, qui fut sœur de la Charité en France.

Henry Scadding écrivait en 1873 : " L'un des descendants en droite ligne d'un des premiers colons de cette région, occupe un établissement situé à la distance d'un lot à l'est de la rue Yonge, dans le township de Whitchurch. M. Henri Quetton Saint-George s'est engagé avec énergie dans les travaux d'un fermier pratique, sur une terre dont il a hérité de son père, le chevalier de Saint-George, en même temps qu'il distribue à ses nombreux amis l'hospitalité la plus raffinée. Si à Glen Lonely (1) les tours

---

(1) Nom donné à sa résidence par Quetton.

circulaires et les toits pointus des vieux châteaux de France sont absents, on y retrouve cependant, toutes les douceurs et les gentillesses des anciens manoirs français." (1)

Jean-Baptiste Coster de Saint-Victor était né à Epinal en 1771. A vingt ans il déserta son régiment pour prendre part à la campagne des émigrés de l'Argonne contre la France ; puis il courut en Vendée, où il servit sous le comte de Puisaye. Arrêté en 1797 sous prévention d'avoir fabriqué de faux passeports et aussi de désertion. Etant parvenu à s'échapper de prison, il passa en Angleterre, et de là au Canada. Retourné en France, il entra dans le célèbre complot de la machine infernale, qui éclata en décembre 1801, et s'il échappa à la mort, ce fut grâce à son adresse. Toutefois il repassa en Angleterre, où il connut George Cadoudal, qui le fit entrer dans sa conspiration contre Napoléon. Il fut arrêté avec son chef et mis en jugement avec lui, condamné à mort et exécuté le 25 juin 1804, en même temps que Cadoudal et onze autres complices.

Bourrienne, dans ses *Mémoires*, rapporte que Coster de Saint-Victor avait quelque chose de chevaleresque dans son maintien et dans son expression. " Sa taille moyenne, dit M. Muret, était svelte et pleine d'élégance ; sa figure réunissait, par un singulier mélange, la douceur à l'énergie. Il était aussi gracieux dans sa personne qu'élégant dans sa parole.

---

(1) *Toronto of Old: Collections and Recollections illustrative of the early settlement and social life of the capital of Ontario*, by Henry Scadding, D. D. Toronto, 1873, p. 472.

Une fois, dans l'ardeur des jeux auxquels se livraient les détenus du Temple, il avait ôté sa cravate et rabattu son col de chemise : — Vraiment, lui dit un de ses compagnons, tu as le col d'Antinoüs. — Parbleu, mon cher, répondit Coster en riant, tu as raison de te presser de m'en faire compliment, car dans huit jours on va me le couper. Le matin de l'exécution, ce fut Coster de Saint-Victor qui fit à haute voix la prière du matin en présence de ses compagnons d'infortune. Les autres, à l'exception de Cadoudal, semblaient trop impressionnés pour s'exprimer librement.

Quant au comte de Puisaye, retourné à Londres, il y publia des *Mémoires* pour justifier sa conduite. Mais ce fut vainement, la disgrâce qui s'était abattue sur lui, devait le suivre jusqu'au tombeau ; il ne lui fut pas même permis de revoir la France lors de la Restauration. Il se fit naturaliser sujet anglais, et il mourut pauvre à Blythe House, près de Hammersmith, en 1827.

Le comte de Puisaye avait fait son testament, quelque temps avant son décès. Il donnait tous ses biens à son beau-frère William Smithers Kent, c'est-à-dire 800 acres de terres à Windham, une ferme de 200 acres à Niagara, 300 autres, où se trouvaient des puits d'eaux salines, sur les rives du lac Ontario, sa résidence de Toronto, une maison à Hammersmith, et enfin une magnifique épée montée en or, qui lui avait été donnée par le ministre Pitt, en 1794. Sa femme, Suzanne Smithers, était morte avant qu'il entreprît son voyage au Canada.

Il avait conservé, même parmi ses compatriotes,

un certain prestige, malgré les insuccès répétés de ses entreprises. C'est ainsi que l'on constate que M. de Calonne eut recours à lui pour qu'il intercédât auprès du gouvernement en faveur de son retour au Canada. (1)

Comme supplément à cet épisode de l'émigration royaliste dans le Haut-Canada, il nous suffira de dire que plusieurs hauts personnages, réfugiés soit à la Martinique, soit à Saint-Domingue, soit aux Etats-Unis, manifestèrent, vers ces temps-là, le désir de venir se fixer au Canada, et parmi eux contentons-nous de mentionner le chevalier de la Garde, le marquis du Barail, et surtout l'abbé Receveur, qui se sentit attiré vers notre pays comme par un attrait mystérieux, mais ne put réaliser son idéal, comme nous le verrons bientôt. Un semblable rêve avait longtemps hanté l'esprit de saint François-Régis, l'apôtre du Velay.

Le chevalier de la Garde avait été chambellan du roi de Pologne. La révolution polonaise l'ayant forcé à se réfugier en Angleterre, il s'y était marié avec la plus jeune fille de Sir Joseph Banks, ancien commandant du Kamschatka. Sur la recommandation de son beau-père, le chevalier de la Garde demanda et obtint des terres au Canada. Mais il s'adressa bientôt au gouvernement anglais pour qu'il en fît l'achat, de façon qu'il pût se rendre en Russie, où il voulait s'établir. (2) Il ne put y aller par suite

---

(1) Voir pièce OO.
(2) Archives du Canada. Papiers d'Etat Q. 99. 2 juillet 1805, Banc du Roi.

d'un ukase obligeant tous les voyageurs à s'en retourner après une certaine date. Dans une lettre du 15 décembre 1806, le chevalier déclare qu'il est sans ressources, mais il espère que le gouvernement anglais consentira à transférer à un tiers, lequel possède des capitaux, la concession dont il avait été nanti antérieurement. (1)

Le marquis du Barail est un autre personnage que l'on voit figurer, à cette époque, dans les rangs des royalistes, qui, après avoir fait de grands efforts pour obtenir des concessions de terrains dans le Haut-Canada, abandonnèrent leur dessein. Du Barail avait quitté l'Angleterre pour l'île Saint-Domingue en qualité d'officier dans la Légion dite des Emigrants à la solde du gouvernement britannique. De Saint-Domingue il passa au Canada, en 1795, muni de tous ses papiers, passeports, etc., et il ne fit que s'y arrêter. Plus tard, il voulut spéculer sur les terrains qui lui avaient été concédés, mais il ne fut pas heureux. Après son retour en France, il se trouva en face de la misère : ses voyages et ses spéculations avaient absorbé ses capitaux. (2)

Voilà, sommairement exposé, l'historique de deux Canadiens de désir, suivant l'expression de Mgr Meffre, laquelle s'applique avec autant de vérité au vénérable Antoine-Sylvestre Receveur, prêtre du diocèse de Besançon, réfugié à Munich, à l'époque de la Révolution. " Chassé de sa patrie par l'impiété révolutionnaire, écrit Mgr Meffre, le zèle de la

---

(1) *Ibidem*. Q. 101-2. 15 décembre 1806, Londres.
(2) Voir pièce PP.

gloire divine qui le dévorait, le fit Canadien par l'espérance de pouvoir mieux servir Dieu sur cette terre d'outre-mer." En 1796, M. Receveur se rendit à Londres avec l'intention de se faire agréer par le gouvernement comme missionnaire au Canada. Il obtint tout ce qu'il voulut, et même la promesse de la part des Sulpiciens de lui fournir, ainsi qu'aux membres de sa société, les moyens de vivre pendant six mois. " Au Canada, écrivait-il à l'un de ses confrères, on s'empresse de préparer des logements, on se propose de nous fournir tout gratis pendant un demi-an. Je n'ai cependant encore point reçu de réponse détaillée sur les moyens et la possibilité de nous y transporter. C'est tout au plus si Mgr l'évêque de Saint-Pol de Léon, qui est notre seul appui sur la terre auprès du gouvernement anglais, voudra ou pourra obtenir notre transport."

L'abbé Receveur appelait sa famille religieuse les Solitaires de la Retraite. Ils étaient 107 au début de leur exil en Bavière. (1)

Mais le plus important de tous, et par le nom et par le rôle éminent qu'il avait joué lors des guerres de l'Empire, fut le duc de Vicence, l'un des généraux les plus célèbres de Napoléon. Il était né le 9 décembre 1773. Issu d'une noble famille, Armand-Augustin-Louis, marquis de Caulaincourt, avait été aide-de-camp de Napoléon, puis il avait suivi l'Empereur dans toutes ses campagnes jusqu'en 1807. Il fut ensuite envoyé en Russie comme ambassadeur, et rappelé en 1811. Caulaincourt, créé duc de Vicence

---

(1) *La Nouvelle-France*. Numéro de juillet 1904.

en 1808, resta toujours fidèle à la cause bonapartiste. Lors de l'abdication de Napoléon, le 22 juin 1815, le duc de Vicence fut porté par Louis XVIII sur la liste de proscription. C'est après cette date qu'il serait venu au Canada, pour s'établir sur une terre. Il vint échouer à la Baie du Febvre, dans un milieu agréable, où il allait pouvoir rencontrer plusieurs de ses compatriotes. Le curé de la paroisse, M. Fournier, était lui-même un prêtre français, et dans les paroisses voisines et aux Trois-Rivières, il y en avait plusieurs autres. La tradition veut qu'il soit arrivé au Canada en 1816. D'après le témoignage d'un nommé Louis Beaulac, voisin de ce personnage qui ne voulut jamais se faire connaître, le duc de Vicence avait chez lui une chambre remplie de cartes militaires et d'armes de toute espèce et d'une grande valeur. Le 31 mars 1818, il fit baptiser un enfant, et il signa l'acte au registre sous le nom de comte d'Ancourt. Sa femme y est appelée Adélaïde-Antoinette-Augustine, comtesse de Galifait (Gallifet). (1)

Caulaincourt ou Ancourt disparut un bon matin sans le dire à personne, et on ne sut jamais où il était allé. La date de son départ coïncide avec l'arrivée de lord Dalhousie, c'est-à-dire au printemps de 1820.

Le duc de Vicence mourut à Paris le 19 février 1827. Ses biographes sont très réticents sur les années qui suivirent le décret de proscription porté contre lui. De sorte qu'il nous est permis d'ajouter foi à la rumeur qui veut que le comte d'Ancourt

---

(1) *Bulletin des Recherches historiques*, année 1900, pp. 117, 118.

et le marquis de Caulaincourt ne soient qu'un seul et même individu. C'est un peu l'opinion de J.-G. Barthe, qui avait été à même de recueillir les données de la tradition. Voici ce qu'il en dit :

" A l'époque de la nomination de lord Dalhousie, il y avait à la Baie du Febvre, une de nos paroisses centrales, un personnage mystérieux qui y vivait dans une modeste retraite, couvert de blessures, parlant un français de haut aloi et qui paraissait au vulgaire, qui a le flair excellent, quoi qu'on en dise, une étoile tombée de quelque constellation. Il était paru au Canada peu après le désastre de Waterloo, y menait dans la paix et la culture des champs la vie d'un paysan de ferme modèle, et paraissait se complaire par-dessus tout au milieu de ses naïfs voisins avec qui il échangeait les petits services qui entretiennent les rapports et les lois du bon voisinage. Ceux-ci, qui l'adoraient à cause de son esprit, de son air de distinction et du bon exemple qu'il leur donnait comme cultivateur et comme citoyen, semblaient piquer et même très vivement leur curiosité de l'étrangeté de ce voisin si disparate au milieu de leur commune, et qui semblait s'amoindrir parmi eux, pour ne pas éveiller le soupçon ou se laisser deviner. Il s'était également fait quelques amis dans la petite ville voisine des Trois-Rivières, où il venait de temps à autre, dans la patache commune, se retremper un peu l'esprit au milieu de la société de ses hommes d'élite qui étaient toujours ravis de le posséder. En vain fut-il sondé par celui de tous qui avait sa plus franche intimité, sur ce qu'il était, il avait toujours délicatement éludé la question, et prié son ami de ne lui pas faire violence sur ce point. Seulement, quand il était question de Napoléon, des guerres de l'Empire, on voyait passer, je ne sais quoi d'étrange sur son front, ses yeux sourire à travers les larmes ; puis, faisant une cabriole de diversion, d'un mot heureux il changeait de terrain et de sujet. Cet homme, apparemment sans relations du dehors, sans communications de l'intérieur, fut cependant le premier informé de la nomination de lord Dalhousie au poste de gouverneur général du Bas-Canada. Il vint en toute hâte faire ses adieux à son ami des Trois-Rivières, en lui disant : " Je vous quitte, mon cher, parce que l'homme avec qui j'ai lutté corps à corps vous arrive comme gouverneur." Et il s'éclipsa en toute hâte, en lui donnant une poignée de mains, et en réprimant un soupir dont on ne comprit pas bien alors la signification. Il laissa sa terre de la Baie du Febvre veuve de son propriétaire, et dans le cœur de ses voisins un grand vide à combler. L'ami dont nous parlions tout à l'heure, dînant un jour à la table de lord Dalhousie, et lui faisant part de toutes ces circonstances, le gouverneur s'écria : " Mais ce devait être Caulaincourt." Plus tard, on apprit la mort du duc de Vicence avec des particularités qui firent croire qu'on ne s'était pas trompé sur le singulier paysan dont le mystère avait fait jeter leur langue aux chiens à tous ses bons voisins de la Baie du Febvre ; mystère qui intrigue aujourd'hui même encore l'esprit de ces braves gens, qui donneraient beaucoup pour avoir le mot de l'énigme." (1)

---

(1) J.-G. Barthe, *Le Canada reconquis par la France.* pp. 125, 126, 127.

Nous avons voulu contrôler cette tradition en nous adressant à des vieillards natifs de la Baie du Febvre, à d'autres encore, mais personne n'a pu nous apporter des renseignements qui fussent de nature à l'établir solidement. Cependant le docteur Smith, de la Baie du Febvre, croit pouvoir affirmer que le comte d'Ancourt et le marquis de Caulaincourt ne sont qu'un seul et même personnage. On en pensera ce que l'on voudra ; il y a toutefois un rapprochement à faire entre les deux noms d'Ancourt et Caulaincourt. Et puis, si les paroles que l'on prête à lord Dalhousie sont bien de lui, il semblerait alors que tout doute dût cesser sur la personnalité du duc de Vicence.

On a dit et écrit que le Canada avait eu son épopée napoléonienne ; il a aussi connu une épopée royaliste, celle-ci beaucoup plus sérieuse que l'autre dans ses développements, comme dans ses résultats.

SECONDE PARTIE

BIOGRAPHIES

AVIS AU LECTEUR

Le cadre de cet ouvrage ne nous permet point de donner des biographies aussi détaillées que nous l'aurions voulu. Sur le nombre, il en est plusieurs qui auraient mérité de plus amples proportions. Ainsi les deux M. Desjardins, M. de Calonne, M. Jean Raimbault et M. Sigogne, ont laissé après eux assez d'œuvres, de souvenirs et de correspondances pour permettre au biographe de consacrer à chacun un volume entier. Ce travail a été fait pour M. Raimbault ; il est à se faire pour M. Sigogne.

D'autres prêtres, et c'est la majorité, ont mené une existence si humble, si peu mouvementée, dans un modeste presbytère de campagne, qu'il m'a été presque impossible d'en écrire plus long sur leur compte, à moins de reproduire une correspondance officielle, le plus souvent fastidieuse, se rapportant à l'administration de leur paroisse. Tout cela eût été une surcharge au récit et un ennui pour le lecteur. Nous nous sommes contenté, dans ces cas, de biographies brèves, mais aussi substantielles que possible. Donner à chacun son caractère distinctif, sa physionomie particulière, telle a été notre grande préoccupation, comme c'était aussi notre devoir de le faire. Un prêtre enfermé entre les quatre murs d'un presbytère ou d'un collège, a beau se distinguer par ses vertus et sa science, il court le risque de rester toujours dans l'ombre, s'il ne produit aucune œuvre propre à le mettre en relief. Comment aussi dépeindre un tel homme, quand le biographe n'a souvent pour se guider qu'une tradition vague ou mourante? Il ne lui reste alors d'autre alternative que de recourir au silence ou de mettre au jour le peu qu'il connaît. Nous avons préféré la dernière, au risque de rencontrer des censeurs. D'avance nous nous inclinons devant leur jugement.

Quoi qu'il en soit, nous avons cru bien faire en livrant à la publicité ces biographies. Toutes sommaires qu'elles sont, elles nous ont coûté assez de travail, pour que nous soyons justifiable de réclamer l'indulgence du public. Celui-ci doit se douter de ce qu'il faut de perquisitions pour écrire la vie d'un seul individu. S'il s'agit de quarante-cinq personnages, la besogne s'accroît dans des proportions assez faciles à concevoir. Et lorsque l'écrivain se trouve en présence de curés, dont les carrières se ressemblent toutes, il lui devient difficile d'éviter la monotonie. Plaise au Ciel que ce soit l'unique reproche justement mérité!

LISTE DES ECCLÉSIASTIQUES
RÉFUGIÉS AU CANADA

Naissance.	Arrivée.	Noms	Départ.	Mort.
1738	1791	Allain, Jean-Baptiste................		1812
1753	1793	Desjardins, Philippe-Jean-Louis...	1802	1833
	"	Gazel, Pierre......................	1796	
1754	"	Raimbault, Jean-André...........		1813
1758	"	Le Saulnier, Candide-Michel, P. S. S................................		1830
1750	1794	Ciquard, François, P. S. S........		1824
1771	"	Périnault, Pierre Joseph........		1821
1766	"	Daulé, Jean-Denis...............		1852
1766	"	Desjardins, Louis-Joseph.........		1848
	"	Le Courtois, François-Gabriel.....		1828
	"	Castanet, Jean-Baptiste-Marie....		1798
1760	"	Roux, Jean-Henri-Auguste, P.S.S.		1831
1758	"	Malard, Anthelme, P. S. S........		1832
1763	"	Thavenet, Jean-Baptiste, P. S. S.	1815	1844
1765	"	Humbert, François-Joseph, P.S.S.		1835
1766	"	Rivière, Claude, P. S. S.........		1820
1767	"	Sattin, Antoine, P. S. S.........		1836
1757	"	Molin, Antoine-Alexis, P. S. S...		1811
1768	"	Robin, François-Marie, P. S. S...		1804
1768	"	Sauvage de Châtillonnet, J.-L.-M., P. S. S..........................		1841
	"	Nantetz, Philibert, P. S. S.......	1795	
1772	"	Des Garets, Guillaume-Marie de Garnier, P. S. S..................		1802
1738	1795	Malavergne, Pierre-Joseph.........		1812
1776	"	Courtin, Claude-Gabriel..........		1832
	"	De la Vaivre, Jacques............	1803	
1779	"	Raimbault, Jean..................		1841
1757	"	Lejamtel de la Blouterie, François.............................		1835
1765	1796	Houdet, Antoine, P. S. S.........		1826
1766	"	Orfroy, Urbain...................		1846
	"	Saint-Marc, Joseph-Jean-Baptiste	1802	1842
1768	"	Villade, Antoine.................		1839
	"	Chicoineau, J.-B.-Jacques, P. S. S.		1838

LISTE DES ECCLÉSIASTIQUES, Etc. — *Suite.*

Naissance.	Arrivée.	Noms.	Départ.	Mort
	1796	Jaouën, Charles-Bonaventure, P. S. S.	....	1806
1761	"	Roque, Jacques-Guillaume, P.S.S.	....	1840
1764	"	Joyer, René-Pierre	....	1847
1772	"	Fournier, Charles-Vincent	....	1839
	1798	De Borniol, Pierre-Bernard	....	1818
	"	Champion, Gabriel	....	1808
1763	"	Gibert, Pierre	....	1824
1763	"	Gaiffe, Jacques-Antoine	....	1800
1760	1799	Sigogne, Jean-Mandet	....	1844
1742	"	De Calonne, Jacques-Ladislas	....	1822
1752	"	Pichart, Amable	....	1819
	1801	Thorel, Nicolas-Aubin	....	1802
1772	1802	Boussin, Simon, P. S. S	....	1827

Diocèses particuliers à chacun des prêtres français lors de leur départ de France

Aire et Dax : M. J.-B. Saint-Marc.
Aix-en-Provence : MM. Antoine Houdet et Urbain Orfroy.
Avranches : MM. J.-B. Allain, Gabriel Champion et Pierre Gibert.
Bayeux : M. Jean-André Raimbault.
Belley : MM. Anthelme Malard et Melchior Sauvage de Châtillonnet.
Blois : M. Antoine Villade.
Bordeaux : M. P.-J. Malavergne.
Chambéry : M. Pierre Gazel.
Clermont-Ferrand : M. François Ciquard.
Coutances : MM. C.-G. Courtin, François-Gabriel Le Courtois, François Le Jamtel et Candide-Michel Le Saulnier.
Flandre : M. Jacques-Ladislas de Calonne.
Lyon : MM. Jacques de la Vaivre, F.-J.-M. Humbert, A.-A. Molin, Philibert Nantetz, Claude Rivière, F.-M. Robin et Antoine Sattin.
Macon : M. De Garnier des Garets.
Morlaix : M. C.-B. Jaouën.
Nevers : M. P.-B. de Borniol.

Orléans : MM. J.-B. Chicoineau, L.-J. Desjardins, P.-J.-L. Desjardins, C.-V. Fournier, A. Pichart et Jean Raimbault.
Paris : MM. J.-D. Daulé, P. Gazel et J.-B. Thavenet.
Rochelle (La) : M. A. Gaiffe.
Rodez : MM. J.-B.-M. Castanet et J.-G. Roque.
Rouen : M. N.-A. Thorel.
Tours : MM. S. Boussin, R. P. Joyer, P.-J. Périnault et J.-M. Sigogne.

L'ABBÉ JEAN-BAPTISTE ALLAIN
1791 1812

Né en 1738, M. J.-B. Allain est le premier prêtre français qui ait abordé à nos rivages durant la période révolutionnaire. Il avait été ordonné le 24 septembre 1763, et lorsqu'il arriva à Québec, dans les premiers jours de juin 1791, c'était déjà presque un vieillard. Mgr Hubert accueillit avec sa bienveillance ordinaire l'ecclésiastique persécuté, banni de sa petite paroisse de France, où il avait vécu dans la paix la plus profonde jusqu'à l'époque néfaste de 1789. Pour lui donner une preuve tangible de sa confiance, le Prélat lui offrit la desserte d'une de ses belles paroisses. C'était trop exiger de cet humble apôtre, qui, se croyant indigne d'une si grande faveur, ne cacha pas sa prédilection pour les missions lointaines, où son zèle pourrait se déployer sur un champ beaucoup plus vaste. Après avoir écouté et accepté les bonnes raisons de son nouveau subordonné, Mgr Hubert lui offrit la mission des îles de la Madeleine, avec juridiction sur les îles du Cap-Breton et Madame et les postes circonvoisins. Le nombre de catholiques dispersés sur cette immense région n'était pas considérable, à la vérité, mais il fallait bien que quelqu'un se résignât à pourvoir à tous, dût-il lui en coûter des voyages pénibles, des déplacements souvent renouvelés. Il s'y trouvait des Ecossais, des Acadiens, des sauvages Malécites, de sorte que le missionnaire, tout actif qu'il fut, devait être doué d'un zèle plus qu'ordinaire pour opérer tout le bien que son supérieur était en droit d'attendre de lui. L'abbé Allain ne fit pas d'objection, et il se transporta aux îles de la Madeleine, plus heureux que s'il avait été nommé à la cure de Québec. Il devait demeurer pendant vingt et un ans sur ces îles perdues en plein golfe Saint-Laurent, loin de ses confrères, privé de communications régulières avec le monde entier. Ce furent, pour ce prêtre selon le cœur de Dieu, autant d'années de bonheur. Entouré de ce petit peuple aux mœurs douces et pures, il put mener la vie d'un véritable solitaire, partageant ses heures entre l'étude, la prière et le service pastoral. Son ambition n'allait pas au delà. Aussi ne demanda-t-il jamais son rappel, ni une cure moins difficile. Vers l'année 1800, l'évêque de Québec envoya d'autres missionnaires au Cap-Breton. La besogne de M. Allain se trouva un peu diminuée, et il put se consacrer entièrement à ses insulaires du Havre de la Madeleine, jusqu'au jour où, se sentant à bout de forces, il jugea prudent de se réfugier à l'Hôpital-Général de Québec. Entré le 19 juin 1812, il y mourut un mois après, entouré des soins des charitables hospitalières. Ce vénérable missionnaire avait atteint sa 74e année.

Un neveu, originaire de Granville, avait suivi l'abbé Allain dans son exil. Ce n'était alors qu'un enfant de douze ans. Il demeura avec son oncle, et l'assista dans ses nombreuses pérégrinations dans le golfe Saint-Laurent. Ce neveu mourut, en 1842, dans la paroisse appelée Havre-aux-Maisons. On l'inhuma dans l'église, en reconnaissance des nombreux services qu'il avait rendus à cette mission, et aussi en souvenir de sa vie édifiante.

M. L'ABBÉ PHILIPPE-J.-L. DESJARDINS
1793-1833.

Né le 6 juin 1753 à Messas, près Meung, diocèse d'Orléans, d'une famille de négociants très bien notés dans le monde des affaires. Le père jouissait d'une haute réputation d'honnêteté. Il eut plusieurs enfants, dont deux furent élevés au sacerdoce, après avoir fait de solides études au collège de Meung, puis au séminaire d'Orléans : c'étaient Philippe-Jean-Louis et Louis-Joseph. Le premier fit son cours de théologie à Saint-Sulpice de Paris ; mais avant de prendre sa licence, il fut envoyé à Lyon pour y enseigner la philosophie. C'est dans cette ville qu'il fut ordonné, le 20 décembre 1777. (1) Il y dit aussi sa première messe, assisté de M. l'abbé J.-B. Chicoineau, sulpicien, son parent, le même qui vint résider à Montréal en 1796 et y finit ses jours.

De retour à Paris, M. Desjardins prit sa licence, puis il subit avec grand succès les épreuves du doctorat, le 12 avril 1783. C'est alors que Mgr Cheylus, évêque de Bayeux, le nomma grand vicaire et chanoine de sa cathédrale. Tout marcha bien au début, mais la brouille surgit entre eux, pour des raisons qu'il est inutile de faire connaître. " J'ai eu le malheur, disait M. Desjardins, de lui causer des chagrins par suite de ses procédés envers moi ; il m'avait blessé sensiblement, et la vivacité du coup me plongea dans

---

(1) Noiseux dit le 19 octobre 1777.

un procès désagréable pour lui. J'eus le bonheur de le gagner au parlement de Rouen, sans avoir à me reprocher de m'être oublié à son égard ; je n'oublierai jamais qu'il fut mon bienfaiteur." Cette querelle fut bien sensible au cœur de M. Desjardins, puisqu'il fut obligé de quitter Bayeux pour devenir doyen de la collégiale de Meung et vicaire général d'Orléans, laissant sa place de chanoine de Bayeux à son frère Louis-Joseph. La révolution ayant éclaté sur l'entrefaite, supprima du coup le chapitre de Meung ; il retourna à Bayeux auprès de son frère. Bientôt tous deux durent se sauver en Angleterre afin d'échapper à la persécution.

L'on sait ce qui arriva par la suite : la nomination de l'abbé Desjardins comme délégué auprès du gouvernement canadien, son voyage à Québec et à Niagara, et le peu de succès qu'il obtint après avoir fait des démarches multipliées et heureuses. Se voyant trompé dans son attente, M. Desjardins se mit à la disposition de l'évêque de Québec, qui fut heureux d'accepter les services d'un homme de cette taille. Mgr Hubert sut utiliser ses talents variés : il le nomma directeur et chapelain de l'Hôtel-Dieu et des Congréganistes. A la mort de M. Gravé, M. Desjardins le remplaça auprès des Religieuses Ursulines comme directeur. " Dès l'origine," écrit l'Annaliste du monastère, " les relations de notre communauté devinrent intimes avec ce vertueux prêtre ; aussi, quelque temps après la mort du vénéré père Gravé, le Récit pouvait-il dire : Le Seigneur qui afflige et console quand il lui plaît, a bien voulu essuyer nos larmes, en nous donnant pour directeur

M. Desjardins, G. V. de Mgr. Il avait suppléé à
M. Gravé pendant sa maladie, et nous le désirions
bien ardemment." Après son départ de Québec,
M. Desjardins ne cessa pas d'échanger des lettres
avec les religieuses ursulines. Il leur porta toujours
un grand intérêt, et l'on sait qu'il ne les oublia point
lorsqu'il fit de France cette distribution de peintures
qui font la richesse de leur chapelle et de la basilique
de Québec. Ce commerce épistolaire dura jusqu'en
1810.

Mgr Hubert eut une confiance telle en ce prêtre
si distingué, qu'il le nomma son grand vicaire à
deux reprises pour des fins particulières et momen-
tanées. Sans exercer le ministère proprement dit,
M. Desjardins prêchait des retraites, et accompa-
gnait l'évêque dans ses visites diocésaines. Il passa
deux mois dans la Baie de Chaleurs à évangéliser
les sauvages.

A la mort de Mgr Hubert, ce fut l'abbé Desjardins qui prononça l'oraison funèbre. " Ce prélat,
écrit-il, accueillit tous les prêtres français, pourvut
à tous leurs besoins, les plaça avec distinction, paya
les frais de leur passage, s'imposa même pour cela
des sacrifices ; aussi la faveur qu'il accordait à ces
ecclésiastiques exilés devint un objet d'envie et leur
attira quelques désagréments. Heureusement, ajoute
M. Desjardins, ses préjugés en notre faveur se sont
arrêtés à lui, ses vertus seulement ont passé à son
successeur." Ce qui veut dire que Mgr Denaut, successeur de Mgr Hubert, ne se montra pas très bien
disposé à l'égard des prêtres français. Aussi, à partir
du jour où Mgr Denaut prit les rênes épiscopales,

M. Desjardins alla s'enfermer dans le collège des Jésuites avec le Père Cazot. Celui-ci le chargea de l'administration des biens de son ordre, en attendant un règlement, qui ne devait se faire qu'un siècle plus tard.

M. Desjardins ne voulut jamais accepter de cure, il se contenta d'être aumônier des Ursulines, fonction qu'il remplit jusqu'à son départ pour la France, en 1802. Dans l'intervalle, il correspondait régulièrement avec Mgr de la Marche, qui demeurait toujours à Londres. Il lui envoyait des intentions de messes pour les prêtres exilés : au 1er décembre 1799, il lui en avait fait parvenir 79,898. On voit par le journal qu'il avait tenu durant son séjour au Canada, combien les malheurs de son pays et de ses confrères l'affligeaient. Ce même journal est rempli de renseignements sur le Canada, sur les mœurs de ses habitants, sur le commerce, l'industrie et même l'histoire naturelle. Malheureusement, il ne reste plus que des fragments de ce journal, l'auteur en ayant détruit la majeure partie.

Avant de retourner en France, M. Desjardins s'arrêta quelque temps à Londres. Il y revit Mgr de la Marche, et tous deux s'entendirent pour arrêter toute émigration ecclésiastique vers le Canada. La tâche était d'autant plus facile, que le clergé, à cette époque de 1802, n'était plus justifiable de chercher à fuir la France. Leur devoir était d'y entrer au plus tôt, afin de réparer tout le mal que la révolution avait causé.

Enfin M. Desjardins mit le pied sur le sol natal. Il fut tout aussitôt nommé à la cure de Meung avec le titre de grand vicaire. Cette nouvelle charge eût suffi à son ambition ; mais il dut obéir à ses supérieurs qui l'appelaient à Paris pour le faire entrer chez le cardinal Caprara, légat du Saint-Siège. Ce genre d'occupation ne cadrant ni avec ses goûts ni avec ses aptitudes, il préféra s'agréger aux Missions-Etrangères, et prendre la desserte d'une paroisse. Enfin il se trouvait dans son véritable élément ; le ministère des âmes avait toujours été l'idéal de sa vie. Mais la foudre devait tomber sur sa tête, au moment même où il se croyait à l'abri de toute tempête.

Pendant son séjour en Canada, M. Desjardins avait lié connaissance avec le duc de Kent. Ils étaient même devenus d'intimes amis. Quand il fallut se séparer, l'on promit de part et d'autre de s'écrire. Tous deux avaient tenu leur promesse. Rentrés dans leur pays, ils n'en continuèrent pas moins à échanger des lettres d'une douce intimité, sans songer que des tiers s'immisceraient dans leurs communications. Ces tiers étaient Napoléon et sa police secrète qui avait saisi une lettre du duc, un tant soit peu compromettante pour l'abbé. Celui-ci fut appréhendé au corps, en octobre 1810, et incarcéré à Vincennes, puis transféré au château de Fénestrelle, en Piémont, et finalement à Compiano, dans le duché de Parme. Ses amis essayèrent à plusieurs reprises d'obtenir son élargissement, et ils y mirent tant d'instances, que Napoléon dit un jour à l'un d'eux : " Si j'avais su qu'on viendrait me harceler aussi longtemps pour faire élargir ce prêtre, je l'aurais fait fusiller tout de suite."

Enfin, le 21 juin 1814, M. Desjardins put reprendre la cure dont il avait été absent pendant ses quatre années de détention. Au bout de cinq ans, le cardinal de Périgord, archevêque de Paris, le nomma grand vicaire et archidiacre de Sainte-Geneviève, avec résidence au palais épiscopal. Ici il eut maintes occasions d'exercer son zèle, et il n'en perdit aucune. Il devint supérieur ou protecteur de communautés religieuses, entre autres des dames de Saint-Michel, de la Miséricorde, de la Croix, de Port-Royal, des Sœurs du Bonsecours. On lui donna la présidence du comité des pensions de la maison royale et du conseil des prisons. A travers ses travaux multiples, il trouva moyen de publier une vie de Saints intitulée l'*Année Sainte*, qui devait paraître par livraison, avec un certain luxe. Mais il dut abandonner, faute de ressources pécuniaires.

Le 13 juin 1823, le roi nomma M. Desjardins évêque de Châlons-sur-Marne. L'abbé, alors septuagénaire, crut devoir refuser une charge trop onéreuse pour un vieillard et, du reste, nullement en rapport avec ses modestes ambitions.

Durant les journées de juillet, le palais épiscopal fut saccagé. M. Desjardins perdit du même coup tout ce qu'il possédait au monde, sa bibliothèque, ses tableaux, son linge, certaines valeurs en argent et plusieurs objets de prix. Plus tard, le gouvernement lui fit tenir la somme de 15,000 francs pour l'indemniser de sa perte. M. Desjardins distribua le tout aux communautés religieuses.

En 1831, un mandat d'arrestation fut lancé contre l'archevêque de Paris, Mgr Hyacinthe-Louis de

Quélen. Tout aussitôt M. Desjardins et M. l'abbé Mathieu, qui fut plus tard évêque de Langres, coururent s'offrir aux autorités pour être incarcérés à la place du Prélat. Cet acte de générosité plut tellement aux ennemis du clergé, que Mgr de Quélen fut presque immédiatement relâché.

Les dernières années de la vie de M. Desjardins offrent un intérêt qui ne faiblit pas. L'*Ami du Clergé* nous fournit à son sujet des renseignements beaucoup plus piquants que ceux qui nous parviennent d'autres sources. Aussi les reproduisons-nous avec empressement.

" Ce fut un bienfait de la Providence, dit-il, d'avoir ménagé un asile à M. Desjardins dans une pieuse communauté, au moment où les infirmités allaient l'assaillir. Il y a trouvé des soins inappréciables dans sa position, qui ont adouci ses souffrances et prolongé sa carrière. M. l'archevêque, qui habitait sous le même toit, lui a donné constamment des témoignages de l'intérêt le plus vif et le plus tendre. Quelques amis regardaient comme un bonheur de pouvoir jouir de temps en temps des entretiens de l'aimable vieillard. Des dames pieuses avaient mis à sa disposition leur voiture, son médecin lui ayant conseillé cet exercice. Elles se faisaient un devoir de l'accompagner dans ses courses, et ne laissaient à personne le soin de veiller sur une santé si chère. Sa faiblesse croissante exigeait des ménagements extrêmes ; mais, au milieu du dépérissement de ses forces, il conservait la même présence d'esprit, le même jugement, la même finesse de vues ; quand on le consultait sur quelque difficulté, on était étonné de la netteté de ses idées et de la précision de ses réponses. Sa gaieté même ne l'abandonnait jamais, et il charmait la conversation par quelques-uns de ces mots heureux dont il possédait le secret. Mais c'était par le cœur surtout qu'on voyait qu'il était le même. Ses propres souffrances n'émoussaient point sa sensibilité, et il ressentait vivement les douleurs de la religion et celles de ses amis. Il était surtout profondément touché de la situation pénible d'un prélat auquel il avait voué le plus respectueux et le plus tendre attachement.

" Que dirons-nous de sa piété, de son humilité, de sa patience ? Ce serait aux excellentes sœurs qui lui rendaient tous les services de la charité la plus attentive, qu'il appartiendrait de dévoiler tout ce qu'il y avait de vertu et de ferveur dans cette âme si pure. Ni sa faiblesse croissante, ni ses souffrances ne l'empêchaient de vaquer à ses exercices de piété. Lorsqu'il fut obligé de renoncer à célébrer la messe, ce qui était devenu pour lui une extrême fatigue, il l'entendait au moins très fréquemment et recevait la communion. C'est là qu'il trouvait sa consolation et sa force. Toutes ses journées étaient une préparation à la mort, et ce redoutable passage était toujours présent à sa pensée, pour se bien pénétrer des sentiments qui pouvaient en adoucir l'amertume.

" Telles étaient les dispositions du vénérable vieillard, lorsqu'une maladie grave l'assaillit, le 8 octobre 1833. Il demanda les sacrements, et M. l'archevêque voulut les lui administrer lui-même, le 9 au matin. Le prélat ne le quitta presque point pendant la maladie, et le consolait ou par des paroles d'amitié ou par quelques passages de l'Ecriture analogues à sa position. On commençait à concevoir quelque espérance, lorsque, le 18 octobre, une violente attaque vint frapper le malade. Son agonie fut longue ; il expira le lundi 21, à cinq heures et quart du matin.

" Nous n'avons pas besoin de dire combien cette perte excita de regrets. Mgr l'archevêque l'annonça à son diocèse par la lettre la plus touchante. Le concours, qui se fit aux obsèques, témoigne assez quelle était l'estime générale pour le vénérable prêtre. Tout le clergé de Paris, et un très grand nombre de laïques de toutes les classes remplissaient le chœur de Notre-Dame. Cet éloquent hommage en disait bien plus que le plus bel éloge funèbre, ou que la notice la plus complète. Celle-ci paraîtra peut-être courte et maigre à ceux qui ont connu M. Desjardins ? mais ils jugeront du moins que l'amitié n'a pas embelli le tableau, et que nous n'avons rien exagéré dans ce que nous avons dit du mérite et des vertus d'un homme si distingué et si bien fait pour honorer la religion."

L'abbé Desjardins n'avait jamais cessé de correspondre avec ses nombreux amis du Canada, si ce n'est pendant les quatre années de son emprisonnement, de 1810 à 1814, et l'on constate par ses lettres aux religieuses ursulines, qu'il leur envoyait de petits cadeaux consistant en médailles, reliques, chapelets, etc. Il avait conservé un excellent souvenir des abbés Jérôme Demers, Maguire, Perras, Deguise, Bédard, Descheneaux ; il envoyait ses saluts à ses compatriotes Courtin, Lejamtel, Joyer, Fournier, Daulé et Raimbault. Sa dernière lettre est du

28 mai 1833, cinq mois avant sa mort. Quand la nouvelle en arriva à Québec, ce fut un deuil assez général, car on n'avait pas oublié ce brave et vertueux ecclésiastique, qui, depuis son départ, n'avait pas cessé de porter le plus grand intérêt aux Canadiens, à leurs évêques, à leurs prêtres, à leurs communautés religieuses. Qui aurait pu oublier un si insigne bienfaiteur ?

" Que de regrets et de bénédictions furent donnés à sa mémoire," écrit l'Annaliste des Ursulines, "tant en France qu'en Canada ! Rien ne nous semble plus vrai, et mieux mérité, que cette inscription gravée sur sa tombe par Mgr de Quélen, l'illustre archevêque de Paris, dont il avait si généreusement partagé les épreuves.

" D'un caractère excellent, d'une éloquence douce, d'une science éminente, d'une conduite prudente et sage, d'une piété singulière, d'une foi forte, d'une humilité profonde, d'une patience courageuse, d'une charité sublime, il est l'objet des larmes et des regrets du clergé, du peuple, et surtout de son fidèle ami Hyacinthe-Louis de Quélen, Archevêque de Paris."

L'ABBÉ PIERRE GAZEL
1793-1796.

Ce digne prêtre arriva à Québec le 2 mars 1793, en même temps que les abbés P.-J.-L. Desjardins et J.-André Raimbault et le chevalier de La Corne. Ce n'était pas sans raison que l'évêque de Saint-Pol de Léon l'avait choisi, entre des centaines d'autres, pour en faire une espèce d'ambassadeur auprès des autorités canadiennes. L'abbé Gazel était docteur en Sorbonne, et il avait été professeur au collège de Navarre. Son esprit bien cultivé et la noblesse de ses sentiments le rendaient apte à traiter tous les sujets avec une variété de détails qui devaient faire rechercher sa conversation par le clergé et surtout par Mgr Hubert. Celui-ci ne pouvait se lasser de l'entendre raconter les péripéties de l'exode des prêtres persécutés, les événements particuliers à leur séjour en Angleterre, leurs industries et ces mille soucis de la vie quotidienne auxquels ils avaient été étrangers jusque là. L'abbé Gazel se fit aussi remarquer dès l'abord par sa profonde piété et par une simplicité vraiment évangélique.

Lord Dorchester était alors gouverneur de la Province de Québec. Sa famille renfermait trois garçons en âge de s'instruire. L'aîné, Thomas, avait dix-neuf ans, Christophe, dix-huit et Charles, sept. Le noble lord s'était adressé à l'évêque de Québec afin qu'il lui désignât un précepteur qui pût enseigner la littérature et le français. L'abbé Gazel était prêt à remplir cette place de confiance et d'honneur. Mgr Hubert n'hésita pas un instant à le recommander, et sa recommandation auprès du gouverneur fut acceptée avec empressement.

L'abbé Gazel avait été nommé chapelain de l'Hôpital-Général, le premier octobre 1793. Bien qu'il eût dans cette nouvelle fonction de quoi alimenter son zèle de pasteur des âmes, il trouvait moyen d'exercer quelque peu le ministère en dehors du cloître, et il consacrait aussi plusieurs heures à ses jeunes élèves. Toujours actif, toujours dévoué au bien des autres, il ne perdait pas une minute de son temps, sachant bien que les heures perdues ne se retrouvent plus. Cependant il était d'une complexion délicate, ce travailleur obstiné, qui faisait tout en vue de Dieu. Désintéressé comme tous ses confrères réfugiés, il avait accepté la succession de l'abbé Pierre Robitaille comme chapelain, à la condition qu'il ne recevrait aucun émolument pour ses services.

Trois ans se passèrent ainsi, sans qu'il y eût de changement dans les fonctions de l'abbé Gazel. Malheureusement sa santé dépérissait à vue d'œil; la nostalgie aidant, il arriva une heure où il ne peut résister à l'entraînement qui l'emportait, comme par une force invincible, vers la patrie absente. Il quitta Québec le 4 juillet 1796, et se rendit en Angleterre, disposé à entrer dans son pays natal, aussitôt que les circonstances le lui permettraient. La lettre suivante, qu'il adressa de Londres, le 22 novembre 1802, démontre qu'il n'avait pas pu encore parvenir à son but.

" Excusez, ma très chère et excéllente mère, (1) si, sur le point de partir pour Hamburg, et ayant peine à écrire, je me sers d'une main étrangère, à la vérité, mais que vous connaissez depuis deux ans... Depuis près de deux mois les nouvelles du Concordat et de la paix me donnaient l'espérance de pouvoir prendre prochainement la route la plus courte pour Calais et Paris, mais on continue d'exiger la promesse de fidélité à la constitution partout et sans aucune restriction, ce qui me détermine à partir vendredi pour Harwick (24 lieues), et dimanche par le paquebot pour Hamburg (140 l.), d'où je traverserai toute l'Allemagne et la Suisse (250 à 300 l.), par des chemins détestables et sur des chariots découverts et non suspendus. J'espère, avec l'aide de Dieu, que ma santé ne souffrira pas trop, quoique je continue à me plaindre d'affections nerveuses. Je ne vous dirai pas combien ce serait une cruelle privation pour moi de ne pas recevoir de vos nouvelles et vous donner des miennes, au moins trois ou quatre fois par an. Je pars avec une vive inquiétude sur la santé de M. Gravé, dont la dernière lettre, postérieure à toutes les autres nouvelles que j'ai eues de sa santé, annonçait un mieux. Tant que je vivrai, il aura droit à ma reconnaissance et à mes prières ; sa perte serait pour moi celle d'un bon et respectable ami ; il vous aura fait part, comme je l'en priais, de ma longue lettre écrite en avril. Il y avait un article qui n'était confié qu'à

---

(1) La Mère St-Alexis, Catherine Payen de Noyan, entrée en religion en 1745 à l'âge de quinze ans. Elle était alors supérieure depuis 1797.

vous et à lui : je ne le répète pas ; vous ne l'aurez pas oublié... Je n'ai pas besoin de vous répéter que je n'oublie absolument personne de la communauté ; toutes les marques d'attachement que j'ai reçues de la part de tous les individus qui la composent, me sont si précieuses, que je ne me suis défait d'aucune.... M. Chaumont aura mon adresse pour Genève, et M. Desjardins pourra lui envoyer quelques billets pour M. de Varicourt, vous savez, les personnes à qui j'avais coutume dans mes précédentes de vous prier de présenter mes compliments et respects : MM. de Lanaudière, Grant, etc. Je serais beaucoup trop long si je vous parlais de toutes les personnes dont je voudrais vous parler, et si j'écrivais tout ce que je désirerais vous dire. Je serais encore plus embarrassé si je voulais vous exprimer, ma très chère mère, toute la reconnaissance, tout l'attachement, toute l'estime respectueuse que je conserverai toujours pour vous, qui êtes la personne du monde de la part de qui j'ai reçu les plus grandes et les plus douces consolations au milieu de nos malheurs. La mort peut m'enlever tous mes autres amis, mais il en est un qu'elle ne peut m'enlever : cet ami, c'est la communauté de l'Hôpital-Général de Québec, car c'est un proverbe que *Communauté ne meurt pas*. Je me recommande à vos prières et à celles de toute la communauté à qui je présente mes respects, et que je prie Dieu tous les jours de combler de ses plus abondantes bénédictions spirituelles et temporelles."

L'abbé Gazel se rendit donc, non pas en Suisse, comme il l'avait cru, mais à Chambéry, en Savoie, où nous le retrouvons en 1805, aumônier dans un hôpital, et jouissant d'une santé partiellement refaite. Un peu plus tard, il fut nommé chanoine de la cathédrale et professeur de théologie dogmatique au grand séminaire diocésain. Depuis quelque temps l'évêque de Chambéry (1) lui avait confié la besogne ingrate de censeur des livres portés à l'imprimerie. Lors de son voyage *ad limina*, Mgr Plessis, qui s'y connaissait en hommes, et disait de l'abbé Gazel qu'il était aussi apte à exercer le ministère sacré qu'à enseigner les sciences sacrées, ne voulut pas quitter Chambéry sans aller le voir. Malheureusement, il ne put le rencontrer qu'en revenant de Rome. C'était le 3 mars 1820. Cette fois l'entrevue eut lieu, en présence de l'évêque de Chambéry. Dans son *Journal d'un voyage en Europe*, Mgr Plessis fait remarquer que, ce jour-là même, il avait vu sonner ses cinquante-sept ans.

Où et quand mourut M. Gazel ? Nous ne le saurions dire, malgré les nombreuses perquisitions que nous avons faites à ce sujet. Les archives de l'Hôpital-Général ne contiennent aucun renseignement à cet égard. Il est à supposer qu'après la mort de la mère Saint-Alexis, (1818) cet abbé cessa de correspondre avec la communauté de Québec, et que dès lors l'on perdit sa trace.

---

(1) Mgr Dessoles, oncle du ministre des affaires étrangères de France.

L'ABBÉ JEAN-ANDRÉ RAIMBAULT

1793-1813

Ce prêtre était originaire du diocèse de Bayeux, en Normandie. Il était né en 1754, et il reçut les saints ordres, le 20 septembre 1783. Fuyant la persécution, il passa en Angleterre en 1792, comme beaucoup d'autres prêtres de la région du nord de la France. A quelle influence dut-il sa nomination comme ambassadeur auprès du clergé et du gouvernement du Canada ? Nous l'ignorons, mais toujours est-il qu'il fut désigné par Mgr de la Marche pour entamer les premières négociations avec les autorités du pays, conjointement avec les abbés Philippe-Jean-Louis Desjardins et Pierre Gazel. C'était un acte de confiance de la part de ses supérieurs, et l'abbé Raimbault sut s'en rendre digne en toute occasion.

Disons tout de suite, afin d'éviter la confusion, qu'il n'était nullement apparenté avec l'abbé Jean Raimbault, curé de Nicolet, et supérieur du séminaire pendant près de quarante ans.

Il n'y a que peu à dire de ce prêtre vénérable, qui ne montra pas d'autre ambition que de travailler au salut des âmes. Peu de temps après son arrivée au Canada, il sembla se désintéresser de sa mission, que du reste l'abbé Desjardins pouvait mener seul à très bonne fin, et il offrit ses services à l'évêque. Mgr

Hubert s'empressa de les accepter, et il lui confia la cure de la Pointe-Claire, près de Montréal. L'abbé Raimbault se rendit à son poste le 5 novembre 1793, et il se mit résolument à l'œuvre. Afin de mieux s'initier aux mœurs et coutumes des cultivateurs de sa paroisse, il crut prudent de consulter les curés voisins, et surtout les prêtres de Saint-Sulpice qu'il avait en profonde vénération. Ceux-ci le guidèrent si bien, qu'en peu de mois le curé de la Pointe-Claire sut comprendre les besoins réels d'une population qui lui était étrangère. Il se familiarisa bientôt avec eux, tout en conservant le rang auquel sa position de pasteur lui donnait droit. Sa grande préoccupation était de bien instruire ses paroissiens sur leurs devoirs comme chefs de famille. La tradition rapporte qu'il était doué d'un talent supérieur pour les catéchismes. Aussi prit-il toujours un grand intérêt à la jeunesse, espoir des familles et de la patrie. Il aurait pu consacrer des heures et des heures à expliquer aux petits enfants le sens du catéchisme, et s'il s'apercevait que quelques-uns ne le comprendraient jamais, à moins d'explications réitérées, il les appelait à son presbytère, et il leur donnait des leçons privées, jusqu'à ce qu'il réussît à leur bien faire saisir la signification de telle ou telle réponse. Bref, c'était un éducateur, un peu dans le genre de Mgr Dupanloup, qui ne fut jamais surpassé comme catéchiste, si, du moins, l'on en croit ses biographes.

L'abbé Jean-André Raimbault mourut à la Pointe-Claire, au mois de septembre (le 11) 1813, âgé de

59 ans, après un ministère qui avait duré vingt ans. Jamais il ne montra la moindre disposition à retourner en France. Sa patrie d'adoption, il l'avait choisie lui-même dès son arrivée au Canada, et il eut bientôt fait de l'aimer et de s'y attacher par les liens les plus étroits. Les paroissiens de la Pointe-Claire ont conservé pendant de longues années le souvenir de ce curé français, exilé de son pays.

L'ABBÉ C.-MICHEL Le SAULNIER, P. S. S.
1793-1830

M. le Saulnier était né, le 26 mai 1758, à Cour-des-Ausy, diocèse de Coutances, en Normandie. A peine âgé de dix-sept ans, il avait fait son entrée à l'université de Caen. Deux ans plus tard, il commença à Paris ses études théologiques, et y subit avec succès les épreuves de la licence. Le 21 septembre 1782, il fut promu au sacerdoce et s'agrégea aussitôt à la maison de Saint-Sulpice. Ses supérieurs l'envoyèrent à Toulouse, l'année suivante. C'est là que la Révolution le surprit et le força à fuir à l'étranger. L'île de Jersey fut la première étape de son exil. Comme bien d'autres de ses confrères, il n'y fit pas un long séjour, et il passa bientôt en Angleterre, où déjà s'était rendu Mgr de la Marche, fuyant lui aussi devant le danger. C'était en 1792. Nous avons vu, dans un chapitre précédent, qu'à cette époque le gouvernement anglais, de concert avec l'évêque de Saint-Pol de Léon, avait résolu d'envoyer au Canada trois prêtres et un laïque qui prépareraient les voies en faveur d'une émigration de prêtres et de royalistes, de manière à ce qu'elle fût sérieuse et bien organisée. L'abbé le Saulnier aurait bien désiré se joindre à la délégation, mais comme il lui fallait l'assentiment de son supérieur, il écrivit à M. Emery, à Paris, qui consentit à lui permettre de passer au Canada. Mais l'autorisation arriva lorsque les abbés Desjardins, Raimbault et autres étaient déjà en route pour l'Amérique. L'abbé le Saulnier, cependant, les suivit de près, et il arriva à Montréal, le 24 juin 1793, muni d'excellentes recommandations de la part de Mgr de la Marche. (1) M. de la Tour-Dezéry, qui remplissait les fonctions curiales depuis environ vingt-trois ans, mourut quelques mois après. L'abbé le Saulnier fut appelé à recueillir sa succession. Il n'y avait alors à Montréal que huit sulpiciens : c'était trop peu pour rencontrer tous les besoins. La venue du nouveau confrère ne pouvait être accueillie que favorablement, et par le clergé de la ville et par sa nombreuse population.

L'abbé le Saulnier demeura curé d'office jusqu'à sa mort, arrivée le 5 février 1830. Ce bon sulpicien avait atteint sa 72e année. Exactitude et intégrité en tout : telles furent ses qualités saillantes. Aussi ne négligeait-il aucun de ses devoirs de prêtre. Sa charité s'étendait à tous indistinctement, et les pauvres de Montréal ne négligèrent pas de mettre à profit ses bonnes dispositions à leur égard. Il fit construire plusieurs écoles à leur intention. C'est M. le Saulnier qui a le plus libéralement poussé à l'érection de l'église actuelle de Notre-Dame, vaste monument, qui fait la gloire de Saint-Sulpice et l'orgueil de Montréal. Il fit aussi travailler, mais sans bourse délier, à l'église Saint-Jacques. On rapporte à ce propos qu'un jour un citoyen lui fit la remarque en passant, que cette église s'élevait comme par enchantement. " Ce n'est pas surprenant, dit-il, tout le monde lui jette la pierre." Le fait est qu'à son appel des centaines d'ouvriers, maçons et journaliers, purent ériger cette église en très peu de

---

(1) Voir 2e lettre de l'évêque de Léon.

temps, plus vite peut-être que s'ils eussent touché un salaire.

L'abbé le Saulnier avait un caractère jovial. Il excellait dans les saillies heureuses, les fines réparties, les bons mots. Assez souvent caustique, il poussait la pointe peut-être un peu trop profondément. Mais il faisait vite oublier par ses excellents procédés l'acuité de ses répliques. Au fond il était très bon, très compatissant, bienveillant à l'excès.

Comme orateur de la chaire sacrée, l'abbé le Saulnier a laissé une réputation enviable. Sa méthode était claire, ses développements toujours heureux, ses rapprochements habilement amenés. On affirme qu'il n'avait pas son égal pour l'homélie familière. Le prône est souvent l'échec du prédicateur, parce qu'il manque de préparation. Cependant un prône bien fait vaut quelquefois mieux, comme résultat pratique, qu'un long sermon, parce qu'il est généralement mieux écouté.

Au lendemain de la disparition du vénérable curé de Montréal, un journal écrivait : " Ses rares talents lui avaient acquis le respect et l'admiration de tous les habitants de cette province, théâtre de ses fonctions pastorales, et sa correspondance étendue prouve combien il était tenu en estime, même en dehors de sa communauté."

Ses funérailles eurent lieu le 8 février, en présence d'une foule considérable. Le service funèbre fut célébré par l'abbé Roque, grand vicaire ; l'évêque de Telmesse fit l'absoute, assisté de M. Hubert, prêtre du séminaire, et de M. C.-F. Turgeon, du séminaire de Québec.

L'ABBÉ FRANÇOIS CIQUARD, P. S. S.
1794-1824

Cet enfant de la grande famille sulpicienne était né à Vic-le-Comte, dans la Basse-Auvergne, vers 1750. Il avait fait son cours de théologie au séminaire de Clermont-Ferrand, tenu par les pieux fils de M. Olier, et il reçut l'onction sacerdotale, le 22 décembre 1781. Admis comme sulpicien à Paris, le 7 mai 1782, il en partit le 7 mars de l'année suivante pour le Canada, avec l'espoir d'y trouver matière à exercer son zèle, soit au séminaire de Montréal, soit dans les missions sauvages. Il arriva à Québec, le 22 mai 1783, en compagnie d'un autre sulpicien, du nom de Capel. De Montréal, où tous deux s'étaient rendus, ils durent bientôt revenir à Québec, sur l'ordre du gouverneur Haldimand, qui s'opposait systématiquement au recrutement du clergé par voie d'immigration. L'abbé Ciquard dut se réfugier à la Malbaie, en attendant un navire qui le ramènerait en Europe. Mais, las d'attendre, il se sauva à travers les bois et retourna à Montréal. Le gouverneur le fit appréhender de nouveau pour l'envoyer à l'île du Bic sous bonne garde. Il en partit le 20 août, et il fut mis en liberté dès qu'il eût touché le sol d'Angleterre. A Paris, où il arriva en septembre 1784, M. Ciquard fut nommé directeur de la maison de Saint-Sulpice, à Bourges.

La révolution le trouva à Bourges, en 1791, et il

put s'échapper, le 24 août, et prendre encore une fois le chemin de l'Amérique. Mgr Carroll l'envoya dans les missions de la rivière Saint-Jean et de la rivière Passamaquoddy. Comme il ignorait la langue des sauvages de ces contrées, il abandonna bientôt son poste aux soins de l'abbé de Cheverus, et il vint se fixer à Fredericton, dans le Nouveau-Brunswick, avec l'intention de se rendre utile au milieu des Indiens échelonnés le long de la rivière Saint-Jean. Après avoir obtenu ses pouvoirs de l'évêque, lors d'un voyage qu'il fit à Québec, en juin 1794, il alla résider à Madawaska, où le champ d'action était plus attrayant. Il y séjourna pendant quatre ans, puis il retourna à Montréal, en 1799, après avoir passé quelque temps à Baltimore et à Détroit. Il serait difficile de rencontrer un homme plus remuant.

Malheureusement pour sa sécurité personnelle, l'abbé Ciquard n'avait pas eu la précaution de demander aux autorités civiles la permission de rentrer au pays. Mal lui en prit, car il fut arrêté derechef et conduit audelà de la frontière, avec injonction formelle de ne plus remettre les pieds en Canada. C'est alors que M. P.-J.-L. Desjardins, grand vicaire de l'évêque de Québec, intervint auprès du gouverneur et obtint pour M. Ciquard l'autorisation de rester au pays. Le missionnaire retourna dans les missions des Provinces Maritimes ; mais il se fixa, cette fois, à Memramcook, pour y demeurer jusqu'en 1812. Mgr Plessis le nomma, à cette date, curé de Saint-François du Lac et missionnaire de la tribu abénaquise qui y est fixée. En 1815, M. Ciquard, devenu affaibli, offrit sa démission à l'évêque, et alla s'enfermer dans le vieux séminaire de Montréal. Il y est mort le 28 septembre 1824, à l'âge de 70 ans.

M. Ciquard est l'auteur d'un excellent opuscule, dont il ne survit que de très rares exemplaires, quoiqu'il en ait été tiré deux ou trois éditions de son vivant. Il porte pour titre : " *Le portrait du vrai missionnaire.*" (1)

---

(1) Bois.—*Notes inédites.*

L'ABBÉ PIERRE-JOSEPH PÉRINAULT
1793 - 1821

Cet abbé naquit à Montréal, le 2 juillet 1771, d'une ancienne famille, dont le chef, venu au Canada, s'appelait Jacques Périnault dit Lamarche, maître maçon. Cette famille était originaire du pays de la Marche, vieille province de France, située entre le Berri et le Poitou, aujourd'hui département de la Haute-Vienne.

Pierre-Joseph fréquenta les écoles de sa ville natale durant sa prime jeunesse. Il était encore adolescent lorsque ses parents l'envoyèrent en France, chez un de ses oncles, chanoine de l'église Saint-Martin, à Tours, qui avait bien voulu se charger de le faire instruire. Le jeune Périnault demeura à Tours aussi longtemps qu'il fut nécessaire pour que ses études collégiales fussent complètes. Alors il prit la soutane, et fut tout aussitôt tonsuré. Puis la révolution éclata. Inquiets sur le sort de leur enfant, les époux Périnault prièrent l'oncle de le renvoyer coûte que coûte au Canada. M. l'abbé Bois a écrit que le jeune séminariste était à Paris le 21 janvier 1793, le jour même de la mort de Louis XVI, qu'il fut très affecté de ce drame tragique, et qu'il en conserva toute sa vie le triste souvenir. Or, cette assertion ne peut tenir devant le fait que M. Périnault traversa l'océan, en 1791, sur ce frêle navire frété par les Sulpiciens, qui s'en venaient fonder à Baltimore un séminaire, à la demande de Mgr Carroll. M. Périnault suivit même son cours de théologie à ce séminaire, puis il vint, en janvier 1794, prendre sa place dans les rangs du clergé canadien. (1)

Le 17 août de la même année, Mgr Hubert l'admit au sacerdoce et l'envoya immédiatement comme vicaire à Longueil auprès de Mgr Denaut, son coadjuteur. Peu de temps après, le 1er octobre 1796, il fut nommé à la cure de la Rivière-des-Prairies, puis, le 23 février 1806, à celle du Sault-au-Récollet. En octobre 1815, M. Périnault fut chargé de la mission de Cataraconi (Kingston), où il demeura pendant trois ans. Voyant sa santé péricliter sous le climat humide du lac Ontario, il demanda un changement, et l'évêque lui confia la desserte de la paroisse du Saint-Esprit. Il ne fit que languir au cours des années suivantes. Epuisé et incapable d'exercer plus longtemps le ministère, M. Périnault se rendit à Montréal y passer ses dernières années. Il y finit ses jours le 29 juin 1821. Ses restes furent déposés dans les voûtes de l'église du Sault-au-Récollet ; c'est dans cette paroisse qu'il avait su se complaire davantage.

Le fond du caractère de ce prêtre était une grande douceur et une conformité entière à la volonté de Dieu. Il aurait voulu rester en France auprès de ce vieil oncle qu'il respectait comme un père. Mais les circonstances ayant été plus fortes que sa volonté, il dut se soumettre aux décrets de la Providence. Il se consolait de ce contre-temps en disant : "Il n'aurait pas été juste que je fusse demeuré heureux dans les belles campagnes de la Touraine, pendant que des étrangers seraient venus de France au secours de mon pays natal." Vers la fin de sa carrière, il écri-

---

(1) Annales du séminaire de Sainte-Marie de Baltimore.

vait à l'un de ses amis, prêtre comme lui : " Je n'ai pas toujours été heureux en Canada ; mon départ de la Rivière-des-Prairies me fatigue encore, et j'aspire tous les jours à rentrer dans ma chère solitude du Sault-au-Récollet... Enfin j'ai eu mes peines. Mais aussi, j'ai eu la consolation de travailler selon mes forces à l'œuvre de Dieu, j'ai été aveuglément soumis à mes supérieurs. Et c'est, je pense, cette soumission qui adoucit la peine que je ressentais d'avoir quitté la France. N'importe, je m'en vante : je n'ai pas voulu faire ma volonté."

Mgr Plessis avait placé toute sa confiance en M. Périnault, riche en biens de la fortune comme en vertus. Aussi le Prélat ne se gêna nullement de le transporter d'une paroisse pauvre à une autre où tout était à créer, afin, non pas de mettre son obéissance à l'épreuve, mais de lui procurer l'occasion de travailler efficacement au bien-être spirituel et temporel des ouailles dont il lui confiait la garde.

M. l'abbé Beaubien parle assez au long de M. Périnault, qui fut l'un de ses prédécesseurs à la cure du Sault-au-Récollet. " Nos paroissiens avancés en âge aiment, dit-il, à parler de M. Périnault, dont le zèle, le dévouement et surtout la charité sans bornes ont laissé dans l'âme de leurs pères la plus sincère reconnaissance. Ils racontent encore avec émotion ses nombreuses visites aux familles indigentes, auxquelles le généreux pasteur distribuait des pièces d'argent, cachées dans un bas, au fond d'une fameuse calèche, devenue plus tard la propriété de la famille Dagenais." (1)

---

(1) *Le Sault-au-Récollet. Ses rapports avec les premiers temps de la colonie. Mission-Paroisse*, pp. 354, 355.

L'ABBÉ JEAN-DENIS DAULÉ
1794-1852

J.-D. Daulé fut aussi l'un de ces vertueux ecclésiastiques français que la Providence dirigea vers le Canada pour y porter la science et la sainteté, et dont Marie-Louise McLaughlin de Saint-Henri, religieuse ursuline, disait : " Partout où les prêtres français ont passé, ils ont été la bonne odeur de notre divin Maître. " Les révolutionnaires, qui traquaient les prêtres et les religieux comme des êtres dangereux ou nuisibles, étaient loin de se douter que leurs proscriptions en France serviraient ailleurs à l'agrandissement du royaume de Dieu.

J.-D. Daulé était né à Paris, le 16 août 1766, (1) en la paroisse de Saint-Eustache. Son père, Jean Daulé, avait été cultivateur en Picardie avant de venir à Paris. Ses études terminées au séminaire des Pauvres, le jeune Daulé embrassa l'état ecclésiastique et fut admis au sacerdoce, le 20 mars 1790. Sa piété, sa ferveur le poussèrent aussitôt vers la vie ascétique, et il courut s'enfermer dans le monastère des Trappistes des Sept-Fonts. Le supérieur s'aperçut bientôt que son nouveau sujet rendrait plus de services à l'Eglise en s'adonnant au ministère des âmes. M. Daulé obéit à la voix du Ciel, et rentra dans l'état séculier.

Lorsque la Constituante obligea le clergé à prêter le serment de fidélité à la constitution, l'abbé Daulé, sans trop de réflexion, se crut obligé de faire comme certains de ses confrères, et il eut le malheur de

---

(1) M. Ernest Myrand dit, dans ses *Noëls anciens de la Nouvelle-France*, en novembre 1765. p. 21.

prêter l'inique serment. (1) Le cas de M. Daulé ne fut pas isolé; l'on vit alors plusieurs prêtres fort honorables qui se laissèrent convaincre que ce serment ne portait pas à conséquence. Ceux-là peuvent être partagés en trois catégories : 1º les jansénistes qui croyaient revenir au temps de la primitive Eglise ; 2º ceux qui ne voyaient dans cette constitution que la mise en pratique des doctrines de l'Eglise gallicane de 1682 ; 3º ceux-là, le plus grand nombre, des prêtres timides ou naïfs, auxquels il répugnait de se séparer de leur troupeau. Quelquefois aussi, disons-le à la décharge de plusieurs, le serment était accompagné d'une restriction qui était de nature à calmer les appréhensions de la conscience ; " Je le jure, disaient certains prêtres, autant que le serment n'est pas contraire à la foi catholique."

M. Daulé jura, mais évidemment l'on avait surpris sa bonne foi, car il pleura toute sa vie une action, bien répréhensible à la vérité, mais excusable jusqu'à un certain point chez un jeune prêtre sans expérience, que l'amour de l'obéissance aveugle lui avait inspiré de commettre. Son exil volontaire est là pour attester son sincère repentir. Il passa en Angleterre, et il s'y lia d'amitié avec un citoyen du nom de Winter, homme généreux et sans préjugés. Les vertus et

---

(1) Ce renseignement nous vient de M. l'abbé Bois. Est-il exact ? Nous n'osons pas l'affirmer, mais les détails qu'il apporte sont tellement circonstanciés, qu'il est difficile de les révoquer en doute M. Myrand écrit que M. Daulé refusa de prêter le serment à la constitution, et il tient cette information de F.-X. Gilbert, protégé de M. Daulé.

les fortes convictions de cet ami le frappèrent, et lorsque l'abbé français lui eût exprimé son désir ardent de se transporter au Canada à l'appel de Mgr de la Marche, M. Winter s'offrit spontanément de lui payer ses frais de voyage. L'abbé Daulé courut de grand cœur au devant d'un second exil, qui avait bien aussi ses aspects peu brillants. Aller au Canada ! disait-on couramment, mais y songez-vous ? Un climat impossible, avec les hivers sans fin, du froid, de la glace, et puis toujours du froid. Comment exercer le ministère, dans un pareil pays, quand nous, Français, sommes habitués à vivre sous un ciel plus clément ? Et puis, une fois là-bas sur la terre d'Amérique, pourrons-nous jamais en sortir et revoir notre patrie ? Ces bruits circulant à travers cette foule, sans contrôle, n'étaient pas de nature à pousser l'émigration des ecclésiastiques vers le Canada. C'est aussi ce qui arriva, comme nous l'avons vu. L'abbé Daulé fut une des rares exceptions. Il prit son passage pour le Canada, bien résolu de ne jamais abandonner le pays qui devait être son pays d'adoption. Il arriva à Québec, le 26 juin de l'année 1794, porteur d'une recommandation d'un abbé Charmot pour M. l'abbé Gravé, directeur du séminaire. Celui-ci l'accueillit, comme bien on pense, avec la plus franche cordialité. Puis Mgr Hubert, à qui l'abbé Daulé offrit ses services, les accepta de grand cœur. Le nouveau prêtre se retira d'abord au séminaire, et, le 1er octobre, il eut sa chambre au collège des Jésuites, où il devait résider jusqu'au 15 août 1795. Il fut alors nommé à la cure des Ecureuils. Là son séjour fut de onze ans, qu'il employa aux œuvres paroissiales.

On put y admirer sa piété et sa régularité en tout. Mgr Plessis l'appela à Québec, en 1806, pour lui confier la charge de chapelain des dames Ursulines. L'abbé Daulé était bien l'homme qui convenait à une telle besogne. Ses vertus nombreuses, son amour de la règle, ses mœurs austères avaient fait tomber sur sa personne le choix de Mgr Plessis. Cette nomination fut des plus heureuses. L'abbé Daulé passa vingt-six ans de sa vie au monastère des Ursulines, édifiant toute la communauté, religieuses et élèves, et lorsqu'il dut leur dire adieu, les regrets se donnèrent libre cours. L'annaliste du monastère écrivait au lendemain de son départ : " C'est au printemps de 1832 que M. Daulé, devenu presque aveugle, et obligé de se faire remplacer pour administrer l'extrême onction à nos malades, obtint enfin de faire agréer sa démission. Il quitta notre maison le 14 mai, à son grand regret et au nôtre : vingt-six ans de résidence ici avaient formé entre le saint prêtre et cette communauté des liens de charité qui firent couler bien des larmes. Nos pensionnaires se sont montrées très sensibles à son départ ; il a beaucoup travaillé la nuit aux dépens de sa vue, pour rédiger un nouveau recueil de cantiques, avec notes, pour le diocèse, ouvrage bien adapté à nos besoins, et dont plusieurs morceaux sont de sa composition. (1)

---

(1) Son *Recueil de Cantiques* fut imprimé en 1819, en reconnaissance, disait-il, du bon accueil qu'il avait reçu au Canada. On y trouve de vieux cantiques de Noël, entre autres un *Noël* chanté à Québec, à la messe de minuit de l'année 1646. V. *Noëls Anciens* etc, publié par M. Myrand, en 1899, p. 26 *et seq*.

C'était un homme d'une piété éminente, prêchant avec une onction qui portait les cœurs à Dieu. Il possédait un grand fond de connaissances théologiques. D'une ingénuité antique, il aimait tout le monde en Dieu et pour Dieu."

En quittant le chapelinat des Ursulines, l'abbé Daulé put encore se rendre utile en confessant à la paroisse de Saint-Roch. Il y prêchait aussi de temps à autre. Après avoir séjourné quelques mois aux Trois-Rivières, il se retira à l'Ancienne-Lorette, chez le curé Laberge d'abord, et plus tard dans une résidence que lui avait fait construire son serviteur si dévoué, François-Xavier Gilbert.

M. Daulé était chantre, musicien et poète ; il jouait le violon avec assez d'habileté. M. l'abbé de Calonne lui adressait un jour des Trois-Rivières, à propos de cet instrument, une épitre assez piquante : " Mon ami, disait-il, il faut que j'ajoute encore ceci au commencement de l'année. Je ne suis pas ennemi des délassements, ils sont nécessaires ; mais je n'aime pas votre violon. Je vous l'ai déjà dit : son moindre mal c'est d'exposer à la perte du temps, et le vôtre est très précieux. Vous me parlerez du roi David et de sainte Cécile. Un roi ! une femme ! à la bonne heure. Mais vous, prédicateur et directeur, remplissant toutes les autres fonctions du ministère, comment au milieu de tant de devoirs et de bonnes œuvres, trouverez-vous du temps pour jouer le violon ? Croyez-moi, mon ami, vous n'en saurez jamais assez pour faire votre partie dans les concerts des Anges ? N'est-ce pas assez pour vous d'être admis à y chanter de beaux cantiques ? "

L'abbé Daulé célébra ses noces d'or sacerdotales au monastère des Ursulines, en 1840, le jour de l'Annonciation de la sainte Vierge. Il y eut à cette occasion de grandes réjouissances. La présence de l'évêque de Québec et de son coadjuteur, d'une trentaine de prêtres, rehaussa l'éclat de cette fête de la religion.

La dernière visite de l'abbé Daulé à son cher couvent des Ursulines eut lieu en septembre 1852, et le 16 novembre suivant, le vénérable octogénaire — il était âgé de 86 ans — quittait cette terre d'exil pour aller contempler les splendeurs célestes. Malgré son désir souvent exprimé d'être inhumé dans la chapelle du monastère, les paroissiens de l'Ancienne Lorette voulurent garder chez eux, et pour toujours, les restes de celui dont ils avaient su apprécier les vertus pendant vingt ans. Les religieuses durent abandonner, bien à regret, leurs justes réclamations, et elles firent généreusement le sacrifice qu'on leur imposa. Un service solennel fut chanté dans leur chapelle pour le repos de l'âme de ce chapelain vénéré, dont la mémoire vivra toujours dans les fastes de l'Eglise du Canada.

L'ABBÉ LOUIS-JOSEPH DESJARDINS
1794-1848

C'était le frère cadet de l'abbé Philippe-Jean-Louis, dont il a été précédemment question. Il était né à Beaugency, petite ville du Loiret, dans le diocèse d'Orléans, le 19 mars 1766. Après avoir terminé ses études au collège de Meung, il entra dans l'état ecclésiastique, et il fut ordonné prêtre, le 20 mars 1790, le même jour que l'abbé Daulé. (1) Lors de la Convention, l'abbé Desjardins fut incarcéré en même temps que son frère et vingt autres prêtres. Après son élargissement de prison, l'exil s'offrit à lui comme aux autres confrères internés. Il se réfugia en Angleterre où, comme nous l'avons établi, le rendez-vous du clergé français semblait être plus général et plus recherché qu'ailleurs. De Londres il prit bientôt le chemin où son frère l'avait précédé depuis plus d'un an. La rencontre des deux abbés, eut lieu le 26 juin 1794, (2) et non sans quelque attendrissement. Mgr Hubert les reçut tous deux chez lui, et offrit au frère cadet le vicariat de la cathédrale. C'était un heureux début, pour le prêtre, et une preuve

---

(1) Noiseux fait erreur, quand il dit que M. Desjardins fut ordonné le 20 septembre 1788.

(2) Tanguay dit, le 26 juillet ; nous préférons l'opinion de Noiseux qui fait arriver le même jour MM. Desjardins, Castanet, Daulé et le Courtois.

spontanée de confiance de la part du Prélat. L'abbé sut s'en montrer digne par sa piété et par sa prudence.

Deux ans après, en 1796, le jeune prêtre fut envoyé à Carleton, dans la Baie des Chaleurs, en qualité de missionnaire de toute cette région, depuis l'entrée de la rivière Ristigouche jusqu'aux dernières habitations de la côte, en gagnant le bassin de Gaspé. Ce furent cinq années de dévouement constant à la cause de la religion chez ces peuples, où se trouvaient mêlés des Canadiens, des Irlandais, des Jersiais et des sauvages. Il conserva toute sa vie une affection bien vive pour ces missions, et sa correspondance, échangée avec les missionnaires qui lui succédèrent là-bas, prouve tout l'intérêt qu'il ne cessa jamais de leur porter.

En 1801, Mgr Plessis, curé de Québec et coadjuteur de Mgr Denaut, vit appeler l'abbé Desjardins auprès de lui et nommé d'abord vicaire, et puis curé d'office à la cathédrale, lorsque lui-même prit les rênes épiscopales après la mort de Mgr Denaut en janvier 1806. En 1807, l'abbé Desjardins devint chapelain de l'Hôtel-Dieu de Québec, et il remplit cette charge jusqu'en 1836. Dans le même temps, de 1825 à 1833, il agissait comme supérieur de la communauté des Ursulines. En 1836, il abandonna le chapelinat de l'Hôtel-Dieu, mais continua d'y résider jusqu'à sa mort, qui arriva le 31 août 1848. M. Desjardins était âgé de 82 ans. On l'inhuma dans la chapelle du monastère. Les religieuses firent célébrer de magnifiques obsèques à cet excellent chapelain, qui avait passé trente et un ans de sa vie à côté d'elles, à ce brave exilé de France, qu'elles avaient appris à vénérer comme un père et un saint.

Ce prêtre suivant le cœur de Dieu fut un des grands bienfaiteurs de nos communautés religieuses. "Il ne cessa jamais d'être pour nous, écrit l'annaliste des Ursulines, un ami sincère et dévoué, toujours prêt à nous favoriser de ses dons et à nous aider de ses conseils. Il était le protecteur déclaré des jeunes artistes, en même temps que l'obligeant procureur de tous les missionnaires. Nos bibliothèques, notre chapelle des Saints, notre chœur et notre église, témoigneront longtemps de sa générosité à notre égard. En effet, si un grand nombre d'églises en ce pays lui doivent tant de beaux tableaux qui les décorent, si la chapelle du séminaire en particulier est redevable aux MM. Desjardins de ces chefs-d'œuvre qui font l'admiration de tous les étrangers, nous ne pouvons oublier que la nôtre est loin d'avoir été négligée dans cette généreuse distribution des dépouilles de la France spoliée aux jours de la Terreur."

C'est ainsi que l'abbé Desjardins sut encourager Plamondon et Légaré, deux de nos artistes peintres, qui, plusieurs années avant la mort de leur bienfaiteur, avaient fait revivre sur la toile les figures aimées d'ancêtres, que nous n'aurions jamais connues sans eux.

Quant aux missionnaires pauvres, lui qui avait connu de près leurs misères, il leur faisait parvenir des lavabos, des cartons d'autel et divers ornements d'église parmi les plus utiles. Il était l'œuvre des Tabernacles vivante, et il prenait autant de plaisir à soutenir ces missionnaires qu'à encourager de sa bourse les peintres en herbe. Ce fut donc un prêtre utile. L'évêque se suffisant à peine à lui-même, comment aurait-il pu soulager la détresse de ces braves et intrépides missionnaires, qui se dépensaient dans les îles du Cap-Breton et du Prince-Edouard, à la Nouvelle-Ecosse et au Nouveau-Brunswick, toutes provinces relevant du diocèse de Québec au point de vue religieux. Chacun d'eux ne recevait guère plus de la dîme qu'il n'en fallait pour les empêcher de mourir de faim, et ils n'avaient pas la ressource d'émarger au budget de l'Œuvre de la propagation de la foi. Leur existence n'était qu'une longue suite de privations ; ils vivaient au jour le jour, ruinant leur santé dans des courses apostoliques, dont on ne peut se faire aujourd'hui qu'une idée imparfaite.

L'abbé Desjardins, que l'on appelait aussi souvent l'abbé Desplantes, s'était acquis une grande réputation de vertus. Il joignait à la piété une humilité parfaite. Son esprit d'ordre et de régularité, sa prudence consommée, l'avaient conduit peu à peu à une gouverne sûre des ouailles dont il eut la charge ; comme directeur de conscience, il se montra toujours un guide précieux. Toute sa vie il conserva la plus profonde reconnaissance, et pour Mgr Hubert dont le bienveillant accueil l'avait touché, et pour Mgr Plessis qui, en le plaçant dans cette belle retraite de l'Hôtel-Dieu, lui avait procuré la vie la plus agréable qu'il eût pu désirer.

Quelque temps après la mort de l'abbé Desjardins,

un ami fit placer sur sa tombe une tablette de marbre avec l'inscription suivante :

D. O. M.

Ici repose

Messire Louis-Joseph Desjardins, prêtre, premier chapelain résidant dans cette maison. Né à Beaugency, diocèse d'Orléans

Le 19 mars 1766

Ordonné prêtre le 20 mars 1790

Exilé de France pour la foi

Et

Venu au Canada en 1794

Il dirigea cette communauté depuis 1807 jusqu'à 1836. Son aménité, sa douceur, sa bienveillante générosité

A l'égard de tous

Furent les preuves toujours actives

De son ardente charité

Plein de jours et de mérites, il mourut dans la paix du Seigneur

Le 31 août 1848

A l'âge de 82 ans.

L'ABBÉ FRS - GABRIEL LE COURTOIS
1794-1828

Prêtre normand, originaire du diocèse de Coutances. Avait été ordonné le 21 septembre 1787. A l'exemple de l'abbé Daulé, il quitta de son plein gré l'Angleterre, où il s'était réfugié à l'automne de 1792. Au lendemain de son arrivée à Québec, le 26 juin 1794, il accepta de l'évêque la desserte de la paroisse de Saint-Vallier, devenue vacante par le décès de M. Garault de Saint-Onge, arrivé au pays en 1734. Son séjour y fut de courte durée; on le voit à la cure de Saint-Nicolas en 1796. Au bout d'un an, l'abbé le Courtois demanda à l'évêque une cure plus étendue, en rapport avec le besoin qu'il éprouvait de travailler ferme. Mgr Hubert comprit et lui assigna Rimouski et les postes de la côte nord, y compris le Saguenay, Chicoutimi et le lac Saint-Jean. Tout autre eût peut-être hésité devant une pareille mission. La population qui couvrait cet immense territoire n'était pas bien dense, mais, pour l'atteindre, il fallait que le missionnaire se livrât à des pérégrinations interminables et rendues pénibles par le défaut de communications. L'abbé le Courtois en prit vite son parti, et s'enfonça jusqu'au cou dans ces labeurs apostoliques, les plus difficiles qu'il soit possible d'imaginer. Il devait aussi évangéliser les sauvages du Saguenay.

En 1806, l'abbé le Courtois apprit de Mgr Plessis la nouvelle de sa nomination à la cure de Saint-Etienne de la Malbaie avec la mission des postes du roi. Le but de l'évêque était de lui permettre de se rapprocher des sauvages échelonnés le long de la côte septentrionale du fleuve Saint-Laurent. Ici encore le prêtre français put donner libre carrière à son zèle d'apôtre. Malgré ses nombreux voyages, il trouvait moyen de s'appliquer à l'étude de la théologie et de l'écriture sainte.

En 1822, l'abbé le Courtois se sentit presque à bout de forces. La population de ces contrées avait considérablement augmenté, et puis les années commençaient à peser sur ses épaules. Mgr Plessis consentit à lui offrir une cure plus en harmonie avec ses capacités physiques. Il eut Saint-Laurent en l'île d'Orléans, mais à la condition qu'il irait visiter de temps à autres ses chers sauvages du Saguenay. En dépit de son bon vouloir, l'abbé se vit bientôt insuffisant à la tâche, et il demanda sa retraite, et comme faveur spéciale, la permission de loger au presbytère de Saint-Roch de Québec. Au printemps de 1828, il retourna à Saint-Laurent, pour tâcher de refaire sa santé, qui déclinait visiblement. Ce fut changement inutile ; le 18 mai, il mourut presque subitement dans cette paroisse de l'île, où il comptait autant d'amis que de citoyens.

L'abbé le Courtois ne laissa après lui que de vifs regrets. Sa charité inépuisable, son mépris des biens terrestres, avaient rendu son ministère encore plus efficace. C'était un prêtre très humble, dont Mgr Plessis disait, que sa place n'était pas sur les hauteurs ; il aimait trop, disait-il, à se dérober aux regards de la foule. Sa prédication était solide, bien nourrie des saints livres ; sa conversation indiquait un homme de sens et d'érudition. Mgr Hubert en faisait grand cas, et Mgr Plessis l'estimait beaucoup.

L'ABBÉ JEAN - BTE - MARIE CASTANET

1794 - 1798

L'abbé Castanet (1) appartenait au diocèse de Rodez. Il arriva à Québec, le 26 juin 1794, en même temps que les abbés Louis-Joseph Desjardins, Jean-Denis Daulé et François-Gabriel le Courtois. Ces quatre ecclésiastiques composaient le second groupe des réfugiés. Les directeurs du séminaire de Québec, ayant entendu vanter ses talents et son amour de l'étude, lui ouvrirent leurs portes toutes larges. Les rangs du professorat dans l'institution de Mgr de Laval étaient alors clairsemés. Aussi accueillit-on ce prêtre avec une joie non dissimulée. Malheureusement, M. Castanet était d'une complexion très délicate, et le professorat parut vite l'épuiser. Il crut bien faire en demandant à l'évêque une mission dans les Provinces-Maritimes. C'était aller au devant des désirs de Mgr Hubert qui, chaque automne, se trouvait embarrassé à l'endroit des missions de la Gaspésie et du golfe. Les travailleurs manquaient à la vigne. Toute nouvelle recrue devenait donc précieuse, dans les circonstances.

L'abbé Castanet, se rendit en 1795, à Caraquet, maintenant une des plus grandes paroisses du diocèse de Chatham, mais alors une pauvre bourgade peuplée d'Acadiens vivant du produit de la pêche. La mission comprenait encore Nipisiguit, aujourd'hui

---

(1) L'on voit aussi souvent ce nom écrit Castenet.

Bathurst, et d'autres postes moins importants du Nouveau-Brunswick. L'abbé Castanet avait trop compté sur un changement de climat pour refaire sa santé. L'air de la mer ne lui allait pas. Cependant il voulut résister. Trois années se passèrent ainsi au milieu de continuelles perplexités. Ses forces semblant plutôt diminuer, il demanda son rappel. Déjà atteint de phtisie pulmonaire avant son départ de Caraquet, lorsqu'il arriva à Québec, en mai 1798, il faisait pitié. Il ne lui restait plus d'autre ressource que de s'enfermer dans un hôpital, pour y mourir. Le 26 août suivant, ce vaillant soldat du Christ rendait sa belle âme à Dieu, après quatre années seulement de vie apostolique. Il était âgé de trente six ans. Ce fut la première victime jetée par la hideuse révolution sur nos rives hospitalières. Un des premiers au combat, M. Castanet fut le premier à recueillir la couronne du martyre, non du martyre sanglant, qui est le partage des êtres privilégiés de la Providence, mais du martyre de la charité, de l'abnégation et du devoir.

M. Castanet fut inhumé à l'Hôpital-Général de Québec, où il avait terminé sa carrière, et non à Caraquet, comme on l'a prétendu. Ce qui a pu donner prise à cette erreur, c'est que les paroissiens de Caraquet, dans leur reconnaissance, ont fait placer sur la muraille de leur église une plaque commémorative avec inscription rappelant les bienfaits de leur missionnaire.

La note élogieuse n'a pas fait défaut à la mémoire de M. Castanet, au lendemain de sa mort. " Ses amis, écrit l'Annaliste de l'Hôpital-Général, et en particulier les MM. Desjardins et notre père Malavergne, ne peuvent se consoler d'une mort si précoce que par cette pensée de foi : "Nous avons un confrère au ciel."

" Ce jeune prêtre, disait Mgr Plessis, était doué d'un remarquable esprit d'ordre et de régularité. Sa disparition a été bien regrettable."

Si on en croit Montgomery-Martin, M. Castanet aurait rendu un grand service à la colonie. Depuis assez longtemps les sauvages du Nouveau-Brunswick et de la Nouvelle-Ecosse avaient à se plaindre du voisinage des Anglais et de quelques Allemands établis à Sunbury et dans les environs de Fredericton et d'Halifax. Il vint un temps où, poussés à bout par les mauvais traitements de ces voisins, qui les harcelaient sans cesse, ces Indiens tramèrent le complot de faire périr leurs persécuteurs. L'abbé Castanet ayant appris leur secret, intervint aussitôt auprès des gouvernements des Provinces-Maritimes, et leur conseilla d'accorder aux mécontents des terres où ils pourraient vivre à l'abri de tous troubles, ainsi que le droit de pêche dans certaines rivières, à l'exclusion des blancs. Les gouvernements accueillirent avec faveur les conseils du prêtre catholique, et les Sauvages obtinrent ce qu'ils voulurent. Et tout rentra dans l'ordre. (1).

---

(1) Montgomery-Martin, *The British Colonies*, vol. I, pp. 221-222.

L'ABBÉ J.-H.-AUGUSTE ROUX, P. S. S.
1794-1831

Ce vénérable prêtre naquit dans le diocèse d'Ain, en Provence, le 5 février 1760. Après avoir terminé de brillantes études au collège d'Avignon sous la direction des MM. de Saint-Sulpice, il embrassa l'état ecclésiastique, fit son cours de théologie avec un tel succès, qu'il put bientôt subir victorieusement les épreuves du doctorat. Certain biographe a prétendu que M. Roux était docteur de l'université de Valence; mais nous constatons dans son acte de sépulture, dressé par M. Quiblier, sulpicien, qu'il était docteur en Sorbonne. Ce dernier témoignage nous parait devoir l'emporter sur l'autre.

M. Roux avait été ordonné, le 5 juin 1784. Quelque temps après, il fut envoyé au séminaire du Puy pour y enseigner la théologie. L'évêque, Mgr Galard de Terraube, s'aperçut vite que ce prêtre distingué méritait des égards particuliers, et en fit son grand-vicaire. Cette marque insigne de confiance ne fut pas la seule. Forcé d'émigrer en Savoie, après avoir vu son siége envahi par un évêque constitutionel, Etienne Delcher, Mgr Galard voulut amener avec lui un compagnon qui pût l'aider à supporter le poids du malheur. M. Roux reçut l'offre du voyage, mais il fit comprendre à son supérieur qu'il valait mieux pour lui s'enfuir en Angleterre, laissant aux événements futurs le soin de le rappeler en France.

Son histoire, à partir de ce moment jusqu'à son arrivée au Canada, est intéressante par le seul fait de le voir se joindre à Londres aux sulpiciens désignés par M. Emery pour la maison de Montréal. Tous ensemble arrivèrent à destination, le 1er septembre 1794. " Lorsqu'ils débarquèrent à l'extrémité de l'île, ils trouvèrent, écrit M. l'abbé Jean-Edme-A. Gosselin, dix des principaux citoyens, qui étaient venus à leur rencontre et qui les emmenèrent dans leurs voitures. Le lendemain, jour du saint Nom de Marie, fête de la paroisse, le peuple se porta en foule à l'église pour voir les prêtres français et communier de leur main. Tout ce qu'il y avait de distingué dans la ville s'empressa de les visiter pour leur témoigner la joie que leur arrivée causait dans tout le pays." (1)

Il y avait, en effet, matière à réjouissances, surtout au séminaire. Depuis plusieurs années déjà, le recrutement du personnel s'y faisait péniblement, et la vieille institution de M. Olier ne renfermait plus, à cette époque, que des vieillards ou des invalides. La venue de onze nouveaux sujets fut considérée comme un coup de la Providence. Parmi eux se trouvaient des hommes de grande valeur intellectuelle ; tous se recommandaient par leurs vertus.

M. Roux fut aussitôt nommé vice-supérieur de la communauté. M. Brassier, supérieur depuis assez longtemps, se voyait faiblir, et de fait il mourut quatre années plus tard, après s'être dépensé au service de l'Eglise canadienne pendant quarante-cinq

---

(1) *Vie de M. Emery*, T. I., p. 470.

ans. M. Roux fut appelé, en 1798, à recueillir sa succession, et comme supérieur et comme curé. L'année précédente, l'évêque de Québec en avait fait l'un de ses grands vicaires. Toutes ces hautes charges accumulées sur sa tête, ne l'écrasèrent pas. Au contraire, M. Roux semblait éprouver un certain plaisir à multiplier ses travaux, parce qu'il était vigoureux, ardent et propre à porter plusieurs fardeaux à la fois. Ce fut, à vrai dire, un homme d'œuvres spirituelles et temporelles. Donner de l'éclat à son ordre, et soutenir fermement la maison qu'il dirigeait, ce fut sa plus constante préoccupation. Sous son égide, grâce à un zèle brûlant et à une prudence consommée, Saint-Sulpice prit un essor merveilleux.

Outre les fonctions de supérieur d'une maison aussi puissante que le séminaire de Montréal, M. Roux dut, en outre, prendre la direction de plusieurs communautés religieuses. Que de services il leur rendit, aussi que de reconnaissance lui a-t-on conservée dans ces cloîtres, devenus prospères sous son administration!

La vie d'un homme qui se dépense aussi généreusement pour les autres, ne saurait durer très longtemps. M. Roux devait en faire la triste expérience. Ce furent d'abord les maladies souvent répétées et les souffrances qui paralysent l'effort, puis les infirmités inhérentes à une vieillesse prématurée, et finalement les symptômes avant-coureurs d'une mort prochaine. A soixante et onze ans, M. Roux quitta cette terre d'exil pour aller jouir d'un repos bien gagné, dans un monde où il n'y a plus ni maladies, ni labeurs. C'est à la date du 7 avril 1831, qu'il est mort chargé de mérites, comme il avait été accablé de travaux. Il avait gouverné la maison de Saint-Sulpice pendant plus de trente ans avec une vigueur peu commune et une habileté incontestable. C'est le témoignage que nous apportent tous ses contemporains. L'un de ses confrères, M. Garnier des Garets, écrivant à son sujet, peu de temps après sa mort, en fait un bel éloge :

" Il rétablit, dit-il-il, les affaires temporelles du séminaire, qui étaient très dérangées, et rendit la vie à cet établissement, qui touchait presque à sa fin. Devenu supérieur, il montra les talents les plus distingués en tout genre. Il fut tout à la fois un grand administrateur, un éloquent prédicateur, un grand théologien, un habile canoniste et un jurisconsulte renommé. Son nom était cité au barreau, et les juges ont plus d'une fois adopté ses décisions. Les qualités du cœur ne le cédaient point en lui aux talents de l'esprit. Sa grandeur d'âme le mettait au niveau de ce qu'il y avait de plus élevé dans le monde ; sa bonté le rendait accessible aux plus petits ; sa candeur et sa simplicité le rendaient cher à tous."

Le Dr Meilleur, de son côté, a écrit dans son *Mémorial*, ce qui suit : " M. Roux passait, à bon droit, pour l'un des plus instruits et des plus éloquents de son siècle. En effet, on voyait briller en lui le talent et toutes les qualités de l'orateur. Sa voix, son geste et son extérieur impressionnaient puissamment son auditoire. Une fois en sa présence, rien ne pouvait en détourner l'attention et l'admiration. C'est surtout dans les conférences publiques qu'il faisait chaque année pour le peuple, pendant le carême, qu'on remarquait davantage toutes ces qualités à un degré supérieur. Ses explications étaient claires et lumineuses, et ses exhortations vives et touchantes." (1)

M. Roux a laissé après lui de nombreux documents sur la vie de Madame d'Youville, de la vénérable sœur Bourgeoys, sur la fondation du collège de Montréal, sur les droits du séminaire de Montréal à ses biens qui, dans le temps, lui avaient été contestés. Ce dernier travail, plusieurs fois imprimé, dénote chez son auteur une rare intelligence des affaires, de même qu'un talent particulier pour bien exposer une question et, ce qui vaut mieux encore, pour la résoudre.

---

(1) Meilleur, J.-B.—*Mémorial de l'Education du Bas-Canada. Seconde édition*, Québec, 1876, pp. 85.

L'ABBÉ ANTHELME MALARD, P. S. S.
1794-1832

L'un des Onze. L'abbé Malard était né à Belley, au département de l'Ain, le 13 octobre 1758. Son père était contrôleur des fermes du roi, et sa famille, d'une haute distinction, était originaire de la province de Bugey. Après avoir terminé ses études classiques, le jeune Malard suivit un cours de jurisprudence qu'il poursuivit jusqu'à la fin.; il se croyait appelé au barreau. Mais la Providence en avait disposé autrement. A peine l'étudiant en droit avait-il terminé son stage, qu'il se sentit en dehors de sa voie, et il demanda l'habit ecclésiastique. L'évêque de Belley, Mgr Cortois de Quincey, fut heureux de lui accorder son admission dans son grand séminaire. En 1785, (1) l'abbé Malard, qui avait fait une partie de ses études théologiques chez les Sulpiciens à Paris, reçut la prêtrise, et il se fit aussitôt agrégé à l'illustre Compagnie.

Quand la Révolution jeta sur des rivages étrangers le flot de prêtres qui n'avaient pas voulu transiger avec leur conscience, l'abbé Malard se trouva du nombre de ces héros de la foi, et l'Angleterre devint son lieu de refuge. Bientôt il prenait la route du Canada, en même temps que M. Roux et les autres. Un an après son arrivée à Montréal (1795), il eut

---

(1) Le 7 décembre. M. l'abbé Noiseux fixe la date du 17 septembre 1785.

en partage la mission du lac des Deux-Montagnes, conjointement avec l'abbé Sauvage de Châtillonnet, l'un de ses compagnons d'exil. L'abbé Malard devait consacrer environ trente ans de sa vie à opérer le bien au milieu des sauvages cantonnés sur les bords du lac. Il lui fallut étudier leur langue, afin de pouvoir les instruire plus aisément et plus rapidement ; c'était aussi le meilleur moyen pour arriver jusqu'au cœur de ces grands enfants. L'abbé Malard ne se laissa pas décourager par les difficultés du début, et quand il eut acquis une connaissance suffisante de la langue iroquoise, il put se livrer au ministère pastoral avec plus d'ardeur et moissonner avec plus d'abondance. Tout son temps était consacré à ses chers sauvages ; il les catéchisait, puis il priait avec eux. Entre temps, il les visitait à domicile, et il donnait à chaque famille une attention particulière, caressant les enfants, ayant toujours un bon mot pour les parents. C'est ainsi qu'à force de travail, rendu plus efficace par une étude et une charité à toute épreuve, ce brave missionnaire put récolter d'abondants fruits de salut, et s'acquérir la reconnaissance de ses ouailles.

Dans les dernières années de sa longue carrière, l'abbé Malard se sentit incapable de poursuivre les travaux de missionnaire, et force lui fut de demander du repos. Les Sulpiciens le rappelèrent à Montréal, où il passa le reste de ses jours dans la plus complète solitude. Il mourut, le 23 novembre 1832, dans la 74e année de son âge et la 47e de son sacerdoce.

L'ABBÉ J.-BTE THAVENET, P. S. S.
1794-1844

L'abbé Thavenet était né vers 1763. Ce fut au séminaire de Saint-Sulpice, à Paris, qu'il puisa ses connaissances théologiques et cet esprit foncièrement sacerdotal qui caractérise la belle famille de M. Olier. Son ordination date du 11 avril 1789, et son agrégation à l'Institut des Sulpiciens fut aussitôt décidée. Déjà il avait offert ses services, lorsqu'il était à Issy, pour la maison de Montréal. Nous avons vu que M. Emery avait ouvert à Issy un grand séminaire destiné à recevoir des sujets qui, plus tard, seraient dirigés vers l'Amérique ou d'autres missions lointaines. C'est ainsi qu'en 1791, plusieurs Sulpiciens quittèrent la France pour aller fonder un séminaire à Baltimore. L'abbé Thavenet n'en était pas, car la Providence le réservait pour le Canada, où il devait prendre en mains une affaire capitale, bien que relevant du domaine temporel. Obligé, comme les autres, de fuir devant l'orage révolutionnaire, il alla d'abord à Londres, puis, en 1794, il passa au Canada.

A son arrivée à Montréal, M. Thavenet fut chargé d'une des classes des Humanités. Après six années consacrées à l'enseignement, il reçut l'invitation d'aller rejoindre M. Malard à la mission du lac des Deux-Montagnes. Ici il demeura jusqu'en 1809, alors qu'il vint reprendre sa place au séminaire.

En 1815, l'abbé Thavenet accepta une mission aussi

importante que délicate. Plusieurs communautés religieuses du Canada, entre autres le séminaire de Québec, les Sœurs de la Congrégation de Notre-Dame, l'Hôtel-Dieu et l'Hôpital-Général de Montréal, avaient reçu de Mgr de Saint-Vallier des legs, dont les rentes avaient été déposées annuellement à l'hôtel-de-ville de Paris. En 1792, le gouvernement de la République française avait fait saisir ces revenus, ainsi que le capital d'où ils provenaient, sous prétexte que ces dépôts, appartenant à des sujets anglais, tombaient en main-morte. L'accumulation de ces rentes formait déjà, en 1815, un fonds assez considérable, et les communautés canadiennes précitées souffraient beaucoup de la diminution prolongée de leurs revenus. Depuis quelque temps déjà, elles avaient réussi à intéresser le gouvernement britannique à leur affaire. Celui-ci était parvenu, après de longs débats, à obtenir la promesse d'un remboursement partiel du capital et des intérêts accumulés. Mais il fallait quelqu'un qui devait tout spécialement s'intéresser à la cause et la faire valoir énergiquement. M. Thavenet, dont on connaissait l'habileté en affaires, l'esprit d'ordre et d'économie, était tout indiqué pour la besogne. Il jouissait, en outre, de la confiance publique. Les communautés furent donc unanimes à le choisir comme leur chargé d'affaires auprès des gouvernements anglais et français.

M. Thavenet partit pour Paris en octobre 1815, avec la mission de recueillir les fonds à percevoir et d'en faire la remise à l'évêque de Québec, intéressé, lui aussi, à un règlement prompt et efficace.

Si l'abbé eut su alors quelle tâche il se mettait sur les bras, il eût probablement hésité ; mais il n'en mesura pas toute l'étendue, et encore moins les difficultés dont elle était hérissée. Les négociations furent lentes à se produire. Rebuté par les employés des deux gouvernements, découragé souvent par un conseil, qui lui répétait à satiété que toutes ses créances ne valaient pas 40,000 francs, l'abbé Thavenet passait une partie de son temps à faire la navette entre Paris et Londres, et toujours sans succès. Douze années s'écoulèrent avant qu'il pût toucher quelque argent. Et alors commença, pour lui, une série d'embarras, suscités par les agences financières. A Paris ses agents étaient MM. Méquignon, libraires, deux de ses neveux ; à Londres, c'était la maison Moreland, Duckett & Co., et à Québec, MM. Paterson et Young. L'on a prétendu que les neveux ne se montrèrent pas à la hauteur de la confiance que reposait en leur honnêteté l'abbé Thavenet. Le Comité canadien, chargé de reviser les comptes, eut à se plaindre de certaines irrégularités, plus apparentes que réelles, et qui portaient sur une question de change. L'abbé dut publier une brochure pour mettre les faits sous leur vrai jour. En 1827, il avait envoyé au Canada un million et demi de livres, valeur française, qui représentait environ le tiers des réclamations. Il continua son gigantesque travail jusqu'en 1844, année de sa mort. Dans l'intervalle, il était allé résider à Rome, où il devait finir ses jours. Le Père Galerni recueillit tous les dossiers de l'affaire, et transmit à Québec les comptes, qui furent définitivement approuvés en 1848.

Les dernières années de M. Thavenet dans la Ville-Eternelle furent peu mouvementées. Son plus grand plaisir consistait à recevoir les pèlerins canadiens, à visiter avec eux les basiliques et les sanctuaires si intéressants de la Rome chrétienne. Lui-même savait profiter de toutes les occasions de faire le pèlerinage aux tombeaux des saints, les jours où l'Eglise célèbre des anniversaires mémorables. Lorsqu'il décéda, il logeait au couvent des Saints-Apôtres. Il était âgé de 81 ans.

Ce digne prêtre était d'un abord très agréable. Sa conversation spirituelle et pleine de traits le faisait rechercher par tous ses confrères. On vante sa piété et son inépuisable charité. Mais l'œuvre capitale de sa vie fut son **dévouement de trente années aux intérêts de nos communautés.**

L'ABBÉ F.-JOSEPH HUMBERT, P. S. S.
1794-1835

Originaire de Châtillon-des-Dombes, en Bresse, petite ville du département de l'Aix. M. Humbert naquit, le 23 novembre 1765, et étudia au séminaire de Saint-Irénée, à Lyon. Sa vocation religieuse était tellement évidente, que ses directeurs n'hésitèrent pas, quand le moment fut venu, à lui faire conférer les saints ordres. Il fut ordonné le 26 mars 1790, à Lyon, où il avait suivi son cours de théologie. Son aggrégation à l'Institut de M. Olier coïncide avec son élévation au sacerdoce. Chassé par les fameux décrets révolutionnaires, il courut d'abord se réfugier en Suisse. M. Emery ne tarda pas à l'inviter à se rendre en Angleterre afin de s'y joindre au groupe des Onze, destinés à la mission canadienne.

M. Humbert fut d'abord attaché à la desserte de la paroisse de Notre-Dame, puis son supérieur l'envoya à la mission du lac des Deux-Montagnes. En 1668, le séminaire de Saint-Sulpice avait fondé plusieurs missions, dont l'une à la baie de Quinté, avec ses annexes Kaneraske et Kandaseteiakon, que desservirent, entre autres, les abbés Fénelon, Lascaris d'Urfé et Louis de Cicé, mort vicaire apostolique à Siam. Toutes ces missions furent remplacées en 1721 par celle du lac des Deux-Montagnes. Elle était très florissante au milieu du XVIIIe siècle, et compta jusqu'à huit missionnaires à la fois. Presque tous laissèrent des travaux fort estimés sur les langues algonquine et iroquoise. M. Humbert voulant suivre l'exemple de ses prédécesseurs, se livra à l'étude de l'idiome iroquois, qui devait lui être si utile dans sa mission, où il séjourna pendant quinze ans, de 1814 à 1828. Pieux, humble, charitable, il sut arriver vite jusqu'au cœur des sauvages et s'en faire même des amis. Aussi le considéraient-ils comme un père, parce qu'ils le savaient vertueux, désintéressé, tout à leur service, ne leur refusant rien, quand il s'agissait de leur avancement spirituel.

Après ces quinze années de dévouement au ministère pastoral chez les Iroquois, M. Humbert retourna à Montréal pour n'en plus sortir. Il y vécut encore sept ans, qu'il consacra aux malades dans les hôpitaux et aux œuvres de charité. Puis il mourut, le 3 février 1835, dans la 69e année de son âge, emportant avec lui dans sa tombe le respect et la vénération de ses confrères et de la population de Montréal tout entière.

L'ABBÉ CLAUDE RIVIÈRE, P. S. S.
1794-1820

Naquit le 4 mai 1766, à Rouanne, dans l'ancienne province de Forest, au diocèse de Lyon, et ordonné à Lyon même, le 29 mai 1790. Arrivé à Montréal avec le groupe des Onze, l'abbé Rivière fut chargé de la classe des mathématiques, d'où il fut bientôt transféré à celle de rhétorique. On le plaçait dans son véritable élément. Lettré lui-même, il sut communiquer à ses élèves le goût de la littérature. Il enseigna jusqu'à sa mort, et à travers ses leçons il composait des pièces de vers d'assez longue haleine. Souvent ces pièces n'étaient que de circonstance, à l'occasion d'une distribution de prix, ou de la fête d'un supérieur. Il mettait dans ces compositions un talent réel ; que ce fut prose ou vers, toute manière lui était égale. Il toucha à différents genres : la chansonnette, la cantate, l'ariette. Ces poésies, quelque légères qu'elles fussent, prenaient, sous sa plume, une tournure sérieuse, rendue agréable par l'éclat des images et l'harmonie du style. En outre de cela, l'abbé Rivière avait un goût prononcé pour la musique, de sorte qu'on aurait pu le comparer aux anciens bardes français. Ses élèves n'oublièrent jamais les accents de cette lyre toujours vibrante, qui les tint sons le charme pendant des années entières. Elève de M. Rivière, quel délice ! Ses vingt-cinq ans de professorat marquent une des époques les plus brillantes de la littérature au collège de Montréal. C'était un professeur de haute volée, et il avait le feu sacré.

" Les grands talents de M. Rivière, a écrit le Dr Meilleur, l'auraient fait briller à la chaire, s'il eut pu y donner son temps. Les quelques discours qu'il prononça lui firent une belle réputation. Un tact exquis, une grande élévation d'idées, une droiture et une sûreté de jugement, en faisaient un orateur remarquable, mais aussi sa foi vive et profonde, sa belle et douce piété, son élocution naturelle, plaisaient par-dessus tout aux auditeurs et le faisaient écouter avec avidité."

L'abbé Rivière fut enlevé prématurément à l'affection de ses élèves et de ses confrères. Il mourut presque subitement dans la nuit du lundi, 10 juillet 1820, d'une inflammation intestinale. Le dimanche, il avait officié à l'église paroissiale, et dans l'après-midi, il avait pu consacrer quelques heures aux fonctions du ministère. Le lundi, bien qu'indisposé, il avait eu le courage de faire sa classe. La nuit suivante, il expirait dans des convulsions douloureuses. Il n'avait que 54 ans. Le lendemain, après la prière du matin, M. Roque, directeur du collège, annonça aux élèves ce pénible événement, puis en terminant sa courte allocution, il ajouta : " Nous l'aimions beaucoup, vous aussi l'aimiez beaucoup, mais il vous aimait encore bien davantage."

L'ABBÉ ANTOINE SATTIN, P. S. S.
1794-1836

L'abbé Sattin naquit à Lyon, et fut baptisé à la paroisse de Saint-Nizier, le 10 février 1767. Il fit ses études classiques et théologiques au séminaire de Saint-Irénée, à Lyon, et il fut ordonné, le 19 mars 1791, pour s'attacher aussitôt à la congrégation de Saint-Sulpice. L'orage révolutionnaire le jeta d'abord sur le sol de Suisse. Son séjour là-bas ne fut que temporaire, car on le voit bientôt, obéissant aux ordres de son supérieur, se diriger vers l'Angleterre, et puis se joindre à dix de ses confrères, fils de M. Olier, en partance pour le Canada. A Montréal, il fut successivement employé au ministère paroissial, puis à l'enseignement, pendant vingt et un ans. En 1815, il fut nommé chapelain de la section des pauvres de l'Hôpital-Général, fonction qui était alors remplie par l'abbé Chicoineau, devenu vieux et malade. A la mort de ce dernier, en 1818, M. Sattin lui succéda pour le service spirituel de tout l'hôpital, des religieuses, des vieillards, des enfants et des infirmes. M. l'abbé Sattin consacra les dix-huit dernières années de sa vie à cette œuvre, qui exige autant de prudence que de vertus et de dévouement. L'Hôpital-Général a conservé un excellent souvenir de ce bon prêtre, de ce chapelain si zélé et si charitable. Une note, tirée des archives du couvent, fera mieux ressortir le caractère de M. Sattin ; elle suppléera, du reste, à beaucoup de renseignements qui nous faisaient défaut.

"A une dignité modeste M. Sattin joignait une exquise bonté d'âme. C'était un besoin pour lui de se dépenser au service du prochain ; il avait pour les pauvres la plus tendre compassion. Voyait-il parmi eux quelques natures plus ignorantes, ou plus rebelles ou plus indifférentes, il mettait tout en œuvre pour les éclairer, les instruire de leurs devoirs, et par mille pieuses industries s'ingéniait à les rendre meilleures et à les remettre sous la puissante et bénigne influence de la vertu. Sous ses soins, les jeunes orphelines étaient formées de bonne heure à la vertu. Il multipliait pour elles ses pieuses exhortations, leur faisait régulièrement le catéchisme et les préparait avec grand soin à la réception des sacrements.

" M. Sattin avait une grâce particulière pour la direction des religieuses. Il excellait à façonner les cœurs à ce qu'il y a de plus crucifiant et de plus austère pour la nature, dans la religion. Sous sa conduite, les âmes subissaient, presque sans s'en douter, une heureuse transformation, et, en peu de temps, se trouvaient initiées et pliées à toutes les immolations journalières de la vie intérieure.

" Telle était l'importance qu'il attachait à la pratique de la charité et à l'union des cœurs, qu'il faisait principalement consister la perfection de chaque membre de la communauté dans une application constante à ne blesser en rien cette reine des vertus. Il ne négligeait aucun moyen pour la faire régner en souveraine, et il voulait que, par une estime et une affection mutuelles, toutes goûtassent la douceur d'une dilection toute fraternelle en l'amour de notre Seigneur.

" M. Sattin était d'une taille moyenne ; bien qu'il fût d'une complexion délicate, il avait néanmoins le teint animé et le port droit. Ses manières aisées, son abord facile, ses lèvres habituellement souriantes, trahissaient l'inaltérable bonté de son cœur, et inspiraient la confiance, tout en commandant le respect.

" M. Sattin était dans sa 65ème année quand notre communauté entreprit de démolir les murs de la vieille église pour l'agrandir et la reconstruire à neuf. Il se chargea de conduire les travaux, après avoir lui-même tracé le plan de l'architecture. Cette tâche, jointe à ses autres occupations, était fort audessus de ses forces, et, tout en admirant son dévouement, nos sœurs n'étaient pas sans inquiétude de le voir succomber à un excès de fatigue, car il ne se donnait plus un seul instant de repos. Dès qu'il avait satisfait aux devoirs de son ministère, on le voyait se rendre en toute hâte auprès des ouvriers, escalader les échafauds, déployer une activité beaucoup trop soutenue pour son âge et sa faible constitution. Non content de surveiller les travaux, ce bon père fit faire, à ses frais, de jolies décorations à fresque et un superbe baldaquin au dessus du maître-autel.

" Ce dernier don allait mettre le sceau à ses générosités et à son dévouement.

" En mai 1836, sa santé commença à donner de vives inquiétudes. Un assoupissement presque continuel chez un homme aussi actif qu'était le père

Sattin, ne pouvait être que d'un mauvais augure et faisait appréhender soit la paralysie, soit l'apoplexie. Ces craintes ne se réalisèrent que trop tôt. Dans la journée du 1er juin 1836, le saint vieillard eut une attaque de paralysie, qui fut suivie de plusieurs autres. Il languit ainsi jusqu'au 23 du même mois, où il expira doucement dans la 70ème année de son âge, et la 46ème année de son sacerdoce.

Il avait donné dix-huit années de services et de soins pieux à notre chère communauté, il en emporte les plus profonds regrets."

M. Sattin est l'auteur d'une Vie de madame d'Youville, fondatrice des Sœurs de la Charité de Villemarie. Il entreprit de composer cet ouvrage en 1828, mais il le conserva en manuscrit. Il est intitulé : *Vie de madame d'Youville, fondatrice et première supérieure de l'Hôpital-Général de Montréal et des sœurs de la Charité dites Sœurs-Grises.* L'auteur se borne à raconter ce qu'il a appris de la bouche même des bonnes sœurs, sans trop insister sur les œuvres accomplies par l'éminente fondatrice de leur communauté. C'est plutôt l'histoire des Sœurs-Grises que l'histoire de madame d'Youville.

L'ABBÉ ANT.-ALEXIS MOLIN, P. S. S.

1794-1811

Né le 1er mai 1757 dans la ville de Lyon, paroisse de Saint-Nizier, M. Molin, ses études collégiales terminées, prit la soutane chez les Sulpiciens, et reçut l'onction sacrée, le 9 juin 1791. Se sentant un goût prononcé pour la vie sulpicienne, il s'agrégea aussitôt à l'illustre Institut de M. Olier. Plutôt que de prêter serment à la trop fameuse constitution civile du clergé, M. Molin aima mieux se sauver en Angleterre, puis se réfugier définitivement au Canada ; là il jouirait de la liberté de conscience, chère à tout homme de cœur.

C'est une des belles figures du groupe des Onze. A son arrivée à Montréal, on lui confia les fonctions de chapelain de l'Hôtel-Dieu, en même temps qu'il s'occuperait du ministère paroissial. Au séminaire, les supérieurs le choisirent pour présider à l'économie. C'est en cette dernière qualité qu'on le vit bientôt s'occuper de la construction d'un nouvel édifice sur le flanc de la montagne et de la maison de campagne qui en dépendait. Il faisait l'achat des matériaux et payait la main-d'œuvre. Son entreprise fut couronnée de succès ; aussi, sa réputation, comme financier et architecte, dépassa vite les murs du séminaire de Montréal. Beaucoup de curés venaient le consulter ; et, lorsque l'abbé Girouard, le vénérable fondateur du collège de Saint-Hyacinthe, voulut bâtir, avec les modiques ressources dont il disposait, une maison digne d'être appelée collège, il s'adressa à M. Molin. Celui-ci lui prépara tous les plans, si bien que rien ne fut modifié ou altéré dans les constructions primitives. Le séminaire de 1853 a remplacé l'ancien, avec des proportions plus amples ; l'augmentation du personnel, des besoins nouveaux avaient nécessité cette dépense.

M. Molin fut aussi appelé à desservir l'Hôpital-Général. Là comme partout ailleurs, il sut apporter le zèle et le dévouement du bon pasteur des âmes, édifiant tout le monde par ses vertus solides et sa régularité exemplaire.

M. Molin n'avait que 55 ans lorsque, le 21 septembre 1811, il fit ses adieux à cette terre d'exil. Son ardeur pour le service des âmes l'avait prématurément ruiné. Sa grande bonté, sa charité inépuisable, son désir constamment rénouvelé de faire du bien à tous ses semblables, le faisaient rechercher avec empressement par la foule des déshérités de la fortune. Non seulement on avait recours à ses aumônes, mais encore on le consultait à tout propos, car on le savait judicieux, désintéressé et si complaisant. Nous pouvons dire de cet homme généreux ce qu'on en disait pendant que, plein de vie et d'activité, il exerçait le saint ministère : " Cet homme-là a vraiment le don de faire le bien ; il ne sait faire que des heureux ! "

L'ABBÉ FRS-MARIE ROBIN, P. S. S.
1794-1804

Originaire du diocèse de Lyon, M. Robin était né, en 1768, de parents à l'aise et très honorables. Après avoir suivi le cours classique ordinaire, il entra au grand séminaire de Saint-Sulpice, à Paris, et il y reçut les ordres sacrés le 21 août 1791. Trois ans après il rejoignait à Londres le groupe des Sulpiciens dirigé vers le Canada par M. Emery.

A son arrivée à Montréal, M. Robin dut s'occuper des fonctions du ministère, en qualité de vicaire à la paroisse de Notre-Dame. C'était un homme débile, bien que robuste en apparence. Grand de taille, il portait en sa personne un air de grandeur et de dignité qui en imposait. Bientôt il crut s'apercevoir que sa santé se détériorait dans ce milieu de Montréal où, durant la saison d'été, l'atmosphère très chaude n'est pas toujours suffisamment saine. Il lui semblait que l'air de la campagne conviendrait mieux à ses poumons affaiblis, et partant de là, il courut offrir ses services à Mgr Denaut, qui, comprenant ses raisons, l'envoya à la mission de Saint-François de la Nouvelle-Beauce. C'était une paroisse encore peu développée, où la besogne ne pouvait être épuisante. M. Robin y fit son entrée au mois d'octobre 1798.

A Saint-François, M. Robin demeura pendant quatre ans, au cours desquels il dut lutter avec la plus grande énergie contre le mal qui le minait lentement, mais sûrement. Par malheur il lui fallait faire de longs trajets dans des voitures mal suspendues, par des chemins à peine ouverts, avec une température parfois désagréable. Le curé ne se plaignit pas, mais il demanda une paroisse moins étendue et moins populeuse. Il eut l'Ile aux Coudres. C'était bien l'idéal de la paroisse aux humbles proportions, habitée par une population morale, dévouée au clergé, ignorant le luxe et le superflu. Le nouveau curé y eût certainement goûté les plaisirs avant-coureurs des joies du paradis, s'il eut joui d'une bonne santé. Mais, ici comme à Saint-François et à Montréal, la maladie le harcelait, sans lui donner de lasse. Deux ans après son arrivée à l'Ile aux Coudres, M. Robin s'éteignait doucement, après avoir reçu les derniers secours religieux de l'abbé Marcheteau, curé des Eboulements. Le même présida à ses funérailles.

M. le grand vicaire Mailloux rapporte un trait assez curieux de ce prêtre, dont le caractère était devenu, à la longue, quelque peu aigri par les souffrances corporelles. Quand il avait béni un mariage, il ne manquait jamais de dire au nouveau marié d'un ton un peu rude : " Donne-moi six francs ; prends ta bête et va-t-en." C'était parler assez crûment ; l'impression qu'en devaient remporter avec eux les conjoints ne pouvait lui être bien favorable.

M. Mailloux rapporte encore, d'après une tradition, que M. Robin reçut un jour la visite d'un de ses paroissiens, qui lui dit pour premier bonjour : " M. le curé, je viens parler latin avec vous." Or, cet homme était illettré et encore moins linguiste. " Qu'est-ce que tu connais en latin ? " lui dit le prêtre, plus vexé que surpris.—" Dieu, ça se dit *Deus* en latin, et le Seigneur se dit *Dominus*, n'est-ce pas vrai ? — " Oui, c'est vrai, et puis continue ? " dit le le curé. — " Je n'en sais pas plus long, répartit l'autre, mais c'est assez pour vous prouver que je puis parler en latin." Là-dessus M. Robin prit son homme par le bras et le congédia sans cérémonie, en lui conseillant de ne plus se montrer devant lui.

M. Robin était sorti de l'Institut de Saint-Sulpice le 28 septembre 1798, au moment même où il allait prendre possession de la cure de St-François.

L'ABBÉ JEAN-LS MELCHIOR SAUVAGE DE CHATILLONNET, P. S. S.

1794-1841

Né le 6 janvier 1768 à Belley, M. Sauvage appartenait à une famille des plus distinguées par la fortune, par la naissance, par la dignité des charges et surtout par les qualités du cœur. Il était l'aîné de la famille. Une éducation très soignée dans le séminaire diocésain de la ville du Puy, ne fit qu'accroître chez ce jeune homme, formé de bonne heure à toutes les vertus, des dispositions manifestes pour l'état ecclésiastique. Après avoir suivi un cours brillant de théologie chez les Sulpiciens, il prit ses degrés en Sorbonne, puis il fut admis à la prêtrise, le 6 novembre 1791, en pleine révolution. Comme bien d'autres, il dut, plutôt que de trahir sa concience, prendre le chemin de la prison, en attendant qu'on lui fît un sort plus misérable. C'est à Lyon qu'il fut envoyé, et là il consacra les prémices de son apostolat à préparer à la mort ses compagnons d'infortune. Elargi quelque temps après, par nous ne savons quelle influence bienfaisante, il prit aussitôt le chemin de la Suisse, où il ne fit qu'un bref séjour. Appelé par ses supérieurs à se rendre au Canada, l'abbé Sauvage n'hésita pas un seul instant, et il rejoignit le groupe des Sulpiciens qui, en 1794, vinrent demander l'hospitalité canadienne.

En 1796, il fut chargé de la mission du Lac des

Deux-Montagnes, puis de la paroisse de Saint-Benoit, dont il fut le premier curé. En 1803, il retournait au séminaire de Montréal. Pendant près de quarante ans il se dépensa à l'éducation de la jeunesse, et surtout à sa formation religieuse. C'était un saint prêtre et un éducateur de premier ordre ; ce double titre donnait à sa parole une autorité supérieure.

M. l'abbé Sauvage s'éteignit paisiblement dans le Seigneur, le 6 septembre 1841, dans la 73e année de son âge et la 49e de son ordination. Il était l'un des derniers survivants des quarante-cinq ecclésiastiques que le flot révolutionnaire avait jetés sur nos plages.

Mgr Plessis en parle incidemment dans le récit de son voyage d'Europe en 1819-1820. Il nous dit que l'abbé Sauvage avait été incarcéré à Lyon, et qu'il y fut retenu captif pendant trois longs mois, et que la Providence sauva ses jours, quand plusieurs de ses confrères furent guillotinés ou fusillés. L'on sait que la ville de Lyon fut une des plus éprouvées par les excès des Constitutionnels. Ayant voulu résister à ces misérables, les Lyonnais durent vite céder devant le nombre. Bientôt on n'entendit plus parler que d'emprisonnements, de guillotine et d'atrocités abominables commises dans cette ville, si paisible jusque-là. On évalue à 7,000 le chiffre des exécutions de toute nature qui eurent lieu en 1793, dans la seule ville de Lyon. L'abbé Sauvage fut épargné, mais il n'en fut pas moins martyr de la foi, par la résistance qu'il opposa à ceux qui voulurent le déshonorer par un serment inique.

L'ABBÉ PHILIBERT NANTETZ, P. S. S.
1794-1795

Dans sa Vie de M. Emery, l'abbé Gosselin lui donne le nom de Nantel, tandis que Noiseux et Tanguay l'appellent Nantetz. Quoi qu'il en soit de son nom, ce sulpicien appartenait par la naissance au diocèse de Lyon. Il fit son éducation à Lyon et il y fut ordonné en 1794. Tanguay dit que ce fut le 17 août, mais il fait évidemment erreur, car l'abbé Nantetz, arrivé à Québec le 1er septembre, devait être en route pour le Canada, à cette date du 17 août.

Nous avons été témoins de l'arrivée à Montréal, en 1793, de l'abbé Le Saulnier. Son supérieur de France, M. Emery, l'avait envoyé à la demande de M. Brassier, supérieur de la maison de Montréal, qui avait besoin de sujets pour son séminaire et pour sa paroisse. M. Emery ne reçut pas la lettre que M. Brassier lui avait expédiée à ce propos, car il était alors détenu à la prison de Sainte-Pélagie, comme prévenu de correspondance anti-révolutionnaire. La lettre fut envoyée à M. Gazaniol, ancien supérieur du séminaire sulpicien de Lyon, qui résidait alors dans le Valais. M. Emery l'avait nommé vice-supérieur, peu de temps avant son incarcération. M. Gazaniol choisit alors quatre anciens directeurs, auxquels il associa sept jeunes prêtres, qui se destinaient à la Compagnie. L'embarras consistait à trouver l'argent nécessaire aux frais de voyage de ces douze ecclésiastiques. L'abbé Nantetz, probablement le plus jeune de tous, offrit généreusement dix mille francs qu'il tenait de son père, et dont il ne voulut jamais recevoir le remboursement. Il courut s'embarquer en Angleterre, où ses compagnons s'étaient rendus d'avance afin de se mettre en règle avec les exigences du gouvernement. Mais au lieu de douze qu'ils devaient être, il ne s'en trouva que onze au moment du départ.

L'abbé Nantetz demeura au séminaire jusqu'au mois d'août de l'année suivante. Le climat du Canada semblant être préjudiciable à sa santé, il consulta un médecin, qui lui conseilla fortement de repasser en France. Il partit tout aussitôt, pour ne plus revenir. Ce jeune prêtre n'eut donc pas le temps de donner la mesure de son zèle, mais sa générosité seule doit nous le faire regarder comme un des bienfaiteurs, non seulement de son institut, mais aussi de la colonie tout entière. La somme de dix mille francs n'est pas par elle-même bien extraordinaire, mais dans la circonstance, elle acquérait une valeur inappréciable. Sans M. Nantetz, que seraient devenus ces dix prêtres exilés ? Que de bienfaits il a accumulés sur notre pays en permettant à ces sulpiciens, si distingués sous tous les rapports, de venir ici déployer leur zèle, et y travailler à l'avancement de la religion et au progrès des sciences, des lettres et des arts !

L'ABBÉ GUIL.-MARIE DE GARNIER DESGARETS, P. S. S.

1794-1902

Né le 11 novembre 1772, à Charlieu, dans le diocèse de Mâcon, M. Desgarets fit ses études au séminaire de cette ville, tenu par des prêtres séculiers. L'évêque titulaire, Mgr Gabriel-François Moreau, le dernier des prélats qui ont occupé le siége épiscopal de Mâcon, tenait le jeune lévite en haute estime, et l'admit dans son grand séminaire avec une bienveillance marquée. Lorsque les onze sulpiciens quittèrent leur patrie pour se rendre en Angleterre et de là au Canada, le séminariste Desgarets obtint la permission de se joindre à eux, et il arriva à Montréal, le 1er septembre 1794. Il y continua son cours de théologie, et fut ordonné le 28 août 1796. Comme il semblait avoir beaucoup d'aptitude pour l'enseignement, le supérieur de Saint-Sulpice lui confia une classe d'humanités. Le jeune prêtre était déjà mûr pour son âge; il avait beaucoup lu, beaucoup étudié. Les apologistes de la religion, comme Barruel, l'abbé de Pompignan, lui étaient familiers, et il savourait la lecture de ces auteurs, tout en constituant pour lui-même un arsenal de preuves et de démonstrations à l'appui de la vérité religieuse.

La carrière de M. Desgarets ne fut pas longue, mais

elle fut bien remplie. Son attachement à l'Eglise lui fit déplorer l'égarement des quelques ecclésiastiques qui avaient prêté le serment d'allégeance à la constitution civile du clergé. " S'ils avaient mieux reconnu les droits de la sainte Eglise, disait-il souvent, ils n'auraient pas causé un tel scandale ". Il gémissait sur les conséquences de leur conduite, et puis il priait pour eux, afin que Dieu les retirât de leur apostasie.

M. Desgarets mourut à Montréal, le 3 octobre 1802, âgé de trente ans seulement. Sa piété exemplaire, sa douce charité le rendirent aimable. Ses élèves lui étaient très attachés, les citoyens de Montréal se plaisaient beaucoup à le rencontrer, et ils ne lui ménagèrent jamais leurs sympathies.

L'ABBÉ PIERRE-JOS. MALAVERGNE
1795-1812

M. P.-J. Malavergne était déjà un vieux prêtre lorsqu'il arriva à Québec le 28 mai 1795. Il avait été ordonné en France, le 22 mai 1763. Après avoir étudié le droit, il éprouva tout à coup le besoin de changer de direction, et il tourna les yeux vers le sacerdoce. Sa première fonction fut d'être attaché à une collégiale, c'est-à-dire à un chapitre placé en dehors d'un siège épiscopal. Pendant vingt-cinq ans il avait été le confesseur des Visitandines de Bordeaux. Il devint aussi bénéficier de l'église de Saint-Michel, dans la même ville. Appréhendé au corps lors des troubles de la Révolution, il fut mis en demeure de prêter le serment schismatique, mais il refusa péremptoirement. Le tribunal le condamna à l'échafaud. On assure que M. Malavergne avait onze frères, tous révolutionnaires, et que l'un d'eux trouva moyen de le faire évader de prison à la faveur d'un déguisement, la veille du jour où il devait être exécuté. Quoi qu'il en soit de cette tradition, qui n'est pas invraisemblable, l'abbé Malavergne se sauva en Angleterre, affublé d'un costume de Jacobin. Là il se fit précepteur, et pendant quatre ans, jusqu'à son départ pour le Canada, il dut se contenter de vivre du maigre revenu que lui rapportaient ses leçons.

En arrivant à Québec, l'abbé Malavergne avait

57 ans d'âge, et 32 de prêtrise. Prenant en considération ses états de service, Mgr Hubert le plaça chez les Jésuites, en qualité de procureur du collège, puis, en 1796, il le nomma confesseur des religieuses de l'Hôpital-Général. Ce fut un acheminement au chapelinat, dont il reçut la charge en juin 1797. L'annaliste de cette communauté en parle avec les plus grands éloges :

" Comme directeur spirituel, tout dans notre Père Malavergne inspirait la plus haute estime, la plus entière confiance : la droiture de son caractère, la sureté de son jugement, sa science approfondie de toutes les matières qui ont rapport à la vie religieuse. Il aimait en Dieu les âmes confiées à son zèle, et il était toujours à leurs services, pour leur donner à propos de suaves encouragements ou de sages conseils. C'était notre Père Malavergne qui enseignait aux jeunes sœurs les rubriques et le plain-chant. Deux fois par semaine, il donnait des conférences à la communauté ; tous les ans, pendant la retraite de la rénovation, il prêchait deux fois chacun des trois jours, et il lui arrivait fréquemment d'être invité à répéter, dans d'autres églises de Québec, les sermons qu'il faisait régulièrement tous les dimanches, dans la nôtre."

M. Malavergne jouissait d'une excellente réputation comme prédicateur. Le 10 janvier 1799, l'on célébrait à Québec, par une messe solennelle, la victoire de l'amiral Nelson sur Napoléon à Aboukir. Ce fut à l'Hôpital-Général l'occasion d'une grande fête de la religion. La veille, on avait illuminé le couvent. A la messe du jour, le chapelain prononça

le sermon de circonstance, et en terminant, il s'écria :
" Vivent le roi d'Angleterre et l'amiral Nelson ! "
Cette explosion de loyauté ne dut pas faire mal au cœur des quelques Anglais qui avaient été invités à la fête.

M. Malavergne s'occupa activement des affaires temporelles de sa communauté. Il se mit en frais de faire des concessions de terrains dans la seigneurie des Islets, propriété de l'Hôpital ; il dressa à ce sujet un papier terrier, qui lui coûta une année de travail assidu.

En 1809, M. Malavergne, malade, se démit de ses fonctions de chapelain. Il n'en continua pas moins de résider à l'Hôpital-Général. Il y mourut, le 5 avril 1812, dans la 74e année de son âge et la 49e de son élévation au sacerdoce. Il fut inhumé le 8 dans le sanctuaire de la chapelle, du côté de l'épitre. A sa mort, il ne laissa que quelques meubles, sa bibliothèque qu'il légua aux religieuses, et une montre d'or, qui fut vendue par son ordre pour faire dire des messes à son intention et à celle de ses parents défunts. Arrivé pauvre au pays, car la Révolution l'avait dépouillé de tous ses biens de famille, il mourut pauvre. Son désintéressement était si grand, qu'il remettait chaque année à la supérieure de l'Hôpital, les modestes honoraires que la communauté lui allouait en sa qualité de chapelain.

L'ABBÉ CLAUDE-GABRIEL COURTIN
1795-1832

Né vers 1765, dans le diocèse de Coutances, en Normandie. Après avoir fait ses études collégiales et théologiques au séminaire diocésain, M. Courtin fut ordonné prêtre, le 19 décembre 1789, à la veille des malheureux événements qui devaient bouleverser de fond en comble la France religieuse, civile et politique. Mis en demeure de prêter le serment d'allégeance à la constitution nouvelle du clergé, il préféra s'en aller en Angleterre, au risque de souffrir les privations et toutes les misères qui sont le partage le plus ordinaire des exilés. Il dut attendre plusieurs années avant de pouvoir passer au Canada, où il ambitionnait de se livrer au ministère curial, contrairement à tant d'autres, que pareille perspective effrayait. S'étant entendu avec l'abbé Malavergne, et aussi avec Mgr de la Marche, qui payait les dépenses du voyage avec l'argent de Mgr Hubert, l'abbé Courtin put enfin, en 1795, réaliser son rêve, et il arriva à Québec en même temps que M. Malavergne, le 28 mai. Leur premier bonjour fut pour l'évêque. " J'irai où il plaira à Votre Grandeur de m'envoyer, s'écria M. Courtin. Peu m'importe l'endroit, pourvu que je puisse rendre service. Après tout je ne suis pas prêtre pour moi seul ; les gens qui me recevront chez eux, ne verront en moi que le ministre de Dieu ; tout le reste m'est indifférent." Mgr Hubert lui offrit la cure de Gentilly; humble paroisse qui n'existait que depuis une dizaine d'années. Ce fut la première et la dernière cure du prêtre français. Il l'administra pendant trente-cinq ans avec une sagesse remarquable. Son unique ambition consistait à étendre le royaume de Dieu, et, dans ce but, il crut faire œuvre religieuse et patriotique à la fois en contribuant, pour sa part, à la colonisation des Cantons de l'Est, encore peu connus et peu habités. Un mouvement s'étant produit vers ces lieux, dont on disait merveille comme pays agricole, le curé de Gentilly en profita pour l'activer et l'aider dans la mesure de ses ressources. Les cultivateurs des paroisses riveraines du fleuve St-Laurent, depuis St-Pierre les Becquets jusqu'à Nicolet, s'imaginèrent avec beaucoup de sens qu'ils ne devaient pas perdre l'occasion qui s'offrait à eux de défricher ces terres afin d'y établir leurs enfants. Mais il y avait de sérieuses difficultés à vaincre. Le curé Courtin encouragea les siens du mieux qu'il put, leur promettant même de venir à leur aide, du moins quant à la partie religieuse. Et bientôt l'on vit de jeunes colons partir, la hache au bras, s'enfoncer dans les terres qu'arrosent les rivières Bécancourt et Nicolet, et s'attaquer aux géants de la forêt avec un courage des plus louables. M. Courtin lui-même, malgré son âge, entreprenait des trajets de six à huit lieues afin d'aller porter les secours de son ministère à ces braves défricheurs, dire pour eux la messe dans des cabanes en bois rond, et les encourager dans leurs indicibles labeurs. Bientôt les cantons de

Maddington et de Blandford furent envahis par ces héroïques pionniers, et la tradition, pieusement recueillie et transmise par les premiers colons à leurs descendants, nous apprend que les missionnaires à l'origine étaient tous des prêtres venus de France, et que les plus anciens clochers des Cantons de l'Est furent celui de Saint-Louis de Blandford, sur la rivière Bécancourt, et celui de Drummondville.

M. Courtin fit partie pendant plusieurs années de la corporation du collège de Nicolet, depuis son établissement par lettres-patentes en date du 10 décembre 1821. A sa mort, il n'avait pas cessé d'appartenir à ce conseil, et il est facile de comprendre qu'il légua tous ses biens à cette institution, qui lui était d'autant plus chère, qu'un de ses confrères, français comme lui, en était le supérieur. Par son testament, il disposait de son mobilier en faveur des élèves les plus nécessiteux.

M. Courtin mourut le 16 août 1832, à l'âge de 67 ans. Il avait dû, quelque temps auparavant, abandonner tout travail pour vivre dans la retraite la plus absolue : l'âge, les infirmités qui l'accompagnent, l'avaient terrassé.

Ce prêtre était doué d'un caractère très sympathique ; il était affable envers tout le monde et conciliant en affaires. Ses confrères l'estimaient dans la proportion de ses qualités et de ses vertus. Les paroissiens en ont conservé un long souvenir.

L'ABBÉ JACQUES DE LA VAIVRE

1795-1803

Avant de venir au Canada, M. de la Vaivre avait été, pendant près de trois ans, vicaire à Bissy, dans le diocèse de Châlons-sur-Saône. Son ordination datait du 6 novembre 1791. C'était donc, en 1795, un tout jeune prêtre, sans expérience ; et, malheureusement, il était doué d'un caractère un tant soit peu léger. On l'avait vu à Londres, en 1794, vivant, comme bien d'autres, de la charité du peuple anglais. Cependant, là-bas, rien qui pût laisser entrevoir la moindre irrégularité dans sa conduite.

A son arrivée à Québec, en 1795, Mgr Plessis consentit à le prendre comme vicaire à la paroisse de Notre-Dame. Tout marcha à souhait sous l'œil vigilant de ce curé attentif et prudent. L'année suivante, Mgr Hubert l'envoya dans la Baie des Chaleurs, où étaient déjà rendus les abbés Joyer et Louis-Joseph Desjardins. Il n'y fit pas un bien long séjour, car on le voit bientôt à la desserte de Saint-Nicolas de Lauzon, puis à Saint-Michel de Bellechasse, en qualité de vicaire auprès du curé Deguise. Partout il se montra actif, laborieux, et même zélé. En 1801, l'évêque l'envoya aux Trois-Rivières, comme chapelain du monastère des Ursulines et assistant du curé de la paroisse. Entre temps, il desservait le Cap de la Madeleine.

Le séjour dans la cité trifluvienne, quelque peu

bruyante qu'elle fût, produisit un effet pernicieux sur l'esprit de ce jeune prêtre porté par tempérament à la frivolité. Les amusements, les promenades l'attiraient plus que les livres sérieux ou les conversations avec ses confrères. Tous ses loisirs étaient consacrés à ces divertissements qui, sans être rigoureusement défendus, n'en sont pas moins un danger, surtout pour un ecclésiastique obligé par état de mener une vie plus retirée. D'une affaire à l'autre, l'imprudent aumônier finit par provoquer sur son compte des remarques disgracieuses, auxquelles il n'avait que trop donné de prise. L'abbé de la Vaivre se voyant ainsi en butte aux langages, crut bien faire en mettant la mer entre sa personne et le Canada. Il partit en toute hâte pour son pays natal, le 15 juillet 1803, laissant après lui une réputation quelque peu avariée. Plusieurs de ses confrères et compatriotes auraient préféré le voir rester au pays, afin qu'il pût se refaire dans l'opinion par une tenue plus conforme à l'état ecclésiastique.

Entré dans son pays, l'abbé de la Vaivre s'enferma dans une maison de retraite. Il y passa le reste de sa vie dans l'exercice de la mortification et de la pénitence. M. le grand vicaire Desjardins, rapatrié aussi, écrivait, quelques années plus tard, que ce pauvre prêtre expiait, avec des larmes de repentir, la légèreté de sa conduite sur le sol canadien.

De tous les prêtres français réfugiés au Canada, il est le seul qui ait donné une fausse note dans le concert si harmonieux, où tous les autres ont joué une partie admirable. O fragilité humaine, voilà de tes coups !

L'ABBÉ JEAN RAIMBAULT

1795-1841

M. Jean Raimbault vit le jour le 4 février 1770, dans une des paroisses de la ville d'Orléans. Ce fut au collège de Meung qu'il suivit son cours classique, avec un grand succès, si on en croit le témoignage de M. le grand vicaire Desjardins, qui l'avait connu et vu à l'œuvre. M. Raimbault prit la soutane immédiatement après avoir terminé ses études collégiales. Mgr de Jarente, alors coadjuteur de l'évêque d'Orléans, lui donna la tonsure. Dans le même temps, il occupait la charge de répétiteur pour la classe de philosophie. C'était, de la part de ses supérieurs, une marque de confiance en ses talents et en sa capacité. Le jeune lévite s'était mis à la besogne avec toute l'ardeur de ses vingt ans, sans se douter qu'une révolution terrible allait bientôt éclater sur la France, et décimer le clergé, depuis le plus humble séminariste jusqu'au cardinal le plus illustre. L'abbé Raimbault en cette occurrence suivit l'exemple de beaucoup d'autres; au lieu de prêter le serment qu'on exigeait d'eux, ils préférèrent quitter provisoirement l'habit ecclésiastique et rentrer dans le monde, en attendant des jours plus sereins. Mais, si, en ôtant sa soutane, le séminariste se mettait à l'abri des persécuteurs de l'Eglise, il n'en restait pas moins sous le coup de la conscription. Il n'hésita pas cependant, et pour ne pas tomber dans l'irrégularité canonique, il réussit à obtenir la place de clerc d'un chirurgien de régiment.

Le 6 octobre 1793, M. Raimbault quittait Orléans pour Paris, où il devait rejoindre ses compagnons d'armes. Parmi ceux-là se trouvait Charles-Vincent Fournier, un ami de collège, pourvoyeur dans le même régiment et qui, à son instar, avait revêtu l'habit laïque dans le but d'éviter le serment schismatique. Les liens d'une étroite amitié devaient se resserrer dans la vie des camps, se continuer ensuite et ne finir qu'avec la vie de ces deux hommes, si bien faits pour se comprendre.

Le régiment partit bientôt pour la Belgique, dont la France voulait s'emparer. Accoutumés déjà à vivre de la vie de séminaire, nos deux jeunes gens ne trouvaient guère de charme dans cette nouvelle atmosphère, si peu appropriée à leur vocation. Ils résolurent de s'évader à la première occasion favorable. Celle-ci ne pouvait longtemps tarder. Une nuit ils abandonnèrent leur poste, sans se préoccuper des dangers d'une pareille conduite. Liége fut leur première étape, puis Bruxelles et Anvers. M. Fournier se dirigea ensuite vers Francfort, en Allemagne, et son compagnon traversa en Angleterre où, disait-on, il était plus facile de vivre. M. Raimbault arriva à Londres, le 12 juillet 1794. Mgr de la Marche lui trouva bientôt de l'emploi dans une famille, comme précepteur de français. Il sut profiter de sa nouvelle position en apprenant la langue anglaise, au cours de l'année suivante, pendant laquelle il put mener une existence assez agréable, à l'abri de la misère.

Ayant ouï dire que l'évêque de Saint-Pol de Léon cherchait des prêtres pour le Canada, il offrit ses services, qui furent agréés.

M. Raimbault s'embarqua à Portsmouth le 1er juin 1795, arriva à Québec le 6 juillet, et s'empressa d'aller s'enfermer au presbytère de Longueuil, chez l'évêque Denaut, coadjuteur de Mgr Hubert depuis le mois de mai de l'année 1794. Le 19 de juillet, M. Raimbault recevait les ordres mineurs, et le dimanche suivant, Mgr Denaut l'élevait au sacerdoce. Comme on voit, tout avait marché rondement, et même pourrait-on dire, avec une célérité un peu extraordinaire. Mais le séminariste d'Orléans était muni de lettres testimoniales tellement flatteuses, que l'évêque ne crut pas devoir hésiter à l'admettre dans les rangs de son clergé.

A l'automne, M. Raimbault entra au séminaire de Québec, comme professeur. On avait foi en ses connaissances variées et en ses aptitudes pour le professorat. Du reste M. Desjardins l'avait chaudement recommandé auprès des directeurs. Après deux années d'enseignement, M. Raimbault se trouvant un peu fatigué, demanda un changement de vie. Mgr Hubert, alors retiré au Château-Richer, en fit son secrétaire et son vicaire. Mais la maladie força bientôt le Prélat, déjà vieux, à s'interner à l'Hôpital-Général, et son secrétaire fut chargé de la cure de l'Ange-Gardien. M. Raimbault devait y séjourner pendant les huit années qui suivirent. Ce furent autant d'années de bonheur, consacrées au travail. Cet excellent prêtre savait unir, aux nombreuses consolations du devoir curial, le contentement de pouvoir disposer d'heures entières à l'enseignement privé des sciences et des lettres. Son presbytère fut ouvert à sept ou huit jeunes élèves triés sur le volet, et dont le principal objectif consistait à se perfectionner dans leurs études ou à en poursuivre le cours. Les plus remarquables de cette phalange distinguée furent Henry Hardinge, natif d'Angleterre, et qui plus tard fut élevé à la pairie, après avoir occupé les plus hauts grades dans l'administration et dans l'armée anglaise, et Charles-François Painchaud, fondateur du beau et florissant collège de Saint-Anne de la Pocatière. Les leçons du maître avaient pénétré si profondément dans l'esprit de ses élèves, qu'ils s'accordèrent tous à lui attribuer le mérite de leurs succès.

En 1805, M. Raimbault fut transféré à la cure de la Pointe-aux-Trembles, près Montréal.

L'année suivante, 1806, marque dans la vie de M. Raimbault une ère toute différente, remplie de responsabilités nouvelles, et dont il fut tout le premier à sentir le poids. Mgr Plessis voulait faire de l'école paroissiale de Nicolet un collège où la jeunesse du district avoisinant pût se former en vue du sacerdoce. Or, l'on ne transforme pas du jour au lendemain, une école, si bien fondée qu'elle soit, en un collège, même lorsque les ressources pécuniaires ne font pas défaut. Le Prélat comptait pour arriver à son but, plutôt sur la Providence que sur l'argent. Ce qui lui fallait aussi, c'était *un homme* qui pût entrer dans ses plans et les exécuter ponctuellement. Cet homme, il crut l'avoir sous la main en la personne de M. Raimbault, et il ne se trompait pas.

On connaît l'œuvre de M. Raimbault comme supérieur du collège de Nicolet, de même que personne n'ignore le dévouement du grand évêque Plessis pour une institution qui lui était si chère. On ne saurait établir lequel de ces deux hommes déploya le plus de zèle afin d'asseoir Nicolet sur des bases inébranlables. Si Mgr Plessis sut pourvoir à tous les détails des constructions, s'il contrôla la question financière de façon à ce que personne ne souffrît par la suite, si, enfin, il apporta à l'ensemble de l'œuvre son concours intelligent, M. Raimbault, de son côté, fut l'âme de la maison, il ouvrit à l'enseignement des horizons nouveaux, il fit de Nicolet la noble institution à laquelle toute une élite est fière d'appartenir. Et, comme corollaire, nous pouvons ajouter, sans craindre la contradiction, que Nicolet n'aurait jamais atteint les proportions qu'il a aujourd'hui, s'il eut été privé à son point de départ de la coopération de ces deux personnages. N'y eût-il en outre, que l'œuvre de M. Raimbault, à l'exclusion de ce qu'ont pu faire de beau et de grand ses compatriotes et confrères réfugiés au Canada, que nous serions justifiables de croire à l'intervention de la Providence dans cette immigration d'ecclésiastiques français.

Tout en s'occupant des moindres détails de la vie de son collège, M. Raimbault apportait au ministère des âmes tout le soin que réclamait son titre de curé de Nicolet. Comme il possédait la langue anglaise, il consentit même à porter les secours religieux aux colons et aux soldats fixés à Drummondville. Tous les ans, il entreprenait cette course de plusieurs lieues à travers les bois, sans se préoccuper de la fatigue et des misères. Tout cela afin d'obéir à Mgr Plessis, qui exigeait beaucoup de ceux qu'il savait capables de donner beaucoup. Ceux-là, il les connaissait bien.

M. Raimbault eut un jour la velléité de retourner en France. Sollicité par sa famille, il croyait sans doute remplir son devoir en se rendant auprès d'elle afin d'y passer le reste de son existence. Certes, le motif était louable, mais que de liens le retenaient au Canada, surtout à cette maison de Nicolet, dont il avait été, sinon le fondateur en titre, du moins le bienfaiteur insigne par sa sollicitude non lassée à la faire marcher de progrès en progrès. L'arbrisseau que l'évêque avait confié à ses soins, n'était-il pas devenu un arbre vigoureux et puissant ? Mais, tout bien considéré, comment Mgr Plessis eût-il pu consentir au départ définitif de ce supérieur, qui était, dans son collège, la cheville ouvrière, l'âme de tout ce qui s'y produisait de noble et de grand ? Mgr Plessis s'y opposa, comme il le devait, et M. Raimbault n'en parla plus, sachant bien que toute nouvelle démarche dans ce sens serait inutile et chagrinerait son supérieur.

Il y aurait encore beaucoup à dire sur ce saint prêtre, cet habile éducateur, cet ami de la jeunesse, mais nous ne devons pas sortir du cadre tracé. Ajoutons seulement, et pour terminer cette imparfaite biographie, l'éloge que vient d'adresser Mgr Douville à la mémoire de celui qui fut son devancier comme supérieur de Nicolet. " M. Raimbault, dit-il, avait toutes les qualités nécessaires, science, prudence, sagesse, dévouement, zèle, piété, et de plus la confiance de ses supérieurs, de ses confrères du clergé et du public en général, pour faire honneur à cette charge (celle de supérieur) et donner du renom à la maison aux destinées de laquelle il présida durant de si nombreuses annéees."

M. Raimbault disparut de la scène du monde, le 16 février 1841, sans bruit, comme il avait vécu, pleuré par ceux qui l'avaient connu, et regretté depuis comme un des plus éminents bienfaiteurs du peuple canadien.

L'ABBÉ FRANÇOIS LEJAMTEL DE LA BLOUTERIE

1795-1835

Né le 10 novembre 1757, près de Granville, en Normandie, dans le diocèse d'Avranches, François Lejamtel de la Blouterie entra à l'âge ordinaire au collège diocésain et y fit un cours brillant. Il se distingua au milieu de ses condisciples par sa piété douce et résignée, comme son caractère. Il fut ordonné prêtre, le 14 juin 1783, et puis agrégé par son évêque, Mgr de Talaru de Chalmazel, au séminaire du Saint-Esprit de Coutances, qui s'était chargé de fournir des prêtres aux missions françaises dans les colonies. Le jeune prêtre ne tarda pas à se voir assigner une mission qui lui permit de déployer son zèle. Ce fut celle des îles Saint-Pierre et Miquelon, à l'entrée du golfe Saint-Laurent. Il y avait là des difficultés à vaincre, au milieu d'une population assez indifférente en matière religieuse. Cependant, le nouveau curé sut conquérir l'estime générale par son urbanité et par sa douceur. Malheureusement, la tourmente révolutionnaire vint troubler la paix et briser l'harmonie qui semblaient régner entre pasteur et troupeau. Les autorités de l'île voulurent faire prêter à M. Lejamtel le fameux serment d'allégeance à la Constitution civile du clergé. Le curé refusa énergiquement de jurer contre les dictées de sa conscience. Cet acte de courage lui valut bien des déboires. Quelques insulaires malintentionnés le menacèrent de lui faire un mauvais parti s'il ne prenait la fuite. Il disparut devant l'orage et il se cacha dans les bois. Bientôt ce groupe de persécuteurs revint de son emportement, après avoir compris que ce prêtre persécuté n'était pas aussi coupable qu'on l'avait représenté. On courut à lui pour le réintégrer dans ses fonctions.

Quelque temps après, un vaisseau français vint aborder aux rivages de l'île Saint-Pierre, et l'équipage contraignit les deux commandants de terre et de station, sous peine de mort, à expulser le calotin (expression des temps révolutionnaires) s'il persistait à refuser le serment. M. Lejamtel tint bon. Dès lors les officiers le forcèrent à s'évader, tout en le félicitant privément de sa noble conduite ; ils facilitèrent même son évasion.

M. Lejamtel arriva à Québec au mois d'août 1795. Mgr Hubert le nomma immédiatement missionnaire au Cap-Breton, avec la desserte de plusieurs petits villages situés sur les côtes de la Nouvelle-Ecosse. M. Lejamtel alla fixer sa résidence à Arichat. Pendant vingt-trois ans, il arrosa de ses sueurs ce vaste champ, confié à sa sollicitude par l'autorité religieuse. Il fut l'apôtre par excellence de cette immence contrée, de desserte difficile, ne rêvant que le bonheur et le bien-être de ses ouailles.

En 1819, Mgr Plessis appela à lui M. Lejamtel pour l'envoyer à Bécancourt comme curé. Bien qu'il commençât à se faire vieux, il n'en continua pas moins son œuvre de labeurs. Son zèle ne diminua en rien sur ce nouveau théâtre, et sa vie fut toujours ce qu'elle avait été jusque-là, humble et austère.

L'année 1833 marquait le cinquantième anniversaire de l'ordination de ce saint prêtre. Les citoyens de Bécancourt et les curés voisins ne consentirent pas à laisser passer inaperçu un jour si solennel, et ils voulurent en profiter afin de lui témoigner leur attachement et leur affection. La fête du 10 juin fut splendide. Un grand nombre de prêtres et de citoyens lui apportèrent le tribut de leurs félicitations et de leurs hommages. Tous voulurent, en ce jour de bénédiction, faire mieux comprendre la vérité de cette parole de l'Ecriture : *Quiconque s'abaisse sera élevé.*

L'humble M. Lejamtel vécut encore deux ans, mais complètement en dehors du ministère curial. Sa santé de plus en plus débile l'avait forcé de recourir à une retraite mille fois gagnée. Il mourut le 22 mai 1835, à l'âge de 77 ans et 7 mois, comme il avait vécu, dans l'humilité, et sans laisser d'autre trace que la grande somme de bien qu'il avait distribué aux catholiques du diocèse de Québec. Le séminaire de Nicolet recueillit, après sa mort, l'argent qu'il avait destiné à la cause de l'éducation.

L'ABBÉ ANTOINE HOUDET, P. S. S.

1796-1826

M. l'abbé Houdet était natif de la ville d'Augers. Sa naissance remonte vers l'année 1765. Nous ne connaissons rien de lui avant son ordination, qui eut lieu le 27 septembre 1788. Agrégé à Saint-Sulpice, il dut suivre la fortune de plusieurs de ses confrères que leur supérieur dirigea vers l'Amérique à l'époque de la révolution. Il arriva, le 21 janvier 1796, seul de son institut, mais accompagné d'un prêtre français, l'abbé Urbain Orfroy, que nous retrouverons plus tard. (1)

M. Houdet trouva de l'emploi dans le séminaire de Montréal. Il fut nommé professeur de rhétorique, et il en assuma les fonctions avec joie, car il se sentait dans sa sphère. L'enseignement avait pour lui un charme particulier, et il resta professeur toute sa vie. Il a rédigé conjointement avec MM. Sattin et Rivière, une grammaire latine et une française, qui, pendant plus de soixante ans, ont été enseignées au collège de Montréal et dans d'autres maisons d'éducation.

M. Houdet enseigna en outre la philosophie dans son collège. Il ne s'acquitta pas moins heureusement de cette nouvelle besogne, qui cadrait bien avec son profond savoir et sa vaste érudition. M. le docteur Meilleur, parlant de ces Sulpiciens français

---

(1) Voir 7e lettre de l'évêque de Léon.

réfugiés à Montréal, et dont l'enseignement fut le principal objet de leur ambition, en trace un bel éloge : " Honneur et reconnaissance, dit-il, à ces hommes vraiment distingués que la persécution avait forcés de venir à Montréal, demander à leurs pieux devanciers l'hospitalité et le privilège de partager avec eux leurs travaux littéraires et apostoliques. Ils furent accueillis avec un religieux empressement, et jamais, dans la suite, ils ne cessèrent d'être l'objet de la vénération et de la reconnaissance vive et sincère du pays, mais surtout de la population du vaste district de Montréal dont ils étaient à la fois le conseil et le modèle. Comme prêtres et instituteurs de la jeunesse, ils étaient à la hauteur de leur sublime mission, et les nobles traces qu'ils ont laissées, profondes et exemplaires, sont ineffaçables. (1)

M. Houdet mourut, le 7 avril 1826, à l'âge de 62 ans, plein de mérites, aimé de ses élèves, respecté de tout le monde. On a toujours vanté sa douceur, sa piété, et son talent pour la prédication qui ne le cédait en rien à ses qualités comme professeur. Ses exposés lumineux portaient la conviction dans les cœurs ; sa diction parfaite lui amenait des auditeurs en foule, qui s'en retournaient charmés non moins que réconfortés par des enseignements puisés aux sources les plus pures du christianisme.

---

(1) Meilleur, *Mémorial*, pp. 84.

L'ABBÉ URBAIN ORFROY
1796-1846

M. Orfroy, ou Orfray, ou Offroy, était né à La Flèche, diocèse d'Angers, en l'année 1766. Après son ordination, qui eut lieu le 22 décembre 1789, il exerça pendant quelque temps les fonctions curiales dans une petite paroisse que lui avait confiée Mgr du Vivier de Lorry, son évêque. A l'heure où s'ouvrit l'ère de la persécution, le jeune abbé passa en Angleterre. Il fit à Londres un court séjour ; n'y trouvant pas d'emploi, il se trouva désœuvré, et cela lui répugnait. Il se transporta à Guernesey pour y exercer le ministère comme vicaire de paroisse. L'ennui s'emparant de lui, il repassa en Angleterre, et là il offrit ses services à l'évêque de Léon, le priant de le diriger vers le Canada ou vers un autre endroit d'Amérique où il put se consacrer aux missions. Le Canada lui fut désigné, et l'abbé Orfroy, ayant trouvé un compagnon de voyage dans la personne de l'abbé Houdet, sulpicien, se mit en route pour l'Amérique. (1) Il arriva à Québec, le 21 janvier 1796. Mgr Hubert l'envoya aussitôt chez M. l'abbé Cazeneuve, curé de Saint-Laurent en l'île de Montréal. Au mois d'octobre 1797, il fut nommé curé de la Pointe-du-Lac, qu'il desservit pendant huit ans. De là il fut transféré dans la mission de la Baie des Chaleurs,

---

(1). Voir 7e lettre de l'évêque de Léon.

avec Caraquet et Miramichi comme centres d'opération. Ce fut pendant les cinq années de son séjour là-bas qu'il eut l'occasion de lier connaissance et de contracter amitié avec l'abbé Charles-François Painchaud, alors missionnaire de Ristigouche, Carleton, etc. Cette amitié dura aussi longtemps qu'eux, et M. Orfroy en donna des marques sensibles en faisant au collège, fondé à Sainte-Anne de la Pocatière par M. Painchaud, des legs assez précieux. Aussi M. Orfroy est-il regardé comme l'un des bienfaiteurs de cette institution.

En 1810, M. Orfroy devint curé de Saint-François et de Saint-Pierre du Sud, et en 1811, de Berthier, paroisse voisine. En 1812 il eut la cure des Trois-Rivières, où il passa sept ans. " Son arrivée fut accueillie avec bonheur ", lisons-nous dans l'Histoire des Ursulines des Trois-Rivières, " M. de Calonne s'appuyait avec confiance sur ce saint homme, son compatriote. C'est surtout lorsqu'on est éloigné du pays natal qu'on renoue avec bonheur les liens qui nous y rattachent. M. Orfroy, homme paisible, charitable, prêtre pieux, rendait à son ancien compatriote tous les services en son pouvoir. L'un et l'autre avaient les yeux fixés sur Rome et la France ; on se communiquait mutuellement les nouvelles reçues. En 1814, leurs plus ardents désirs étaient réalisés, le souverain Pontife avait revu la Ville Eternelle ; et la France, leur chère patrie, redevenait franchement catholique. Intérieurement ils en bénissaient Dieu ; mais on ne voit pas qu'il y ait eu chez eux aucune velléité de retourner au pays. Leur mission était tracée ici, et ils s'en acquittaient avec amour.

" Comme curé de notre ville, M. Orfroy était généralement estimé. Son modeste revenu était le patrimoine des pauvres, et son occupation habituelle en dehors de l'exercice du saint ministère, était de surveiller les travaux de réparations et d'embellissement commencés à l'église paroissiale sous la direction de M. le grand vicaire." La zizanie ayant éclaté au sujet des décorations de l'église, M. Orfroy, homme pacifique, préféra se retirer, et Mgr Plessis le nomma à la cure de Saint-Vallier, qui fut son dernier champ d'action. Il y mourut, le 9 octobre 1846, à l'âge avancé de 80 ans et 10 mois.

Ce vénérable prêtre du Seigneur portait beaucoup d'intérêt à l'éducation de la jeunesse. Quelques jeunes gens, mieux doués sous le rapport de l'intelligence que sous le rapport de la fortune, méritèrent sa protection. Il en fit instruire plusieurs, entre autres un jeune Cooke qu'il avait placé au collège de Nicolet, pendant qu'il était curé à la Pointe-du-Lac. Cet enfant est devenu plus tard un évêque, le premier évêque des Trois-Rivières.

Pendant près de vingt ans, bien avant le fonctionnement d'une loi d'éducation, M. Orfroy avait soutenu à Saint-Vallier une école primaire. Non seulement il y consacrait de ses deniers, mais il voyait lui-même à ce que l'instruction fût régulièrement et sagement distribuée à l'enfance.

L'ABBÉ JOSEPH - JEAN - BAPTISTE SAINT - MARC

1796-1842

Originaire du pays landais, l'abbé Saint-Marc avait été ordonné le 1er novembre 1785. Il appartenait au diocèse d'Aire et Dax, et fut nommé curé de Grenade sur l'Adour, dans le pays des Landes. En 1792 il passa en Angleterre, et de là il se rendit au Canada, où il arriva le 8 juin 1796. Tout aussitôt l'évêque le nomma chapelain des Ursulines des Trois-Rivières et aumônier de l'hôpital. Il desservit la paroisse du Cap de la Madeleine, depuis l'automne de 1797 jusqu'au mois de janvier 1801. Alors il se retira de nouveau aux Trois-Rivières, dans l'espérance de refaire sa santé un peu délabrée. Mais son plus grand mal consistait en une nostalgie contre laquelle il lutta en vain. L'on pouvait aisément deviner par son langage qu'il retournerait en France, aussitôt que les portes lui en seraient ouvertes. Aussi bien, dès que la paix fut rétablie, il partit pour ne plus jamais revenir. C'était au lendemain de la signature du Concordat. Il s'embarqua le 2 juin 1802, " au grand regret de la communauté ", écrit l'Annaliste des Ursulines des Trois-Rivières ; " celle-ci eût désiré vivre longtemps sous sa paternelle égide."

M. Saint-Marc, retourné dans son diocèse, fut nommé curé de Mont-de-Marsan, où il est mort en

1842. Son souvenir est resté vivace dans les Landes. Sa famille, qui était de Mont-de-Marsan, y compte encore des membres très honorables, entre autres un neveu, médecin très estimé.

Le passage de ce prêtre français dans la ville trifluvienne laissa des traces bien visibles de son habileté comme de son dévouement. Voici ce qu'on pensait de lui dans l'intérieur du cloître, alors qu'il y exerçait les fonctions de chapelain. " M. de Saint-Marc est un homme de mérite et d'une vertu distinguée. Monseigneur ne pouvait nous choisir un meilleur directeur que ce jeune ecclésiastique, si mûr déjà, si vertueux et si savant dans les choses de Dieu. On voudrait lui faire oublier l'ancienne France, s'il était possible d'oublier sa patrie."

Le fait est que le nom de cet apôtre du Seigneur est resté en grande vénération aux Trois-Rivières, aussi bien qu'à Mont-de-Marsan. C'était un homme studieux, très pieux et doué d'une mémoire fort heureuse. Mgr Plessis aimait à lui entendre raconter les divers épisodes de la révolution dont l'abbé avait été lui-même le témoin. Il narrait avec une grande facilité, et ses jugements étaient sûrs et éclairés.

L'ABBÉ ANTOINE VILLADE
1796-1839

M. Villade était né à Blois, le 8 septembre 1768. Il fut ordonné le 7 avril 1792. La même année, il dut prendre le chemin de l'exil, et il arriva à Québec le 28 juin, après n'avoir fait que passer par l'Angleterre. Avant que Mgr Hubert eût été capable de lui trouver une paroisse afin de lui permettre d'exercer son apostolat, il se réfugia à l'Hôpital-Général pour remplacer temporairement M. Gazel. Ce pauvre prêtre était arrivé ici dans le plus profond dénuement. Les religieuses durent intéresser à son sort des personnes charitables ; elles lui procurèrent des vêtements et les objets les plus indispensables.

Le même automne, M. Villade fut envoyé à la cure de Sainte-Marie de la Nouvelle-Beauce, en remplacement de l'abbé Joseph Lelièvre-Duval, prêtre canadien. Celui-ci fut appelé, plus tard, à prendre la charge d'aumônier du régiment dit *Volontaire Royal Canadien*, que lord Dorchester avait fait lever pour le service de Sa Majesté. La paroisse de Sainte-Marie n'était pas alors très populeuse, mais elle était étendue, et difficile à desservir à raison des mauvaises communications. L'abbé Villade vit, au cours des quarante années suivantes, prospérer et grandir sa paroisse. Il la vit aussi se démembrer à plusieurs reprises et former d'autres paroisses, que l'on a vues devenir riches et puissantes. Le fait est qu'il poussait ardemment à la roue, encourageant les défricheurs à combattre les géants de la forêt, aidant les colons au milieu de leurs nombreuses épreuves, les consolant dans leurs détresses sans nombre. Désintéressé, comme tous les héroïques missionnaires qui n'ont d'autre ambition que de voler à la conquête des âmes, M. Villade n'hésitait jamais à ouvrir sa bourse devant un malheur à réparer, une plaie à guérir. Voilà pourquoi il a laissé après lui la réputation d'un curé charitable par excellence, d'un colonisateur intelligent et pratique.

En 1837, il dut abandonner sa cure, mais non sa paroisse, pour prendre une retraite forcée. Sa santé était épuisée. Il vécut deux années de plus : ce furent deux années de préparation au grand passage de la triste vie de ce monde à l'éternité bienheureuse. Sa carrière ne fut marquée que par des œuvres de bien. Il avait fondé de sa bourse (£700) le couvent des sœurs de la Congrégation, aujourd'hui florissant. A part son zèle pour l'éducation et la religion, ce prêtre distingué brillait par sa grande urbanité, qui lui attira des amis sincères. Il était doux, gai et spirituel ; mais rien ne fera oublier son désintéressement, sa rare modestie, ni son courage sans égal à travailler au bien-être spirituel des individus. Des curés de cette trempe méritent bien que le bronze ou le granit rappellent à la postérité le souvenir de leurs bienfaits. Aussi, les citoyens de Sainte-Marie, dans le but de prouver leur reconnaissance à ce bon M. Villade, lui ont-ils fait ériger, dans leur église, une plaque commémorative avec une inscription résumant sa vie.

L'ABBÉ JEAN-BAPTISTE-JACQUES CHICOINEAU, P. S. S.

1796-1838

Le 29 mars 1792, débarquaient à Baltimore trois Sulpiciens, parmi lesquels se trouvait M. Chicoineau. Il prit aussitôt rang dans le personnel du séminaire, fondé, comme nous l'avons vu, par les Sulpiciens. L'année suivante, les directeurs conçurent le projet d'exploiter une ferme agricole dans le voisinage de Baltimore. Dans ce dessein, ils affermèrent dans le comté de Cécil, une métairie appelée *Bohemia*, qui appartenait aux Jésuites. Les premiers Sulpiciens chargés de faire fructifier ce domaine, furent MM. Maréchal, Tessier et Chicoineau. Ce dernier était originaire de la ville d'Orléans, et avait été ordonné le 16 mai 1761. Il remplissait les fonctions de directeur du séminaire d'Orléans, lorsqu'il fut désigné par M. Emery pour les missions d'Amérique.

En 1793, M. P.-J.-L. Desjardins avait obtenu de lord Dorchester l'entrée du Canada pour tous les prêtres français réfugiés aux Etats-Unis, se portant personnellement garant de la sûreté de leurs principes, entre autres pour M. Chicoineau qu'il avait bien connu à Orléans. C'était même sur son invitation qu'il avait eu l'idée de quitter le Maryland pour le Canada. Les Sulpiciens eux-mêmes ne demandaient pas mieux que d'avoir à leurs côtés un confrère aussi bien doué, capable de recueillir la succession de M. Curateau, comme directeur du collège de Saint-Raphaël.

M. Chicoineau arriva à Montréal, en 1796, et devint le troisième directeur du petit collège fondé par M. J.-B. Curateau, curé de la Longue-Pointe. En 1773, le château Vaudreuil avait servi d'asile aux élèves du nouveau collège ; les classes y furent tenues jusqu'en 1803, alors qu'un incendie désastreux vint ruiner et le château et l'église des Jésuites bâtie à proximité. M. Chicoineau fut le témoin bien attristé de cette conflagration, mais il n'en persévera pas moins à donner des leçons dans sa chambre, pendant que l'on construisait un autre collège. C'était un excellent éducateur et un prêtre modèle sous tous les rapports. Il réunissait en sa personne la science qui fait les savants et la science qui fait les saints. Très humble, il ne pouvait souffrir qu'on vantât ces belles qualités que la reconnaissance et l'affection inspiraient à ses confrères de lui attribuer, quelquefois même en sa présence. " Je comprends, disait-il, vous me dites ce que je dois être, je ne vous en estime que davantage. Soyez sûrs que je m'occuperai constamment d'améliorer tout en moi."

Sur la fin de sa vie, lors du décès de M. Poncin, M. Chicoineau, alors âgé de 75 ans, fut chargé de l'Hôpital-Général de Montréal. Malgré son grand âge, il sut remplir avec une intelligence parfaite la fonction assez ardue d'aumônier de cette grande institution. La chronique du monastère rapporte qu'un jour, M. Roux, supérieur du séminaire, après avoir dit la messe à l'hôpital, s'était rendu au déjeûner à la table de la communauté. M. Chicoineau, installé à ses côtés, ne mangeait pas. " Pourquoi, lui dit M. Roux, jeûnez-vous ce matin?" "Comment voulez-vous que je puisse avoir le courage de déjeûner, quand mes pauvres hospitalières n'ont plus ni pain ni farine?" Le lendemain M. Roux fit envoyer à l'Hôpital cent minots de blé.

M. Chicoineau était réellement un saint, et sa réputation était si fortement établie sous ce rapport, qu'on le croyait même homme à faire des miracles. On rapporte le trait suivant comme authentique. Au mois de mai 1817, on avait amené de la campagne à l'hôpital un fou furieux qu'on tint à l'écart, enfermé dans une cellule. Sa mère vint le visiter au bout de quelques semaines, et elle put constater que l'état de son fils ne s'était pas amélioré. Elle s'ouvrit à la sœur Raizenne et lui raconta toutes ses peines. La sœur lui suggéra de s'adresser à M. Chicoineau. " C'est un saint, ajouta-t-elle, il peut guérir votre enfant, mais insistez fortement." La pauvre mère courut aussitôt se jeter aux pieds du vénérable vieillard, et le conjura, dans sa foi naïve, de guérir son malade. M. Chicoineau, touché, fait une courte prière, ordonne qu'on lui apporte les clefs de la cellule, et fait signe à la femme de le suivre. Arrivé au guichet, il commande au forcené de s'approcher, il va le bénir. Celui-ci s'avance, se met à genoux. M. Chicoineau le bénit en disant : " Mon enfant, sortez d'ici et allez avoir soin de votre mère." Le jeune homme se précipite au-devant de sa mère, se jette à son cou en pleurant des larmes de joie. Il était guéri.

M. Chicoineau avait souvent demandé à Dieu de

mourir sans être obligé d'avoir recours aux soins de qui que ce fût. Sa prière fut exaucée. Le matin du 28 février 1838, après avoir dit sa messe, suivant son habitude, et avoir vaqué à ses occupations, il se rendit au séminaire pour assister à l'examen de 11¼ heures. L'exercice était commencé, lorsqu'on le vit tout à coup s'affaisser sur lui-même. On courut à son secours, mais déjà la mort avait fait son œuvre : l'âme de ce saint prêtre s'était envolée vers son Créateur.

Pendant qu'on le tenait exposé dans la chapelle du séminaire, les fidèles accoururent en foule pour y prier ; les uns firent toucher à son corps des chapelets, des médailles et des images ; d'autres demandèrent des fragments de sa soutane afin de les conserver comme reliques.

En France, M. Chicoineau avait été supérieur des philosophes du séminaire de Saint-Irénée, et il avait laissé à Lyon une grande réputation de vertus. On le regardait comme le plus saint prêtre du diocèse.

L'ABBÉ CHARLES-BONAVENTURE JAOUËN, P. S. S.

1796-1806

Voici le premier prêtre breton que nous rencontrons dans les rangs de l'émigration ecclésiastique dirigée vers le Canada. Il était originaire de Morlaix. Son nom a été écrit de plusieurs manières : Jahouin, Jaouhen, Jaouen. Il signait Jaouën. Guy le Borgne, dans son *Armorial*, cite deux anciennes familles de ce nom, l'une de la paroisse de Ploumoguer, l'autre, sieur de Kerlosquet, habitait les environs de Morlaix.

Quand il arriva à Montréal, en 1796, l'abbé Jaouën, qui était Sulpicien, était déjà un homme de cinquante ans ; son ordination remontait au 9 février 1772. C'était un prêtre de grande vertu. Il avait quitté sa patrie pour échapper aux fureurs des Jacobins, et il partit pour le Canada sans y mettre d'objection, tant était parfait son abandon à la divine Providence. Très humble, très mortifié, il acceptait toutes les besognes avec une joie qu'il ne pouvait cacher. Il montra toujours une prédilection toute spéciale pour le ministère des âmes. En chaire, il savait se faire écouter ; ses sermons brillaient surtout par la simplicité unie à la clarté. L'auréole de sainteté qui entourait toute sa personne, lui donnait une autorité particulière, et le faisait rechercher pour l'administration des mourants.

M. Jaouën aimait beaucoup la solitude. Sa cellule était comme un petit cloître, où il priait et méditait dans le silence. C'est ainsi qu'il put acquérir cet esprit d'oraison propre aux saintes âmes, entraînées vers la perfection chrétienne.

M. Jaouën est mort le 30 janvier 1806, âgé d'environ soixante ans. Sa santé n'avait jamais été brillante ; aussi ses dernières années furent-elles bien pénibles à vivre. Il souffrit sans se plaindre et se dirigea vers la mort d'un œil serein, avec l'espoir d'arriver au port du salut.

Ce saint homme a laissé après lui quelques manuscrits, fruit de ses études constantes dans le domaine ascétique. Ce sont des homélies, des sermons, des instructions pour le peuple ; toutes ces petites œuvres portent en soi l'empreinte du prêtre méditatif et du savant ; toutes sont remarquables par la sûreté de doctrine.

L'ABBÉ J.-GUILLAUME ROQUE, P. S. S.

1796-1840

M. Roque naquit le 25 janvier 1761, à Beaumont, dans le diocèse de Rodez, département de l'Aveyron. Après avoir terminé ses études théologiques au séminaire de Saint-Sulpice, à Paris, il fut envoyé au séminaire d'Angers, dont il devint bientôt le directeur. La Révolution le trouva occupé dans ces modestes fonctions. Mis en demeure de prêter le serment schismatique, il s'y refusa sans hésiter, préférant plutôt la prison ou la mort. On l'incarcéra et puis on le condamna à la déportation. M. Roque fut assez heureux pour se sauver en Espagne, où il fut accueilli par l'évêque d'Orense. Ce prélat lui accorda toute sa confiance, et ce fut avec regret qu'il le vit partir pour le Canada en 1796. C'était encore un prêtre relativement jeune ; il avait été ordonné le 24 septembre 1785.

De 1796 à 1806 M. Roque remplit la charge de directeur de la communauté de l'Hôtel-Dieu de Montréal.

En 1806, il prit la direction du collège, qu'il conserva jusqu'en 1828. Ce fut l'époque la plus laborieuse de sa vie. Pendant vingt-deux ans il sut gagner l'affection de ses élèves par son dévouement à leur éducation, et par l'intérêt qu'il portait aux menus détails de leur vie journalière. Du reste, il les aimait comme ses enfants et les traitait de même. Toujours charitable à leur endroit, il arrivait facilement à leur cœur pour mieux former leur esprit et ennoblir leur caractère. Former des hommes instruits, moraux, bien disciplinés, telle était sa suprême ambition, et il réussit dans une large mesure.

Ecoutons ce qu'en dit le Dr Meilleur, qui l'avait bien connu :

" M. Roque était considéré non seulement comme un homme très érudit, mais encore comme un saint. C'est surtout dans ses instructions religieuses, données sous forme de grand catéchisme aux élèves avancés, qu'on avait occasion d'admirer le plus son profond savoir, la vivacité de sa foi et son parfait dévouement aux intérêts de la religion. Il expliquait les saintes écritures et la doctrine de l'Eglise catholique avec la plus grande netteté et justesse, et sa facilité d'expression n'était surpassée que par son humilité. Ces conférences et ces instructions, où la diction, l'élocution et le style étaient impressifs et remarquables, bien que familières et simples dans leur forme, étaient de véritables cours de théologie où le sublime et le caractère particulier des vertus chrétiennes se confondaient dans la simple proposition d'une commune pratique. Le dogme et la morale étaient clairement développés et mis à portée de tout le monde. L'auditoire en était toujours très édifié et fort impressionné. Les explications qu'il en donnait étaient toujours solides et inattaquables comme la base sur laquelle ils reposent, et jamais elles ne laissaient dans l'esprit de l'auditeur le plus léger doute ou la moindre hésitation."

M. Roque était un prêtre rempli de l'esprit de son état ; il était à la fois prudent, zélé et dévoué. Pendant trente-quatre ans il agit comme grand-vicaire des évêques Plessis, Lartigue et Bourget ; et jamais aucune plainte ne fut portée contre ses décisions. Les évêques, le clergé et tout le peuple étaient unanimes dans leur confiance et dans leur respect. Aussi, ce fut une grande fête à Montréal lorsqu'on y célébra le cinquantième anniversaire de son sacerdoce, qui tombait le 24 septembre 1835. Le vénérable vieillard était alors âgé de 74 ans. Cinq cents de ses élèves lui firent escorte, musique du 32e régiment en tête, et le conduisirent à l'église de Notre-Dame, où il y eut une messe solennelle, chant du *Te Deum* et sermon de circonstance prononcé par M. l'abbé Joseph Aubry, prêtre du séminaire de Québec. Mgr Lartigue assistait à cette fête de la religion, et Sa Grandeur reçut le renouvellement des vœux de prêtrise de M. Roque. Cette démonstration inoubliable laissa dans Montréal un heureux souvenir, et de l'aveu de tous, on n'avait jamais été témoin d'un semblable concours de prêtres et de laïques pour commémorer un anniversaire sacerdotal.

Après que l'âge et les infirmités eurent forcé M. Roque à quitter, au printemps de 1827, la direction du collège, il s'occupa durant plusieurs années de diriger les sœurs de la Congrégation. En même temps il se livra au ministère paroissial avec les plus heureux fruits. La messe, le bréviaire, la confession, la visite au Saint-Sacrement, absorbaient la majeure partie de son temps.

M. Roque mourut le 3 mai 1840, à l'âge de 79 ans. Les élèves décidèrent de porter son deuil pendant un mois. Cette mortalité jeta un voile lugubre sur toute la ville de Montréal. Pendant plus de quarante ans, elle avait été témoin de la vie sainte de cet apôtre de Dieu. Le séminaire de Saint-Sulpice perdait en lui l'un de ses prêtres les plus distingués, et la science un de ses plus illustres représentants.

L'ABBÉ RENÉ-PIERRE JOYER
1796-1847

M. Joyer était originaire de Tours, en Angoumois, et il appartenait à une ancienne famille de cette province de France. Invité à se rendre au Canada par le grand-vicaire Descheneaux, curé de Lorette, qui s'était chargé de payer ses frais de route, M. Joyer arriva à Québec, le 24 octobre 1796, et aussitôt il alla se réfugier au presbytère de Lorette. Deux ans plus tard, il est nommé curé de Caraquet, où il demeure jusqu'en 1806. Il passe ensuite à la cure de Saint-Sulpice (1806-1815), puis de Sorel (1815-16), de Saint-André de Kamouraska (1816-17), et de la Pointe-du-Lac (1817-29). Enfin en 1829, il va résider aux Trois-Rivières, en qualité de chapelain des Ursulines. Nous le retrouvons en 1833, retiré chez le curé de la Pointe-du-Lac ; il y demeure quatre ans. Puis il retourne aux Trois-Rivières, où il vécut jusqu'à la période ultime de sa vie. Toutefois il est mort à l'hospice Saint-Joseph, à Montréal, le 15 février 1847, dans la quatre-vingt-troisième année de son âge, et la soixantième de son ordination. Il fut inhumé dans l'église paroissiale de Notre-Dame.

C'est assez peu souvent que l'on voit un prêtre aussi nomade. Que de mouvement ! Pourtant M. Joyer n'était pas inconstant, comme on le pourrait croire. Ces courses d'un clocher à l'autre, depuis Sorel jusqu'à Caraquet, étaient nécessitées par le besoin que ce prêtre éprouvait de changer de climat plutôt que de cure. Cependant il dut quitter Sorel, parce qu'il n'était pas assez au courant de la langue anglaise. M. Joyer avait des habitudes bien modestes. Simple en toute sa personne, il vécut toujours dans l'austérité et dans l'humilité. N'ayant que de bas sentiments de lui-même, il abhorrait l'ostentation, la vanité et l'orgueil. Son jugement était sain, ses conseils reflétaient toujours la prudence. On avait souvent recours à ses lumières, parce qu'on le savait instruit, et toujours prêt à étudier une question afin de pouvoir porter un meilleur jugement. Des quarante-cinq prêtres français réfugiés au Canada, il resta l'un des derniers sur la brèche. Tous les autres avaient disparu tour à tour, lui, demeurant toujours debout, malgré ses nombreuses infirmités.

L'ABBÉ CHARLES-VINCENT FOURNIER
1796-1839

Ce bon prêtre naquit à Orléans, le 24 janvier 1772, du mariage de Laurent Fournier et de Marie-Anne Péguy. Ses études terminées, il endossa l'habit ecclésiastique et étudia la théologie chez les Sulpiciens de sa ville natale. C'est dans ce séminaire qu'il se lia de la plus étroite amitié avec un jeune lévite, M. Jean Raimbault, qui était à peu près de son âge. Après avoir dépouillé la soutane dans le but de se soustraire aux fureurs des révolutionnaires, il dut se soumettre aux lois de la conscription. La Providence permit qu'il se trouvât à côté de son ami de cœur. Tous deux embrassèrent un état pour lequel ils ne ressentaient aucune vocation. Nous avons vu, lorsqu'il a été question de M. Raimbault, qu'ils désertèrent leur régiment, et que réfugiés à Anvers, l'un en partit pour Londres et l'autre, M. Fournier, alla résider en Allemagne. Mais bientôt il courut à Londres, où il espérait rencontrer plus de protection. En effet, dès son arrivée, il reçut l'offre d'une famille riche de devenir le précepteur des enfants. M. Fournier refusa cette position, quelque avantageuse qu'elle fût, afin de mettre à exécution son projet de retourner en France à la première occasion. Ce jour si désiré retardant toujours, il demanda d'être envoyé au Canada. Là il pourrait terminer ses études théologiques, et devenir un prêtre du Seigneur.

M. Fournier arriva à Québec le 24 octobre 1796. Il n'était que minoré. Le séminaire de Montréal lui ouvrit ses portes. L'année suivante, le 23 août, il fut élevé au sacerdoce. Le séminariste avait retrouvé à Montréal plusieurs de ses anciens professeurs et directeurs d'Orléans, entre autres M. Chicoineau, qui avait été préfet des études de son temps. M. Fournier conserva durant toute sa carrière un profond attachement à ces vénérables Sulpiciens ; ils l'avaient protégé dès sa plus tendre jeunesse, et jamais il ne leur ménagea les marques de sa reconnaissance et de son estime.

Au lendemain de son ordination, M. Fournier fut nommé vicaire à Vaudreuil, et l'année suivante à Chambly. En 1800 on le trouve curé à la Longue-Pointe, paroisse qu'il administra pendant dix ans. Enfin en 1810, il fut appelé à remplacer à la cure de la Baie du Febvre, M. l'abbé Olivier Asselin, qui venait de s'éteindre frappé de paralysie.

La belle paroisse de la Baie du Febvre fut le dernier théâtre où l'ami de M. Raimbault, alors curé de Nicolet, devait déployer son activité, son zèle brûlant et les ressources de sa belle intelligence. L'œuvre par excellence de sa vie, à part celle de son ministère auquel il se dévoua tout entier, fut de travailler à l'éducation de la jeunesse. C'est ainsi qu'il se chargea de l'avenir de plusieurs enfants de sa paroisse dont il payait la pension au collège de Nicolet. Le grand vicaire Louis Proulx, ancien curé de Sainte-Marie de Beauce, fut un de ses plus illustres protégés. Et combien d'autres lui furent redevavables d'une belle position dans la société ? Il se chargea aussi du sort de plusieurs orphelins qu'il mettait en apprentissage ou qu'il plaçait dans des familles respectables. Sous ce rapport sa charité ne connaissait pas de limites ; ce qu'il retirait en revenus de sa paroisse, il le plaçait en bonnes œuvres. C'était sa manière à lui de thésauriser, et certes, ce procédé aux yeux du grand Dispensateur des biens terrestres, est bien le plus sage et le plus conforme aux préceptes évangéliques.

Comme curé, M. Fournier ne négligeait aucune occasion de pousser ses paroissiens dans la voie droite, la seule qui mène à Dieu. C'est lui qui, en 1833, obtint l'érection canonique de la Baie du Febvre. Il fit réparer et agrandir son église, et acheta plusieurs tableaux qui en font encore un des plus riches ornements. Il fut aussi l'un des bienfaiteurs de la mission de Drummondville ; elle reçut souvent sa visite, alors qu'elle ne faisait que débuter.

Lorsque Mgr Plessis passa en Europe en 1819, le curé de la Baie lui avait manifesté son désir de faire le voyage. Ç'eût été une grande consolation pour lui que de revoir son pays natal, cette ville d'Orléans si chère à son cœur. Mais ce plaisir lui fut refusé. Quelque temps auparavant, il avait vécu à côté de ce personnage mystérieux dont nous avons déjà parlé, le duc de Vicence. Connut-il le secret de cet homme ? L'affirmative nous paraît assez probable. Les rapports d'intimité qui ne manquèrent pas d'exister entre ces deux Français, avaient sans doute réveillé chez le prêtre cet amour de la patrie absente, dont il manifesta un dernier symptôme à Mgr Plessis, peu de temps après le départ du duc.

Deux ans avant de mourir, M. Fournier abandonna sa cure à M. l'abbé Michel Carrier. Retiré dans une petite maison à proximité de l'église, il y vécut dans la paix la plus profonde, attendant d'un œil imperturbable le coup fatal, que ses infirmités, jointes à son âge assez avancé, rendaient de plus en plus menaçant.

M. Fournier mourut le 26 mai 1839. Ses obsèques furent honorées par la présence d'un grand nombre de prêtres, dont le plus remarquable, M. Raimbault, était encore curé de Nicolet. L'union n'avait jamais cessé d'exister entre ces deux prêtres. Compagnons d'études, frères d'armes, soldats du Christ, chefs de paroisse, tous deux avaient pu vivre sans presque jamais se séparer ; tous deux devaient, à un intervalle assez rapproché, recueillir la récompense glorieuse due à leurs pénibles labeurs. Ce fut M. Raimbault qui rendit les derniers devoirs à son ami, en bénissant sa fosse. Il lui consacra en outre dans les journaux une nécrologie où l'on retrace aisément la plume du supérieur de Nicolet.

Par son testament, M. Fournier léguait à la fabrique de la Baie du Febvre, sa petite maison, et au séminaire de Nicolet, une somme d'environ $2,500. C'était toute sa fortune.

L'ABBÉ PIERRE-BERNARD DE BORNIOL
1798-1818

—

L'abbé de Borniol avait été ordonné le 2 mars 1765, à Nevers ; il devait être plus tard chanoine de la cathédrale. Il avait passé quelque temps en Angleterre avant de s'acheminer vers le Canada. Afin de se rendre plus utile, l'abbé avait essayé de se familiariser avec la langue anglaise. A force de travail, il put parvenir à la parler assez correctement, mais hélas ! son accent laissa toujours à désirer, quelque bonne volonté apportât-il à vouloir acquérir la vraie prononciation.

A son arrivée à Québec, le 5 juin 1798, (1) l'évêque l'envoya à Saint-Laurent, en l'île d'Orléans, remplacer M. Boissonnault. " Je sais, disait M. de Borniol, que je ne mérite pas à ce point l'estime et la protection de mon supérieur, mais je ferai tout en mon pouvoir pour m'en rendre digne. C'est Dieu qui m'a conduit ici, et je veux lui être plus que jamais attaché."

M. de Borniol passa les vingt dernières années de sa vie à Saint-Laurent ; ce furent autant d'années dépensées au service de Dieu et du prochain. Comme il l'aimait, ce prochain, qu'il fût prêtre ou laïc, qu'il fût digne ou indigne de la charité, peu lui importait.

---

(1) M. Bois dit 1806, mais il se trompe.

Rendre service à tout le monde, ce fut le mobile de sa vie de curé. S'il savait qu'un confrère pouvait avoir besoin de son concours, si ce concours même était requis, il volait chez lui, bravant le froid ou la chaleur, les tempêtes, les intempéries de toute nature. Et ce concours était toujours bienveillant autant qu'empressé. Fortement constitué, il faisait à pied des visites aux malades, à des distances assez considérables. Comme un bon père de famille qui va visiter ses enfants aussi souvent qu'il le peut, M. de Borniol se complaisait à aller frapper d'une porte à l'autre, afin de se renseigner sur les besoins des familles ; il s'intéressait à chaque personne de la maison, et surtout aux enfants, pour lesquels il eut toujours une affection particulière. On eût été bien empêché de contrecarrer son goût pour les visites à domicile. D'après lui, c'était un moyen de faire du bien, et il en fit beaucoup de cette façon.

Les paroissiens de Saint-Laurent gardèrent un bien précieux souvenir de ce prêtre exilé, qui leur avait dit un dernier adieu, le 24 avril 1818, pour entrer dans la seule véritable patrie. Comment auraient-ils pu oublier un curé aussi compatissant, toujours prêt à sécher leurs larmes et à leur épargner la moindre contrariété ? Souvent il leur avait dit que les maux qu'il avait endurés, au début de sa carrière sacerdotale, lui avaient appris à compatir aux misères des autres, et que l'école du malheur est encore la meilleure, parce qu'elle apprend à l'homme à placer sa confiance en Dieu et en lui seul.

Le collège de Sainte-Anne possède un beau souvenir dû à la munificence de M. de Borniol : c'est uu petit navire en ivoire d'une extrême délicatesse de travail, fabriqué par un Français réfugié à Londres pendant la révolution. On a prétendu que c'était l'œuvre d'un prêtre, qui donnait des leçons durant le jour, et consacrait ses soirées à des travaux manuels de cette nature. M. de Borniol l'avait reçu en cadeau d'un capitaine de vaisseau anglais, en reconnaissance de l'hospitalité du curé de Saint-Laurent, puis il l'avait offert à Mgr Plessis, lequel le donna à M. Painchaud, fondateur du collège.

L'ABBÉ GABRIEL CHAMPION

1798-1808

—

M. G. Champion appartenait au diocèse d'Avranches, en Normandie. Forcé de prendre le chemin de l'exil, il dut attendre son heure pour se diriger vers le Canada, objet de ses prédilections de missionnaire apostolique. Il y arriva enfin au mois de juillet 1798. Si, en France, il avait su conquérir la confiance de ses supérieurs ecclésiastiques par son zèle ardent, par les ressources ingénieuses qu'il savait trouver pour opérer le bien chez autrui, il réussit au même degré dans ses missions du Golfe, où la voix du missionnaire se faisait de plus en plus rare, mais où les besoins de secours spirituels ne diminuaient guère. Faute de sujets, les évêques de Québec se trouvaient obligés de n'envoyer qu'un seul prêtre là où bien souvent il en aurait fallu deux ou trois. Le plus à plaindre en cette malheureuse et regrettable occurrence, était le missionnaire, qui devait se multiplier pour suffire à la tâche. Aussi usait-il vite ses forces en se dépensant au service de ses ouailles.

L'évêque de Québec demanda à M. Champion s'il agréerait de se charger des îles de la Madeleine. On devine aisément la réponse de ce prêtre : il arrivait ici avec l'intention bien arrêtée d'obéir au moindre désir de l'autorité ecclésiastique. Il s'empressa de se rendre à ces îles, qui n'étaient pas trop faciles d'accès. M. Champion y séjourna jusqu'en 1800, puis il eut en partage les missions du Cap-Breton, où vivait surtout une population d'Acadiens. C'étaient de braves gens sans aucun doute, mais peu instruits en matière religieuse. Et, qui dit ignorance à ce sujet, peut bien ajouter indifférence sans trop se tromper. M. Champion se fit donc catéchiste, d'abord; il allait d'une porte à l'autre, groupant les gens afin de les instruire des vérités de la foi chrétienne, comme on fait pour les enfants que l'on prépare à leur première communion. Le dimanche il donnait une instruction aux adultes après la messe, puis aux enfants de 7 à 12 ans. Il recommençait sur les trois heures de relevée pour les enfants encore, et le soir il réunissait ses paroissiens et ne les congédiait qu'après avoir fait la prière en commun et leur avoir donné une solide instruction. Pour une journée bien remplie, ç'en était certainement une de choix. C'est ainsi que ce brave missionnaire passait son temps sur cette île, et il ne fit jamais autrement, jusqu'au jour où il plut à Dieu de le ravir à ses chers Acadiens, pour lui faire goûter les joies réservées aux confesseurs de la foi. C'est le 16 juin 1808 que M. Champion termina sa laborieuse carrière, dans un milieu qu'il n'avait jamais voulu quitter. Sur la fin de sa vie il se reprochait de n'avoir pas appris la langue des sauvages du pays. "Quelle ample moisson j'ai perdue, disait-il, j'aurais desservi bien plus de sauvages que d'Acadiens; d'ailleurs ceux-ci auraient pu se pourvoir ailleurs." Plusieurs prêtres formulèrent les mêmes tardifs regrets, sans susciter de vocations, et l'on comprend aisément pourquoi le missionnaire appartenant au clergé séculier, n'ait pas été tenté d'apprendre le sauvage, quand il était exposé à changer de ministère d'un moment à l'autre. A quoi lui eût servi ce bagage de mots et de phrases incompréhensibles ailleurs ?

L'ABBÉ PIERRE GIBERT

1798-1824

Ce prêtre appartenait par la naissance au diocèse d'Avranches, en Normandie. Il avait été élevé au sacerdoce le 17 mai 1788, à l'âge de 25 ans. Chassé de son pays par la révolution, il entra en Angleterre à l'automne de 1792, dans le temps où l'émigration du clergé était la plus nombreuse. Là il se fit instituteur, et pendant cinq ans, il put gagner assez d'argent pour suffire à ses besoins, payer sa pension, se vêtir et puis se créer un petit capital qui lui permettrait un jour de s'en retourner dans son pays ou de porter ses pas ailleurs. Le Canada lui tendit les bras. Il résolut de s'y rendre et de s'y consacrer au ministère des âmes." (1)

L'abbé Gibert arriva à Québec le 23 août 1798. L'évêque l'envoya à Montréal avec une recommandation auprès des Sulpiciens, qui lui donnèrent aussitôt de l'emploi à l'église paroissiale. Son séjour au séminaire de Montréal ne lui fut pas préjudiciable; il y acquit ce goût de l'ordre et de la ponctualité, deux qualités maîtresses chez un administrateur de paroisses. A l'automne de 1798, il desservait la paroisse de Sainte-Anne du Bout de l'Ile de Montréal. Il y demeura jusqu'en 1802. M. Gibert était doué d'un caractère très sympathique. Aussi devint-il populaire parmi les voyageurs du Nord-

---

(1) Voir 9e lettre de l'évêque de Léon, en date du 5 avril 1798.

Ouest, dont sa paroisse fournissait un fort contingent.

En 1802, Mgr Denaut l'envoya à Terrebonne remplacer l'abbé Brunet, nommé à la cure de Saint-Jean d'Iberville. Après deux ans, M. Gibert fut transféré à la cure de Saint-Michel d'Yamaska, qui fut sa dernière étape. Pendant vingt ans, il sut administrer cette belle paroisse avec une activité dévorante. Toujours à l'œuvre, il ne s'accordait quelques instants de repos que lorsqu'il avait répondu aux besoins de tous, cherchant toujours à donner satisfaction à ceux qui recouraient à ses lumières. Puis il courait à ses livres, préparait les leçons qu'il devait donner à ses élèves ; car lui aussi, comme M. Raimbault, s'était voué à l'instruction de la jeunesse, pour remplacer l'instituteur, oiseau rare à cette époque.

M. Gibert était d'un abord facile, très agréable en conversation, narrant avec art, mais il prêchait peu ou point. Sous ce rapport, la tradition est impitoyable. Il était d'une simplicité austère, et d'une frugalité d'anachorète. De peur de se laisser entraîner aux plaisirs de la table, il fuyait les promenades, et s'en tenait à la plus stricte résidence. Très attaché aux Canadiens, il n'aurait pas voulu pour tout l'or du monde consentir à retourner en France. A ceux qui lui exprimaient leur surprise de le voir si peu soucieux de revoir sa belle patrie, il se hâtait de répondre les larmes aux yeux : " Non, non, je ne veux pas m'en aller d'ici ; je n'ai pas encore oublié les jours de la Terreur, ni les affreux procédés des fils de la liberté. La révolution a amoncelé trop de ruines sur le chemin de mon pays."

L'ABBÉ JACQUES-ANT. GAIFFE, P. S. S.
1798-1800

On ne s'accorde guère sur le nom de ce prêtre. Les uns l'appellent Goffe, d'autres Goisse. Nous avons adopté Gaiffe, qui nous a semblé le plus conforme à la saine tradition.

Né le 25 janvier 1763, dans une paroisse du Poitou, M. Gaiffe étudia chez les Sulpiciens, puis il fut ordonné le 6 mai 1788. (1) Quand il arriva au Canada, le 23 septembre 1798, il déclara qu'il était âgé de 35 ans, et prêtre depuis dix ans.

Avant de quitter la France, il avait été vicaire à La Jarrie, dans le diocèse de La Rochelle, puis s'était retiré chez les Sulpiciens, où on lui assigna la charge de professeur dans une classe de sciences. En 1792, il se sauva à Londres, et là il vécut six ans, travaillant à gagner sa vie par l'enseignement ; mais sa faible santé le détourna si souvent de ses occupations, qu'il se vit dans l'obligation de chercher un poste où il serait plus à l'abri des vicissitudes de la vie d'exil. La route du Canada lui ayant été ouverte, (2) il en profita avec un joyeux empressement, et à l'automne de 1798, on le voit installé à la tête d'une classe au séminaire de Montréal. C'était son goût, mais sa santé marchait au plus

---

(1) Noiseux donne le 10 mai.
(2) Voir 15e lettre de l'évêque de Léon, en date du 5 décembre 1799.

mal. Il lui fallut changer de milieu et abandonner du coup une besogne qui seyait si bien à ses aptitudes. Mais le professeur dut obéir et prendre le chemin de Saint-Régis. La vie du prêtre dans cette mission, sans être pénible, comportait certaines obligations auxquelles il était difficile de se soustraire. L'étude de la langue iroquoise en était une, et M. Gaiffe, déjà affaibli, ne pouvait se livrer assidûment aux travaux du cabinet, à moins de compromettre gravement une santé débile. Au bout de quelques mois, il n'était déjà plus que l'ombre de lui-même. Cependant il avait conservé assez de forces pour lutter victorieusement contre la maladie. Si bien que l'évêque lui ayant offert d'agir temporairement comme curé de Saint-Pierre du Portage (L'Assomption,) il accepta la charge avec joie, comme s'il eut dû y vivre longtemps. Personne autour de lui ne soupçonnait que ce curé, toujours fidèle au poste, plein de zèle et d'activité, souffrît d'un mal qui pouvait l'emporter en un bien court temps. Voilà précisément ce qui devait arriver.

Retourné au séminaire de Montréal, M. Gaiffe reprit ses études particulières et suivit ponctuellement les exercices commandés par les règlements de la maison. Mais il souffrait toujours en silence d'humeurs scrofuleuses, qui n'étaient elles-mêmes que la période débutante de la phtisie pulmonaire. Cette impitoyable maladie devait bientôt se déclarer avec son cortège de symptômes plus ou moins alarmants. Un jour, l'abbé Gaiffe demanda avec instance les sacrements du mourant. On le savait malade, on ne le croyait pas moribond. Mais lui-même ne s'était jamais fait illusion sur le sort qui l'attendait. Peu de jours plus tard, il rendit sa belle âme à Dieu, après avoir donné tous les signes de prédestination. C'était à la date du 15 juillet 1800.

M. Gaiffe n'avait connu de l'existence que les côtés tristes. Ce fut d'abord la séparation d'avec ses parents et amis de France, et puis l'exil et ses amertumes, le tout aggravé par la maladie, la souffrance corporelle avec l'idée d'une mort prochaine. La vie, dans ces conditions, ne saurait être agréable. Cependant ce prêtre du Seigneur sut la supporter avec une patience toujours inaltérable.

L'ABBÉ JEAN-MANDET SIGOGNE
1799-1844

M. Sigogne, le grand apôtre des Acadiens, naquit vers 1760, en Touraine. Après de solides études classiques et théologiques, il se fit prêtre et exerça le ministère dans sa province pendant une dizaine d'années. Lorsque la révolution éclata, il fut traqué par les sbires du gouvernement républicain, et lors du Directoire, il réussit à échapper à la guillotine en se sauvant en Angleterre. Il y passa deux ans à enseigner le français chez une dame, qui en retour lui apprit la langue anglaise. C'était dans le temps où le Père Jones, capucin irlandais domicilié à Halifax, venait de s'adresser à Londres dans le but d'obtenir un prêtre français pour desservir les Acadiens de la Baie Sainte-Marie et du Cap Sable. L'abbé Sigogne eut l'honneur du choix, et il traversa d'Angleterre à Halifax, où il arriva le 11 juin 1799. (1) Le 30 du même mois il débarquait à Church Point. Il y avait à la Baie Sainte-Marie, 115 familles acadiennes, et 70 au Cap Sable. Ces gens-là n'avaient pas vu de missionnaire depuis cinq ans. On s'imagine aisément leur joie à l'arrivée de ce prêtre si aimable, si zélé, et surtout si vertueux.

L'abbé Sigogne pouvait avoir environ 39 ans. Il devait consacrer les quarante-cinq autres années de vie que Dieu lui accorda à la régénération spirituelle de ce petit troupeau que le *grand dérangement* de 1755 avait rejeté en arrière. Ce fut en vérité le

---

(1) Voir 11e lettre de l'évêque de Léon, en date du 15 avril 1799.

vrai pasteur des âmes. Il fut non seulement curé mais aussi avocat, notaire, juge de paix, instituteur, le factotum de sa mission. Il construisit des églises, des écoles, des presbytères, fonda des missions et des paroisses, ouvrit de plus vastes horizons à l'agriculture, en obtenant des concessions de terres pour ses chers Acadiens. Il prêcha l'amour de la religion et de la patrie. Bref, ce fut pendant près de cinquante ans l'apôtre de ce peuple, le défenseur de ses droits, de sa langue et de ses institutions. Ami de tout le monde, protestants comme catholiques, il sut arriver auprès des grands. Gouverneurs, députés, etc., tous le vénéraient et ne savaient lui rien refuser. Tous les journaux de la Nouvelle-Ecosse en parlèrent souvent comme d'un *gentleman*. Le *Yarmouth Herald*, le *Register* de Halifax, entre autres, lui ont à maintes reprises décerné les plus grands éloges. " Il était fait pour briller à la cour... On le voyait souvent entouré d'Anglais, de Français, de Micmacs, d'Ecossais, servant à tous de conseiller, d'interprète, de médecin, de père commun..."

Ce concert d'éloges ne comportait aucune exagération. L'abbé Sigogne se dépensait beaucoup pour ses ouailles d'origine acadienne, mais il n'oubliait pas les autres nationalités dans ses œuvres de bien. Il en vint même jusqu'à contracter des liens de la plus franche amitié avec des néo-écossais de haute marque. Les plus célèbres de ceux-là furent Haliburton et Uniacke, tous deux députés à la législature de leur province. Ce fut grâce à l'énergique représentation de ces hommes politiques, que la Chambre d'Assemblée abolit cette odieuse loi du *test* dont les Acadiens avaient eu tant à souffrir. Il va sans dire que l'abbé Sigogne, de son côté, était intervenu dans le mode à suivre pour amener un résultat aussi favorable.

La vie de ce missionnaire remarquable fut donc très mouvementée. Il fut le dernier représentant de cette phalange de prêtres français qui ont consacré toute leur énergie à l'œuvre des missions dans les Provinces-Maritimes, mais il en fut le premier par l'abondance des œuvres. Aucun ne montra un pareil dévouement à la cause acadienne, aucun ne déploya plus de zèle et de courage pour donner à ces braves enfants du sol la part d'influence à laquelle ils avaient droit dans les conseils de la nation. Il fut le père des Acadiens, leur protecteur, et probablement aussi leur sauveur.

L'abbé Sigogne mourut à la Baie Sainte-Marie, le 9 novembre 1844, dans la quatre-vingt-cinquième année de son âge, chargé de mérites devant Dieu et devant les hommes. Un tombeau en marbre placé dans le cimetière de Church Point, laisse voir l'inscription suivante en latin, mais que nous donnons traduite :

O Dieu, très grand, très puissant, ci-gît le corps du Rév. P.-D.-Jean Sigogne, prêtre français de la Province de Touraine, qui à cause des troubles des temps, exilé de sa patrie durant 47 ans à la Nouvelle-Ecosse, fut missionnaire pieux et fidèle, et propagea la religion catholique. Enfin plein de mérites et beaucoup regretté, il s'endormit dans le Seigneur, le 9 novembre 1844, dans sa quatre-vingt-cinquième année. Bon Jésus, qu'il repose en paix. Ainsi soit-il.

L'ABBÉ JACQ. - LADISLAS DE CALONNE
1799-1822

M. de Calonne était né à Douai, dans la Flandre française en 1742. Son père exerçait alors la charge de premier président au parlement de Douai. Il avait un frère qui fut successivement maître des requêtes, intendant de Metz et de Lille, et puis contrôleur des finances du royaume en 1783. Tous deux étaient très unis, bien qu'ils fussent imbus d'opinions bien différentes. On sait que l'abbé ne voulut jamais accepter de ce frère haut placé des honneurs dans l'Eglise. Le barreau auquel il se destina tout d'abord, aurait été un acheminement facile vers une position lucrative et honorifique. Jacques-Ladislas renonça bientôt à une profession où il se sentait étranger, aussi bien qu'au milieu où il devait l'exercer. Et il fit son entrée au séminaire de Saint-Sulpice de Paris pour se préparer à recevoir les saints ordres. M. de Calonne fut ordonné le 1er juin 1776 ; il avait 34 ans. Il alla demeurer à Saint-Père de Melun, dans une abbaye dont il avait été pourvu avec tous ses privilèges et émoluments. L'embarras des affaires temporelles ne cadrait guère avec son besoin de solitude. Il lui fallut changer de théâtre. C'est alors que son frère, tout puissant à la cour, lui offrit la mître, en attendant mieux peut-être. M. de Calonne refusa péremptoirement un si grand honneur, et voulut bien se contenter, pour avoir la paix, d'être vicaire général et official du diocèse de Courtrai, charge que lui imposa Mgr de Choiseul, alors archevêque de Courtrai ; titres que lui continuèrent Mgr de Fleury et Mgr de Rohan.

Alors sévit la rage révolutionnaire dont M. de Calonne devait être une des premières victimes, tant à cause de son nom que de son état. Sa tête fut mise à prix. Il se sauva en Angleterre, et rendu à Londres, il rédigea le *Courrier de l'Europe*, journal de fondation française, à la dévotion des émigrants, royaliste de nuance. Sa rédaction était nerveuse, humoristique, et plus souvent sarcastique. On lui a reproché même d'avoir souvent dépassé la mesure dans l'appréciation des hommes et des choses du jour, et que sa rédaction dans l'ensemble semblait refléter l'état tourmenté et aigri de son âme.

En 1799, M. de Calonne disparut tout à coup, sans que personne en Angleterre ne pût s'expliquer comment. (1) On le crut mort, victime de quelque attentat. Il vivait, mais sous d'autres cieux, car on le retrouve sur l'île Saint-Jean, où il avait obtenu une concession de terrains pour deux de ses neveux, dont l'un était fils du grand ministre d'Etat. (2) L'abbé de Calonne se trouva en face d'une grande difficulté à propos de ces terrains, difficulté presque inextricable. Sur l'île Saint-Jean vivaient un assez bon nombre d'Acadiens rapatriés. Ils n'avaient pu

---

(1) Voir 13e et 16e lettres de l'évêque de Léon, en date du 2 juin 1799.

(2) M. de Calonne avait avec lui un jeune avocat, Edouard-Charles Serani, qui exerça la profession d'avocat. Il est mort à Charlottetown, en juin 1830, à l'âge de 52 ans.

se faire concéder des terres, ou bien s'ils en avaient obtenues, ils ne les défrichèrent pas, de crainte d'en être dépossédés un jour. En 1767, l'île avait été divisée en lots ou townships de 20,000 acres chacun, que l'on avait partagés entre les officiers d'infanterie et les officiers de la marine qui avaient pris part à la réduction des colonies françaises du golfe Saint-Laurent, de l'Acadie, de l'île Saint-Jean et de l'île Royale. Ceux-ci avaient retardé de faire des concessions, espérant avec le temps en retirer de meilleurs prix, soit en vendant des lots soit en les affermant. Bientôt on comprit le vice de ce système d'atermoiement, et le gouvernement, quoiqu'il y mît du bon vouloir, ne put réussir à régler la question à l'avantage de tous les intéressés.

M. de Calonne s'aperçut bientôt combien était précaire la situation des Acadiens, pauvres pour la plupart et sans influence. Afin de rehausser leur courage, il commença par leur distribuer la somme de £600, qui était son bien propre.

Mais ce secours n'était pas suffisant. Désireux de parfaire l'œuvre commencée, il chargea M. Blondel d'Aubers, conseiller honoraire à la cour de cassation en France, de faire valoir ses droits à l'héritage qui lui revenait de son frère, décédé en 1802. Etant le seul héritier du côté paternel, il devait recueillir la moitié de cette opulente succession, l'autre moitié revenant à Madame Palmerini, la seule héritière du côté maternel. Celle-ci avait déjà touché sa part. Le ministre avait laissé un fils unique qui mourut en 1809, à Messine, Sicile, où il commandait une compagnie dans le régiment des Chasseurs Britanniques.

A part ce fils, il n'y avait que des collatéraux. L'héritage valait 59,000 francs d'inscriptions au trésor royal. Il y avait en outre des forêts confisquées pendant l'émigration, mais qui n'avaient pas été vendues comme biens nationaux, et des droits d'indemnité pour des biens vendus.

Cet héritage donna lieu à un grand procès auquel M. de Calonne voulut rester étranger. Une demoiselle d'Accola prétendait avoir épousé le ministre de Louis XVI, après qu'il se fût sauvé en Sicile. Cette femme ne put établir en justice le bien fondé de ses prétentions. On ne trouva pas de contrat de mariage, et dans son testament le ministre ne la mentionnait aucunement.

Le séjour de l'abbé de Calonne à l'île Saint-Jean dura cinq ans (1799-1804) et fut marqué par toutes sortes d'œuvres charitables. Il parcourut à pied tous les endroits du littoral où résidaient, peu nombreux à cette époque, les bons Acadiens. En 1800, il vint exercer son ministère au Nouveau-Brunswick. Le comté de Kent fut le principal théâtre de son zèle apostolique. La paroisse de Cocagne conserve encore la mémoire de ce noble missionnaire.

Passé en Angleterre en 1804, M. de Calonne dut attendre jusqu'en 1807 pour revenir en Amérique. On voit par sa correspondance avec Mgr Plessis et avec le comte de Puisaye, qu'il désirait ardemment son retour au Canada. S'il put enfin réussir dans son dessein, ce ne fut pas sans rencontrer une vive opposition, surtout de la part de Sir Robert Shore Milnes, (1) alors lieutenant-gouverneur de la Pro-

---

(1) Voir pièce OO en appendice.

vince de Québec, bien qu'il eût cessé d'en être l'administrateur depuis le mois d'août 1805.

M. de Calonne arriva enfin à Québec le 21 octobre 1807, et quelques jours après, il allait prendre possession du chapelinat des Ursulines des Trois-Rivières, que Mgr Plessis lui avait confié. On le connaissait déjà de réputation : c'était un grand orateur et un saint. Tout le monde voulut l'entendre, et la petite chapelle du couvent était bien trop exiguë pour contenir la foule anxieuse d'admirer le talent oratoire de ce prêtre éminent. Sa renommée s'étendit bientôt dans tout le Canada, et Mgr Plessis le pria de venir prêcher à Québec, dans sa cathédrale, la neuvaine de Saint-François-Xavier.

Mais l'abbé de Calonne ne fut pas seulement un prédicateur éminent, il fut surtout un prêtre selon le cœur de Dieu. Les quinze années qu'il passa aux Trois-Rivières furent les plus belles de sa vie. Au monastère des Ursulines son dévouement ne connut pas de bornes. Il donna aux religieuses l'exemple de toutes les vertus chrétiennes, surtout de la mortification, vertu qu'il poussa jusqu'aux plus extrêmes limites. Aussi le considéraient-elles comme un saint. A sa mort, qui arriva le 16 octobre 1822, tout le district des Trois-Rivières n'eut qu'une voix pour le proclamer un héros chrétien, et nous pouvons, nous aussi, à quatre-vingts ans d'intervalle, lui rendre un même témoignage, qui n'est que l'expression de la vérité.

———

L'ABBÉ AMABLE PICHART
1799-1819

M. Pichart était Orléanais. Il naquit vers l'année 1752. Dès sa jeunesse il donna des signes de plusieurs aimables qualités du cœur et de l'esprit: sa douceur et sa patience brillaient entre toutes à un haut degré, à tel point que ses maîtres le citaient comme un modèle d'écolier. Aussi bien, lorsque ses études furent complétées, fut-il admis sans secousse à embrasser l'état ecclésiastique. Son grand séminaire ne fut que le prolongement de sa vie collégiale, avec cette différence toutefois que ses vertus prirent plus d'essor. Il fut ordonné le 21 décembre 1782, à l'âge de près de trente ans. Bientôt il eut à desservir une petite paroisse du diocèse d'Orléans, et c'est là qu'on le retrouve lorsqu'éclata l'orage de 1789. Il fallut déguerpir ou se décider à mourir par la guillotine. L'abbé Pichart prit la route de l'Angleterre. C'était l'acheminement plus ou moins prochain vers le Canada. Il y arriva au mois d'août 1799. (1)

L'année suivante l'évêque de Québec dirigea M. Pichart vers les missions de l'île Saint-Jean. Ici l'abbé passait quatre mois tantôt à Malpèque, tantôt à Rustico, tantôt à la Baie Fortune. " Il y a déjà fait beaucoup de fruit, et j'espère que Dieu bénissant

---

(1) Voir 13e et 16e lettres de l'évêque de Léon, en date du 2 juin 1799.

ses travaux, il en fera de plus en plus, " écrivait M. l'abbé de Calonne à Mgr Denaut, au printemps de 1800. Trois ans après, M. Pichart était transféré à Tracadie, où il travailla pendant douze ans avec un grand zèle à l'avancement temporel et surtout spirituel de la population acadienne. Mgr Plessis le visita en 1812, et voici ce qu'il dit du missionnaire et de sa mission : " M. Pichart est chargé depuis neuf ans de la desserte de ces trois missions (Havre à Boucher, Pomket et Tracadie) qui composent en tout (les sauvages exceptés) 310 communiants, et demeure à Tracadie, comme au poste le plus central. Le brave homme, qui a 58 ans, n'est plus d'âge à étudier une autre langue que la sienne. Aussi se trouve-t-il très déplacé dans cet endroit où 35 familles de nègres protestants, abandonnés des ministres de leur créance, n'attendent, pour devenir catholiques, que la présence d'un prêtre qui puisse leur annoncer la parole en anglais....L'église de Saint-Pierre de Tracadie, quoique petite, a le mérite d'être bien finie en dehors et d'avoir au dedans un autel très décent. L'abbé Pichart est propre, rangé, curieux de bien faire le service divin. Il a des clercs, des chantres, des ornements, du linge, le tout en assez bon état."

En 1815 M. Pichart passa à la cure de Berthier, dans le comté de Montmagny. Il y mourut le 24 décembre 1819, à l'âge de 67 ans, pendant qu'il était au confessionnal. Une tradition, qu'on a crue vraie, rapporte qu'il est mort au même lieu et de la même manière que M. Joriau, cent ans auparavant. Or, vérification faite, M. Joriau mourut le 24 décembre 1748, c'est-à-dire 71 ans avant M. Pichart.

M. Pichart vécut toujours dans la plus grande simplicité. Dans ses missions cette simplicité était encore plus marquée. Les privations de toute nature, particulières à la vie du missionnaire, ne lui avaient pas été épargnées. Comme elles allaient bien à son tempérament d'anachorète, il en avait pris facilement son parti ; et il savait s'accommoder de la disette de vivres qui se faisait sentir en ces parages. Ces austérités de tous les jours, jointes aux déplacements multipliés, souvent par un climat humide, minèrent la santé de ce missionnaire, et le conduisirent avant le temps aux portes du tombeau. Des attaques fréquentes d'asthme, causées sans doute par une affection cardiaque, le terrassaient à tous moments, et aboutirent à une mort instantanée.

L'ABBÉ SIMON BOUSSIN, P. S. S,
1802-1827

M. Boussin était originaire de la Touraine. Son acte de baptême porte qu'il était né à Montrésor, diocèse de Tours, le 6 novembre 1772, du mariage de Simon Boussin et de Félicité Lacotté. Lorsqu'il vint se renfermer au grand séminaire de Montréal, en 1802, il n'était que minoré. (1) Il fut élevé au sacerdoce le 25 février 1804. On lui donna de la besogne au petit séminaire de Montréal, puis quelque temps après, il fut attaché à la paroisse pour exercer le saint ministère.

Ce Sulpicien nous est peu connu. Il mourut le 5 novembre 1827, à l'âge de 55 ans, du typhus qu'il avait contracté en administrant les consolations de la religion à une famille émigrée d'Irlande.

---

(1) Voir pièces EE et GG.

TROISIÈME PARTIE

PIÈCES JUSTIFICATIVES

MÉMOIRES, LETTRES, ARRÊTÉS, ETC., ETC.

PIÈCES JUSTIFICATIVES

A — Adresse en faveur du clergé français, rédigée par MM. Edmund Burke, Metcalfe et Wilmot, et publiée dans les journaux de Londres en 1792.

B — Mémoire présenté par l'évêque de Québec au Très Honorable Lord Dorchester, pour répondre au désir qu'a témoigné Son Excellence, de savoir si le diocèse de Québec avait encore besoin du secours de prêtres européens et quel sort on pourrait leur faire. Du 20 mai 1790.

C — Adresse du comité anglais de secours, insérée en français dans le *Courrier de Londres* du 1er mars 1793.

* D (1) — Envoi de trois ecclésiastiques et d'un laïc en Canada aux frais du gouvernement d'Angleterre. Mémoire de Mgr de la Marche, en date du 8 décembre 1792.

* E — Lettre de Dundas à MM. Desjardins, Raimbault, Gazel et La Corne, en date du 10 décembre 1792.

* F — Exposé fait à Sir William Temple, agent de Sa Majesté Britannique à New-York, par MM. Desjardins, Raimbault, Gazel ; lettre de M. Desjardins à King, en date du 14 février 1793.

* G — Lettre de M. Desjardins à King, du 9 avril 1793.

* H — Lettre de Sir Alured Clarke à Dundas, du 14 mars 1793.

* I — Mémoire de MM. Desjardins, Gazel, etc., à Son Excellence le général Clarke, du 7 mars 1793.

* J — Réponses aux questions proposées par Messieurs les émigrants français (sans date).

* K — Séance du Conseil Exécutif au palais épiscopal de Québec, le 12 mars 1793.

---

(1) Chacune des lettres précédées d'un astérisque, indique que la pièce est inédite.

L — Mémoire de Mgr Hubert avec lettre à l'honorable W. Smith, du 16 avril 1793.
* M — Lettre de M. le supérieur du couvent des Récollets à Smith, en date du 25 mai 1793.
* N — Lettre de M. Brassier, supérieur des Sulpiciens, à Smith, du 22 avril 1793.
* O — Lettre du même au même, en date du 25 avril 1793.
* P — Lettre de MM. Gravé, supérieur du séminaire de Québec, Bédard, Lahaille et Robert, directeurs du séminaire, à Smith, le 25 mai 1793.
* Q — Séance du Conseil Exécutif, du 10 mai 1793.
* R — Supplique de MM. Desjardins, Gazel, etc., à Sir Alured Clarke, etc. (sans date).
* S — Lettre de Sir Alured Clarke à Dundas, le 3 juillet 1793.
* T — Lettre de M. Desjardins, etc., à Lord Simcoe, du 11 mai 1793.
* U — Lettre de Simcoe à M. Desjardins, du 1er juillet 1793.
* V — Lettre du shérif McDonnell à M. Desjardins, en date du 13 juillet 1793.
* W — Lettre de M. Desjardins à Simcoe, du 28 juillet 1793, avec deux notes du 1er septembre.
* X — Mémoire de MM. Desjardins, etc., à Simcoe, en date du 19 septembre, et résumé de la réponse de Simcoe, en date du 21 septembre 1793.
* Y — Lettre de M. Desjardins à Simcoe, en juin 1794.
* Z — Lettre de M. Desjardins à Lord Dorchester, en date du 21 juin 1794.
* AA — Note de l'évêque de Léon à King, reçue le 1er juin 1797.
* BB — Lettre de l'évêque de Léon à King, en date du 11 avril 1794.
* CC — Lettre de M. Desjardins à King (sans date).
* DD — Lettre du gouverneur Prescott au duc de Portland, en date du 23 août 1797.
* EE — Lettre de Sir Robert Shore Milnes à Sullivan. Québec, 21 octobre 1803.
* FF — Prestation du serment d'allégeance de M. Desjardins, le 20 octobre 1794.
* GG — Lettre de Milnes à Sir George Shee. Aussi, pétition de l'abbé de Calonne à lord Windham.

HH — Esquisse (politique et financière) d'un établissement à former au Canada pour l'établissement des émigrants français (sans date ni nom d'auteur).
II — Lettre du président Russell à Portland, de York, le 3 novembre 1798.
JJ — Lettre du duc de Portland à Russell, le 5 juillet 1798.
KK — Lettre de Windham à Russell, le 30 juillet 1798.
LL — Règlements pour la colonie (sans date).
MM — Lettre de Russell au duc de Portland, le 21 novembre 1798.
NN — Lettre du lieutenant-général Hunter au duc de Portland, du 11 octobre 1799.
OO — Lettre de Beecourt à Milnes, en date du 25 avril 1806 ; aussi lettre de M. de Calonne au comte de Puisaye (sans date).
PP — Lettre de Dorchester à Portland, du 25 juillet 1795.
QQ — Lettre de M. Desjardins à Prescott, du 16 septembre 1797.
RR — Lettre de Prescott à Portland, du 18 octobre 1797.
— Lettres de Mgr de la Marche à l'évêque de Québec, de 1792 à 1800.

Pièce A, page 24.

ADRESSE

En faveur du clergé français, rédigée par MM. Edmund Burke, Metcalfe (1) et Wilmot.

Personne n'ignore que nos frères, les chrétiens de France, sont en butte à une persécution cruelle et inhumaine, suscitée contre eux par une faction d'hommes sans principes, ou n'en ayant que de mauvais, hommes sans foi, sans Dieu et qui se décorent eux-mêmes du nom de philosophes.

---

(1) Thomas Metcalfe fut créé baronet le 21 décembre 1802. C'était le père de Charles-Theophilus Metcalfe, gouverneur du Canada, de 1843 à 1845. Sir Thomas mourut le 17 novembre 1813.

Dans cette persécution, une prodigieuse multitude de personnes de tout âge et de tout séxe, de toute condition, mais particulièrement celles qui tiennent au clergé, ont éprouvé d'horribles traitements. Plusieurs d'entre elles ont été mises à mort, avec des circonstances d'outrage et de barbarie qui ont agrandi l'énormité de ce crime atroce, et leurs cadavres ont été traités avec une indignité sauvage, parfaitement conforme aux maximes qui ont commencé de prévaloir en France.

Des femmes, quelques-unes d'un rang distingué, consacrées à la religion, et usant leur vie dans l'exercice habituel de la plus sublime charité, s'étant dévouées au service des malades dans les hôpitaux, ont été dépouillées de leurs vêtements et publiquement flagellées. D'autres religieuses, également respectables, s'employant à l'éducation des personnes de leur sexe, ou à d'autres louables occupations, ont été privées de leur état, de leurs biens, chassées de leurs maisons, sur quoi elles auraient acquis un droit légitime de propriété... Beaucoup de ces respectables femmes sont avancées en âge et accablées d'infirmités ; la plupart sont ou vont être bientôt au déclin de leur vie ; toutes étrangères au monde et à ses affaires, manquant de ce qu'il faut avoir pour s'y procurer les premiers besoins. Ceux dont la charité fournissait à leur subsistance, avant que la cruauté philosophique les chassât de leurs maisons, ont été eux-mêmes contraints de fuir leur patrie, et se trouvent réduits à un degré de misère qui, si elle ne la surpasse pas, égale du moins celle qu'ils avaient coutume de soulager.

Plusieurs milliers de prêtres, attachés au service des paroisses, après avoir été privés de leurs bénéfices, bannis de leurs maisons et dépouillés de tout ce qu'ils possédaient, ont été frustrés de la modique pension que les lois, sous la caution de la foi publique, leur avaient assurée, à l'instant même qu'elles ordonnaient leur spoliation totale. Mourir de faim était le sort qui les attendait. D'autres, en très grand nombre, ont été jetés dans des prisons incommodes et malsaines, sans aucun acte légal préalable, et gardés longtemps sans qu'on s'occupât d'eux en aucune manière : conduite non seulement contraire à toutes les lois, mais encore directement opposée aux ordres et aux décrets du suprême magistrat de leur nouvelle constitution, et dont le devoir était d'empêcher que personne fût puni illégalement.

Enfin, après un long et douloureux emprisonnement, souffert avec une douceur, une patience, un courage, auxquels leurs ennemis mêmes ont rendu témoignage, sans que de si beaux exemples de vertus chrétiennes aient diminué quelque chose de la rage des méchants, les corps municipaux, ou, pour mieux dire, les clubs qui les font agir et les gouvernent, ont, de leur autorité privée, mis dans plusieurs bateaux un nombre considérable de ces prisonniers, et les ont déposés sur les côtes d'un royaume étranger.

En même temps, le reste du clergé qui, en se cachant, en errant de place en place pour éviter l'emprisonnement, avait continué d'adorer Dieu conformément au cri de leur conscience et aux anciennes lois fondamentales de leur pays, chassé comme des bêtes féroces, ont reçu de l'autorité du moment l'ordre abominable de quitter le royaume sous quinzaine. Rien d'aussi atroce, rien d'aussi insultant, n'est émané d'aucune assemblée publique, que les termes dans lesquels cet odieux décret est conçu...... Moins de quinze jours pour faire tous ses arrangements, ses préparatifs, pour mettre ordre à toutes ses affaires !...... Il fallait obéir, sous peine d'être transporté dans la partie du globe la plus inculte, la plus sauvage, la plus pestilentielle !......la Guyane.

Ces actes, d'une rigueur extrême, ont été faits, exécutés, sans aucune forme judiciaire, sans qu'un seul de ces milliers d'infortunés que frappent indistinctement et l'inique décret de déportation et les cruelles vexations qui l'ont précédé, ait été cité pour répondre à une accusation quelconque de crime ou d'offense bien et dûment articulée.

Nombre d'individus de ce clergé, dont beaucoup de membres sont accablés d'années et d'infirmités, pour éviter l'emprisonnement et les autres persécutions qui les menaçaient, pour prévenir la ruine de leurs troupeaux, que les factieux n'avaient pas manqué de punir de l'attachement à leurs pasteurs légitimes, ont été obligés de s'enfuir de leur pays et de chercher un asile sur les terres de la Grande-Bretagne. Ils y sont arrivés, et leur conduite parfaitement édifiante a beaucoup ajouté à la compassion qu'inspiraient des malheurs qu'ils n'avaient pas mérités.

Ils ont reçu de quelques personnes généreuses tous les secours dont ils avaient besoin dans ce premier moment ; mais cette ressource tombant journellement bien au-dessous du nécessaire, tant par l'augmentation progressive du nombre de ces victimes que par la continuation de leur détresse, il a été proposé d'ouvrir une souscription générale en leur faveur. L'horrible décret de déportation, dont il est aisé de prévoir les effets (c'est-à-dire l'affluence des ecclésiastiques en Angleterre) rend plus que jamais cette mesure indispensable.

Nous avons la plus ferme espérance que quelques variétés en matière de religion ne fermeront pas les cœurs anglais aux souffrances de leurs frères, les chrétiens de France. Oui, tous les vrais enfants de l'Eglise anglicane, tous les vrais serviteurs de Notre Sauveur Jésus-Christ, tous ceux qui, dans ce temps d'apostasie et de prévarication, ne rougissent point de confesser Jésus-Christ, de lui obéir, d'imiter leur divin Maître, en prodiguant les marques de la plus affectueuse charité à leurs frères souffrants, quelques noms qu'ils portent et de quelque espèce qu'ils soient ; oui, toutes les personnes qui, naturellement généreuses, cultivent les vertus propres de l'humanité ; oui, tous ceux qui font profession d'aimer la liberté civile et religieuse, les lois, l'ordre...tous s'estimeront heureux de trouver cette occasion de contribuer au soulagement de ces hommes respectables, souffrant pour l'honneur, la vertu, la loyauté et la religion.

Ceux qui proposent cette souscription ne peuvent qu'infiniment espérer de la générosité publique, quand ils se rappellent que notre charité nationale ne s'est pas toujours renfermée dans l'enceinte du pays que nous habitons. Lisbonne est renversée par un tremblement de terre : nous nous empressons d'envoyer d'abondants secours en argent aux citoyens de cette grande et malheureuse ville, quoique le Portugal soit un royaume assez puissant et assez riche pour subvenir à ses propres besoins.

Il est un autre exemple plus récent et plus pressant. Durant la guerre qui finit en 1763, la charité et l'humanité du peuple anglais se distinguèrent par une souscription en faveur des prisonniers français ; et la France était en guerre ouverte avec la Grande-Bretagne ; et la plupart de ces prisonniers avaient les armes à la main contre nous, ils commettaient des actes d'hostilité quand nous les prîmes...... Nous oubliâmes les torts de l'ennemi, pour ne penser qu'aux calamités du prisonnier.

Nous sommes assurés que ceux de nos compatriotes qui vivaient au temps de ces événements seront jaloux d'illustrer leur vertu par un troisième exemple, et que la génération née après eux s'efforcera, par une louable émulation, d'imiter ou même de surpasser les bonnes actions de ses ancêtres. Les Français pour lesquels nous proposons cette souscription n'ont jamais été coupables d'aucun mauvais dessein contre nous. Ils ont considéré le sol britannique comme un sanctuaire dans lequel ils se sont réfugiés. La protection sacrée de l'hospitalité leur est acquise. Les Anglais, qui chérissent les vertus hospitalières, et qui connaissent toute l'étendue des devoirs qu'elles imposent, ne croiront point avoir assez fait pour de tels hôtes, en les sauvant des fureurs de leurs compatriotes ; ils veilleront encore à ce qu'ils ne périssent pas, faute de secours.

Les respectables malheureux qui intéressent aujourd'hui notre compassion doivent l'émouvoir beaucoup plus fortement que des hommes élevés dans des camps et sur des vaisseaux. Ceux-ci sont formés, par leur profession, aux travaux et aux accidents de la vie ; mais les autres sont des hommes paisibles, adonnés à l'étude, dont les occupations uniformes se reproduisent chaque jour sans vicissitudes. Ils avaient embrassé un état que les lois approuvaient et que tout le monde, en France, regardait comme inviolable. Il n'était peut-être pas dans l'univers une seule personne qui eût moins à appréhender l'emprisonnement, l'exil et la misère. Non, des Anglais ne mettront pas sur la même ligne le crime et le malheur ; et leurs âmes seront profondément affectées à la vue de cet exemple terrible de l'incertitude répandue sur toute prospérité humaine. Ils avaient aussi des établissements, ces bannis ; ils étaient sous la sauvegarde des lois ; ils possédaient des revenus, des maisons, un rang honorable ; et eux, dont la détresse extrême sollicite des secours dans une terre étrangère, ils les répandaient, il n'y a que peu de temps, dans le sein des indigents, leurs compatriotes.

Pièce B, page 54.

MÉMOIRE

Présenté par l'Evêque de Québec au Très Honorable Lord Dorchester, pour répondre au désir qu'a témoigné Son Excellence de savoir si le diocèse de Québec avait encore besoin du secours de prêtres européens et quel sort on pourrait leur faire.

L'Evêque de Québec voulant répondre aux désirs de Son Excellence, a l'honneur de lui soumettre très respectueusement les observations suivantes :

Il est certain que depuis la conquête de cette province par Sa Majesté britannique, les ecclésiastiques n'y ont pas été aussi nombreux qu'il aurait été nécessaire pour subvenir aux besoins spirituels des peuples. Le retour de plusieurs prêtres de ce diocèse en France lors de la conquête, l'interruption des études pendant plusieurs années, la dispersion d'un grand nombre de sujets au siège de 1759, six ans de vacance de l'évêché de Québec, enfin notre séparation d'avec la France d'où l'Eglise du Canada avait coutume de tirer une partie de ses sujets : voilà probablement les principales causes qui ont rendu le nombre des ecclésiastiques de ce pays si inférieur en proportion à celui des peuples.

Entre les différents moyens que l'on a proposés depuis la conquête pour augmenter le nombre des ouvriers ecclésiastiques dans la province de Québec, Monsieur Briand était d'opinion que l'on fît une application pour obtenir des prêtres français, non pas sans choix et sans distinction, mais seulement des deux maisons de Saint-Sulpice et des Missions-Etrangères. Ces sujets placés en Canada dans les deux séminaires de Québec et de Montréal, auraient été surveillés par leurs supérieurs respectifs, et renvoyés en France par le gouvernement ou par l'évêque dans le cas d'une mauvaise conduite. Le parti que l'on espérait en tirer, était 1° de les employer à la desserte des âmes des deux villes et au soutien des séminaires ; 2° d'en faire des professeurs pour les hautes sciences, comme les Mathématiques, la Philosophie, etc.; 3° d'en détacher quelques-uns pour la desserte des missions sauvages de ce diocèse. On a remarqué de tout temps que les prêtres français remplissaient très bien ce dernier objet. En supposant les villes pourvues de la manière qui vient d'être dite, les sujets canadiens suffiraient assez largement pour la desserte des campagnes.

Mais le gouvernement ayant témoigné de l'opposition à admettre en cette province des prêtres nés sous la domination de la maison de Bourbon, on a cessé depuis longtemps de faire des démarches pour en obtenir.

En 1785, un évêque d'Irlande, en accordant le Révérend M. Jones aux désirs des catholiques d'Halifax, offrit des prêtres irlandais pour le secours du diocèse de Québec; sur quoi feu M. d'Esgly écrivit à M. l'abbé Hussey, à Londres, le priant d'obtenir du ministère britannique la permission de faire passer dans ce diocèse des prêtres irlandais ou anglais, pour remplir les objets ci-dessus énoncés, savoir : l'instruction de la jeunesse catholique dans les séminaires, et la desserte des missions sauvages. C'est probablement en conséquence de cette recommandation que Monsieur Hussey envoya dans le diocèse Monsieur Rodrigue McDonell, qui remplit depuis près de cinq ans la mission iroquoise de Saint-Régis, avec beaucoup de succès et d'édification. C'est encore par ses soins que Monsieur Edmund Burke est venu en 1786 au Séminaire de Québec dont il est un des directeurs, et où il a déjà enseigné deux cours de Philosophie et de Mathématiques.

Les qualités que monsieur d'Esgly demandait dans les ecclésiastiques qu'on pourrait envoyer d'Angleterre ou d'Irlande au secours de ce diocèse étaient : 1° qu'ils fussent munis, de la part de leurs supérieurs ecclésiastiques, de bons témoignages de vie et de mœurs ; 2° qu'ils fussent savants dans la Philosophie et dans la Théologie ; 3° qu'ils fussent d'un caractère doux, sociable, et uniquement attachés à leurs fonctions ecclésiastiques ; 4° qu'ils fussent capables de mener dans les séminaires de cette province une vie unie, réglée et laborieuse ; 5° que l'évêque eût la liberté de les remercier s'ils ne se conduisaient pas d'une manière édifiante. Les avantages que l'on se proposait de leur faire étaient les mêmes que l'on fait ordinairement aux ecclésiastiques de ce pays ; de sorte que ceux des prêtres britanniques qui se seraient fixés dans les séminaires, y auraient été sur le même pied que les autres prêtres déjà incorporés aux dits séminaires ; ceux qui auraient préféré de travailler dans les missions, auraient pareillement eu pour leur subsistance les fruits attachés aux dites missions, sans aucune distinction des sujets Canadiens ou Britanniques.

Mais pendant que l'on prenait toutes ces mesures, les Canadiens se sont insensiblement approchés des Séminaires. La plupart des membres actuels de ces deux maisons sont Canadiens et il s'en présente de nouveaux pour s'y associer. Les classes se sont soutenues par la méthode que l'on a prise de préposer aux humanités et à la rhétorique, tant dans le Séminaire de Québec que dans le Collège de Montréal, de jeunes clercs qui répétaient leur cours d'études en enseignant aux autres. Plusieurs prêtres Canadiens ont successivement enseigné la philosophie et les mathématiques avec applaudissement. Il en est de même de la plupart des missions sauvages gouvernées depuis quelques années par des Canadiens qui ont appris la langue avec facilité, et desservent assidûment.

Ainsi quelque peu nombreux que se trouve le clergé de ce diocèse, il est pourtant vrai que dans la situation présente des choses, des prêtres étrangers ne seraient presque d'aucun secours pour la partie canadienne ; 1° parce que, comme on l'a observé ci-dessus, les Missions Sauvages et les Séminaires pour lesquels principalement on avait demandé des sujets européens, se trouvent passablement remplis ; 2° quant aux prêtres britanniques, desquels seuls l'Eglise du Canada pouvait attendre de l'aide, il y a parmi eux, comme partout ailleurs, des sujets très bons et de très médiocres. Leurs supérieurs ecclésiastiques garderaient sans doute les meilleurs pour leur propres églises. Or, il faudrait une grande sagacité pour en choisir parmi les autres qui nous convinssent et qui s'accommodassent de notre manière de vivre appliquée et laborieuse.

D'ailleurs la différence de langage ajoutée à celle des

mœurs, des coutumes, des usages, ne les rendrait-ils pas peu propres à la desserte des paroisses canadiennes ? Enfin, il serait peut-être à craindre que ces Messieurs, accoutumés à raisonner librement sur tous les objets de politique, ne fissent quelques impressions désavantageuses sur les esprits d'un peuple auquel nous avons toujours prêché une obéissance exacte aux ordres du Souverain ou de ses représentants, et une soumission entière à tout système légal de lois, sans examen ni discussion. Tant que les Canadiens n'ont point entendu d'autre politique que celle-là, ils ont donné les plus beaux exemples de soumission et de fidélité envers le gouvernement. Il n'était pas rare autrefois de voir des partis assez considérables de milices canadiennes quitter joyeusement leurs foyers, pour aller défendre leur Roi et leur patrie tantôt au Détroit, tantôt à la Belle-Rivière ou aux autres extrémités de la colonie. Si, depuis 1775, cette ardeur s'est ralentie dans certains endroits de la province, si l'on ne trouve pas toujours le même empressement, la même soumission à l'autorité publique, n'a-t-on pas droit de s'en prendre au progrès qu'a fait parmi nos Canadiens l'esprit de liberté et d'indépendance, amené d'abord par la circulation des manifestes des Anglo-Américains, au commencement de la dernière guerre, et répandu depuis par la multiplication et la licence de nos gazettes et par la liberté des conversations sur les affaires politiques ? Quel danger pour nos peuples s'ils avaient des pasteurs qui favorisassent ces idées ?

Monsieur Briand, qui connaissait parfaitement bien les Canadiens, et qui avait observé pendant son séjour à Londres les maximes sur lesquelles se dirigeaient les prêtres catholiques d'Angleterre, ne les a jamais crus fort propres au gouvernement spirituel des peuples canadiens élevés dans des principes tout à fait dissemblables. Monsieur d'Esglis était dans la même persuasion lorsqu'il se bornait à les demander pour professeurs des hautes sciences ou pour missionnaires des sauvages. Les dernières lettres qu'il écrivit en Angleterre à ce sujet tendaient seulement à obtenir des missionnaires britanniques pour la desserte de la Nouvelle-Ecosse, qui fait partie de ce diocèse, ainsi que les îles adjacentes. Cette province, en effet, où les catholiques nombreux sont presque tous Anglais, Irlandais, Ecossais, ou Acadiens sachant bien la langue anglaise, ouvre une carrière favorable au zèle des ecclésiastiques britanniques. C'est pourquoi l'évêque de Québec supplie avec instance le gouvernement, de vouloir bien continuer de permettre l'émigration des missionnaires anglais ou irlandais dont la Nouvelle-Ecosse pourrait encore avoir besoin. Cette partie de son troupeau lui est chère comme toutes les autres, et il ne se verrait frustré qu'avec peine de ce seul moyen de pourvoir à sa desserte.

Il paraît que M. Jones, nommé supérieur de la mission de la Nouvelle Ecosse, par feu Monsieur d'Esglis, a mérité dans cette province la confiance du gouvernement et l'estime des protestants et des catholiques. Son Excellence le gouverneur Parr fit à l'évêque de Québec l'honneur de lui en écrire l'année dernière en des termes fort obligeants. Monsieur Jones a sous ses ordres deux autres prêtres irlandais, Messieurs Phelan et Power, et par ses dernières lettres il paraît en espérer quelques autres ; ce Monsieur est autorisé par l'évêque à examiner les témoignages de science et de mœurs des prêtres qui viennent au secours de sa mission ; mais surtout à s'assurer qu'ils ne soient pas des esprits turbulents capables de répandre dans le peuple des maximes contraires au respect et à l'obéissance dus au gouvernement.

Les missionnaires qui travaillent présentement dans la Nouvelle-Ecosse, ainsi que ceux qui pourraient y être employés dans la suite, n'ont guère autre chose à espérer pour leur subsistance que ce que perçoivent les missionnaires préposés aux paroisses du Canada, savoir une légère décimation sur les agriculteurs et de simples obligations volontaires de la part des autres fidèles. Cependant on peut dire, à la louange des catholiques de la Nouvelle-Ecosse, qu'ils paraissent se porter avec assez de zèle à l'entretien de leurs pasteurs, surtout depuis que Monseigneur d'Esglis leur a envoyé, en 1787, une lettre pastorale à ce sujet. Le missionnaire qui réside à Halifax est plus mal pourvu du côté du temporel que ceux qui parcouraient les autres missions.

L'évêque de Québec ose encore se flatter que, dans le cas où des sujets natifs des Iles Britanniques et professant la religion romaine viendraient s'établir en Canada, en assez grand nombre pour occuper un ou plusieurs missionnaires, le ministère voudrait bien permettre que des ecclésiastiques britanniques passassent en cette province pour rendre à ces fidèles les services spirituels dont ils auraient besoin. Mais il faudrait pour le bon ordre que de tels prêtres fussent obligés de résider dans leurs missions respectives, sans quoi leur ministère ne serait que d'une utilité très médiocre. Quant au sort qu'on pourrait leur faire du côté du temporel, il semble que ce serait à leurs peuples de les faire vivre comme les peuples de ce pays font vivre leurs curés, sauf à donner à ces nouveaux missionnaires, par manière d'aumône, quelque léger secours dans les premières années de leur desserte.

† JEAN-FRANÇOIS,
Evêque de Québec.

Québec, 20 mai 1790.

Pièce C, page 59.

ADRESSE

Du comité anglais de secours, insérée en français dans le " Courrier de Londres " du 1er mars 1793.

Lorsque les souscriptions commencèrent à s'ouvrir pour venir au secours des ecclésiastiques réfugiés dans les Etats britanniques, il y avait lieu de croire que, dans l'espace de peu de mois, ils pourraient retourner dans leur patrie. Mais les événements ayant fait échouer ces espérances, le comité regarde le Canada comme un asile qui pourrait convenir à beaucoup de ces infortunés.

Le gouvernement ayant accueilli ce projet, pour concourir à en faciliter l'effet, le comité a envoyé faire les recherches et les préparatifs nécessaires ; et l'on peut espérer que bientôt on leur aura trouvé des lieux de sûreté et d'asile. Il est certain cependant que, sous quelque point de vue qu'on envisage la chose, on aura besoin de fonds considérables, et il n'est que trop vrai que ce qui reste en main est à peine suffisant pour fournir à quelques semaines. On a certainement déjà beaucoup donné ; mais le comité ne peut s'empêcher d'observer que plusieurs personnes riches et d'un caractère respectable semblent avoir arrêté leurs contributions, dans la pensée que la souscription était suffisante pour le moment, et dans l'intention d'attendre qu'elle fût presque épuisée. Quoi qu'il en soit, le comité prend la liberté d'assurer ces personnes que le moment est venu, et que leurs charités ne peuvent arriver plus à propos.

Le caractère anglais ne peut se présenter que sous son vrai jour aux yeux des autres nations, lorsqu'elles apprendront que près de trois mille de ces étrangers ont été soutenus, pendant plusieurs mois, par les contributions volontaires de quelques particuliers. Ces actes de bienfaisance ont heureusement prouvé que ni le préjugé national, ni la différence des opinions religieuses et politiques, n'ont pu arracher du cœur des Anglais le sentiment de la vraie charité chrétienne.

Ne laissons donc pas ternir le lustre d'une action si vertueuse, en ne persévérant pas jusqu'à la fin. Achevons ce que nous avons commencé. Ne permettons pas que ceux que nous avons soutenus jusqu'ici, et auxquels nos bontés ont donné de flatteuses espérances, soient réduits au plus affreux désespoir, et périssent sous nos yeux, manquant du nécessaire, tandis que tant de riches habitants de ce royaume peuvent y suppléer d'une très petite partie de leur superflu.

Animés de ces sentiments, sensiblement touchés des preuves journalières de la reconnaissance et des malheurs de ces victimes de leur conscience, ne leur voyant d'autre espoir que dans la continuation de ces œuvres qui les ont soutenus jusqu'ici, nous hasardons avec confiance encore une fois de nous adresser à nos concitoyens compatissants, et de les supplier de nous fournir des secours assez abondants pour mettre le comité en état de pourvoir à leurs besoins actuels, et pour faire face aux frais de leur transport et de leur établissement dans la partie du monde qui leur sera destinée.

Piece D, page 64.

MÉMOIRE DE Mgr DE LA MARCHE

Envoi de trois ecclésiastiques et d'un laïc au Canada, aux frais du gouvernement d'Angleterre.

L'objet de leur mission est :

1° De faire connaître dans cette contrée plus particulièrement les malheurs et le courage des ecclésiastiques victimes de leur attachement à la foi catholique, apostolique et romaine, et de leur fidélité à leur prince légitime ; et par là disposer favorablement les habitants du pays, soit catholiques, soit protestants, à l'égard de ceux que la générosité anglaise, après les avoir soutenus en Angleterre pendant plus de six mois par des secours puissants, désire d'aider par des moyens plus puissants encore à se procurer une existence permanente dans l'exercice de leur sainte religion.

2° De se faire connaître eux-mêmes d'une manière avantageuse aux habitants par une piété édifiante et une régularité constante, ainsi que par leurs connaissances ecclésiastiques et littéraires, et par la douceur et l'aménité de leur caractère ; en même temps par leur attachement au roi et au gouvernement sous lequel ils vivent, et leur éloignement pour toutes les idées archi-monarchiques et anti-royales, qu'ont malheureusement adopté dans ces derniers temps même les ecclésiastiques vertueux et inviolablement attachés à leurs principes religieux.

3° De faire connaître aux habitants que la classe d'hommes qui peut, au printemps prochain, aborder ces contrées, y vient sans doute dans l'espérance de pouvoir s'y procurer quelques avantages fixes et permanents par la suite, mais que les mêmes hommes sont également animés du désir de se rendre utiles sous tous les rapports, spécialement sous le rapport de la religion, qui fut toujours le principal objet de leur étude, de leur dévouement et de leur zèle. On peut compter que des hommes qui ont sacrifié leurs biens, leur repos, leur aisance, plutôt que de trahir leurs devoirs et leur conscience, ne viendront habiter une terre étrangère qu'avec des dispositions de désintéressement et de paix. La plupart seront très propres à l'enseignement et seront disposés à se dévouer à l'éducation de la jeunesse et à l'instruction publique et particulière.

Subordonnés aux autorités légitimes par devoir, par principes et par leur éducation, ils seront tous soumis à la juridiction des supérieurs ecclésiastiques et civils, ils seront dans la main des évêques, et le moindre signe de leurs désirs sera un ordre pour eux ; leur voix sera pour tous la voix de la Providence, qu'ils seront toujours prêts à écouter et à suivre pour s'acquitter des emplois auxquels on les appellerait et auxquels ils seraient jugés propres et utiles.

4° Comme ils sont destinés, dans le cas où la Providence, secondée par le gouvernement anglais, les conduirait en grand nombre en Canada à travailler de leurs propres mains, et à demander à la terre de répondre à leurs travaux par des productions propres à prolonger leur subsistance, les envoyés annonceront qu'on ne devra amener en général que des personnes saines, et dans la force de l'âge ; qui n'ayant, quand la chose sera possible, aucun désir de s'enrichir, d'acquérir des propriétés et de laisser des héritages, ils sont déterminés, sous la conduite des évêques et des supérieurs qui seraient choisis parmi eux, à mener la vie des anciens Pères du désert, à se délasser du travail par la prière, et à n'interrompre la prière que pour le travail, il s'agirait donc de former leurs établissements par communautés, dont le nombre d'individus serait proportionné à l'étendue de terrain qui leur serait indiqué et destiné pour leur établissement et pour leur culture.

5° Quelque nombre qu'il puisse se présenter pour passer au printemps au Canada, on ne présume pas que les premiers bâtiments puissent en transporter beaucoup plus de deux cents. MM. les envoyés se concerteront avec le gouverneur, l'évêque, les supérieurs et les officiers civils du lieu, tant sur l'acte provisoire qu'il conviendrait de leur préparer au moment de leur arrivée que sur la fixation du nombre des communautés que pourrait former le nombre de 200 personnes qu'on supposerait arriver ensemble à la même époque. Conviendrait-il de les diviser par corps de 20, de 30, de 40 ou de 50 ? Après avoir déterminé le nombre de divisions, il s'agirait de choisir et d'indiquer à chaque division le local, le terrain convenable pour jeter les premiers fondements de leurs établissements.

6° MM. les envoyés, en attendant l'arrivée de leurs confrères s'occuperont à prendre, soit en conférant avec les chefs, tant ecclésiastiques que civils des villes de Québec et de Montréal, soit avec les habitants assemblés dans les villes ou dispersés dans les campagnes, tous les renseignements et toutes les connaissances qui pourraient les rendre utiles à leurs confrères sous tous les rapports possibles, ainsi que pour rendre un certain nombre de ces services utiles aux habitants du pays, s'il y a lieu.

7° Comme il est possible que les malheurs qui n'accablent pas moins la noblesse que le clergé, ne laissent plus ni à l'un ni à l'autre aucune espérance du côté de leur fortune et de leur patrie, l'envoyé laïc qui se trouve joint aux trois ecclésiastiques pour aller avec eux, par New-York en Canada, doit se rendre avec eux à Québec où il conférera avec le gouvernement sur les moyens qu'il y aurait à employer pour faire accueillir soit dans le Bas, soit dans le Haut-Canada, les colonies d'émigrés qui pourraient, dans le cours du printemps, ou pendant l'été, venir chercher un asile, et des moyens d'établissement dans quelques-unes de ces parties, il prendra le plus promptement possible des connaissances sur l'étendue des ressources que plusieurs familles nobles, avec leurs suites, pourraient espérer dans le Haut-Canada, et il fera en sorte d'obtenir du gouverneur des lettres de recommandation auprès des commandants et officiers du roi à Kingston, et dans toute cette partie, afin de se mettre en état de donner, par la voie la plus courte, les renseignements les plus sûrs qu'il pourra recueillir sur toutes ces parties de l'Amérique Septentrionale ; et, dans le cas où il apprendrait que quelque colonie d'émigrés fût disposée à passer dans quelque une de ces contrées, soit en même temps, soit après les ecclésiastiques, et ferait en sorte de se mettre à même, par lui ou par ses amis et ses parents, dans ce pays, de se rendre utile aux arrivants. Les envoyés ecclésiastiques, en s'occupant principalement de leurs confrères, ne négligeront pas non plus de prendre les connaissances qui pourraient être utiles aux émigrés laïcs dans le Bas-Canada, et feront leur possible pour donner des renseignements utiles à tous par un courrier qu'ils solliciteront auprès du gouverneur, pour donner, s'il se peut, de leurs nouvelles par le paquebot qui partira de New-York les premiers jours du mois de mars.

8° Après que chacun aura fait à Londres les emplettes de ce qui lui est nécessaire pour son départ, le surplus des fonds doit être mis en commun entre les mains de M. l'abbé Desjardins qui pourvoira aux besoins de chacun, autant que les fonds pourront suffire. Comme ils sont les précurseurs d'ecclésiastiques qui doivent vivre en communautés, et y apporter l'esprit de désappropriement, ils doivent en donner l'exemple en le pratiquant.

On observe que le gouverneur de Québec peut se trouver à Montréal, où il se rend en différents temps. Il y a des lettres écrites au consul de New-York pour accueillir les envoyés et leur faciliter le voyage à Montréal, où ils seront accompagnés de lettres de recommandation, et à Québec, au gouverneur, qui leur communiquera les instructions qu'il aura reçues du gouvernement.

Ces Messieurs seront, à Montréal, au séminaire de Saint-Sulpice, et, à Québec, au séminaire des Missions-Etrangères, où ils seront accueillis ainsi qu'auprès des évêques pour lesquels on leur donnera des lettres.

9° MM. les envoyés sont invités à faire un journal exact de tout leur voyage et de tenir des mémoires précis de toutes les observations qu'ils pourront faire et de toutes les connaissances sûres qu'ils auront et qui seront relatives à l'objet de leur mission.

10° Ils n'oublieront pas combien il serait à souhaiter de porter les habitants à des genres de culture qui pourraient les occuper pendant l'hiver. La culture du chanvre et du lin est la plus propre à atteindre ce but. Ces MM. ne doivent négliger aucune occasion de faire parvenir de leurs nouvelles à M. l'Evêque de Saint-Pol de Léon.

Comme revêtu des pouvoirs de Messeigneurs les Evêques, commissaire apostolique en Angleterre, nous permettons à MM. Desjardins, Raimbeau et Gazel, prêtres français députés en Canada, de bénir les ornements qu'ils emportent pour célébrer la sainte messe, s'il est possible, dans leur route, et leur accordons, pendant la traversée, jusqu'à New-York, d'entendre les confessions de toutes les personnes qui se trouvent à bord du bâtiment, et leur donnons tous les pouvoirs que MM. les Evêques d'Angleterre nous ont permis de communiquer.

(Signé) † J. Frs., Ev. de Léon.

Londres, le 8 décembre 1792.

Pièce E, page 64.

DUNDAS À DESJARDINS, Etc.

(Traduction)

Whitehall, 10 décembre 1792.

Messieurs,

Vous trouverez sous ce pli une lettre adressée au lieutenant-gouverneur du Bas-Canada, et aussitôt que vous aurez reçu la mienne, vous devrez vous hâter de vous embarquer sur le paquebot de Sa Majesté en destination de New-York. A votre arrivée en Amérique, vous vous rendrez auprès de Sir John Temple, agent de Sa Majesté, qui recevra les instructions nécessaires afin de vous procurer tous les secours dont vous pourrez avoir besoin pour continuer votre voyage jusqu'à Québec, ou tout autre endroit du Bas-Canada où résidera alors le lieutenant-gouverneur, et vous ne perdrez pas une minute pour lui remettre la lettre ci-dessus mentionnée, et pour vous entendre avec lui sur les sujets divers qu'elle traite.

Je suis, Messieurs,

Votre très obéissant serviteur,

Henry Dundas.

Messieurs Desjardins, Jean-
Marie Raimbault, Gazel
et LaCorne.

Pièce F, page 65.

EXPOSÉ

Fait à Sir John Temple, agent de Sa Majesté Britannique à New-York, par MM. Desjardins, Raimbault, Gazel et LaCorne.

Les Français réfugiés en Angleterre à l'occasion des événements qui ont bouleversé la France, ont été reçus par le peuple anglais avec une hospitalité digne de servir d'exemple à toutes les nations. Le clergé surtout a été accueilli, consolé et assisté de la manière la plus compatissante et la plus noble. Nous joignons à ce mémoire la liste des souscripteurs *to the relief of the suffering clergy refugee from France in the British Dominions.* Par cette liste il est montré que la somme des secours se montait, au 30 novembre 1792, à £18,314-1-2.

Mais le grand nombre d'ecclésiastiques réfugiés (il n'y en avait pas moins de 8,000, tant en Angleterre qu'en Jersey) a fourni au ministère britannique l'idée de préparer aux deux ordres persécutés une ressource solide et permanente dans les possessions anglaises du Canada.

En conséquence il a été envoyé trois ecclésiastiques et un gentilhomme au Canada. Ils ont été adressés à Sir J. Temple, agent, etc., et au major général Clarke, lieutenant-gouverneur de Sa Majesté au Bas-Canada, par lettre du secrétaire d'Etat Sir H. Dundas.

Comme ce projet avait été conçu tard et que le départ du Packet était instant, on ne donna aux quatre susdits envoyés que 24 heures pour faire leur bagage et disposer de tout pour ce long voyage.

Ils étaient arrivés en Angleterre, comme presque tous les ecclésiastiques français, sans argent, sans linge, sans habits, ayant été pillés et volés sur le rivage français, au moment de s'embarquer. On donna à chacun d'eux £25 pour satisfaire à leurs besoins les plus pressants et acquitter les petits engagements qu'ils auraient pu contracter pendant leur séjour à Londres. Cet objet rempli, ils ont mis leurs sommes en commun et se sont procuré à la hâte quelques habits, du linge et des instruments de mathématiques, etc., tout s'est monté à la somme de £80-2-0.

Le comité des secours susdits a payé de ses deniers ces £80-2-0, et le gouvernement a remis aux 4 voyageurs £200 pour leur voyage. On estimait que cette somme suffirait pour les conduire au Canada, parce que l'on pensait que le prix du paquebot n'était que de £20 à £25 par personne. Le compte suivant fera voir l'erreur en même temps qu'il exposera à Sir J. Temple la mesure des besoins des quatre envoyés.

COMPTE DES RECETTES ET DÉPENSES

Reçu du Gouv. Britannique	£200. 0. 0
" " Comité des secours........................	£ 80. 2. 0
Total.......................	£280. 2. 0
(Dépensé) A Londres, pr. acquittement de dettes, achat de linge	£ 80. 2. 0
Frais de route de Londres à Falmouth................	£ 29. 8. 0
A Falmouth, frais d'auberge pendant 9 jours, provisions de voyages, matelas, linges, lits pour le vaisseau, pour 4 personnes........................	£ 23. 3.11
4 places sur le Packet *Portland*.....................	£151. 4. 0
Gratifications aux gens du paquebot et dépenses diverses	£ 4. 4. 0
Total. Recette.............	£280. 2. 0
Dépense	£288. 1.11
Excédent de la dépense.................................	£ 7.19.11

Voilà l'état des finances des quatre envoyés.

Voici maintenant un état des choses qui leur sont nécessaires pour un voyage dans les pays froids du Nord.

    4 grands cotes (coats) communs.
    4 casques à $5.
    4 paires de bottes fourrées.
    4 paires de lunettes pour la neige.
    Frais de séjour à New-York.
    Frais de route de New-York à Montréal.

Les quatre envoyés soussignés exposent avec candeur l'état présent de leur emploi de l'argent qui leur a été confié et de leurs besoins pour l'avenir, estimant que leur plus cher devoir doit être de justifier l'honorable choix que le gouvernement a fait d'eux et de mériter les offres gracieuses de service que leur a fait sir J. Temple, auxquels ils paient l'hommage de leur reconnaissance, de leur respect et de leur haute estime.

(Signé)   Desjardins,   Raimbault,
"   Gazel,   De La Corne.

P. S. Les quatre envoyés prient sir J. Temple de vouloir bien donner des passeports ou lettres crédentielles pour leur passage au travers des Etats-Unis, sans qu'ils soient obligés d'exhiber leur lettre de mission.

Pièce F (N° 2), page 65.

DESJARDINS À KING.

New-York, 14 février 1793.

Monsieur,

J'ai l'honneur de vous prévenir que j'ai tiré hier sur M. Dundas, ministre de Sa Majesté, une lettre de change de £78-0-0 qui m'ont été comptés par Sir J. Temple. J'espère que le ministre de Sa Majesté voudra bien faire honneur à ma traite, nécessitée par les circonstances indiquées dans mes lettres du 12 et 13 de ce mois à M. Dundas et à vous, monsieur.

C'est avec peine que je vois que cette somme sera tout au plus suffisante pour nous conduire à Montréal, vu la cherté du séjour à New-York, des équipages et du transport. La plus sévère économie ne peut point obvier à ces dépenses ; et je ne puis rien vous promettre au delà de la plus sévère économie.

J'ai l'honneur d'être respectueusement,
Monsieur,
Votre très humble et très obéissant serviteur,
Desjardins.

M. King, Esq.,
Secretary State's Office.

Pièce G, page 65.

LETTRE DE L'ABBÉ P.-J.-L. DESJARDINS À KING.

Québec, 9 avril 1793.

Monsieur,

J'ai l'honneur de vous donner avis que j'ai touché, sur le warrant du général Clarke dix guinées, excédent de la dépense sur la recette, pour subvenir au voyage jusqu'en cette ville. Ces 10 guinées, jointes au 70 livres fournies par M. Temple, et aux 200 qui m'ont été données à Londres, composent une somme de £280.10 ; et je ne crois pas qu'il soit possible de le faire à moins de frais dans la saison et par les chemins que nous avons affrontés.

Nous sommes complètement dédommagés de nos peines, par les agrémens de toute espèce que nous trouvons ici. Nos compatriotes y sont attendus avec impatience : ils y seront reçus avec faveur et ils trouveront à s'y fixer avantageusement. Je crois la chose de plus en plus certaine.

J'espère que vous avez reçu la lettre que j'ai eu l'honneur de vous écrire le 5 du mois de mars dernier.

M. le lieutenant-gouverneur espérait recevoir des instructions particulières du gouvernement à notre sujet. Mylord Dorchester nous avait aussi fait espérer qu'il voudrait bien lui écrire ; nos espérances ont été déçues.

Je vous prie instamment, Monsieur, de vouloir bien présenter mes hommages à Madame King, ainsi qu'au Révd Dr. Je me flatte que vous me pardonnez ma facilité à vous importuner, par le désir de cultiver votre connaissance et de vous renouveler l'assurance des sentiments respectueux avec lesquels je suis,

Monsieur, etc., etc,

Desjardins.

M. King, Esq.

N. B.—Je prends encore la liberté d'adresser ma lettre à M. L'Evêque de Léon sous votre couvert.

Ce 11 avril. Nos lettres n'ont pas pu partir jusqu'à ce moment, et nous apprenons à l'instant même la mort fatale du roi de France. Cette nouvelle nous plonge dans le deuil. Nous ignorons le sort du reste de la famille royale. J'ai rouvert nos paquets pour y insérer cette note.

Pièce H, page 66.

LETTRE DE CLARKE À DUNDAS.

Québec, 14 mars 1793.

Sir,

J'ai l'honneur de vous annoncer l'arrivée à Québec, le 2 du courant, de Messieurs Desjardins, Raimbeaux, Gazel et Lacorne, porteurs de votre lettre du 10 décembre dernier. J'accuse aussi réception d'une autre lettre de la même date et une marquée " circulaire du 12 du dit mois," auxquelles je porterai toute l'attention qu'elles réclament. (1)

J'ai l'honneur d'être,

ALURED CLARKE.

A l'hon. Henry Dundas.

Pièce I, page 67.

MÉMOIRE DE MM. DESJARDINS, ETC.

A Son Excellence le général Clarke, lieutenant gouverneur de Sa Majesté Britannique au Bas-Canada.

Son Excellence est trop instruite des événements qui ont changé l'état de la France, pendant ces dernières années, pour qu'il soit nécessaire de lui en tracer le tableau.

Ces événements ont causé l'expatriation de la plus grande partie des ecclésiastiques composant l'ancien clergé français, ainsi que d'une portion considérable de la noblesse.

---

(1) Archives du Canada, série Q, vol. 62, p. 168.

Parmi les empires, dans le sein desquels ces deux ordres proscrits ont cherché un asile, l'Angleterre s'est distinguée par une générosité qui servira d'exemple au monde. Les sujets de Sa Majesté Britannique, sensibles et hospitaliers, sont venus au secours de cette foule de fugitifs ; et le gouvernement lui-même a pris soin d'adoucir l'excès de leur misère.

Il ne s'en est pas tenu à une protection stérile. Il a pensé que tant de malheureux étrangers, désormais sans patrie, étaient un objet digne de sa sollicitude ; et c'est par une suite de ses desseins consolateurs, qu'il leur a offert un refuge permanent et tranquille dans les possessions anglaises de l'Amérique Septentrionale.

Un grand nombre de français, et particulièrement du clergé, ayant paru disposés à profiter de cette offre, et à passer en Amérique, le gouvernement britannique a jugé à propos d'envoyer à l'avance dans le Canada, trois ecclésiastiques et un laïc, munis de lettres auprès de Son Excellence, afin d'annoncer la venue probable de leurs frères, de travailler sous la protection de Son Excellence et la direction de Messeigneurs les évêques, à leur préparer des asiles provisoires, et ensuite des établissements stables.

Voici donc l'objet précis de la mission des quatre envoyés :

1° De faire connaître, dans la Province du Canada, les malheurs des ecclésiastiques, victimes de leur fermeté dans leurs principes religieux, et de leur fidélité envers leur prince légitime, et ainsi de disposer favorablement à leur égard les habitants du pays, de toute dénomination.

2° De seconder de tout leur pouvoir les vues bienfaisantes du gouvernement britannique, en travaillant, sous l'inspection du représentant de Sa Majesté, de préparer à leurs frères, des places qui leur procurent le double avantage de subsister et d'être utiles.

3° De se concerter avec les autorités, tant spirituelle que temporelle, sur les genres d'emplois auxquels ces réfugiés pourront être appliqués.

La plupart sont propres à l'enseignement, et seront disposés à se dévouer à l'éducation de la jeunesse.

Un bon nombre est versé dans l'agriculture, et se livrera

volontiers au défrichement des terres que le gouvernement voudra leur concéder. C'est sur cet important article que les envoyés sont spécialement chargés de conférer avec Son Excellence, afin de connaître la position et l'étendue des parties de terrain qui seraient offertes aux ecclésiastiques Français. Comme leur état et leurs habitudes les rapprochent de la vie de communauté, l'on pourrait former des associations de 20, 30 ou 40 personnes sur chaque établissement, en les mettant à portée, non d'acquérir des richesses, mais de subsister de leurs travaux, et de contribuer à la prospérité du pays, à peu près comme ont fait les anciens corps religieux.

D'autres, enfin, nés pour la vie tranquille et solitaire du cabinet, pourraient se consacrer avec fruit à la culture des sciences et des lettres. Ce sera aux autorités, temporelle et spirituelle, à considérer, dans leur sagesse, jusqu'à quel point certaines maisons, autrefois occupées, maintenant presque désertes, pourraient être, sous le bon plaisir de leurs titulaires, dirigées vers cet objet.

4° En un mot, il est prescrit aux quatre envoyés, en attendant l'arrivée de leurs frères, de s'occuper à recueillir, soit des chefs, tant civils qu'ecclésiastiques, à Québec et à Montréal, soit des habitants dispersés dans les campagnes, toutes les connaissances qui pourraient être utiles au clergé réfugié, et qui pourraient aussi, par son moyen, le devenir aux habitants.

Tels sont les renseignements sur la nature et les diversités du sol ; sur le genre des cultures usitées ; sur celles qui, négligées jusqu'à ce jour, ou essayées sans succès, pourraient être soumises à de nouvelles tentatives ; sur les productions indigènes ; les bois, les mines, etc., sur le climat, les mœurs et les usages.

La partie essentielle de leurs instructions, comme aussi le besoin de leurs cœurs, les obligent à professer hautement leur soumission aux autorités, leur fidèle attachement au gouvernement britannique, sentiments qui sont communs à tous ces réfugiés. Leurs vœux unanimes, (dirigés d'abord vers le salut de leur patrie) ont ensuite pour objet la gloire de cette nation illustre, qui sait faire un si noble usage de sa prospérité, et qui connaît si bien la dignité du malheur.

5° Comme il est très possible que les maux, qui n'accablent pas moins la noblesse que le clergé, fassent affluer dans le Canada un nombre considérable de familles nobles, il est prescrit aux quatre envoyés, et notamment au chevalier de la Corne, de conférer avec Son Excellence, sur les moyens de favoriser les établissements des colonies d'émigrés au Canada.

C'est pour cela qu'il leur est recommandé de se procurer, sous le bon plaisir de Son Excellence, un état par aperçu des terres qui restent à concéder, d'en dresser un tableau instructif, de se transporter partout où leur présence pourrait seconder utilement les dispositions libérales du gouvernement, et animer la bienveillance des Canadiens.

Et c'est à Monseigneur l'évêque de Saint-Pol de Léon que tous les éclaircissements doivent être adressés.

Ces instructions sont le résultat de plusieurs conférences tenues avec quelques ministres de Sa Majesté britannique. Elles ont été transmises verbalement à l'un des envoyés, (Monsieur Desjardins) dans un comité composé de Messieurs l'Evêque de Saint-Pol de Léon, Burke, King, principal commis de l'office du Secrétaire d'Etat, et Motz, secrétaire de Mylord Gouverneur. Elles ont été consignées sommairement dans un écrit dressé par Monseigneur l'Evêque de Léon, pour l'usage privé des envoyés, qu'ils sont prêts à communiquer à Son Excellence, si elle le désire.

Les envoyés ont touché de la part du Gouvernement 200 livres sterling, pour subvenir aux frais de leur voyage; et le comité de secours y a voulu joindre une somme de 80 livres, pour l'achat du linge, des habits, des livres, cartes et instruments.

Les envoyés finissent cet exposé en témoignant à Son Excellence le désir qu'ils ressentent de voir le clergé français justifier la protection du gouvernement d'Angleterre. Ils espèrent que la venue de leurs frères du Canada ne causera aucun ombrage en ce pays. Les principes religieux les soumettent et les attachent aux lois et à l'ordre public. On peut d'ailleurs présumer que des hommes qui eussent évité l'infortune, s'ils avaient su composer avec leur conscience, ne sont pas étrangers à tout sentiment généreux; que ceux qui ont sacrifié tout ce qu'ils avaient au monde pour rester fidèles à leur Roi, seront toujours éloignés de prêcher l'indépendance et la sédition pour prix de l'hospitalité qui leur est offerte.

(Signé) Desjardins,
Raimbeaux,
La Corne,
Gazel.

Québec, 7 mars 1793.

Pièce J, page 67.

RÉPONSES AUX QUESTIONS PROPOSÉES PAR MESSIEURS LES ÉMIGRANTS FRANÇAIS

Le climat. — Le climat du Bas-Canada est sain, les chaleurs d'été n'y sont point excessives. Quelquefois, mais non pas tous les ans, on y sent de grandes chaleurs, mais pendant peu de jours. L'automne n'y est pas bien désagréable à quelques jours près. Les froids y commencent vers les premiers jours de décembre ; alors le temps devient clair et dur même, tout l'hiver. Le froid, à terme moyen, est de quinze à vingt degrés suivant Réaumur. On voyage promptement en hiver, en se mettant à l'abri du froid, ce qui est aisé. On a même remarqué qu'en général les Européens supportaient mieux les premiers froids de l'automne que les natifs du pays.

Les terres. — Les terres du Bas-Canada sont en général de valeur médiocre, quoiqu'il s'en trouve de très fertiles, et de très stériles, comme les autres pays du monde. En général, les terres nouvelles produisent de quinze à vingt minots pour un. Les anciennes de huit à dix pour un de blé. Les vieilles terres peuvent produire vingt à vingt-cinq minots de pois par an. Les nouvelles, beaucoup moins, suivant que les années sont sèches ou pluvieuses, et suivant le terrain. Une nouvelle terre peut conserver sa vigueur pendant vingt ans, avec un soin ordinaire, beaucoup plus avec un soin particulier.

Les bois. — Les bois qui poussent spontanément dans les terres du Bas-Canada sont le hêtre, le merisier, la plaine, l'érable, la perusse (pruche), l'épinette rouge et blanche, le bouleau, le cèdre, le fresne, le peuplier. Il y pousse très peu de chêne, et il est très petit. Les bois les plus aisés à détruire sont le hêtre, le merisier, l'érable, le bouleau et le peuplier. Et les plus difficiles sont les autres espèces susnommées parce que les racines sont plus longues à pourrir; et les terres où les bois sont plus aisés à détruire, sont ordinairement plus fertiles.

Pour défricher une terre, on abat le bois avec une hache. On le met en espèce de mule pour le brûler, ce qui prépare la terre à être piochée pour en tirer les racines. Cette terre ainsi piochée se sème ordinairement deux ans de suite; et, après les récoltes, vous y mettez force animaux. On suit à peu près la même méthode dans toutes les campagnes, c'est celle qui a paru jusqu'à présent la meilleure.

Un arpent de terre prête à semer avant, néanmoins, d'y passer la charrue, coûtera 18 à 20 lbs., selon les endroits. Ensuite pour réduire ce même arpent de terre à la charrue, il faudra de 15 à 18 lbs.

Un homme ordinaire bûche dans l'hiver dix cordes de bois par semaine; et en mars et avril, douze ou treize cordes. Cet homme coûte 26 à 30 sols par jour, et doit être nourri pour bûcher, jusqu'en mars et avril. On peut ajouter un tiers de plus pour le bois mou, épinette, pruche, plaine, frêne, etc.

Une terre en bois debout ne coûte rien que le coût et le procès-verbal. Quelques seigneurs donnent un an, deux et trois ans sans payer de rente. Il faut à un nouveau cultivateur d'abord du courage, des houes, haches, une charrue garnie, de 36 à 40 lbs, une herse de 30 à 40 sous, à dents de bois. Une herse à dents de fer coûtera de 30 à 40 frs. Il faut des animaux en plus grand nombre à mesure que la terre avance. On en verra ci-après. On peut avoir un homme capable de faire de la terre à 150 lbs ou 160 lbs ou encore à 180 lbs. Bien entendu qu'il soit nourri à la maison. On trouvera aisément des hommes en les payant et en les nourrissant bien. Surtout il faut que l'œil du maître y soit.

Une servante en campagne coûtera 80 lbs et sera nourrie. Souvent il faut la fournir de souliers outre ses gages. Une paire de bœufs de charroi, de 3 à 4 ans, coûtera de 140 à 180 lbs.

Un cheval de travail coûtera de 100 à 150 lbs. Un porc

d'un an, maigre, coûtera de 15 à 20 frs. Un petit porc d'un mois vaut de 20 à 40 sous. Les volailles ne s'achètent pas pour la campagne ou s'achètent pour peu de choses ordinairement. Les femmes échangent les poulets pour autres choses. Sur les marchés elles coûtent de 20 à 30 sous le couple. Une bonne vache coûte de 48 à 60 lbs. L'avoine, année courante, vaut de 20 à 24 sous le minot. Le foin, je l'ai vu vendre de 24 à 36 lbs. La paille coûte ordinairement le tiers du foin. Les pois et le blé de 4 à 5 lbs. Un cheval de travail, à la campagne, consomme 300 bottes de foin et 25 minots d'avoine. Un bœuf peut hiverner avec 400 bottes de paille et 50 bottes de foin. Le bois de charpente équarri vaut à la campagne environ 2 sous, en ville de 3 à 6 sous. La planche, des meilleurs pins du pays, de dix pouces sur dix pieds, coûte de 40 à 50 frs le cent. Le cent de pin inférieur de 10 à 30 frs, l'épinette de 12 à 20 frs.

Le fer d'Europe coûte 33 à 36 lbs, celui du pays de 24 à 30. La chaux, coûte, suivant les endroits d'où elle sort, de 30 sous à 3 francs la barrique. La pierre, à Québec, la commune (la toise quarrée) coûte 12 lbs la belle, 18 lbs, à Montréal, à peu près le même prix. La maçonnerie de pierre commune, de 20 à 24 lbs la toise, de bonne pierre, de 24 à 28 lbs. Un bon maçon en campagne, de 4 lbs à 4 lbs 16 à la ville 6 lbs. Un compagnon, en campagne, gagne 3 lbs et en ville, de 3 à 4 lbs. Le bois de chauffage à la campagne ne coûte que les gages du bûcheron et le charroi. Si on fait défricher de la terre, il n'y a plus qu'à le charroyer en ville, il coûte 4 lbs à 6 lbs, 12 sous. Le pain de fleur coûte de 2 à 3 sous la livre, la farine entière, 2 lbs, le bœuf de 4 à 7 sous, le veau de 7 à 8, le mouton de 6 à 10.

LOYER. — En temps de paix une famille peut se loger décemment pour 600 à 800 francs. En temps de guerre, on peut ajouter 33 ou 50 pr. cent, et peut-être plus, le prix des loyers devenant alors fort précaire.

FERMAGE. — Les conditions les plus ordinaires du fermage de terre sont les suivantes :—Le propriétaire fournit les animaux, les écroîts se divisent par moitié et les autres revenus de même. Les semences se fournissent aussi par moitié. Les terres neuves, les nouveaux fossés, les nouvelles clôtures se font aux frais du propriétaire. Pour pouvoir affermer une terre à prix d'argent avec quelque avantage, ou au moins pour ne pas s'exposer à être dupe, il faudrait avoir eu quelque épreuve ou essai de la terre, sans quoi on courrait toujours des risques.

CULTURE.—Le genre de culture le plus fructueux dans cette partie ne peut se connaître que suivant la distance des villes où se trouvent les terres. Sur une terre près des villes, je préfèrerais beaucoup de foin, un peu d'avoine et point de blé, parce que le foin et l'avoine y sont toujours d'un assez bon prix et que le blé qui pousse auprès des villes n'a point un meilleur prix que tout autre, et que le prix du foin et de l'avoine ne dédommage pas des frais de transport loin des villes. A une distance moyenne des villes, je voudrais y faire du foin et de l'avoine pour vendre et pour y élever des animaux pour éviter d'avoir trop besoin du secours des villes, qui coûte toujours beaucoup à un cultivateur.

On peut partout trouver, surtout actuellement, des terres en état de culture ou à demi défrichées, en prenant les moyens connus aux personnes nées dans le pays, qui connaissent les vrais moments et la manière dont il faut se servir des biens-fonds, quand ils sont à bas prix et que les espèces sont rares.

PRIX DES TERRES.—Dans le gouvernement de Québec, le prix des terres est de mille à quinze cents livres l'arpent de front, sur quarante de profondeur, les bâtiments compris. Près de la ville, on pourrait dire deux mille francs l'arpent, dans le gouvernement de Montréal, le luxe y ayant plus d'empire, et par conséquent ruiné plus de monde, il s'est trouvé jusqu'à présent, des terres plus fertiles au même prix, même à meilleur compte. Peut-être s'en trouverait-il encore quelques unes, mais on ne pourrait les acheter que par décret, pour faire des acquisitions sûres. Quand je parle de mille à quinze cents francs par arpent, je parle de terres prêtes à faire vivre leurs propriétaires, car on en peut trouver à beaucoup moindre prix moins avancées.

Prendre une terre en bois debout ou une terre défrichée, dépend de beaucoup de circonstances qu'on peut plutôt prévoir que décider. Si un homme a peu ou beaucoup d'argent, a de grands garçons ou non, s'ils ont ou n'ont point de goût pour l'agriculture, la manière dont ils ont été élevés, le plus ou moins de nécessité, le plus ou moins de courage, d'énergie et de santé, l'habitude qu'une personne a ou n'a pas eu à l'agriculture, toutes circonstances que l'on peut peser sur les réponses des autres parts, par exemple sur le climat, sur la manière de cultiver, etc.

CONCESSIONS. — Lequel est préférable : de prendre des terres du gouvernement ou bien des fiefs dans les seigneuries ?

A cette question — telle qu'on la propose — je me contenterai de détailler les conditions de chacune de ces espèces de concessions.

Le gouvernement ne vous concède pas moins de douze cents arpents en superficie, à condition que vous paierez la moitié des frais de mesurage, et cette moitié coûte £15, ou 360 lbs et plus. Vous êtes obligé d'avoir un certain nombre d'hommes pour établir cette partie de terre, bonne ou non. De cette partie de terre le gouvernement se réserve un septième pour l'usage du roi, et un autre septième pour l'usage du clergé anglican, de sorte que réellement vous n'avez que cinq septièmes encore indivis ; et, si vous faites travailler, vous ne savez si vous faites travailler pour vous, ou pour le roi, ou pour le clergé protestant. A cette condition vous ne payez aucune rente annuelle ou autres.

Concessions par les seigneurs du pays :

Un seigneur vous concédera une terre de trois arpents sur trente ou quarante arpents de profondeur quelquefois un an, deux ans et même plus, sans payer aucun droit. Le contrat et le procès-verbal coûteront 17 lbs à 18 lbs, aux conditions ordinaires suivantes : de payer 8 lbs dix sous à 14 lbs 16 sous de rente par an, à charge de lods et ventes que votre acquéreur paiera ; de moudre au moulin banal le blé de votre consommation, sans être obligé d'attendre plus de deux fois vingt-quatre heures au moulin ; de donner du découvert aux voisins ; de tenir feu et lieu sur votre terre, dans l'an et jour, clause sur laquelle on n'est pas strict, tout obligeant d'y fermer les yeux. Enfin, le seigneur se réserve le droit de retrait, en cas de vente. Rarement les seigneurs de ce pays, si humains en tout, font usage de ce droit, si ce n'est dans les cas où ils se croient trompés par un faux prix de vente, ou dans le cas de vrai besoin de la terre de la part du seigneur. On peut, sur ces deux manières de concéder, former son opinion et prendre son parti.

Trahit sua quemque voluptas.

Je crois, et il est évident que les terres près des villes, surtout les terres à foin, sont d'une plus grande valeur à cause de la facilité du commerce des denrées. Les femmes peuvent venir sur les marchés et vendre leurs denrées ; et les hommes ne discontinuent pas leurs travaux, et, comme on l'a déjà observé, les foins se vendent bien sans beaucoup déranger le cultivateur. Souvent même on va, pour une petite différence, acheter le foin chez eux. En général, les habitants près des villes, pour peu qu'ils soient industrieux, sont aisés, quelques-uns même ont des propriétés dans la ville.

On a déjà vu en général le produit des semences dans ce pays. Quant à leur conversion en argent, le commerce de blé augmentant, on peut raisonnablement se flatter que les travaux sont assez largement récompensés, si l'économie et l'assiduité accompagnent toujours le cultivateur.

En général, si l'homme est industrieux et laborieux, entend l'agriculture, et ait soin de sa terre et du dehors de sa maison, surtout qu'il ne soit pas adonné à la boisson, et que sa femme, de son côté soit industrieuse et assidue, comme aussi laborieuse, qu'elle s'entende à élever de petits animaux, je puis prévoir qu'ils seront bientôt les heureux du pays, j'en vois tant d'exemples que je ne puis que me livrer à l'évidence.

J'aurais désiré que mes occupations m'eussent permis de répondre plus au long aux questions qu'on m'a fait l'honneur de me poser. Je l'aurais fait avec tout le zèle possible.

Je souhaite que tout ce que je viens de détailler puisse être de quelque utilité à ces messieurs et leur donne au moins une idée quoique bien générale du pays.

Pièce K, page 67.

(Traduction).

Mardi, 12 mars 1793.

A la Chambre du Conseil au Palais Episcopal.

Présents :—Son Excellence le major général Alured Clarke, écuyer, lieutenant-gouverneur et

Les honorables

William Smith,
Hugh Finlay, } Ecuyers.
François Baby,
Thomas Dunn,

Son Excellence a informé le Bureau que Messieurs Desjardins, Raimbeaux, Gazel et La Corne lui ont remis une lettre du Très Honorable M. Dundas datée du 10e jour de décembre dernier établissant que le gouvernement de Sa Majesté ayant en vue de prendre des mesures pour l'établissement en Canada des émigrants de France, désireux de venir chercher un refuge dans cette Province, en autant qu'il le trouvera utile, il a été jugé nécessaire d'envoyer au Canada trois ou quatre personnes choisies parmi ces émigrés afin de pouvoir s'entendre avec le gouvernement de Sa Majesté dans le Bas-Canada, et d'examiner quels seraient les meilleurs moyens de mettre à l'effet le plan adopté. Il serait donc nécessaire de considérer l'endroit, le mode, et les circonstances qui permettraient de concéder les terrains dès cette année à ces émigrants. Comme leur nombre pourrait être trop considérable pour faire à tous de telle concession, il est recommandé de prendre en considération la possibilité de loger ces gens dans les communautés religieuses ou chez des particuliers, en attendant qu'on puisse les établir sur des lots. Comme il est à présumer que les premiers envoyés seront des ecclésiastiques de la religion catholique romaine, nous devrons nous efforcer de venir à leur secours en engageant les sujets de Sa Majesté à leur procurer de l'assistance. En attendant, il est prudent de fixer le choix des terres, afin que ces immigrants ne soient pas dans l'embarras à leur arrivée dans cette province, de façon toujours à ce que s'ils ne venaient point, à ce que le gouvernement n'encourre que peu de dépenses.

Les Messieurs chargés de cette mission nous ont transmis un document intitulé : " Exposé fait à son Excellence le Général Clarke, lieutenant-gouverneur de Sa Majesté Britannique au Bas-Canada, concernant la mission de quatre français au Canada aux frais du gouvernement anglais." (1)

Ordonné que la prise en considération de l'information communiquée au bureau soit référée à un comité de tout le conseil, qui devra faire son rapport avec toute la diligence possible.

Proposé par Son Excellence, avec l'agrément du bureau, que le projet qui fait le sujet de cette communication soit exposé aux regards de l'évêque, du coadjuteur, des supérieurs des communautés religieuses, et que leur avis soit demandé pour remplir les intentions royales en faveur des expatriés français.

Ordonné, en outre, que MM. Baby et Dunn informent les porteurs de la lettre de M. le secrétaire Dundas, que le comité désire ne perdre un seul instant à faire son rapport sur un sujet aussi urgent, que recommandent tous les motifs provenant d'une saine politique et les obligations de la charité chrétienne, ainsi que la plus ordinaire humanité.

(Signé)   J. WILLIAMS.

---

(1) Voir pièce I.

Pièce L, page 68.

MÉMOIRE DE Mgr HUBERT.

A l'honorable Will. Smith,
    Juge en chef, à Québec.

Monsieur,

J'ai l'honneur de vous transmettre, et par vous à Son Excellence et au conseil, mon opinion touchant les moyens de favoriser l'accès et l'établissement des émigrés français en Canada. La conduite pleine d'humanité et de générosité que le gouvernement britannique tient à leur égard, est un de ces motifs puissants qui doivent leur concilier la bienveillance de tous les cœurs sensibles. Uni, comme je le suis, à la plupart de ces illustres exilés, par les liens d'une même croyance et d'un même sacerdoce, je me crois particulièrement obligé de leur procurer de l'assistance en tout ce qui dépend de moi, et j'aperçois, monsieur, avec bien de la consolation, que vos dispositions personnelles ne leur sont pas moins favorables. C'est dans le concours de nos efforts réunis avec ceux d'un gouvernement libéral et magnifique, que ces victimes de leur attachement à leurs anciens principes doivent espérer de trouver enfin le calme et le repos, après les tempêtes violentes qui les ont malheureusement dispersées.

                J'ai l'honneur, etc.

                † Jean-François, Evêque de Québec.

Québec, le 16 avril 1793.

OPINION DE L'ÉVÊQUE DE QUÉBEC

Sur les moyens de subvenir au Canada à la subsistance et à l'établissement des ecclésiastiques et des nobles que la révolution de France a forcés de s'expatrier, et qui paraissent désirer un refuge en ce pays, humblement soumis à la considération de Son Excellence le Lieutenant-Gouverneur de la Province du Bas-Canada et du Conseil de Sa Majesté.

Son Excellence, et le Conseil peuvent être persuadés qu'en tout temps et en toute occasion, l'évêque de Québec justement attendri sur le triste sort des Français émigrés, fera tous ses efforts et usera de toute son influence pour adoucir à ceux qui se réfugieront en ce pays, le malheur de leur expatriation.

S'il ne s'agissait que de pourvoir à la subsistance d'une centaine d'ecclésiastiques français, il n'hésiterait pas à prendre sur lui de les placer, d'hui à un an, dans différents endroits du diocèse, où ils auraient le double avantage et de subsister et de se rendre utiles aux peuples par l'exercice de leurs fonctions sacerdotales. Il est pareillement à présumer qu'un petit nombre de familles émigrées trouveraient dans la générosité des habitants du pays et dans leur propre exertion des ressources promptes et suffisantes.

Mais, comme il est probable qu'un nombre beaucoup plus considérable d'ecclésiastiques et de familles françaises aborderont à Québec dans les premiers mois de la navigation prochaine, il devient indispensable à la province de prendre des mesures plus étendues, tant pour les accueillir d'abord sans se surcharger, que pour les établir ensuite d'une manière solide et durable.

Quant au premier de ces deux objets, il est important de répandre ces émigrés dans les différents endroits de la province, dès le moment de leur arrivée, la ville la plus peuplée de ce pays n'étant pas capable de nourrir, pendant huit jours, trois ou quatre mille étrangers, sans courir les risques de s'affamer elle même. Or voici un moyen de les répandre promptement, qui ne serait probablement pas sans succès.

L'Evêque, en réclamant, par une lettre circulaire, la charité des curés de son diocèse en faveur des émigrés français, pour les prier de lui faire savoir immédiatement combien ils pourraient recevoir dans leurs paroisses respectives, soit en les logeant dans leurs propres maisons, ou dans celles des seigneurs, ou dans une maison commune, qui serait louée à cet effet, ou enfin chez les particuliers. Il y aurait peu de paroisses qui n'en pussent accueillir une dizaine, d'autres pourraient en recevoir vingt, d'autres quarante, et d'autres peut-être davantage, suivant les facultés et la bonne volonté tant des seigneurs et des curés que des tenanciers et des paroissiens. On pourrait également, soit par une quête, soit par une souscription dans chaque paroisse, leur procurer les meubles les plus nécessaires.

Chacune des deux villes de Québec et de Montréal peut, de la même manière, et à la faveur d'une pareille souscription, loger un ou deux cents réfugiés, et les Trois-Rivières, cinquante, surtout avec le secours des appartements qu'offrent plusieurs communautés presque désertes.

Il paraîtrait plus convenable que les hôpitaux de ces trois villes fussent réservés pour donner retraite aux malades qu'il ne peut manquer d'y avoir dans un tel nombre de personnes, à la suite d'une navigation longue et peut-être malsaine.

Les coffres-forts des fabriques ayant été ouverts pour la plupart en faveur des pauvres cultivateurs du pays dans la disette de 1789, ne sauraient rien fournir dans la circonstance présente, attendu surtout que les églises seront exposées à une dépense extraordinaire par l'entretien des autels nécessaires à un si grand nombre d'ecclésiastiques.

Dans le cas où une lettre circulaire ne suffirait pas pour disposer favorablement les catholiques de ce diocèse à la réception des émigrés français, l'évêque se propose d'adresser au peuple même une lettre pastorale sur le même sujet.

Outre les quêtes et souscriptions que l'on tâchera de procurer dans les campagnes pour porter le plus prompt secours aux émigrés français, qui y seraient respectivement envoyés, il paraît tout à fait nécessaire de former incessamment dans chacune des deux principales villes de la province, un bureau ou comité, chargé de préparer les voies à la réception de ces exilés, de les accueillir, de les diviser par bandes, de faciliter leur transport dans les différentes paroisses où ils seraient attendus; et pour cet effet, d'ouvrir immédiatement une souscription et de presser en leur faveur la libéralité des citoyens de ces deux villes. L'évêque de Québec, en épargnant sur ses modiques revenus, offre cinquante guinées pour sa part dans une telle souscription.

Comme il prévoit qu'il sera indispensablement obligé d'écrire et de recevoir beaucoup de lettres relativement à la réception des émigrés français en ce pays, il désirerait que telles lettres pussent être affranchies dans les bureaux de poste de la province qui étant, ou cachetées du sceau de l'Evêque, ou à lui adressées, porteraient ces mots sur l'enveloppe : " Pour le service des émigrés." Il se flatte que Son Excellence voudra bien donner là-dessus des ordres au directeur des postes.

En supposant que les mesures suggérées ci-dessus eussent le succès que l'on en désire, les émigrés français pourront, pendant quelques semaines, se délasser tranquillement des fatigues de la navigation ; après quoi on songerait à prendre des mesures ultérieures pour leur établissement solide en ce pays, dernier objet dont le ministère britannique paraît sérieusement occupé, et sur lequel il serait peut-être plus à propos d'attendre des directions.

Voici néanmoins ce que l'on peut proposer en attendant.

La grande ressource des émigrés français, surtout de ceux qui seront attachés à la culture des terres, est, sans doute, dans la libéralité et la générosité du gouvernement de Sa Majesté britannique, qui, pour mettre en exécution le charitable dessein qu'il a de les recevoir et de les établir en Canada, ne pourra se dispenser de leur accorder des vivres pour deux ou trois ans, et des instruments d'agriculture. Munis de ce secours, ils pourront défricher indifféremment, ou des terres de la couronne, ou des seigneuries appartenantes à des particuliers et moins éloignées du fleuve. Ceux-ci de leur côté ajouteraient peut-être aux avantages que les émigrés auraient préalablement reçus du gouvernement, ou les mettraient en état d'en mieux profiter. Les bureaux ou comités proposés ci-dessus ne pourraient-ils pas, en vertu d'un acte de la Législature ou par des lettres patentes, être autorisés à conférer sur cet objet avec les seigneurs particuliers de la province, et même à contracter avec eux au nom des émigrés et aux termes les plus avantageux. (1)

L'évêque de Québec verrait avec consolation une communauté d'ecclésiastiques émigrés en possession des biens des jésuites en Canada, si Sa Majesté n'en a disposé autrement,

---

(1) Les seigneuries de Beauharnois, de Beaupré, de la Rivière-du-Loup, au bas du fleuve, de l'Ile Verte, des Trois-Pistoles, du Bic et de Rimouski pourraient devenir très avantageuses aux émigrés, à raison de leur position maritime.

et chargée des devoirs que remplissaient autrefois ces religieux, tant à l'égard de certaines missions sauvages que par rapport à l'éducation publique de la province, dont le clergé de Québec pourrait être comme le centre.

Voici les ressources que le diocèse de Québec présente aux ecclésiastiques émigrés : 1° Le séminaire de Montréal a un pressant besoin de sujets ; 2° Il se présente des paroisses nouvelles à établir ; 3°. Plusieurs anciennes sont dépourvues de curés ; 4° D'autres, trop peuplées pour être desservies par un seul prêtre, ont besoin de vicaires. L'évêque se prêtera de tout son pouvoir à multiplier ces places autant que la position et l'état du revenu des différentes cures et missions le pourront permettre. Seulement il aura l'attention de ne rien faire qui puisse décourager les sujets du pays, et de prendre le loisir nécessaire pour faire le discernement des sujets étrangers, avant de leur donner mission.

Pièce M, page 69.

LETTRE DE M. LE SUPÉRIEUR DU COUVENT DES RÉCOLLETS.

Monsieur,

Sur l'exposé succinct dont il vous a plu m'honorer des intentions bienfaisantes et du pieux désir que témoigne Son Excellence notre bien-aimé lieutenant-gouverneur, d'avoir une connaissance étendue sur divers moyens des plus faciles et efficaces pour secourir, assister et procurer un agréable et salutaire asile en cette colonie à nombre de respectables personnages et nombreuses familles qui se sont expatriées pour éviter la barbarie des tyrans et conserver cette aimable fidélité qu'ils avaient jurée, comme hommes et comme chrétiens, à Dieu et à leur légitime roi :

Qu'il me soit permis d'observer à Son Honneur, que l'exposé des moyens proposés par notre illustre prélat Mgr l'évêque de Québec, pour remplir cet objet, renferme tout ce que l'on peut désirer de plus satisfaisant, et est un aiguillon trop pressant pour ne pas décider tout homme attentif à observer le devoir capital de la charité fraternelle, fût-ce même les plus indigents, pour assister, secourir leurs semblables autant qu'il est en leur pouvoir.

Or les Frères Mineurs Récollets dits Ordre de Saint-François d'Assise ayant domicile en ce pays, sont à la vérité du nombre des indigents, n'ayant pour tout fonds que le produit des effets de la divine Providence, et pour sécurité de leur bien-être que les aumônes volontaires des fidèles. Cependant sera-t-il dit que par ce motif nous voudrions nous dispenser du premier devoir naturel de faire à autrui ce que nous voudrions qu'il nous fût fait, et de nous soustraire coupablement à la loi du Fils de Dieu, qui nous ordonne d'aimer notre prochain comme nous-mêmes, non seulement de l'assister, mais même de le prévenir dans son besoin.

Nullement, Monsieur, et Son Honneur sera parfaitement instruite que notre maison est à la vérité bien délabrée, depuis le premier siège, mais avec un peu de réparations faites par le gouvernement, elle peut devenir commode pour six personnes et plus, suivant l'étendue des réparations.

Pour ce qui concerne notre maison des Trois-Rivières, un moyen facile et peu coûteux la rendrait en état de loger au moins de douze à quinze personnes consacrées au service de l'autel, elles auraient une d'autant plus grande commodité que l'église leur servirait pour toutes leurs fonctions sacerdotales sans préjudicier au prêche du ministre du lieu. Mais le moyen serait facile de transporter la chambre d'audience à la ville de William-Henry, bien plus peuplée et dont les édifices sont bien plus beaux et bien plus commodes que dans le bourg des Trois-Rivières.

Quant à la maison de Montréal, elle pourra loger douze prêtres. En distribuant les diverses chambres du bas de la maison à Québec, les Messieurs qui nous seront adjugés pourront vivre en société comme nous. Je l'offre avec plaisir. La maison de Montréal, plus abondante en quêtes que celle de Québec, peut bien nourrir ceux qui lui seront présentés. Ainsi le gouvernement et Son Honneur seront vraiment persuadés que nous nous offrons à secourir nos frères malheureux autant qu'il sera en notre pouvoir.

Mais pour l'assistance des pauvres familles expatriées qui

pourraient venir en ce pays, il est un moyen de les loger et de leur donner un asile dans les différentes casernes, tant à la ville de William-Henry que dans celle établie à Maskinongé (1) par le général Haldimand, dont la majeure partie subsistant en bon état demanderait peu de réparations pour hiverner commodément ces pauvres exilés, et les mettrait à même d'acquérir des terres faciles à labourer et avantageuses pour la culture.

Voilà, Monsieur, toutes les connaissances que je puis donner pour assurer un asile aux familles qui viendraient se réfugier en ce pays, à moins qu'elles ne se retirassent sur les seigneuries du Haut-Canada, où elles trouveront des terres à affermer et à prendre en culture. Et telles sont les offres que je fais au nom des religieux pour l'assistance des prêtres réfugiés en ce pays.

Je suis, avec profond respect,
Monsieur,
Votre très humble serviteur,

FRÈRE FÉLIX DE BEREY.
Commissaire et Supérieur général des
Récollets de la province du Canada.
Québec, 25 mai 1793.

Pièce N, page 69.

LETTRE DE M. BRASSIER, SUPÉRIEUR DES SULPICIENS.

A l'honorable W. SMITH, juge en chef, etc.

Monsieur,

J'ai reçu l'honneur de la vôtre, en date du 21e du présent, qui est remplie des motifs les plus pressants pour engager les cœurs même les plus indifférents à soulager les Français réfugiés en Angleterre.

---

(1) C'est Yamachiche que le Révérend Père a voulu indiquer.

Je vais incessamment prendre les moyens les plus prompts pour entrer dans les vues de notre sage gouvernement et seconder les intentions toujours bienfaisantes de Notre Très Gracieux Souverain; mais l'objet me paraît trop étendu pour y répondre d'une manière décisive, en si peu de temps, comme vous paraissez le désirer.

J'aurais voulu savoir le nombre de ces infortunés et s'il faut faire connaître nos intentions avant leur arrivée.

J'ai l'honneur d'être, avec un très profond respect,
de votre Honneur,
le très humble et très obéissant serviteur.

(Signé) BRASSIER, Supr.

Montréal, 22 avril 1793.

Pièce O, page 69.

LETTRE DE M. BRASSIER, SUPÉRIEUR DES SULPICIENS.

A l'honorable W. SMITH, juge en chef,

Monsieur,

Vivement touché de la protection vraiment royale que Notre Auguste Souverain accorde aux Français réfugiés dans ses Etats et en particulier de son attention bienfaisante à leur accorder un asile dans la province du Bas-Canada, sensible aussi au zèle empressé de Son Excellence et des membres respectables du Conseil Législatif à seconder les généreux desseins de Sa Très Gracieuse Majesté, c'est pour nous une satisfaction bien douce de pouvoir contribuer en quelques choses à l'exécution d'une entreprise dictée par l'humanité, dirigée par la sagesse et qui doit nécessairement ajouter un nouvel éclat à la gloire du nom britannique. En conséquence de ces motifs si pressants, nous offrons:

1° La seigneurie de Maska, que nous garantissons seulement de nos faits personnels, qui est de la contenance d'une lieue et demie, sur une lieue et demie, au sud de la rivière Yamaska, sur laquelle il peut y avoir quelques terres concédées, sans en être bien sûr, laquelle seigneurie reviendrait au profit du collège de Montréal, sous le bon plaisir de Sa Majesté, quand cette communauté ecclésiastique cesserait d'être.

2° Que nous prendrons douze de ces Messieurs prêtres, par préférence ceux qui auraient été de la société de Saint-Sulpice de Paris, pour être employés par notre maison, au collège, et en la mission des sauvages du Lac. Il est vrai que l'on pourrait peut-être nous objecter qu'à la conquête du pays nous étions de 30 à 35 ; mais à cela on pourrait faire observer que dans ce temps-là, nous desservions douze paroisses qui sont actuellement desservies par des prêtres canadiens ; que nous avions dans deux missions sauvages sept prêtres occupés à enseigner les nations, ou à apprendre les langues pour se rendre utiles dans la suite; que, de plus, trois autres ecclésiastiques tenaient à Montréal des écoles où l'on enseignait les premiers principes de la langue latine.

3° Que ces messieurs que nous prendrons seront nourris et entretenus en santé et en maladie comme les membres de la maison; mais n'y seront agrégés qu'après un certain laps de temps pour savoir si la maison leur convient, et de plus s'ils conviennent à la maison, le tout cependant avec l'agrément du gouverneur et l'approbation de l'évêque que nous ferons parvenir à ceux qui seront proposés pour recevoir l'argent, la somme de trois cents guinées.

Ce serait pour nous une grande consolation d'offrir à ces messieurs les réfugiés quelques maisons pour leur servir d'asile en attendant leur destination ; mais nous n'en avons aucune que celle de la montagne, qui nous sert à la vérité de maison de campagne, mais qui n'en est pas plus logeable.

Voilà, monsieur, tout ce que nous pouvons faire en des circonstances aussi malheureuses. Si dans la suite nous pouvons procurer à ces messieurs quelques soulagements, vous pouvez être certain que nous le ferons avec bien du plaisir, sans cependant nous engager en rien. Quant au projet d'agriculture fait par ces messieurs, il me paraît difficile dans l'exécution ; car notre climat ne nous permet pas d'avoir les mêmes avantages que la Thébaïde et une grande partie de l'Asie procuraient à ces anachorètes qui habitaient ces pays.

Monseigneur et son Coadjuteur ne manqueront point de vous suggérer les moyens les plus convenables. Ils sont tous deux du pays et ont beaucoup de connaissances.

J'ai l'honneur d'être avec un profond respect,

Monsieur, de Votre Honneur,

Le très humble et très obéissant serviteur,

P. BRASSIER, Ptre, Sup.

Montréal, 25 avril 1793.

Pièce P, page 69.

LETTRE DES DIRECTEURS DU SÉMINAIRE DE QUÉBEC.

Au très honorable W. SMITH, juge en chef, etc.,

Monsieur,

Le comité dont vous êtes le président a fait l'honneur au Séminaire de Québec de lui demander son avis sur les moyens de pourvoir dans cette province à l'établissement des émigrants français ecclésiastiques et autres que l'on attend.

Infiniment flattés de cette confiance, permettez-nous de vous en témoigner ici notre parfaite reconnaissance.

Nous avons lu avec le plus grand intérêt les pièces relatives à cet objet que vous nous communiquâtes il y a huit jours.

Rien n'égale notre admiration en considérant la charité et l'humanité avec laquelle Sa Très Gracieuse Majesté Britannique accueille ces infortunés français échappés avec courage et survivants à la spoliation de leurs propriétés. Sans doute cette action généreuse de Notre Très Gracieux Souverain sera consignée dans l'histoire comme un des plus beaux traits de bienfaisance. C'est aujourd'hui plus que jamais que nous bénissons la Providence de nous avoir assujettis à une nation si généreuse.

Deux objets, sur les ordres que vous nous avez communiqués, ont fixé notre attention.

L'un général—comment pourvoir dans le Bas-Canada à la subsistance des émigrants français ? Sur cela nos réflexions des plus approfondies n'ont pu aller plus loin que celles que Monseigneur de Québec vous a transmises dans son *Mémoire* du 16 avril.

Nous avons surtout infiniment goûté l'emploi qu'il propose de faire des biens et de la maison des Jésuites en faveur des prêtres français. Par là, le projet d'un collège se trouverait commencé et presque effectué, sans qu'il en coutât beaucoup à la Province.

Nous pourrions ajouter, à la liste des terres que Monseigneur désigne, de vastes pays dans la seigneurie de Beaupré que, pour cette bonne œuvre, nous concéderions avec le plus grand plaisir, sans aucune redevance, pendant de longues années, fût-ce même cinquante ans. Mais nous avouons que ce sont des terrains très montueux, peu propres au commerce, et pour la plupart difficiles à défricher.

Second objet qui nous regarde plus spécialement.

Que peut faire le séminaire pour concourir au projet infiniment louable de subvenir aux nécessités des émigrants français ? 1° Il y a à Saint-Joachim une maison vacante de 80 pieds de long à trois étages, y compris le rez-de-chaussée, où environ 120 émigrants pourraient loger, sans y comprendre les domestiques, qui auraient une maison à part, où se trouvent un four et une boulangerie. Ces maisons sont sans meubles, mais on espérait que le gouvernement pourvoirait à leur en procurer.

2° Notre maison de la Canardière à une demi-lieue de Québec, où nous menons les ecclésiastiques, les écoliers pensionnaires prendre le congé de chaque semaine, est dans le même état que la maison de vacances; mais elle ne contiendrait pas plus de 50 prêtres, et encore les domestiques n'auraient pas d'autre logement. Se passer de vacances et de la maison de promenade est si peu de chose en comparaison d'une si belle œuvre, que le séminaire vous prie de la compter pour rien.

Ces deux articles ne pourvoient point à l'établissement des

émigrés, mais seulement au moyen de les loger jusqu'à ce qu'on puisse les placer plus solidement, et le séminaire n'en fixe point le terme.

3° Tant que nous continuerons, comme nous le faisons depuis trente ans, de suppléer gratuitement au défaut d'un collège en forme, ce que nous regardons comme un des travaux les plus utiles à la société, nous avons besoin de plusieurs prêtres pour renouveler l'éducation de la jeunesse.

De plus, le zèle avec lequel nous avons accueilli les messieurs prêtres déjà arrivés, est une assurance de ce que nous tâcherons de faire en faveur de ceux qui approcheront de leur mérite.

4° Enfin, monsieur, nous vous avouerons, avec la plus grande sincérité, que le séminaire de Québec ne se trouve en aucune manière dans le moyen de concourir présentement à la bonne œuvre par aucune somme pécuniaire.

Diverses entreprises qui, on l'espère, lui seront un jour profitables, l'ont constitué dans des dépenses qui ne lui permettent de ne rien promettre. Mais si quelque citoyen, à qui cent guinées ne seraient pas de sitôt profitables, voulait sans exiger d'intérêt, les avancer pour nous, nous lui promettons, sous les hypothèques les mieux établies, de les lui rembourser avant dix ans.

Nous sommes avec le plus profond respect,

Monsieur,

Vos très humbles et très obéissants serviteurs,

GRAVÉ, Supérieur du Séminaire de Québec.
BÉDARD, Prêtre, Directeur.
LAHAILLE, Prêtre, Directeur.
ROBERT, Prêtre, Directeur.

Pièce Q, page 71.

SÉANCE DU CONSEIL EXÉCUTIF.

(Traduction).

Journal d'un Comité de tout le Conseil relativement aux moyens à prendre pour la réception des Royalistes exilés de France, à sa réunion du 10 mai 1793.

Présents : LE JUGE EN CHEF,
M. FINLAY,
M. BABY.

On lit les minutes du rapport du 12 mars contenant les délibérations et l'ordre en conseil.

Le président informe le comité qu'il a écrit à l'évêque de l'église catholique au sujet des communications particulières au rapport.

Lu une copie de cette lettre.

Québec, le 9 mai 1793.

Très Révérend Monsieur,

Nous nous sommes empressés de porter attention à la cause des royalistes restés fidèles à leur roi et plongés dans la détresse ; cependant il a fallu en différer la solution pour vaquer aux affaires urgentes de la présente session de la législature. Il y aura bientôt un intérim de quelques jours, et je pourrai convoquer le comité de faire rapport sur le sujet.

Vous comprendrez, à la lecture des documents ci-inclus, que nous comptons sur votre concours au sujet du mode à suivre pour subvenir aux besoins des exilés et pour les grouper judicieusement. Je suis anxieux de pouvoir exposer devant le comité tous les renseignements que votre position et vos connaissances, aussi bien que votre charité, ne manqueront pas de nous fournir ; la munificence royale n'en sera que plus marquée.

Lorsque j'aurai reçu votre communication à ce sujet, je convoquerai aussitôt le comité du conseil.

Je me souscris, avec le plus profond respect pour votre confiance, très révérend Monsieur,

        Votre obéissant serviteur,
                WILLIAM SMITH.

Au très Révérend
    Monseigneur l'Evêque de Québec.

Le président produit devant le comité la réponse qu'il a écrite à l'évêque en date du 16 avril, une lettre du révérend M. Brassier, supérieur du séminaire de Saint-Sulpice à Montréal, comme il en suit :

                Québec, 17 avril 1793.

Révérend Monsieur,

Les documents ci-inclus démontrent l'appel de la divine Providence en faveur des royalistes expatriés de France, et vous feront comprendre en même temps que la Grande Bretagne y a correspondu par une sympathie générale.

Les débats de la présente session de la législature, qui ont empêché jusqu'à présent toute action à leur endroit, étant terminés, vous pouvez maintenant porter votre attention de leur côté, et aviser aux secours que vous attendez du gouvernement de Sa Majesté.

Lorsque le comité du conseil se réunira pour délibérer sur ce sujet aussi délicat qu'intéressant, je suis persuadé qu'il sera bien aise d'accepter toutes les propositions qui seront faites par ceux dont vous êtes le chef dans le but de seconder les vues de Sa Gracieuse Majesté.

Il semble compris que votre congrégation saisira une aussi belle occasion de coopérer à l'œuvre si louable que le comité secondera, du moins c'est ce que je souhaite, afin que tous ensemble décident sur ce qui peut être fait dans cette partie des possessions de Sa Majesté en faveur d'un peuple, qui ayant tout sacrifié chez lui pour conserver sa fidélité et son honneur, mérite que sa philanthropie, sa charité et ses vertus soient reconnues.

        Je suis, Révérend Monsieur,
           Votre très obéissant serviteur,
                  WILLIAM SMITH.

Lu en outre :

La réponse de M. Brassier en date du 22 avril 1793 et la deuxième lettre du président à M. Brassier dont copie en suit :

Révérend Monsieur,

J'accuse réception de votre lettre du 22 courant. Eu égard au fait que cette lettre en annonce une autre qui devra précéder le rapport que le comité du conseil doit faire au gouvernement, sur le sujet qui nous intéresse, je dois vous informer que nos conclusions relatives au soutien et au logement des émigrants français, seront définies avant leur arrivée, et que nos délibérations pourraient être modifiées quand nous connaîtrons les vôtres. Le comité du conseil doit se réunir sous peu de jours. Veuillez donc nous communiquer l'opinion de votre société, le plus tôt qu'il vous sera possible, afin que nous puissions, dans une commune entente, apporter à ces malheureux toutes les consolations dont nous sommes capables et que leur état requiert. Leur nombre est incertain. Mais il paraît que deux cents prêtres sont attendus.

Je suis, Révérend Monsieur,

Votre très obéissant serviteur,

WILLIAM SMITH.

Le Président fait donner lecture à une seconde lettre du Révérend M. Brassier, en date du 25 avril, reçue le 27 du même mois.

Permission est accordée d'admettre M. Gravé, supérieur du Séminaire de Québec, le Père Berey, supérieur des Récollets, et M. Desjardins. En conséquence, ils sont admis dans la salle des délibérations. Et après avoir entendu la lecture des lettres de l'Evêque et du Supérieur des Sulpiciens, il est résolu de réunir de nouveau le comité afin d'entendre M. Gravé et le Père Berey.

Lors d'une réunion du Comité, en date du 24 mai 1793, étaient présents :

LE JUGE EN CHEF,
M. FINLAY,
M. BABY.

Après avoir examiné la question dans tous ses détails, le Comité décide que rien n'est nécessaire pour le présent, si ce n'est de communiquer une copie de ce journal à Son Excellence, ainsi que les documents auxquels il réfère, établissant que c'est l'opinion du Conseil que les juges résidant dans les villes de Québec, Trois-Rivières et Montréal, ainsi que les shérifs et les greffiers de la paix, devraient être autorisés à recevoir et à distribuer toute contribution destinée aux émigrants dans le but de leur procurer du secours dès leur arrivée, jusqu'à ce que la province soit en état de leur donner l'hospitalité, et que ces agents préparent un état détaillé des comptes de recettes et de dépenses, conformément au désir de Son Excellence, pour le bon gouvernement de la province.

Par ordre,
WILLIAM SMITH,
Président.

Pièce R, page 71.

SUPPLIQUE DE MM. DESJARDINS, GAZEL, Etc.

A Son Excellence Sir Alured Clarke, écr, lieutenant-gouverneur et commandant en chef de la province du Bas-Canada, major général des forces de Sa Majesté, etc., etc.

Supplient humblement Philippe-Jean-Louis Desjardins, Pierre Gazel, etc.

Disant :

Sur la communication qui nous a été accordée au *Journal du Conseil* et nommément de sa délibération du 24 mai dernier touchant le clergé français attendu en cette province, nous avons vu avec une profonde sensibilité l'attention bienfaisante que Votre Excellence et le Conseil accordent à la situation du clergé réfugié, et les soins pris pour lui porter secours à son arrivée, si elle a lieu. Nous supplions Votre

Excellence d'en agréer nos très humbles et très vifs remerciments.

Et, comme le bruit se répand que le convoi d'Angleterre est près d'arriver, nous croyons devoir entrer dans les vues généreuses de Votre Excellence en lui soumettant les considérations suivantes relatives à cet objet.

Le premier objet des individus, en mettant pied à terre, sera de trouver du repos et de la nourriture. Il sera donc nécessaire de les conduire aussitôt dans un lieu de rassemblement, de leur procurer des rafraîchissements, pour de là les distribuer dans les différents asiles provisoires qui doivent les recevoir et de ne leur pas faire attendre la nourriture et surtout les lits dont ils auront sans doute le plus grand besoin. Ces deux objets ne peuvent leur être distribués que par la libéralité et les ordres de Votre Excellence, et nous osons espérer qu'elle voudra bien y subvenir.

Il est à présumer qu'à l'instant de l'arrivée de la flotte, Votre Excellence sera partagée par des soins plus importants et ce ne sera pas le moment pour nous de l'importuner de nos demandes.

S'il plaisait à Votre Excellence nommer une personne qui pût nous transmettre ses ordres et à laquelle nous eussions la facilité de nous adresser pour subvenir à tout le nécessaire du moment, ce serait peut-être le moyen d'expédier promptement et sans confusion les détails qui pourront être alors assez considérables.

En conséquence, sur la liste des personnes et en attendant qu'elles fussent en état d'être présentées à Votre Excellence, le dépositaire de vos ordres ferait délivrer le nombre compétent de lits, matelats et draps, comme aussi les provisions de bouche nécessaires pour chaque jour.

Par ce concours nous serions en état d'exécuter avec promptitude et sans embarras tout ce qu'exigerait la circonstance du moment, et de proposer, aussi souvent que besoin en serait, les observations et demandes qui pourraient avoir lieu.

Ayant reçu nos frères au rivage, nous pensons les conduire dans la maison des Jésuites, au Séminaire, ou aux Récollets ou dans l'une de ces trois maisons, s'ils ne sont pas un grand nombre. Là il serait pourvu à leur rafraîchissement, et sur le champ des ordres seront donnés pour les lits, ils seraient transportés aux lieux nécessaires.

Savoir :—A la maison de la Canardière.............. 40
Aux Jésuites................. 18
Aux Récollets............................... 15
Au Séminaire.
A l'Hôpital Général.

Nous avons l'honneur d'être, etc.,
DESJARDINS,
GAZEL.

Pièce S, page 71.

LETTRE DE SIR A. CLARKE À DUNDAS.

Québec, 3 juillet 1793.

Monsieur,

J'ai l'honneur d'inclure sous ce pli copies des minutes du Conseil sur les affaires d'Etat, du 13 mars au 27 mai.

Ayant communiqué au Conseil le contenu de votre lettre du 3 octobre, relativement à ces émigrants français désireux de se réfugier en ce pays, et après lui avoir communiqué un mémoire reçu de MM. Desjardins, Raimbeaux, Gazel et Lacorne sur le même sujet, les procès-verbaux de ce conseil sont contenus dans les minutes que je vous envoie et que je vous prie d'examiner.

Dès l'arrivée des premiers attendus, on ouvrira une souscription pour venir à leur secours, et les bonnes dispositions manifestées déjà à l'égard de ces infortunés me font espérer qu'ils rencontreront toute l'assistance, l'hospitalité et le bon accueil que le pays est capable de leur donner.

La conduite des Messieurs porteurs de votre lettre a donné entière satisfaction et leur fait grand honneur, et je n'ai pas de doute que, après l'accueil qu'ils ont reçu, ils auront une bonne idée de celui qui attend leurs confrères. Les mesures qui ont été prises pour subvenir à leurs besoins, sans embarrasser les finances de la province, seront sans aucun doute jugées opportunes, en attendant que les autres émigrants arrivent, le Conseil est d'opinion qu'il n'y a rien de plus à faire.

Quant aux terres, les auteurs du Mémoire ayant libre accès au bureau de l'Arpenteur-Général, ils sont au courant de la situation, et connaissent les terrains que le gouvernement se trouve libre de leur concéder, de façon qu'à l'arrivée d'autres émigrants, aucun temps ne sera perdu et ils pourront se choisir les lots qui leur conviendront.

J'ai l'honneur d'être,
ALURED CLARKE.

Au Très Honorable Henry Dundas.

Pièce T, page 74.

LETTRE DE M. L'ABBÉ DESJARDINS AU GOUVERNEUR SIMCOE, DU HAUT-CANADA.

Québec, 11 mai 1793.

A Son Excellence John Graves Simcoe, Ecr, lieutenant-gouverneur et commandant en chef de la province du Haut-Canada, etc., etc.

Monsieur,

Le gouvernement de la Grande-Bretagne, par un mouvement de magnanimité, a offert au clergé de France, réfugié dans les Etats de Sa Majesté britannique, un asile dans la province du Canada ; et il a dépêché à ses frais trois ecclésiastiques et un laïc pour préparer les voies à ceux de la noblesse et du clergé qui voudraient s'y rendre. Leur mission était dirigée au Bas-Canada, où l'on supposait que les Français trouveraient plus de ressources, dans leur état déplorable, à cause de la similitude de langage et de culte.

Nous sommes ces envoyés et nous avons à nous louer de

l'accueil, des bontés et de l'humanité dont le représentant de Sa Majesté et tous les citoyens nous ont donné des témoignages en cette province.

Il nous est recommandé, Monsieur, de nous adresser à Votre Excellence pour faciliter l'établissement au Haut-Canada de ceux qui désireraient s'y fixer. Avant la déclaration de la guerre, je présumais qu'un assez grand nombre de familles nobles s'y choisiraient un asile, mais depuis l'ouverture des hostilités, nous pensons que tous ceux qui le pourront s'engageront dans les armées. Et quant au clergé, nous doutons qu'ils osent entreprendre un voyage hasardeux, et qui pourrait leur être funeste s'ils avaient le malheur d'être pris. Ainsi, nous n'attendons que peu de Français, du moins pour la saison prochaine.

Néanmoins il peut en arriver autrement, et nous ne voulons pas avoir à nous reprocher d'avoir négligé l'occasion de les servir utilement en recommandant à Votre Excellence ceux qui préfèreraient la province du Haut-Canada à celle du Bas.

Nous savons que Votre Excellence n'est pas moins animé des sentiments d'humanité que qui que ce soit, et qu'Elle accueille avec plaisir ceux qui témoignent le désir de former des établissements dans la province qu'Elle commande. Nous nous flattons d'éprouver sa bienveillance.

Dans la persuasion que Votre Excellence voudrait bien favoriser ces sortes d'établissements, l'un de nous devait remonter le fleuve et faire part à Votre Excellence des choses qui sont l'objet de cette lettre : mais l'incertitude causée par la guerre et la perspective des frais d'un tel voyage ont ralenti nos projets. Nous doutions de ce qu'il y avait à faire, lorsqu'un heureux hasard nous a procuré la rencontre de M. le shérif McDonnell, lequel a bien voulu nous donner quelques détails sur votre province et se charger de cette lettre.

Nous avons cru, pour ôter à Votre Excellence tout sujet de défiance et de soupçon, devoir tirer copie de l'exposé que nous avons présenté à Son Excellence le général Clarke, lieutenant gouverneur du Bas-Canada, et aussi une copie de l'arrêté du Conseil sur le rapport que Son Excellence lui a fait à notre sujet.

Nous désirons que le vu de ces pièces inspire à Votre Excellence une opinion favorable de notre mission, et nous procure votre encouragement. Nous serions extrêmement flattés que Votre Excellence voulût bien nous le témoigner et nous faire savoir en même temps dans quelle partie de la province du Haut-Canada nos compatriotes pourraient être établis. Le voisinage des lacs ou du fleuve aura toujours plus d'attraits pour des Français.

Nous demandons à Votre Excellence de lui adresser directement les familles, ou les émigrés, et même les ecclésiastiques français qui se sentiraient de l'inclination pour habiter un pays qui, nous n'en doutons pas, attirera, par sa température, beaucoup de nos compatriotes.

Et nous, nous prions Votre Excellence de nous croire loyaux et à tous égards dignes de la protection du gouvernement de Sa Majesté britannique.

(Signé) DESJARDINS,
GAZEL, ptre,
RAIMBAUX,
DE LACORNE.

Piece U, page 75.

LETTRE DU LIEUTENANT-GOUVERNEUR SIMCOE À M. L'ABBÉ DESJARDINS.

(Traduction).

Navy Hall, 1er juillet 1793.

Monsieur,

J'ai été très honoré de recevoir, par l'intermédiaire de M. le shérif McDonnell, votre lettre du 11 mai et les documents inclus.

Ce serait avec un plaisir tout particulier que le gouvernement du Haut-Canada pût prouver son dévouement et son obéissance à Sa Majesté et se conformer à ses bienveillantes intentions en offrant un asile aussi confortable et aussi agréable à la noblesse et au clergé de France que l'état d'enfance de la colonie le permet.

Il est peut-être utile que vous sachiez, vous et ceux qui vous ont délégués, que la province du Haut-Canada est surtout habitée par des personnes qui ont été chassées des Etats-Unis d'Amérique pour ce même attachement à leur roi qui caractérise, dans le moment actuel, la conduite des loyaux Français éprouvés par les horreurs de l'exil.

Ce sera pour ces Français, qui viendront coloniser le Haut-Canada, un allégement à leurs souffrances que de vivre à côté d'un peuple qui sympathisera avec eux dans leurs malheurs communs, et de constater en même temps qu'avec un peu de travail et de courage, il est possible, dans un pays fertile, d'arriver à atteindre le confort et à se procurer les nécessités de la vie.

Il y a plusieurs endroits avantageux soit sur le lac Ontario, soit sur le lac Erié ou encore sur les bords des rivières navigables en bateau. L'espace ne manque pas pour recevoir autant de colons qu'on en peut espérer, et partout il est facile de trouver des endroits très convenables pour les individus comme pour les agglomérations de personnes ; les rivières abondent en poissons, et partout on peut admirer de jolis paysages qui sont un délassement agréable aux esprits cultivés.

Permettez-moi d'ajouter qu'en autant que mon exemple et ma position pourront être de quelque utilité à ces messieurs, ou à ce groupe d'ecclésiastiques et à leurs compagnons, je suis prêt à les accueillir avec sympathie et avec un profond respect pour leurs souffrances, et je dirai même qu'ils ont conquis ma reconnaissance pour s'être opposé aux principes qui ont menacé de détruire tout ce qui est sacré et sage dans les institutions humaines, et pour avoir résisté aux hommes méprisables qui prônent ces principes. Les occasions que j'ai eues de voir tous les développements de la dernière guerre américaine, avec ses hommes et leurs agissements ne différant guère des Français, ont imprimé dans mon esprit l'horreur de ces principes et des hypocrites prétentions de ceux qui les propagent. De sorte que c'est avec plaisir que j'ai pu mettre de côté certaines opinions personnelles, dans l'espoir d'être utile aux hommes loyaux et pleins de courage qui cherchent un refuge dans le Haut-Canada sous l'égide du gouvernement britannique. Bien qu'en ma qualité de citoyen anglais, mon premier désir soit que tout ce qui peut rendre un peuple grand et heureux peut être rendu à la France par les efforts de ses nobles enfants et par l'appui des nations civilisées et chrétiennes de l'univers, ce serait pour moi un surcroit de bonheur que de contribuer au confort de tout Français loyal, qui, pressé par les circonstances, désirerait venir s'abriter sous le drapeau d'un gouvernement dont Sa Majesté m'a confié la présidence.

J'ai été un peu diffus, Monsieur, mais je vais préciser : je crois vous être agréable en vous disant que j'entre de tout cœur et avec zèle dans les vues des ministres de Sa Majesté, et que je serai personnellement heureux de pouvoir contribuer au bonheur de tout loyal sujet de France.

J'ai l'honneur d'être, avec le plus profond respect,

J.-G. SIMCOE.

Au Rév. M. Desjardins,
    Grand vicaire, Québec.

Pièce V, page 76.

LETTRE DU SHÉRIF McDONNELL À M. DESJARDINS.

Niagara, 13 juillet 1793.

Monsieur,

Son Excellence le lieutenant-gouverneur m'a commandé de vous écrire et de vous marquer qu'en outre de ce qu'il vous écrit, il serait à propos qu'un de vous, Messieurs, prît la peine de se rendre ici. A la distance que vous êtes, il ne vous est pas possible de juger sur les avantages ou les désavantages qui peuvent intéresser un établissement dans cette province. En outre, Son Excellence, qui est très disposée à vous servir, serait alors en état de faire une réserve des terres du roi sur le bord du lac Ontario, ou du lac Erié, ou sur aucune des rivières (qui ne sont pas encore concédé), où l'endroit vous paraîtrait propice pour les fins que vous proposez.

Je puis vous assurer que le voyage n'est pas si long ni si pénible qu'il vous semble. De Montréal à Kingston, il s'offre toujours des occasions favorables, et de Kingston à Niagara, Son Excellence donnera des ordres pour que celui de vous qui viendra, ait passage sur un des vaisseaux du roi.

Son Excellence s'attend de jour en jour à voir arriver M. le Vicomte de Noailles et M. de Talon (1). Une rencontre avec ces Messieurs pourrait peut-être disposer celui de vous qui viendra ici à décider de l'endroit qui conviendrait le mieux à tel établissement.

J'ai l'honneur d'être, etc.,
ALEX. McDONNELL.

M. Desjardins,
    Vic. Gén.

Pièce W, page 79.

RÉPONSE DE M. DESJARDINS À SIMCOE.

Québec, 28 juillet 1793.

A Son Excellence M. J. Graves Simcoe, écr, lieutenant-gouverneur et commandant en chef de la province du Haut-Canada, etc., etc., etc.

Monsieur,

J'ai été infiniment sensible à la lettre que vous m'avez fait l'honneur de m'écrire le premier de ce mois. Il n'est pas possible de n'y pas voir l'effusion d'une âme noble, loyale et généreuse. J'en ai envoyé copie à Londres ; mes compatriotes que la magnanimité anglaise a consolés, verront qu'elle a passé dans cette hémisphère avec toute son énergie, et qu'ils ont

---

(1) Voir au chapitre VII, page 79, au sujet de ces deux personnages.

encore plus à se promettre de vos sentiments hospitaliers que de la fécondité du pays soumis à votre gouvernement.

Les événements de la présente guerre, si satisfaisants d'un côté, contrarient de l'autre nos espérances, et nous commençons à ne pas compter sur la venue d'un grand nombre de Français en ce pays.

Cependant l'observation que vous avez bien voulu me faire par le moyen de M. le shérif McDonnell, et mon inclination personnelle me portent également à visiter les lieux où vous faites votre résidence ; et s'il ne survient pas d'obstacle, j'espère me rendre à Kingston vers le milieu de septembre au plus tard. J'accepte avec reconnaissance la facilité que vous m'offrez du passage sur un des vaisseaux de Sa Majesté. Je m'estimerai heureux de communiquer verbalement avec Votre Excellence et de recueillir tous les renseignements qui pourront êtres utiles à mes compatriotes. Et je prie Votre Excellence de me croire, avec tous les sentiments, etc., etc., etc.,

DESJARDINS.

Pièce W, (No 2).

DESJARDINS, ETC., À CLARKE.

Québec, 3 août 1793.

A Son Excellence le général Clarke, etc.,

Les soussignés exposent très humblement :

Qu'envoyés aux frais du gouvernement britannique pour préparer les voies à des établissements, soit du clergé, soit de la noblesse émigrée de France, ils ont commission de ne rien négliger pour se procurer des connaissances utiles à leurs compatriotes, soit par information, soit en se transportant eux-mêmes en différents lieux et particulièrement dans le Haut-Canada, où plusieurs familles avaient témoigné avoir dessein de se retirer.

En conséquence, les envoyés ont écrit à Son Excellence

M. le colonel Simcoe, lieutenant-gouverneur du Haut-Canada, pour l'informer de cet objet et le prier d'en favoriser l'exécution, le cas échéant, dans l'étendue de pays soumis à son administration.

Les envoyés ont reçu de M. le colonel Simcoe la réponse ci-jointe (voir plus haut sa lettre du 1er juillet) et quelques jours après une lettre (aussi annexée du shérif McDonnell) par laquelle M. le lieutenant-gouverneur invite à venir sur le lieu même et offre de procurer le passage dans un des vaisseaux de Sa Majesté, de Kingston à Niagara.

Les dits envoyés, jaloux de n'avoir pas à se reprocher d'avoir laissé échapper une seule occasion de répondre à l'attente de leurs compatriotes, et désirant remplir en son intégrité une entreprise à laquelle ils sont arrivés par la gracieuse protection de Sa Majesté et du gouvernement britannique, se proposent de charger l'un d'entre eux de faire incessamment le voyage de Niagara.

Ils auront l'honneur d'en prévenir Votre Excellence, et se flattent que Votre Excellence agréera cette résolution comme pouvant avoir quelque utilité et ne pouvant pas nuire.

Les dits envoyés sont trop encouragés par les bontés qu'ils ont reçues jusqu'ici de Votre Excellence et par les témoignages de condescendance qu'elle n'a cessé d'accorder à tous leurs désirs, pour ne pas se hasarder à faire une nouvelle demande, à laquelle Votre Excellence fera tel droit qu'elle avisera dans sa sagesse.

C'est qu'il soit accordé à celui qui doit se rendre à Kingston un des bateaux de Sa Majesté pour l'y conduire. Cette grâce est sollicitée pour l'état de pauvreté auquel les envoyés sont réduits, état bien connu de Votre Excellence.

Les soussignés se flattent que cette supplique sera accueillie avec la même bienveillance que la précédente, et ils attendent humblement la réponse de Votre Excellence, etc.

(Signé) Desjardins,
Raimbault,
Gazel,
Lacorne.

NOTE I

Que M. le major Littlehales (1) est prié de mettre sous les yeux de Son Excellence le gouverneur Simcoe.

En 1789, une nombreuse colonie de Français, trompés par les propositions flatteuses des Etats-Unis, s'est transportée en Amérique, dans le dessein de s'établir sur les bords de l'Ohio et du Scioto. L'abbé Desjardins avait été invité de se joindre à cette troupe d'émigrants. Retenu par divers obstacles, il a laissé sa place à l'un de ses intimes amis, nommé Didier.

Cet ecclésiastique a éprouvé des difficultés incroyables. Par une patience et une activité infatigables, il en avait triomphé : une ville s'élevait, on l'avait appelé *Gallipolis*. (Ville des Français).

Cet établissement allait fleurir. Des Indiens l'ont détruit. M. Didier, avec les débris de sa colonie, a passé le Mississipi et s'est fixé à Saint-Louis, sur le Missouri. L'abbé Desjardins se propose d'inviter son ami et ensuite à venir s'établir dans le Haut-Canada. Il prend la liberté de recommander à Son Excellence, M. Didier, comme homme de génie, fécond en ressources et d'un courage au-dessus du commun.

L'abbé Desjardins, informé pareillement qu'un ecclésiastique français nommé Levadoux, demeure en ce moment parmi les Kaskakias, près de la rivière des Illinois, et qu'il y vit dans une extrême misère, se propose de l'engager à passer en Canada, pourvu que Son Excellence l'eût pour agréable.

York, 28 août 1793.

NOTE II.

Le chevalier de La Corne et l'abbé Desjardins, jaloux de ne négliger aucun moyen de se rendre utiles à leurs compatriotes, ne bornent pas leurs projets à visiter les terres que

---

(1) Le major Littlehales était le premier secrétaire de Lord Simcoe. Il retourna avec lui en Angleterre, et fut créé baronet en 1802. L'année précédente, il avait été nommé sous-secrétaire pour l'Irlande, fonction qu'il occupa pendant dix-neuf ans. C'était un homme doux, aimable, poli et habile.

Son Excellence le lieutenant-gouverneur voudra bien mettre en réserve pour les émigrés français, ils se proposent d'y devenir propriétaires ; non qu'ils aient le dessein de s'y fixer, encore moins par spéculation d'intérêt, ce dernier motif étant surtout le plus étranger à leurs principes, mais pour donner à leurs compatriotes l'impulsion que produit l'exemple et pour se procurer à eux-mêmes un motif plus particulier d'attirer des colons sur une terre où ils auraient acquis une propriété.

En conséquence les deux envoyés susdits ont pris la résolution de demander chacun en leur nom, telle partie de township que Son Excellence voudra bien leur accorder et dans telle partie de Burlington Bay, qu'il lui semblera bon.

Si MM. de La Corne et Desjardins allaient sur les lieux eux-mêmes, la vue de ce pays déterminerait leur choix ; mais il n'est pas possible de leur procurer cet avantage sans beaucoup de dérangement. Comme ils le craignent, ils se bornent à prier Son Excellence de vouloir bien porter la complaisance et sa bonté jusqu'à vouloir bien faire dresser un plan de cette baie, avec ses divisions, à l'usage des émigrés, et les soussignés accepteront les parties de terrain que Son Excellence leur assignera.

Ainsi MM. Desjardins et de La Corne, déjà trop comblés de faveurs et trop importuns, pourraient dès ce moment prendre congé de Son Excellence, et aller droit à Niagara. D'ailleurs, il leur serait facile de se transporter de cette place à la Baie de Burlington, par terre.

Si Son Excellence juge à propos de prendre en considération le *Mémoire* qu'ils lui ont présenté le 28 mars dernier et l'honorer d'une réponse, cette réponse pourrait se faire par écrit et leur être transmise à Québec, ainsi que les plans et dessins qu'ils attendent comme une marque flatteuse d'intérêt et de condescendance.

MM. de la Corne et Desjardins prient le Major Littlehales, en même temps qu'il fera part de ces notes à Son Excellence, d'être auprès d'elle l'interprète de leurs sentiments respectueux et reconnaissants.

DESJARDINS ET DE LA CORNE.

York, 1er septembre 1793.

Pièce X, page 79.

MÉMOIRE DE MM. DESJARDINS et LACORNE À SIMCOE.

A Son Excellence J.-G. Simcoe, écuyer, lieutenant-gouverneur de la province du Haut-Canada, colonel, commandant les forces de Sa Majesté, etc., etc., etc.

Le chevalier de la Corne et l'abbé Desjardins, sur le point de reprendre le chemin du Bas-Canada, voudraient, avant de quitter York, exprimer à Son Excellence les sentiments dont leur cœur est rempli; mais tout ce qu'ils pourraient dire est bien au-dessous de ce qu'ils ressentent. Ils emportent avec eux une reconnaissance ineffaçable.

Ils sont disposés à seconder les desseins de ceux de leurs compatriotes qui se proposent de venir s'établir dans le Haut-Canada, et ils recommandent de nouveau ces malheureux proscrits à la bienveillance qu'ils ont eux-mêmes éprouvée.

Ils persistent à prier Votre Excellence de mettre en réserve quelques portions de terres pour les émigrés français : quant à la fixation du lieu, ils aimeraient bien mieux s'en reposer sur le choix de Son Excellence que d'en hasarder un de leur chef.

Voici néanmoins leurs idées qu'ils soumettent à celles de M. le Gouverneur.

S'il vient un certain nombre d'individus, ils ne se fixeront pas tous dans le même lieu. Ce qui convient à l'un n'est pas du goût de l'autre. Ainsi les envoyés ne croient ne pouvoir mieux remplir leur objet qu'en se fixant à des points divers qui réunissent la variété des positions et la facilité des communications respectives. Il en est trois ou quatre qui leur paraissent mériter la préférence:

1° L'espace qui se trouvera libre et non promis entre la rivière Saint-John et les terres des Mississagués, sur le lac.

2° Les terres basses de *Coote's Paradise* (1) en remontant

---

(1) C'est un petit lac qui communique à la baie de Burlington par un canal naturel d'environ cinq milles de long. Il tient son nom du capitaine Coote, du 8e régiment.

la crique, du côté du chemin qui s'ouvre vers la grande rivière et le long de ce chemin.

3° Telle place que Son Excellence jugera à propos aux environs de la grande pointe sur le lac Erié.

Les soussignés laisseront à M. McDonnell le soin de présenter pour eux des requêtes à Son Excellence en Conseil, lorsque les lieux auront été déterminés avec précision. Ils ont fait une réflexion qu'ils croient devoir communiquer avec simplicité à Son Excellence.

Les Français qui viendront, seront charmés sans doute de trouver dans les principales villes du Haut-Canada des maisons où ils puissent descendre et loger sans frais, en attendant qu'ils fixent leur demeure en quelque lieu.

Serait-ce une indiscrétion aux envoyés de prier Son Excellence de leur accorder à cet effet un lot de maisons tant à York qu'à Kingston ? Ils mettraient leurs soins à recueillir en Europe les fonds nécessaires pour y construire ces maisons qui seraient d'utiles hospices pour les Français.

Un des premiers besoins dans les lieux que Son Excellence transforme en cité, ce sont des hôpitaux, pour l'infirmité, la vieillesse et l'enfance délaissée. Parmi les victimes de la révolution française, il est une congrégation d'hospitalières connues sous le nom de " Filles de Saint-Vincent," association la plus respectable et qui a immortalisé son fondateur. Il serait facile de transporter en Canada un certain nombre de ces vertueuses filles.

Si Son Excellence aperçoit un moyen de procurer à ces sortes de communautés religieuses une subsistance assurée, les envoyés pourront, selon toute apparence, fournir des sujets pour remplir ses vues bienfaisantes.

En ce cas Son Excellence s'occuperait sans doute à choisir des emplacements vastes et bien aérés pour y placer l'hôpital. Il serait peut-être aisé d'en placer un à York, un à Kingston et le 3e au Détroit.

Un moyen de doter ces maisons pourrait être de leur accorder plusieurs lots de ville qu'elles pourraient vendre, louer ou faire fructifier de quelque manière que ce soit.

Il en serait de même d'une communauté d'ecclésiastiques dont Son Excellence voudrait favoriser l'établissement.

Enfin, les envoyés n'ont rien de plus à cœur que de seconder les dispositions que Son Excellence manifeste d'une manière si éclatante en faveur de l'humanité, et particulièrement en faveur des Français malheureux. Ils supplient Son Excellence de vouloir bien les employer autant qu'il jugera leur coopération utile à cette œuvre. L'abbé Desjardins est dans l'intention de retourner en Europe, au printemps prochain, puis de servir lui-même de guide à ceux de ses compatriotes qui consentiraient à venir chercher une autre patrie sous les auspices de Son Excellence et qu'il pourra recevoir à Québec, jusqu'au commencement de mars, les instructions que Son Excellence voudra lui adresser.

Les deux envoyés ont assez longtemps usé des bontés qu'ils éprouvent. Il ne leur reste plus qu'à demander congé et les ordres de Son Excellence pour le Bas-Canada. Ils y porteront le souvenir ineffaçable de la bienveillance dont ils ont été comblés par son Excellence et par Madame Simcoe.

DESJARDINS,
DE LA CORNE.

York, 19 septembre 1763.

A cette lettre, Son Excellence répondit, sous la date du 21 septembre 1793, par l'entremise du shérif McDonnell :— Qu'il propose aux Français émigrés des établissements sur les bords du lac Erié, depuis le fort jusqu'à la Pointe-aux-Pins.— M. Desjardins n'a point visité ce local.—Quant aux possessions qu'il veut acquérir en son nom, la chose est permise.— Les lots de maison pour y bâtir un récipiendaire ou logis temporaire, hôpital, etc., ils seront accordés dès qu'on aura désigné quel endroit serait compétent.

Pour ce qui est de l'établissement de communautés et de terres à leur affecter, c'est une affaire qui ne peut être transigée et décidée que par le gouvernement britannique. Il faut donc en informer les ministres, si l'on prend une décision ultérieure à ce sujet.

Puis, compliments flatteurs à MM. les envoyés si estimables, etc.

Pièce Y, page 88.

M. DESJARDINS AU COL. SIMCOE.

Juin 1794.

Monsieur,

Il y a longtemps que je me serais reproché un silence qui semble m'accuser d'un coupable oubli de vos bontés, si je n'avais pas les plus légitimes excuses.

J'ai attendu jusqu'au printemps des émigrés français qui m'avaient témoigné le plus grand empressement pour venir s'établir dans le Haut-Canada. Mon attente a été trompée, sans doute par le réveil de leurs espérances du côté de notre patrie. Je comptais ou vous les présenter moi-même ou du moins vous offrir, par leur occasion, l'hommage que je vous dois si justement.

Outre cela, depuis le commencement de mars, j'ai été cruellement malade, sans que mon indisposition ait pris un caractère marqué, si ce n'est dans le courant de mai, qu'alors s'est déclarée une fièvre tierce dont les docteurs pensent que j'ai apporté le germe du Haut-Canada.

J'emploie les premiers moments de ma convalescence à vous offrir mon respect et à vous prier de me pardonner de ce que je vous l'offre si tard.

J'ai reçu par M. A. McDonnell la carte que m'a bien voulu envoyer M. de Simcoe. Je suis extrêmement flatté de son attention et reconnaissant du présent. J'y ai vu avec plaisir la position reconnue du lac Simcoe. Je me flatte de retrouver cette année, ou la prochaine, occasion de faire un nouveau voyage dans le Haut-Canada, et je serai heureux d'y recevoir de Votre Excellence les marques d'une bienveillance aussi encourageante que celle que Votre Excellence m'a témoignée l'an passé.

Je suis, etc.,

DESJARDINS, Ptre.

Pièce Z, page 97.

DESJARDINS À DORCHESTER.

A Son Excellence le Très Honorable Guy lord Dorchester, capitaine général et gouverneur en chef des provinces du Canada, etc., etc., etc.

Qu'il plaise à Votre Excellence,

L'abbé Desjardins, envoyé de la part et aux frais du gouvernement d'Angleterre, pour préparer l'admission du clergé français dans le Canada, représente très respectueusement à Votre Excellence :

Qu'au mois de janvier dernier, Votre Excellence voulut bien lui accorder que tous les ecclésiastiques français qui sont dans les Etats-Unis et qui désireraient passer en Canada, y seraient admis, pourvu qu'ils fussent munis d'un passeport favorable de la part de l'agent de Sa Majesté à Philadelphie.

Sur cette déclaration de Votre Excellence, l'abbé Desjardins a écrit à MM. Delavau et Chicoineau, ecclésiastiques français, résidant à Baltimore et qui souhaitaient de venir en Canada.

La demande du passeport ayant été faite au ministre plénipotentiaire de Sa Majesté, Mr Hamont, avant de l'accorder, a voulu s'assurer de l'agrément de Votre Excellence, et il a demandé qu'on lui présentât un mémoire pour être transmis à Votre Excellence.

Dans ce mémoire on demande l'admission en Canada, ou plutôt un passeport en faveur de MM. Chicoineau et Ciquard :

Sur quoi l'abbé Desjardins supplie Votre Excellence de lui permettre les observations suivantes :

1° La demande pour M. Ciquard est sans objet, puisqu'il a une autre destination.

2° Quant à M. Chicoineau, le suppliant ose espérer que Votre Excellence n'opposera aucune difficulté à son passage en ce pays. Le suppliant répond de la sagesse et de la pureté de ses principes.

3° Comme il serait possible que plusieurs autres ecclésiastiques français jetés par la révolution dans les Etats-Unis, désirassent de se fixer en Canada, pour obvier aux longueurs et embarras qui auraient lieu s'il leur fallait présenter pour chacun d'eux un *Mémoire* et attendre le consentement de Votre Excellence, le suppliant prend la liberté de proposer que Votre Excellence veuille bien, dans sa réponse à M. Hamont, renouveler son consentement général pour tous les ecclésiastiques français qui voudraient passer des Etats-Unis en Canada, pourvu qu'ils soient munis de tous passeports et bons témoignages requis par Votre Excellence.

Cette faveur augmentera les sentiments de gratitude dont le suppliant est pénétré pour la bienveillance que Votre Excellence accorde au clergé expatrié.

(Signé) L'Abbé Desjardins.

Québec, 21 juin 1794.

Pièce AA, page 97.

NOTE DE L'ÉVÊQUE DE LÉON À M. KING.

(Traduction).

L'Evêque de Léon serait infiniment obligé à M. King, s'il écrivait à lord Dorchester pour lui demander la faveur d'accueillir les prêtres dont les noms suivent de la Congrégation de Saint-Sulpice de la maison de Montréal, dès leur arrivée à Québec : M. Jean-Gaspard de Saint-Félix, M. Antoine-Jacques Houdet, M. Pierre Bonyer, M. Chicoineau et M. Delavau.

A l'endos: L'Évêque de Saint-Pol de Léon.

Reçu le 1er juin 1797.

Pièce BB, page 98.

L'ÉVÊQUE DE LÉON À KING.

Je vous adresse, Monsieur, M. de la Marre qui veut envoyer M. son fils dans la maison de M. Morrough, à Québec. M. de la Marre m'est certifié par des gens respectables et est fort ami de M. Desjardins qui est en Canada et qui l'a invité à y envoyer son fils. Je vous prie de lui procurer pour son fils un passeport de M. Dundas et de vouloir bien lui faire comprendre dans la lettre qu'il sera nécessaire que le ministre écrive au lord Dorchester en faveur de M. Louis-François-Gabriel Lecourtois pour lesquels je lui écrirai de mon côté ainsi qu'à M. l'évêque de Québec.

Je reçois une lettre de M. l'abbé Desjardins du 5 décembre par laquelle il me marque qu'il y a trois ecclésiastiques qui désirent passer en Canada : l'un se nomme M. de Lavau, chanoine de Tours, actuellement à Baltimore. J'ai une connaissance particulière du mérite distingué de cet ecclésiastique. L'autre se nomme M. Le Vadoux, prêtre de Saint-Sulpice, actuellement missionnaire aux Illinois Kaoskias, sur le Mississipy. Le troisième, M. Didier, missionnaire à Saint-Louis, sur le Missouri. Lord Dorchester voudrait avoir mon témoignage sur ces messieurs. Je ne balance pas à engager le ministre à témoigner au lord Dorchester dans la lettre qu'il écrira à Sa Seigneurie, qu'il consent à l'admission de ces trois ecclésiastiques dans le Canada.

M. de la Marre, le père, se charge de remettre ma lettre par laquelle je vous renouvelle avec plaisir, mon cher monsieur, les sentiments d'attachement de votre, etc.

F. fr., Ev. DE LÉON.

11 avril 1794.

Pièce CC, page 98.

LETTRE DE DESJARDINS À KING.

Monsieur,

J'use de la liberté que vous avez bien voulu m'accorder, de vous adresser mes paquets, et je saisis cette occasion de me renouveler dans votre souvenir. J'ai été sensible aux bontés que vous avez témoignées à mon frère, et à votre bonne volonté pour tous les ecclésiastiques français qui ont passé en Canada.

J'ai une grâce en ce genre à vous demander. Ce sont trois passeports pour le Canada, l'un pour M. *Delavau, chanoine de Saint-Martin de Tours,* actuellement à Baltimore.

Le deuxième pour M. *Chicoisneau, prêtre de la Congrégation de Saint-Sulpice,* désirant se réunir à ses confrères au séminaire de Montréal, et résidant actuellement à Baltimore.

Le troisième pour M. *Joseph Dupont du Chambon de Vergore,* émigré français, venant des Etats-Unis.

My lord Dorchester refuse l'entrée du Canada à quiconque n'est pas muni d'un passeport du secrétaire d'Etat. J'ose espérer que vous aurez la bonté de m'accorder ceux-ci, je connais très particulièrement les personnes et je réponds de leurs principes.

J'espère que Madame King et le Révd. Dr sont en bonne santé. Je vous prie de leur faire agréer mon respect.

Je suis, etc., etc., etc.,

DESJARDINS.

Mon frère vous prie de recevoir son hommage.

Piece DD, page 98.

LETTRE DE PRESCOTT AU DUC DE PORTLAND.

Québec, 23 août 1797.

Milord,

L'évêque catholique romain de Québec s'est récemment adressé à moi relativement à l'admission de prêtres français dans cette Province. Si j'ai bien compris, Votre Grâce a refusé des passeports à quelques-uns de ces prêtres qui auraient désiré venir en Canada, et cela en vertu de ma lettre du 20 octobre dernier. Il n'est que juste de vous faire observer à ce propos qu'un nombre considérable de ces prêtres venant se fixer ici, aurait pour effet d'enrayer les visées des Canadiens à l'égard des promotions ecclésiastiques, et cette considération seule (n'y en a-t-il pas d'autres ?) suffit pour recommander qu'à l'avenir peu de passeports devraient être accordés.

Je puis ajouter qu'au point de vue politique, on pourrait appréhender que l'admission de ces personnes servirait à créer des liens entre le Canada et la France, ou au moins empêcher les souvenirs de la mère-patrie française de s'éteindre dans l'esprit des Canadiens. J'ai cru nécessaire d'exposer à Votre Grâce mes idées à ce sujet, et je laisse à votre jugement de déterminer jusqu'à quel point il est désirable de s'en rapporter aux vœux de l'évêque catholique romain. En même temps je pense qu'il est sage de ne pas faire connaître ici les objections qui s'offrent à moi relativement à la future admission en cette province du clergé français.

J'ai, etc.,

ROBT PRESCOTT.

Sa Grâce le Duc de Portland.

Pièce EE, page 98.

SIR R.-S. MILNES À SULLIVAN.

Québec, 21 octobre 1803.

Sir,

J'ai été flatté de recevoir votre lettre du 22 juin, qui m'a été remise par le révérend M. Plessis, coadjuteur du surintendant de l'église romaine en cette province, m'informant que Simon Boussin, ecclésiastique, originaire du diocèse de Tours, en France, est sur le point de se rendre à Montréal en qualité de membre du clergé catholique de cette ville, et, en conformité de vos instructions, je lui ai permis de le faire. Je prendrai la liberté à cette occasion de vous mettre au courant de certains faits qui ont eu lieu relativement au clergé français admis dans le Bas-Canada au cours de la dernière guerre. J'y ajouterai une liste de ceux qui restent.

La conduite de deux de ces émigrants dont les noms n'apparaissent pas sur la liste, M. Jacques de la Vaivre et l'abbé Philippe-Louis Desjardins, mérite une attention particulière. Le premier arriva au Canada en 1793, avec plusieurs autres, munis de passeports et d'une lettre de présentation de Sa Grâce le duc de Portland. M. de la Vaivre résida jusqu'à ces derniers mois aux Trois-Rivières où il agissait comme chapelain des Ursulines. De bonne heure en juillet dernier il s'adressa à moi par l'entremise du Coadjuteur pour obtenir un passeport pour la France, afin, disait-il, de régler ses affaires personnelles. Je le lui refusai, mais je consentis à ce qu'il quittât la province à condition qu'il s'en irait aux Etats-Unis. C'est ce qu'il fit peu de temps après.

L'abbé Desjardins vint au Canada par la voie des Etats-Unis, en 1792, porteur de fortes recommandations de la part de l'Evêque de Saint-Pol de Léon et du secrétaire d'Etat. Ses talents et sa bonne éducation étaient propres à lui donner un grand prestige dans une province où l'instruction, même celle du clergé, est très limitée.

En 1794, il fut agréé par Lord Dorchester comme grand-vicaire du surintendant de l'église romaine et, en conséquence, il prêta le serment d'allégeance devant Son Excellence en conseil, conformément au *mandamus* de Sa Majesté, obtenu à leur sollicitation individuelle et transmis immédiatement à chacun d'eux; des lettres de naturalisation sous le grand sceau de la province furent accordées à ce monsieur et à sept autres membres du clergé français résidant en Canada au cours de l'année 1800.

M. Desjardins s'adressa à moi l'automne dernier pour obtenir la permission de passer en Europe afin de refaire sa santé ; il exprimait en même temps sa détermination de revenir au Canada aussitôt que rétabli. Mais je constate qu'il est maintenant fixé en France comme grand vicaire du diocèse d'Orléans et curé d'Autun. Son frère, qui demeure encore ici, séjourna pendant quelques années sur les côtes maritimes comme missionnaire chez les indiens de Ristigouche et de Port-Daniel, et il agit maintenant comme grand vicaire du diocèse de Québec ; mais on me dit qu'il désire aussi retourner en France.

Je suis informé que l'abbé Desjardins avait appartenu au diocèse d'Autun avant la révolution. Jusqu'à quel point sa réinstallation peut-elle dépendre de ses rapports avec l'ancien évêque de ce diocèse (M. Talleyrand) ou par quels moyens est-il parvenu à obtenir un si haut emploi après une aussi longue absence, voilà autant de questions qui méritent considération.

Si j'ai bien compris, le général Prescott a représenté, en 1797, le danger qu'il y avait d'admettre, en cette province, des prêtres français, et Sa Grâce le duc de Portland, dans une dépêche (No 13) datée du 4 novembre de la même année, informait le général que ses représentations seraient écoutées. Comme Lord Hobart n'a peut-être pas eu l'occasion d'étudier particulièrement cette question, j'ai pris sur moi de mentionner les deux exemples précédents qui sont à ma connaissance personnelle. Par là on comprendra combien il est dangereux de placer sa confiance même en ceux des prêtres français dont le caractère a été mis en la meilleure lumière, tenant compte que non seulement ils ne parlent pas la même langue que les autres sujets de Sa Majesté, mais professent une autre religion, et qu'étant ministres de cette religion, ils se trouvent ainsi pourvus mieux que tous autres émigrants des moyens de s'informer de l'état actuel de l'esprit public en cette province, et d'acheter leur retour en France à un prix plus élevé, en proportion de la valeur que le gouvernement français peut accorder à cette partie du domaine de Sa Majesté.

C'est mon intention de donner à Lord Hobart, dans une dépêche à venir, une estimation des biens du séminaire de Montréal qui ont été accordés à une partie du clergé français de l'ordre des sulpiciens de Paris, dont ils ont pris possession au cours de la dernière guerre, dans un temps où un ou deux seulement des anciens membres de cette société résidaient en Canada avant la conquête. Depuis ils se sont attachés trois ou quatre prêtres du clergé canadien. J'aurai l'honneur de transmettre à Sa Seigneurie un état que je me suis procuré du révérend M. Roux, qui agit comme supérieur de cette communauté, démontrant le revenu permanent et casuel de ces biens, lesquels, d'après cet état, se chiffrent par la somme d'environ quatre mille livres par année; je lui enverrai en outre, une copie d'un très important rapport relatif à ces biens, qui fut élaboré par le procureur et le solliciteur-général en 1789, d'après un arrêté de Lord Dorchester. Je m'en tiendrai aujourd'hui à faire remarquer d'une manière générale que l'introduction de prêtres français dans cette colonie a eu pour effet d'affaiblir chez les membres du clergé canadien ce sentiment de dépendance qu'ils devaient entretenir à l'égard du gouvernement de Sa Majesté, et de mettre en leur esprit cette idée que Sa Majesté n'a pas le droit de les contrôler ni d'intervenir dans les affaires religieuses.

J'ai etc.,
Robt.-S. Milnes.

John Sullivan,
    Sous-Secrétaire d'Etat.

Pièce FF, page 99.

PRESTATION DU SERMENT D'ALLÉGEANCE PAR M. L'ABBÉ P.-J.-L. DESJARDINS.

Procès-verbal d'une séance du conseil exécutif.

Lundi, le 20 octobre, 1794.

Dans la chambre du conseil, au château Saint-Louis.

Présents : Son Excellence le très honorable Guy Lord Dorchester et l'honorable William Osgoode, écuyer, juge en chef, François Baby et Thomas Dunn, écuyers.

Le révérend Philippe Jean-Louis Desjardins, vicaire-général de Québec, prête et signe le serment d'allégeance requis en vertu de l'acte du 14e, ch. 83 de Sa Majesté.

Bureau du Conseil Exécutif,

J. WILLIAMS, G. C. E.

Québec, le 24 octobre 1794.

Pièce GG, page 99.

LETTRE DE SIR R.-SHORE MILNES À SIR GEORGE SHEE, BARONET, ETC.

Sir,

J'ai eu l'honneur de recevoir, vendredi soir, votre lettre que j'ai examinée avec beaucoup d'attention.

L'abbé de Calonne se trompe quand il dit que j'ai toujours admis de mon plein gré tout prêtre émigrant, alors que j'administrais le gouvernement du Bas-Canada. Deux seulement ont eu recours à moi pour être admis : le premier était un jésuite italien (1), porteur de lettres à l'adresse de l'évêque

---

(1) M. Zocchi, qui se destinait aux missions sauvages.

catholique qui ne comportaient aucun permis officiel. Je crus qu'il était de mon devoir de lui enjoindre de quitter la province.

Le second était Simon Boussin, qui fut envoyé lorsque Lord Hobart était à la tête du département colonial, et non par le duc de Portland comme l'affirme erronément dans sa lettre l'abbé de Calonne. M. Boussin m'apporta une lettre de M. le secrétaire Sullivan, qui m'autorisait à lui permettre de se rendre à Montréal, comme membre résident du clergé catholique de ce district.

Ce fut alors que je me crus justifiable d'écrire à M. Sullivan, pour l'information de Lord Hobart, quelles seraient les sérieuses conséquences de l'admission des prêtres français émigrants au Canada. Ce serait le moyen de reculer nos affaires de plusieurs années en arrière en rapport avec le but d'effacer de l'esprit des Canadiens tout souvenir de leur ancienne allégeance à la France. Je vous prie de référer à cette lettre, qui vous dira que le général Prescott avait, avant moi, fait les mêmes représentations, dans une lettre adressée au Duc de Portland, en 1797, lequel dans sa réponse assurait au général Prescott que ses représentations seraient écoutées.

J'ai invariablement remarqué, lorsque j'étais gouverneur de l'île de la Martinique, que les prêtres émigrants, quelque bien recommandés qu'ils fussent, surtout ceux-là qui avaient été mêlés aux affaires politiques de l'ancien gouvernement français, avaient la tendance difficile à enrayer à s'immiscer à nos questions d'ordre politique et aussi à entraîner le clergé à leur suite. Cette conduite est de nature à affaiblir l'autorité du gouvernement, et cela ne doit pas nous étonner ici, dans le Bas-Canada, où les onze douzièmes de la population appartiennent à la croyance catholique et continuent toujours à parler français.

J'ai de plus l'honneur de soumettre à la considération de M. Windham, que tant qu'on n'aura pas fixé la ligne de conduite à suivre à l'égard des différents établissements catholiques du Bas-Canada, il n'est pas désirable que l'on nous envoie de nouvelles recrues. Le tout est expliqué plus au long dans deux dépêches datées du 14 et du 27 juillet 1805.

J'ai l'honneur etc.

ROBT.-S. MILNES.

PÉTITION DE L'ABBÉ DE CALONNE ADRESSÉE À LORD WINDHAM.

L'abbé de Calonne, frère de M. de Calonne, ci-devant ministre et contrôleur général en France, a reçu ordre de l'évêque catholique de Québec de se rendre à Trois-Rivières, ville du Canada. Mais il ne peut obéir à cet ordre sans une permission expresse du lieutenant gouverneur, parce que des raisons politiques ont fait prendre la résolution générale de ne recevoir aucun Français en Canada : résolution à laquelle, cependant, il a été déjà fait plusieurs exceptions.

L'abbé de Calonne ne dissimule pas que cette permission a déjà été refusée à l'évêque et à lui-même, mais il représente que les services qu'il a rendus pendant dix ans à la bonne cause, sont trop notoires, pour qu'on puisse élever aucun doute sur ses principes. Lui fermer la porte du Canada, après les sacrifices qu'il a faits, après avoir prêté serment d'allégeance et surtout dans un âge aussi avancé, ce serait le déshonorer. Il ose donc espérer que M. Windham, qui s'est montré tant de fois le protecteur des émigrés qui se sont distingués par leur loyauté, ne trouvera aucune difficulté d'ordonner au lieutenant-gouverneur du Canada de lui permettre d'y aller finir ses jours en paix.

Pièce HH, Page 134.

ESQUISSE (POLITIQUE ET FINANCIÈRE) D'UN ÉTABLISSEMENT À FORMER AU CANADA POUR L'ÉTABLISSEMENT DES ÉMIGRANTS FRANÇAIS.

Les intérêts considérables de la guerre actuelle, les frais qu'elle entraîne, et les moyens de la conduire à bonne fin suffisant pleinement, sans aucun doute, à réclamer et à absorber toute l'attention des ministres de Sa Majesté, il serait pour le moins indiscret de prétendre la détourner de ces grands objets pour l'appeler sur une entreprise particulière qui leur serait étrangère et qui, bien qu'elle comportât même une certaine utilité, aurait réellement l'inconvénient d'augmenter les dépenses de l'Etat. Tel doit paraître de prime abord le désavantage attaché aux propositions qui forment la base de ce mémoire. La générosité anglaise s'est déjà manifestée d'une manière éclatante en prenant provisoirement des mesures pour secourir ces malheureuses victimes de la révolution française, auxquelles le gouvernement britannique a donné asile. Ce n'est pas dans les complications du moment que l'administration de ce pays peut s'occuper sérieusement d'améliorer leur situation ; et quand un surcroît nécessaire de taxes ou de contributions volontaires pèse sur chaque classe de sujets anglais, les émigrants français qui sont devenus eux-mêmes une des charges de l'Etat, ne sauraient former un désir dont la nature serait d'ajouter au fardeau des exigences publiques.

Ces réflexions m'ont fait jusqu'ici garder le silence, mais convaincu, comme je le suis, que les émigrants ne seraient pas les seuls à profiter de mes idées, convaincu que de graves considérations pourraient peut-être décider l'établissement que je propose, et qu'indépendamment de tout motif de générosité, un établissement de ce genre impliquerait de grandes vues politiques, qu'on pourrait le fonder sans augmenter les dépenses, ou en d'autres termes, sans augmenter celles déjà consacrées aux émigrants, j'ose espérer, sinon l'adoption immédiate, au moins l'examen attentif d'un plan qui, aux yeux d'une administration éclairée, ne saurait se recommander que par son utilité publique.

J'ignore le nombre exact d'émigrants que fait vivre aujourd'hui la générosité de l'Angleterre. Je ne connais que la somme qui est allouée pour leur subsistance, et je suis porté à croire que la moitié d'entre eux, sans exception de sexe, sont au-dessous de 40 ans.

Que fera-t-on de cette malheureuse classe de particuliers ? Il est aussi impossible d'espérer que le gouvernement français, tel qu'il est à présent, fasse quelque chose pour eux qu'il est impossible de craindre qu'ils soient abandonnés par le pays qui les a sauvés. Indépendamment de ceux qui sont maintenant en Angleterre, il est naturel de supposer que la restitution des colonies françaises (si elle a lieu) augmentera le nombre des réfugiés. Tous ceux qui ont été au service de l'Angleterre, ceux qui ont signé des capitulations, qui y ont adhéré, ou ceux qui ont trop hautement exprimé leur aversion pour le système républicain, ne s'y soumettront certes pas, et imploreront la protection et l'assistance du gouvernement anglais ; mais s'il l'accorde, cette aide le sera-t-elle pour un temps indéfini ? Ne paraîtra-t-il pas juste et nécessaire de lui fixer un terme ? Ne serait-il pas à désirer par-dessus tout de rendre de telles dépenses utiles à la nation ?

Il semble qu'on écarterait toute objection si l'on trouvait le moyen d'employer les émigrants français à un travail productif ; si l'on pouvait en faire des travailleurs et des manufacturiers, ou si, à défaut de cela, on pouvait sans de grands frais les employer à défricher et à mettre en valeur quelque partie inhabitée de l'Amérique du Nord. De simples concessions de terres et de légères avances de provisions et d'outils ne seraient pas une aide suffisante pour des hommes qui ne sont pas habitués à de durs travaux ; l'expérience du passé confirme la vérité de cette observation.

Si on indiquait simplement quelque vague projet en vertu duquel il leur serait concédé des terres comme asile, on ne pourrait en attendre aucune utilité réelle soit pour eux ou pour la nation qui leur sert de soutien. Ils ne pourraient tous y être transportés, et encore moins y être établis. Mais après des combinaisons préalables et après l'adoption de certaines mesures graduées, dont on devra mûrement peser les détails et l'exécution, la première chose est de savoir ce que voudrait faire le gouvernement ; ensuite quels sont les moyens sur lesquels on peut compter ? Puis, quelle utilité et quelle économie peuvent résulter pour la nation du plan dont il s'agit, et pour quels motifs l'établissement que je propose peut réclamer la préférence sur toute autre espèce d'assistance.

Motifs proposés pour un établissement au Canada.

C'est incontestablement par de purs motifs d'humanité tout d'abord, et ensuite par de bonnes raisons politiques que le peuple anglais s'est montré si généreux envers les immigrants français qui, restés fidèles à leur souverain, préférant la misère au crime, étaient justifiables d'espérer la protection d'un gouvernement juste et puissant. Cette protection leur ayant été une bonne fois accordée pour les considérations susdites, elle ne doit pas leur être retirée, puisqu'il n'est ni dans le caractère national ni dans l'intérêt du gouvernement de leur donner refuge aujourd'hui pour les abandonner demain, mais il importe d'en réduire le nombre, et, sans cesser de s'intéresser à ces malheureux, d'accélérer cette réduction, et partant, la réduction des dépenses qu'ils occasionnent.

L'intérêt de l'Etat exige que ceux qui vivent à ses dépens deviennent des propriétaires, et ces établissements auraient tous les avantages désirables sans aucuns des inconvénients qu'une stricte économie fait quelquefois subir à la générosité. Si, en fondant cette colonie, le gouvernement pouvait en même temps placer des royalistes éprouvés dans un pays où les principes républicains et les mœurs républicaines deviennent les traits caractéristiques ; si cette colonie, par exemple, était établie sur les frontières des Etats-Unis et si elle offrait un asile et un débouché à tous les planteurs chassés des Antilles françaises.

Non seulement les dépenses du gouvernement n'en seront pas augmentées (comme je l'ai déjà fait remarquer), mais elles seront positivement diminuées, et même on prendra les moyens de rembourser par la suite les avances nécessaires au début. Ce ne sera pas seulement un acte de bienfaisance qu'on aura ainsi en vue d'accomplir. Ce doit être une grande œuvre et une entreprise profitable pour l'Etat qui les protège. Même à l'heure qu'il est, et au milieu de toutes les complications de la guerre, ce projet peut servir pour la conclusion de la paix ; au moins, il écarterait une des difficultés qui s'y opposent. Car on ne doit pas mettre en doute que dès que l'Angleterre jugera à propos de traiter avec le Directoire, celui-ci essaiera d'infliger à l'égard des immigrants français quelques-unes de ces conditions humiliantes qu'il a exigées de plusieurs autres souverains. Quel serait alors l'étonnement de ces cruels tyrans, qui plus est, de toute l'Europe, si tandis qu'on suppose que l'Angleterre ne s'occupe que des mesures nécessaires pour repousser l'invasion dont on la menace et des moyens de pourvoir aux dépenses que nécessite sa défense, on la voyait créer une nouvelle classe de propriétaires entièrement composée de ceux que le Directoire a privés de leurs biens ? Si je ne me trompe, un établissement ainsi formé donnerait un nouveau prestige à l'Angleterre, à son crédit public et à la juste et haute opinion qu'on a dans tous les pays des grandes ressources qu'on peut tirer de la moralité de la nation anglaise.

En quoi consiste l'établissement proposé ? Comment l'appellera-t-on ? quand et comment sera-t-il effectué ?

Etant admis que le gouvernement anglais, dans son désir de prendre, en faveur des émigrants français, une décision conforme à ses propres intérêts et à ses principes d'humanité, se résolve à adopter le plan, voici quelles en seraient les grandes lignes :

" Il sera formé dans la partie sud du Canada, un établissement destiné à recevoir les émigrants français ; il leur sera donné et assuré des moyens suffisants de subsistance jusqu'à ce qu'une étendue de terre suffisante pour les faire vivre et qui sera distribuée parmi eux, aura été mise en valeur.

" Toutes les dépenses qu'entraînera cet établissement pendant les trois premières années seront avancées par le gouvernement à son compte. Toutes les dépenses faites après l'expiration des trois premières années pour le développement de l'établissement susdit seront à la charge de la totalité des nouveaux propriétaires et remboursés par eux ; ils paieront en conséquence annuellement au gouverneur du Canada (qui en rendra compte à la trésorerie) un septième de leurs récoltes jusqu'au parfait paiement des avances."

Mais sur quels fonds seront imputés les premiers frais ? Comment les terres seront-elles défrichées et mises en valeur ? Comment seront érigés les bâtiments nécessaires ? Où trouvera-t-on les travailleurs qu'il faudra ? Quand et en quel nombre les émigrants français seront-ils transportés au Canada ? Cette nouvelle émigration sera-t-elle volontaire ou forcée ? Je vais répondre successivement à toutes ces questions.

1. *Sur quels fonds seront prises les premières avances !*

Précisément sur le fonds alloué pour la subsistance des émigrants français. La seule chose nécessaire pour bien organiser ce plan et le mettre à exécution avec ordre et avec une grande économie, sera d'obtenir du parlement pour le nombre d'années qu'il lui plaira de fixer, l'allocation de la même somme qu'il vote chaque année pour les émigrants.

Un argument convaincant s'offre naturellement à l'esprit pour justifier la décision à prendre par le parlement. De deux choses l'une : ou la France, après de si longues convulsions, jouira d'un gouvernement équitable, quelle qu'en sera la forme, ou la tyrannie actuelle se perpétuera. Dans le premier cas, ce gouvernement équitable devra considérer les émigrants en quelque sorte comme des prisonniers français dont les frais d'entretien ayant été avancés par l'Angleterre doivent être remboursés par la France, et le seront certainement dans l'espèce, puisqu'aucun autre souverain ne saurait être aussi obligé au paiement d'une dette de cette nature que le sont les présents usurpateurs. Dans le second cas (celui d'une prolongation de la tyrannie,) le parlement anglais s'inspirera sans doute, dans les années à venir, des mêmes motifs pour assister les émigrants que ceux qui l'ont porté à leur venir en aide par le passé ; de sorte que la subvention qu'on demande avec instance aujourd'hui pour un nombre limité d'années ne peut pas paraître si onéreuse, surtout quand elle est justifiée par la perspective d'un grand établissement national.

Mais comment cette subvention supposée (qui devra être constituée par des dépenses quotidiennes et qu'on représente même comme étant insuffisante pour l'objet en vue) pourra-t-elle suffire aux frais d'un si grand établissement ? De la manière que je vais exposer :

Dès que le moment de ce crédit aura été voté pour un nombre limité d'années, il sera aisé de disposer par anticipation des épargnes annuelles résultant de l'extinction graduelle du premier nombre d'émigrants ; on doit porter à cinq pour 100 par année cette extinction par décès. La seconde année produira donc une épargne de dix pour 100, la troisième de quinze. On retranchera aussi de la liste générale tous ceux que l'établissement au berceau pourra faire vivre ainsi que ceux qui, par leur industrie en Angleterre, sont en état de subvenir à leurs besoins.

Car aussitôt qu'on leur aura offert comme une ressource l'établissement projeté, tous ceux au-dessous de cinquante ans qui refuseront d'en profiter, ne devront pas y être contraints, mais ils ne pourront plus être justifiables de recourir à la générosité du gouvernement, et dans le nombre de ses subventionnés, il en est beaucoup (ceux de la Corse et de Toulon par exemple) dont les secours sont assez considérables pour être susceptibles d'une juste et raisonnable réduction. On pourrait opérer cette réduction en offrant l'équivalent en terre à prendre dans la nouvelle colonie, et s'ils refusaient cette offre, ils n'auraient pas droit de se plaindre de la réduction suggérée.

Je propose, en conséquence, que la première somme à voter pour former l'établissement soit de quinze mille louis, dont cinq mille à distraire et à déduire du montant alloué pour cette année aux émigrants, et les autres dix mille louis à avancer par anticipation.

Comment les terres seront-elles défrichées et mises en rapport ?
Comment seront construits les bâtiments nécessaires ?
Où trouver les ouvriers pour faire ces
constructions ?

Ces questions comprennent de nombreux détails ; on peut néanmoins y répondre aisément.

Quand une fois on aura adopté un plan de cette importance, il faudra employer les mêmes moyens que ceux dont on s'est servi pour la fondation de l'ancienne colonie du Canada, avec cette différence et cet avantage que la colonie qui y existe et ses ressources constitueront un puissant auxiliaire.

Ce sont les soldats qui ont défriché et préparé le sol dans nos établissements du Canada et de la Louisiane. La discipline militaire a le merveilleux avantage de maintenir l'ordre parmi les travailleurs, et comme la subsistance leur est déjà assurée, une double solde jointe à la perspective de devenir eux-mêmes propriétaires terriens, forme un encouragement suffisant pour leur faire entreprendre et exécuter des travaux considérables moyennant un salaire très modéré.

La création du nouveau régiment doit donc être une partie principale et essentielle de ce plan, et comme il sera bon de prolonger la nouvelle colonie jusqu'aux frontières des Etats-Unis, l'établissement à faire de postes militaires le long des frontières, la protection des nouveaux rapports à former avec les nations du pays et l'extension du commerce de fourrures devront donner à un nouveau régiment assez à faire pour qu'on ne fasse pas figurer ce régiment parmi les avances et les dépenses stériles de la colonie en question.

Je trouverais ainsi mon contingent de travailleurs dans un régiment d'infanterie composé de deux bataillons, dont les officiers subalternes comme les officiers supérieurs devront être des émigrants, et dont les soldats devront être choisis avec soin.

La solde de régiment devra être imputée sur l'état de force du Canada, et le salaire extraordinaire à accorder aux ouvriers devra être payé à même les fonds affectés au nouvel établissement.

Dans les deux bataillons, deux cents hommes seulement feront le service militaire, et le reste sera employé à défricher le sol et à construire les bâtiments.

Mais ce ne sont point là les seules mesures à adopter ni les seuls moyens d'exécution et de succès. Leur commune origine, leur conformité de langage et de religion, les relations de parenté de beaucoup d'entre eux avec les canadiens ne laissent pas de doute que ceux-ci aideraient à une entreprise aussi avantageuse à leur colonie qu'à leurs anciens et malheureux compatriotes. On doit en conséquence mettre en œuvre leur bienveillance et la diriger vers une commune fin. On doit amener la législature coloniale à s'intéresser elle-même au succès de l'entreprise et à hâter et commencer sans retard le transport des émigrants, de façon à leur préparer l'hospitalité dans les différentes parties de la colonie, soit en engageant les familles dans l'aisance à prendre chacune leur part du fardeau jusqu'à ce que les nouvelles fermes soient prêtes à recevoir les colons, ou en distribuant les prêtres dans les différentes paroisses, communautés ou autres domiciles.

Une mission ayant pour objet d'obtenir cette faveur devrait être confiée à deux ou trois Français intelligents qui seraient reconnus par le gouvernement et autorisés à traiter avec la législature canadienne, l'évêque, le clergé et les principaux habitants. Ces envoyés leur feraient connaître le plan du nouvel établissement avec les moyens assignés pour le mettre à effet et ceux qu'on se proposerait de demander à la colonie. Il n'y aurait pas d'indiscrétion à offrir à ceux qui sont à l'aise des dons gratuits ou des avances de bétail, volailles, etc., ni à demander à l'assemblée coloniale de pourvoir à la subsistance de quelques arpenteurs, inspecteurs de travaux, charpentiers, maçons en briques, scieurs, pour commencer les premières constructions.

Tandis que ces détails préliminaires se traiteraient à Québec et à Montréal (et peut être avec plus de succès qu'on n'oserait le promettre ici), on devrait envoyer comme ouvriers un bataillon du régiment projeté, fixer le lieu de sa destination et construire les casernes nécessaires avant la fin de l'été. En même temps, les deux ou trois commissaires ci-dessus mentionnés et qui auraient été envoyés au printemps, transmettraient à Londres un état des ressources et de l'hospitalité provisoire qu'ils auraient assurées aux émigrés, et on règlerait d'après cet état le nombre de prêtres et autres émigrants à envoyer à la fin de l'été.

Quand, en quel nombre et de quelle manière les émigrants seront-ils envoyés au nouvel établissement ?

J'ai déjà répondu à la première partie de cette question ; l'époque à fixer pour le premier envoi d'émigrants devra être quand on connaîtra les dispositions prises pour leur subsistance et leur réception.

Mais les frais de cet envoi ne sauraient être imputés sur les £15,000 sterling qui formeront le premier fonds de l'établissement. Ce fonds doit être exclusivement affecté au défrichement du sol et à la construction des bâtiments dans la proportion de deux cents louis pour chaque ferme, parce que nous devons compter sur un certain nombre de chefs d'ouvriers payés comme tels par la colonie, de sorte qu'il n'y aura à payer que les frais de construction des bâtiments, l'achat des meubles, d'outils, et le défrichement de vingt acres de terre pour chaque ferme, dont soixante-six, à ce compte, seraient en valeur à la fin de la première année.

Quant aux prêtres au-dessous de quarante ans, ceux qui, à leur arrivée, ne seront pas placés dans des paroisses ou des couvents, et pour lesquels il n'y aurait pas alors d'emploi ecclésiastique vacant, seront assemblés dans des séminaires au nombre de vingt ou trente dans les limites de l'établissement et seront aidés dans tous les travaux pénibles par les travailleurs qui leur seront assignés. Ils pourraient eux-mêmes aider à la construction des bâtiments et aux travaux moins fatigants du ménage.

A première vue, il semble que le nombre d'émigrants à embarquer la première année ne devrait pas dépasser trois ou quatre cents, et les frais de l'embarquement ne faisant pas partie des dépenses allouées pour l'établissement, devraient y être annexés ; le remboursement de ces frais devrait être assuré au gouvernement au moyen des taxes qui seront imposées sur le nouvel établissement. Ces taxes ainsi levées subsisteront et seront en vigueur jusqu'à complète liquidation de la dette, sous la condition expresse que l'établissement ne sera sujet à aucune autre taxe de la part de l'assemblée coloniale.

Les progrès de l'établissement en question, les règlements à lui appliquer, l'administration à établir formeront la seconde partie de ce plan. Il suffit de dire à présent que le colonel du régiment sera placé naturellement à la tête de la colonie sous le contrôle du gouverneur; l'administration principale ainsi que la police pourront être confiées à un homme ayant l'expérience de cette branche du service, et si on trouve deux hommes dont le caractère, la situation et les anciens rapports avec le gouvernement anglais attestent le zèle et la fidélité, et que ces deux hommes aient eu et aient suggéré la première idée d'un établissement ainsi organisé, si, de plus, ils se connaissent suffisamment l'un et l'autre pour entreprendre les détails d'exécution avec une entière confiance mutuelle, ils osent espérer que les ministres de Sa Majesté condescendront à les employer au cas où le plan serait adopté. (1)

Pièce II, page 140.

LE PRÉSIDENT RUSSELL AU DUC DE PORTLAND.

(Extrait).

Haut-Canada, York, 3 novembre 1798.

Milord Duc,

Le vingt-six ult., j'ai eu l'honneur de recevoir la lettre de Votre Grâce, n° 10, ainsi que le duplicata de la lettre de M. King, en date du 10 mars ; mais je n'ai pas encore reçu l'original de cette lettre, ni la lettre de Votre Grâce, n° 9.

Immédiatement après sa réception, j'ai soumis la lettre de Votre Grâce, n° 10, au Conseil exécutif, et j'ai prié les membres de se réunir en comité, et de me faire un rapport sur les sites qui leur paraîtraient les plus avantageux pour faire des concessions de terres à M. Puisaye et aux émigrants français qui sont avec lui, suivant l'étendue déterminée par la lettre de Votre Grâce ; mais on pourrait prendre des mesures préalables pour les recevoir dans le plus court délai.

Je ne manquerai pas, avec l'aide du conseil, d'examiner les sites, les conditions, et les circonstances les plus favorables pour établir les autres émigrants français que le gouvernement de Sa Majesté pourra peut-être juger à propos d'envoyer dans cette province, le printemps prochain, d'après ce que Votre Grâce me dit dans sa lettre ; et nous examinerons aussi à combien d'entre eux on peut accorder des parts de terre, tenant compte de la diminution actuelle des terres incultes

---

(1) *Archives d'Ottawa*, série Q, *volume* 286-2, p. 478. Ce document ne porte ni date ni signature. Ce qui nous porte à croire que Puisaye en est l'auteur, c'est ce projet d'organisation militaire auquel ni Mgr de la Marche ni l'abbé Desjardins n'auraient songé.

de la Couronne, et des engagements antérieurs que le gouvernement est tenu de remplir. J'aurai l'honneur de transmettre à Votre Grâce, par la première occasion, le résultat de nos délibérations.

J'ai reçu aujourd'hui, une lettre de M. Puisaye, m'annonçant qu'il est arrivé à Québec, le 7 ultimo, avec quelques officiers généraux, supérieurs et subalternes, quelques soldats et deux dames, en tout 40 personnes, et qu'il viendrait sans délai, me rejoindre dans cette ville. Je lui ai expédié une lettre, qu'il recevra à Kingston, dans laquelle je lui dis qu'il est impossible dans cette saison avancée de l'année, de trouver ici des logements convenables pour recevoir cet hiver un si grand nombre de personnages distingués ; et je le prie, en conséquence, de vouloir bien s'arrêter à Kingston, avec sa suite, ou d'en envoyer une partie à Newark, où il pourra plus aisément trouver les moyens de se loger, vu que ces deux endroits sont établis depuis plus longtemps ; et j'ajoute que je serai heureux de le voir ici, efin de nous entendre sur la manière la plus avantageuse d'établir sa compagnie.

....

J'ai transmis à Votre Grâce, avec ma lettre n° 37, copie du rapport que m'a soumis un comité du conseil exécutif sur le projet du général Prescott de mettre en vente les terres incultes de la Couronne. J'ai maintenant l'honneur de transmettre à Votre Grâce une copie du second rapport du comité sur le même sujet et copie de ma réponse, et, aussi, la copie d'une lettre que j'ai aujourd'hui adressée, à ce sujet, au général Prescott. Aussitôt que nous aurons reçu le rapport de l'arpenteur général sur le nombre des terres incultes, non concédées, et du nombre de ces terres qu'il faudra pour remplir les promesses de ce gouvernement, je le transmettrai à Votre Grâce par la plus prochaine occasion, afin que les ministres de Sa Majesté puissent constater à combien d'émigrants français il sera possible de fournir des terres dans le Haut-Canada. (1)

....

---

(1) *Archives, série* Q, vol. 268-1, p. 12.

Pièce JJ, page 141.

LE DUC DE PORTLAND AU PRÉSIDENT RUSSELL.

Whitehall, 5 juillet 1798.

Monsieur,

Comme on se propose de concéder un établissement en Haut-Canada à M. de Puisaye, qui a été commandant des loyalistes français employés de concert avec les forces de Sa Majesté sur la côte de France en 1795, et à une quarantaine de ces loyalistes qui, croit-on, partiront d'ici pour cet objet dans le cours de la présente saison, je saisis cette occasion de vous mander ce dessein afin que vous preniez les mesures préalables nécessaires pour leur assigner des lots de terres dans des endroits aussi favorables que le permettront les circonstances, et dans la proportion allouée aux loyalistes américains, en traitant M. de Puisaye comme officier supérieur, les autres officiers qui l'accompagneront, suivant leur grade, et le reste comme soldats. On les munira ici des fonds nécessaires et des effets indispensables pour les mettre en état de cultiver les terres qui leur seront données en partage.

Comme il est probable que le gouvernement de Sa Majesté juge à propos de pourvoir, dans votre province, une partie considérable des immigrants français d'ici, dont le caractère et la conduite paraîtront leur donner droit à cette marque de bienveillance de Sa Majesté, je vous demande de vouloir bien, après vous être consulté avec M. de Puisaye, aviser aux meilleurs moyens de mettre cette mesure à exécution, si elle est adoptée. Dans ce but il sera nécessaire de considérer dans quelle situation, de quelle manière, sous quelles charges et dans quelles conditions et pour combien peut-il être distribué de terres, de façon qu'ils puissent les occuper dans le cours de l'année prochaine, et que s'il en est envoyé un nombre considérable dans le cours du printemps prochain, il soit pris des mesures préalables, etc., etc., et fait assez de préparatifs pour les établir sur les terres qui leur seront assignées, pour que leur arrivée donne le moins d'embarras possible à la province, ou, dans le cas où la chose n'aurait pas lieu, pour qu'il en coûte le moins possible au gouvernement.

  Je suis, monsieur,

    Votre très humble et obéissant serviteur,

                PORTLAND. (1)

M. le président RUSSELL.

Pièce KK, page 143.

LE TRÈS HONORABLE M. W. WINDHAM AU PRÉSIDENT RUSSELL.

(Extrait)

Park street, Westminster, 30 juillet 1798.

Monsieur,

 Les lettres officielles du duc de Portland vous apprendront quelles sont les intentions du gouvernement au sujet de l'établissement d'un certain nombre de royalistes français dans la colonie sous votre contrôle, et comme il désire que vous entreteniez là-dessus avec le porteur de la missive, le comte Joseph de Puisaye.

 Mon but, en vous écrivant, est d'expliquer sous quelques rapports d'une manière plus détaillée que ne le font les lettres officielles, les vues du gouvernement sur ce sujet, et aussi d'écarter toute impression défavorable que l'industrie des ennemis de M. de Puisaye peut avoir fait concevoir par la conduite et le caractère de ce monsieur..............................

 Je puis parler de toute sa conduite sous ces rapports avec une si parfaite connaissance de cause qu'il n'est pas possible que je sois induit en erreur, et me portant responsable de la vérité de mon attestation, je ne me borne pas à la défendre contre toute ombre d'imputation calomnieuse qu'on a cherché à faire planer sur sa tête, mais je veux proclamer ses mérites

---

(1) *Archives, Papiers de Puisaye,* p. 4.

et le recommander en conséquence à vos bons offices, non seulement comme un homme qui, j'en suis persuadé, ne manquera pas de prouver qu'il en est digne, mais comme un homme que nous sommes tenus particulièrement de soutenir, sachant, comme nous le savons, que les calomnies répandues contre lui sont sans fondement et qu'il les a encourues par une conduite que nous devons estimer fort méritoire.

Cela dit sur le caractère du gentilhomme avec lequel on vous a recommandé de vous entretenir et qu'on désire placer de quelque manière à la tête du nouvel établissement, je n'ai plus qu'un mot ou deux à ajouter à propos de l'établissement même, dont la nature et l'objet sont peut-être assez évidents d'eux-mêmes et suffisamment expliqués dans la lettre officielle pour rendre inutile toute observation de ma part.

L'objet général est de procurer un asile à un aussi grand nombre que possible de ceux que leur fidélité aux anciennes lois, religion et constitution de leur pays, ont rendus victimes de la révolution française.

Dans le cas actuel, l'objet qu'on a plus spécialement en vue est de choisir de préférence ceux qui ont servi dans les armées royalistes et qui, ayant refusé d'être compris dans la pacification, ou ayant trouvé qu'elle ne leur offrait pas de protection, sont exposés à une destruction presque certaine en restant en France.

On désire que ces derniers soient tenus autant que possible séparés de tout autre groupe de Français, ou de ceux parlant français, qui sont actuellement en Amérique, ou que le gouvernement pourra être disposé par la suite à y établir. Le considérant d'un meilleur genre que la classe commune des émigrants et se connaissant quelque peu les uns les autres. ils veulent n'être pas mêlés à ceux dont les principes leur inspirent moins de confiance et dont la conduite future pourrait attirer à la colonie des reproches dont ils espèrent qu'elle sera exempte avec eux et avec leurs descendants.

Quels que soient les motifs que leur inspirent cette confiance, leur ambition est d'une nature honorable et mérite qu'on lui donne une carrière raisonnable, M. de Puisaye, qui tenait du roi de France une commission de lieutenant-général et était à la tête de ces armées de royalistes qui étaient récemment encore très considérables, partage naturellement cette ambition plus qu'aucun autre, et il est plus digne qu'aucun autre d'être employé et consulté pour l'objet auquel elle se rattache.

Avec cet objet général en vue, vous pourrez juger bien mieux qu'on ne peut le faire ici, ou qu'au moins je prétends le faire avec les renseignements et les lumières que j'ai puisés en de nombreuses conversations avec le général Simcoe, des meilleurs moyens de le mettre à exécution, de manière à assurer à ce pays une colonie sûre et utile, à empêcher que les dons du gouvernement ne soient faussement appliqués à d'autres objets que ceux qu'il a en vue, et à en faire profiter, par une bonne gestion et par l'économie, un aussi grand nombre que possible des gens respectables et malheureux par lesquels ils désire les voir partager. Ce peut être une question de savoir si, pour tous ces objets, et comme le moyen le plus efficace de conserver à la colonie son caractère propre et original, celui d'une société fondée sur les principes du respect pour la religion et de l'attachement à la monarchie, il ne sera pas à désirer qu'on maintînt parmi eux une partie du même système de subordination sous lequel ils ont jusqu'ici vécu, en les classant sous la forme de régiments ou de corps de milice, et qu'on leur donnât des institutions féodales autant que le permettent les lois de la colonie. Un danger contre lequel il sera nécessaire de se prémunir, c'est celui de la conversion en argent des concessions de terres que pourra faire le gouvernement, afin que celles-ci ne soient pas exploitées pour des fins pécuniaires par ceux n'ayant pas l'intention de devenir définitivement citoyens de ce pays.

M. de Puisaye lui-même, outre qu'il a trop d'honneur pour agir dans des vues différantes de celles qu'il professe, a témoigné ses propres sentiments à cet égard par l'empressement avec lequel il m'a demandé de lui obtenir des lettres de petite naturalisation, ce que j'ai pris soin de faire en conformité de sa demande et en considération de ses titres particuliers à cette faveur, quoiqu'il soit jusqu'ici le seul émigrant, je crois, à qui elle ait été accordée. Ces lettres lui seront expédiées aussitôt qu'elles auront passé par les formalités nécessaires.

Je ne crois pas avoir rien à ajouter à cette longue lettre, sinon des excuses pour sa longueur et l'expression de ma satisfaction de ce qu'on adresse des personnes au succès desquelles je m'intéresse si vivement à un gentilhomme dont elles sont si sûres de recevoir tous les égards que demandent leur position et leur caractère, et qui sans doute remplira complètement les intentions bienfaisantes et libérales qui ont guidé le gouvernement en cette circonstance.

J'ai, etc.,

W. WINDHAM. (1)

M. le président RUSSELL.

Pièce LL, page 144.

RÈGLEMENTS POUR LA COLONIE.

Le roi ayant pris en considération la malheureuse situation des nobles et des officiers français qui ont porté les armes au service de Sa Majesté, ou qui se sont distingués par leur attachement à la personne et à la famille de feu Sa Majesté Très Chrétienne, ainsi que par leurs faits d'armes dans les armées royalistes et leurs efforts pour délivrer leur pays d'une cruelle tyrannie, il lui a plu gracieusement ordonner qu'il soit levé un corps de gentilhommes français sous le commandement du compte de Puisaye dans le but de former un établissement au Haut Canada sur des terres assignées par les ordres du roi aux gentilhommes français et à leurs familles qui ont des titres résultant des services mentionnés ci-dessus, en conformité des règlements ci-après.

Le corps sera composé de :

    1 major commandant,
    2 capitaines,
    2 lieutenants,
    4 sous-lieutenants,

(1) *Papiers de Puisaye*, p. 12.

tous devant avoir eu le grade d'officier supérieur dans le service de feu Sa Majesté très chrétienne antérieurement au mois de   1789.

    1 adjudant.
    1 quartier-maître.
    1 aumônier.
    1 chirurgien.
    1 aide chirurgien.
    6 sergents ayant eu le grade de capitaine.
    8 caporaux ayant eu le grade de lieutenant.
150 soldats.

La solde des officiers sera des deux tiers de la solde des officiers anglais, celle des sergents et des caporaux, la même que celle des militaires du même grade dans les chasseurs nobles de Castries et Martemart. Les soldats auront 1 chelin par jour, outre l'habillement.

Le terme du service sera de trois ans, à moins qu'une portion de terrain de   acres soit cultivée par celui demandant son congé absolu, ou qu'il ait trouvé un remplaçant, ou qu'il ait remboursé au gouvernement ses frais d'équipement.

Voici quelles sont les conditions du service :

Obéissance militaire au commandant et aux officiers supérieurs.

Service militaire en cas d'invasion ou de guerre sur le continent américain.

Un jour par semaine consacré aux devoirs religieux et au service militaire.

Deux jours par semaine de travail personnel pour l'établissement des officiers, et pour les objets généraux de la colonie.

Quatre jours pour travailler à la part de terre accordée à chaque homme pour son soutien et celui de sa famille.

Les terres devront être concédées de la manière suivante :

    Acres pour le major.
        " pour un capitaine.
        " pour un lieutenant et sous-lieutenant.
        " pour les sergents et caporaux.
        " pour les soldats.

De plus, les terres seront accordées aux parents qui désireront se joindre à la colonie, quand celle-ci sera dans un état de prospérité suffisante pour les recevoir :

 Acres pour un père.
 " pour une mère.
 " pour une épouse.
 " pour un enfant.
 " pour une sœur.
 " pour une nièce ou un neveu.
    âgés de moins de   ans.

Les terres d'une personne qui décèdera pendant la durée de son service (à moins que sa famille ne soit sur les lieux) seront accordées par rang d'ancienneté dans le corps, (en donnant la préférence aux hommes de la famille) en échange de leurs propres terres (le principe à appliquer étant que les derniers arrivés prendront les terres les moins cultivées dans la colonie). Cette règle sera observée, quand une personne obtiendra son congé en fournissant un remplaçant.

Si la famille du défunt est sur les lieux, l'héritage lui appartiendra, avec pouvoir de l'aliéner, pourvu que les personnes qui achèteront soient approuvées par le commandant en chef, et pourvu, aussi, que ces personnes soient des émigrants français.

Aucune autre personne n'aura le droit d'aliéner qu'après une possession de 10 ans.

Dans le premier cas, le gouvernement fournira des instruments aratoires à chaque personne.

L'habillement.

Des rations.

Le but de l'approvisionnement général étant :

D'établir un magasin pour les besoins inattendus de la colonie.

De secourir les veuves, les enfants et les infirmes.

De préparer le bois et d'aider à la construction des maisons pour les personnes qui auront droit à leur congé.

Il est à espérer que, sur cet approvisionnement général, une truie pourra être donnée à chaque particulier, et une vache pour trois d'entre eux, et s'ils ont une famille, pour deux.

Il ne sera permis à aucune personne de faire venir ou de recevoir une partie de sa famille, sans la permission du commandant du régiment, laquelle permission ne sera pas accordée avant que cette personne ait cultivé un nombre d'acres de terre suffisants pour les faire vivre et ait construit une hutte pour les abriter.

Dans le premier cas, le corps sera fourni de baraques, de rations, et d'un hôpital, comme l'est un régiment anglais.

Les dépenses totales seront celles d'un régiment anglais de 300 hommes. Le surplus et les économies seront sous le contrôle d'un conseil d'administration, qui sera composé :

>   Du major
>   D'un capitaine
>   1 lieutenant
>   1 sous-lieutenant   } A tour de rôle.
>   1 sergent
>   1 caporal
>   3 soldats   Par élection

et d'un trésorier anglais ; qui aura le pouvoir de suspendre les dépenses votées par le conseil jusqu'à ce qu'il ait communiqué ces dépenses au gouverneur de la province, et qu'il en ait reçu des ordres.

Le trésorier devra aussi correspondre avec le gouvernement anglais au sujet des besoins et des ressources des habitants de la colonie, afin de constater les revenus et les dépenses annuels, et aviser aux moyens d'opérer une réduction dans les sommes d'argent et les rations accordées par le public pour leur soutien.

La police militaire sera confiée au major.

La police civile, suivant ce que l'administration du pays décidera.

(N. B.) On recommande qu'elle soit confiée à un conseil d'officiers.

Les économies serviront à acheter des bestiaux, à construire des édifices publics, à aider les particuliers, sur demande, et à secourir les malades.

Les punitions pour les fautes contre la discipline seront :
L'amende.
L'emprisonnement.

L'augmentation de travail, pour aider à l'approvisionnement général.

Deux jours de travail et trois jours de prison, à la discrétion du commandant. De plus, la cour martiale.

Succession dans le corps.

Aussitôt que   acres de terres accordés à chaque officier auront été cultivés, par le travail général, cet officier s'y établira, et dès lors il perdra sa paie et grade dans l'armée ; et le plus ancien dans le grade suivant (un gentilhomme) lui succèdera, et telle partie du travail général qui aidait à cultiver la terre de l'officier retraité, sera employée sur la terre de son successeur, dont la part primitive ne sera pas, cependant, augmentée.

Dans le but de toujours tenir le corps au complet, il y aura dix soldats surnuméraires, qui seront constamment employés au travail général, et qui auront droit à des parts de terre, quand il surviendra des vacances dans le corps.

L'enfant résidant, de toute personne servant dans le corps, actuellement né, ou qui naîtra pendant la durée du service de son père, aura droit à une concession de   acres de terre, quitte de toutes charges, en atteignant l'âge de   ans, en outre de telle partie de la terre de son père dont il pourra hériter. (1)

Pièce MM, page 145.

LE PRÉSIDENT RUSSELL AU DUC DE PORTLAND.

Haut-Canada, York, 21 novembre 1798.

Milord Duc,—

J'ai l'honneur d'informer Votre Grâce que le comte de Puisaye est arrivé ici, le 18 du présent mois, et qu'il m'a remis les lettres de Votre Grâce, et de M. King, mentionnées en marge, et auxquelles je ne manquerai pas de me conformer.

---

(1) Archives, série Q, vol. 285, p. 465. Ce document n'est pas daté, mais il paraît avoir été transmis en juillet 1798.

M. Windham m'a fait un tel éloge des principes, de l'intégrité et de l'honneur de M. de Puisaye, que je suis porté à mettre en lui un degré de confiance que j'aurais hésité, dans ce moment de crise, à reposer dans tout autre Français qui n'aurait pas été aussi bien recommandé. En conséquence, et avec le consentement de M. de Puisaye, j'ai choisi, pour y établir cette colonie d'émigrants français, l'étendue de terre inhabitée et située entre cette ville et le lac Simcoe, à une égale distance des établissements français dans le Bas Canada et sur la rivière Détroit, car, vu sa proximité du siège du gouvernement, il sera facile non seulement de leur porter secours en cas de besoin, mais aussi de surveiller tous leurs mouvements, qui seront ainsi sous le contrôle immédiat de l'administration. De plus, leur nombre contribuera à peupler cet espace inhabité par lequel les Indiens peuvent aujourd'hui s'avancer pour détruire cette ville, avant que leur approche puisse être signalée. Dans ce but j'ai ordonné à l'arpenteur général de diviser quatre cantons, au nord de Markham, Pickering et Whitby, et M. de Puisaye se propose d'accompagner le sous-arpenteur afin de pouvoir explorer ce pays.

Afin de les maintenir dans leur soumission, j'ai l'intention de créer, aussitôt que l'occasion sera favorable, un corps de milice composé de ces royalistes, que je placerai sous les ordres de M. de Puisaye, qui aura le droit de nommer les officiers, et, le nommant membre de la commission de la paix, je lui donnerai la direction civile et militaire de la colonie. Ce gentilhomme paraît très flatté de la confiance que je repose en la sagesse et la fidélité de sa conduite, dans cette circonstance, et il me promet, en conséquence, de ne jamais admettre, dans l'établissement confié à ses soins, un Français dont les principes ne lui seront pas parfaitement connus.

J'ai l'honneur de transmettre à Votre Grâce la copie d'une liste que M. de Puisaye m'a remise, contenant les noms des personnes qui l'ont suivi dans cette province, ainsi que leurs titres respectifs ; et je prie Votre Grâce de permettre que ces personnes soient fournies de provisions prises dans les magasins de Sa Majesté. N'ayant pas reçu d'instructions à ce sujet, j'ignore si je puis leur accorder des rations, ainsi qu'il a été fait à l'égard des émigrants qui, avant ce jour, sont venus s'établir ici, sur l'ordre de l'administration, ce que, d'après M. de Puisaye, on lui a donné lieu d'espérer. Je vous prie aussi, Milord, de me dire, avant que les lettres patentes pour la concession des terres aux personnes composant ce nouvel établissement, soient émises, si les concessionnaires doivent respectivement payer la moitié de la redevance (trois deniers par acre) ainsi que les nouveaux règlements l'exigent, ou s'il reçoivent leurs terres gratuitement ; et, si la moitié de la redevance imposée aux officiers, (deux louis quinze schellings et six deniers par mille acres concédés) doit être payée par mandat sur le receveur général, comme autrefois.

L'arpenteur général n'a pas encore terminé son rapport sur le nombre des terres incultes dont on pourra disposer après que les engagements du gouvernement auront été remplis, et je dois en conséquence remettre à plus tard l'envoi à Votre Grâce de notre opinion conjointe sur le nombre d'émigrants français qui pourront obtenir des terres dans cette province, et sur les sites les plus convenables à leur établissement, mais je m'empresserai de transmettre le rapport avec toute la diligence possible.

Maintenant il ne me reste plus qu'à prier Votre Grâce de vouloir bien croire que j'exécuterai toujours avec plaisir les ordres de Votre Grâce, et que je ferai tout en mon pouvoir pour faire réussir les vues des ministres de Sa Majesté.

J'ai l'honneur d'être,
avec le plus profond respect,
Milord,
De Votre Grâce, le très obéissant
et très humble serviteur,
PETER RUSSELL. (1)

Sa Grâce le duc de Portland,
Etc., etc., etc.

---

(1) *Archives*, série Q, vol. 286-1, p. 39.

Pièce NN, page 148.

LE LIEUTENANT-GÉNÉRAL HUNTER AU DUC DE PORTLAND.

(Extrait.)

Québec, 11 octobre 1799.

Milord,

J'ai quitté Québec le 29 juillet, le jour du départ du général Prescott pour l'Angleterre, et je suis arrivé le 16 d'août à York, où j'ai pris en main l'administration du gouvernement du Haut-Canada. (1)

....

Au sujet des conditions auxquelles on doit accorder des terres au comte de Puisaye et aux émigrants français qui l'accompagnent au Canada, je suivrai strictement les instructions de Votre Grâce de les considérer comme des émigrants américains et de leur accorder leurs concessions aux mêmes conditions. Je suis encore à déterminer quelle quantité sera accordée à chaque personne, car, dans la liste transmise par Votre Grâce à M. Russell, je ne vois, à la suite de leurs noms, ni titres ni professions, mais dans une liste, dont je vous envoie une copie, et qui a été remise par le comte de Puisaye, ce dernier prend le titre de lieutenant-général et donne des titres à douze autres. Je demande en conséquence les instructions de Votre Grâce à ce sujet.

Je me permettrai de vous dire que, dans une conversation au sujet des terres à être accordées à Monsieur le comte de Puisaye et aux autres émigrants français, que j'ai eue avec M. le juge en chef Osgoode, ce dernier a semblé douter qu'on pût leur donner un titre valable de ces terres tant que leur inhabilité comme aubains subsisterait.

Le comte de Puisaye ne demeure pas avec les autres émigrants français sur les terres qui leur ont été concédées, mais il a acheté une ferme, près de Niagara, sur laquelle il réside, avec sa femme de charge, le comte de Chalus, John Thompson et Marchand, leurs domestiques.

(1) Archives, série Q., vol. 286-2, p. 383.

On a éprouvé, en Haut-Canada, quelques craintes relativement à l'intimité qui existe entre le capitaine Brant et le comte de Puisaye, mais ces craintes me paraissent mal fondées, et je ne vois pas quel mal pourrait résulter de cette circonstance.

Ayant eu un malentendu avec le comte de Puisaye, ou trouvant que l'entreprise ne réalise pas ce qu'il en attendait, le Marquis de Beaupoil s'est décidé à retourner en Angleterre, avec M. Saint-Victor. Vers la fin de juillet, et munis de passeports que M. Russell leur a accordés, ils sont arrivés dans le Bas-Canada, avec cette intention. Je me suis efforcé de leur procurer un passage à bord de la frégate *La Prévoyante*, mais je n'ai pas pu réussir, et, ne me croyant pas autorisé à faire des dépenses à cette fin, je crois qu'ils se proposent de pourvoir eux-mêmes à leurs frais de passage.

Pendant mon séjour à York, j'ai pris des renseignements sur la situation présente des émigrants français, et, d'après l'état ci-inclus, par M. Angus McDonnell, leur ami et agent, à York, Votre Grâce verra que, sur le nombre total qui a été envoyé d'Angleterre, il n'y en a que vingt-cinq qui habitent le Haut-Canada, savoir : cinq qui résident à Niagara, et vingt qui sont sur leurs terres à Windham. Ces derniers ont défriché entre quarante et cinquante acres de terre, et, si j'ajoute foi à leur dire, ils sont complètement dénués de moyens pécuniaires. Pour cette raison, ils m'ont prié instamment d'ordonner qu'il leur soit distribué du blé et de l'orge de semence, sans quoi il leur serait impossible d'ensemencer les terres qu'ils ont défrichées. J'ai accordé leur demande. Il y a aussi vingt et un artisans et journaliers canadiens qui sont employés par les immigrants français, et à qui M. Russell a accordé des rations.

Votre Grâce peut être convaincue que des rations ne seront pas données aux émigrants français, à moins d'une nécessité absolue, et je ne perdrai pas de vue et je me guiderai d'après les rations qui ont été fournies aux émigrants américains, lors de leur première arrivée dans la province.

J'ai l'honneur d'être, etc., etc., etc.,

P. HUNTER.

Pièce OO, pages 99 et 159.

N. B. Les deux documents suivants accompagnaient la lettre de Sir Robert Shore Milnes à Shee, en date du 18 mai 1806. La lettre de M. J. Beccourt était adressée à S. R. Milnes, et celle de M. l'abbé de Calonne à M. le comte Joseph de Puisaye, alors à Londres.

Felthum Hill, Midd. 25 avril 1806.

Monsieur,

C'est le cœur serré de douleur, mais plein de confiance en l'honneur du gouvernement et en votre humanité que je prends la liberté de vous adresser la lettre ci-jointe, et la pétition qui m'a été envoyée pour vous être présentée par mon respectable ami M. l'abbé de Calonne.

J'ai reçu plus de cent lettres et demandes pour vous être soumises, et quelque justes que soient quelques-unes d'entre elles, je n'ai pas présumé de vous importuner, mais celle-ci étant d'une nature et d'une personne qui ont des droits à l'intérêt de tout ce qui est juste et généreux, j'aurais cru vous offenser en la supprimant, et cela d'autant plus que votre décision prouvera sans doute aux Canadiens que le gouvernement est loin de partager les préjugés qui dirigent quelquefois les meilleures intentions de ceux dont ils croient avoir à se plaindre.

Je suis etc,
J. BEECOURT.

L'ABBÉ DE CALONNE À M. DE PUISAYE.

Monsieur,

Vous êtes invisible comme la divinité ; comme elle vous serez bienfaisant. L'amitié dont vous m'honoriez autrefois, me fait présumer que vous ne refuserez pas de me rendre un service auquel j'attache beaucoup d'importance, si, comme je le crois, cela est en votre pouvoir, il ne s'agit que d'en faire parvenir et d'appuyer auprès de M. G. Windham une pétition qui ne paroit pouvoir souffrir aucune difficulté. Son objet est si peu de chose et dépend tellement de sa volonté, que je croirois avoir été désigné auprès de lui, s'il me la refusoit.

Permettez que j'entre dans quelques détails pour que vous puissiez prévenir M. Windham sur les obstacles que ma demande rencontrera.

Je fus, en 1799, à l'isle du Prince Edouard, Golfe de Saint-Laurent, pour y former un établissement. Pendant six ans que j'y suis demeuré, j'ai rendu service aux Indiens et catholiques qui y sont en un grand nombre. L'Evêque de Québec, qui vint chez nous dans le cours de sa visite diocésaine, en fut si content, qu'il jugea à propos de me nommer directeur des religieuses Ursulines des Trois-Rivières, petite ville entre Québec et Montréal, emploi pour lequel il m'assura n'avoir personne de propre dans son clergé et qui d'ailleurs n'est nullement lucratif. En conséquence de ses ordres et de ses vives instances, j'envoyai mes livres et mon bagage, et je me disposais à partir moi-même, lorsque je reçus de l'Evêque une lettre qui m'annonçoit qu'il n'avoit jamais pu obtenir du gouverneur Milnes la permission de me laisser entrer en Canada. Ce refus étoit motivé sur une résolution générale de n'y admettre aucun émigré françois. Dans le même temps je me vis obligé, en conséquence de la mort de mon frère, de partir pour l'Angleterre, où j'arrivai l'année dernière.

L'évêque de Québec que j'en informai m'écrivit plusieurs fois qu'il espéroit que pendant mon séjour à Londres, je pourrois obtenir la permission d'aller à Trois-Rivières ; il me prioit d'employer tous mes amis auprès du ministre et il comptoit toujours sur moi. Il fit plus, il chargea ici plusieurs personnes de m'en presser dès que mes affaires furent finies. Je crus, avant de m'adresser au ministre, devoir employer auprès du gouverneur Milnes, que je savois être à Londres, un de ses amis qui put être ma caution. M. Dillon me promit d'user de toute son influence auprès de lui. Je ne sçais s'il y a mis toute la chaleur qu'il m'avoit fait espérer, mais sa négociation m'a attiré un nouveau refus.

J'ai sçus que cela vient de ce qu'un ecclésiastique nommé Desjardins, qui étoit très considéré à Québec, est repassé en France, ce qui a d'autant plus piqué le gouverneur, qu'il lui avoit promis expressément de n'y point aller. Au reste, il est bon d'observer que depuis cet événement, le gouverneur a encore fait une exception à sa résolution en faveur d'un émigré, à la recommandation du Duc de Portland.

Maintenant j'ose me flatter que personne ne mérite plus une exception que moi : 1° parce que mes sentiments ont été si bien prouvés par une foule de faits et de sacrifices si notoires, que je me crois au-dessus de tout soupçon possible ; 2°, parce qu'on ne peut pas supposer que je demande à aller en Canada à l'âge de 64 ans dans l'idée de retourner en France ; 3° parce que je ne le demande qu'à la sollicitation de l'évêque, qui a réellement besoin de moi.

Je le désire de mon côté beaucoup par la seule raison que ce poste m'assureroit des jours tranquilles et une vieillesse paisible. J'aurais pu m'adresser aussi au duc de Portland, mais M. G. Windham est notre ministre. M. Windham a toujours protégé les émigrés ; M. Windham a connoissance des services de mon frère ; il sait que mon frère et moi, après avoir sacrifié tout pour la bonne cause, n'avons recueilli que de l'ingratitude. M. Widdham pourrait-il trouver de la difficulté à demander ou même à ordonner à M. Milnes de me permettre d'aller à Trois-Rivières ? Mes services seroient-ils méprisés au point qu'on m'interdise le choix d'un lieu où je puisse mourir en paix ?

J'espère, monsieur, que vous voudrez bien être mon garant auprès de M. Windham. Vous connoissez ma demande, vous voyez que les difficultés que l'on m'oppose peuvent être tranchées ; un seul mot du ministre suffit.

J'abandonne ma cause à votre amitié et à votre éloquence.

Il est bon que M. Windham sache la répugnance de M. Milnes, afin qu'il juge de ce qu'il doit faire pour la dissiper. Il me reste à observer qu'il m'est important d'avoir une prompte réponse, parce que si je ne puis aller en Canada, mon parti est pris de retourner dans mon isle. Il m'est insupportable de vivre au milieu des émigrés. Il ne me reste de place que pour vous assurer que jamais je n'oublierai que ce sera à vous que je devrai le bonheur de mes vieux jours.

L'Abbé de Calonne,
No 12, Polygone, Somerstown (près de Londres).

Pièce PP, pages 99 et 160.

DORCHESTER À PORTLAND

Québec, 25 juillet 1795.

Milord,

Le duc de Liancourt, qui est présentement dans le Haut-Canada, s'est récemment adressé à moi pour obtenir la permission de s'établir en cette Province, mais je suis de plus en plus convaincu qu'il est expédient de n'admettre aucun émigrant français, de quelque qualité qu'il soit, avant d'avoir obtenu la permission du secrétaire d'Etat. L'application de ce Monsieur lui a donc été refusée.

Vers le même temps, l'année dernière, le général Williamson permettait à M. le baron de Roux, qui avait servi comme capitaine à Saint-Domingue dans une Légion composée d'émigrants, de venir au Canada. Il lui donna un passeport et une recommandation pour moi. La conséquence, j'écrivis au général de ne plus envoyer ici de telles personnes en vertu des règlements établis et qui devront mettre un terme à ces visites.

Mais, dans ces derniers jours, plusieurs autres Français émigrés sont arrivés munis de lettres et de passeports de Domingue. Parmi eux il y a monsieur le Marquis du Barail, qui paraît avoir servi dans les armées de Sa Majesté contre les troupes de la convention, et porte une commission du gouverneur Hamilton, datée quelques jours seulement avant son départ de Domingue.

Les émigrants nouvellement arrivés, sont dans une profonde détresse. On a ouvert une souscription pour venir à leur aide. Comme ils croient être suffisamment connus en Angleterre, j'ai consenti à suspendre les règlements pour une période de quatre mois, afin de leur donner le temps d'obtenir un permis soit de rester ici, soit d'aller ailleurs.

La difficulté de bien connaître ces gens, et le danger de leur admission, devront engager Votre Grâce à arrêter l'émigration française des Indes Occidentales au Canada, où ils pourraient être un fardeau pour le gouvernement ou pour les particuliers, et pourraient amener chez le peuple un courant dangereux.

DORCHESTER.

Sa Grâce le Duc de Portland.

Pièce QQ, page 99.

DESJARDINS À PRESCOTT.

A Son Excellence Robert Prescott, gouverneur général des provinces du Canada, etc., commandant en chef des forces de Sa Majesté dans l'Amérique Septentrionale, etc.

Plusieurs personnes notables de l'Isle de la Martinique craignant la reddition de cette Isle à la Paix, et ne pouvant se résoudre à passer sous la domination de la République Française, ont écrit au soussigné, pour s'informer de lui si elles pourroient obtenir un refuge dans la province du Canada.

Le soussigné, pour se mettre en état de répondre à leur question, prend la liberté de s'adresser à Votre Excellence. Il la supplie de lui faire savoir si les émigrés de l'Isle de la Martinique désirant de passer en ce pays, peuvent se flatter d'y obtenir de la part du gouvernement asile et protection, et s'il leur sera permis d'y faire des acquisitions pour s'y fixer.

Le soussigné espère que Votre Excellence voudra bien lui notifier ses volontés par écrit. Il ne cesse d'adresser des vœux au ciel pour la prospérité de Votre Excellence.

(Signé)   DESJARDINS, Ptre.

Québec, 16 septembre 1792.

P. S.—Les personnes mentionnées sont la comtesse de Maupeou, le Mis de Villiers, M. Roux, etc.

Pièce RR, page 99.

PRESCOTT À PORTLAND.

Québec, 18 octobre 1797.

Milord,

J'ai l'honneur de transmettre à Votre Grâce la copie d'une pétition qui m'a été adressée par l'abbé Desjardins, l'un des membres du clergé français émigré, de la part de plusieurs habitants de l'Ile de la Martinique qui sollicitent la permission de se réfugier dans cette province, imbus qu'ils sont de l'idée que leur île sera vendue à la France après la paix. Ayant déjà soumis à Votre Grâce mes idées au sujet d'une pareille demande de la part du clergé émigré de France, et aussi au sujet de l'admission des Français de toute condition dans cette Province, il n'est pas nécessaire que je discute s'il est politique ou non de se prêter à semblable demande, vu que Votre Grâce sera mieux que moi capable de décider de quelle manière tourneront les affaires après la conclusion de la paix.

J'ai, etc.,

Robt Prescott.

Sa Grâce le Duc de Portland.

LETTRES

DE

Mgr DE LA MARCHE

ÉVÊQUE DE SAINT-POL DE LÉON

AUX

ÉVÊQUES DE QUÉBEC

1792-1800

1ère LETTRE, (8 décembre 1792).

A Messeigneurs BRIAND, ancien évêque,
HUBERT, évêque de Québec,
et BAILLY, coadjuteur, à Québec.

Messeigneurs,

Dans la fâcheuse situation où le clergé fidèle à son Dieu et à son Roi s'est trouvé à la suite des événements qui ont renversé en France le trône et l'autel, la nation anglaise est venue puissamment, et en la manière la plus généreuse, au secours de la noblesse et particulièrement du clergé. Plus de six mille ecclésiastiques, réfugiés sous la domination anglaise, ont trouvé dans une souscription d'environ vingt mille livres sterling la subsistance depuis trois mois, il n'y a aucun lieu de douter qu'ils ne la trouvent encore pendant les trois mois prochains. Mais, à la longue, ces moyens peuvent manquer, et le retour du clergé en France peut continuer à devenir impossible. Le gouvernement a pris cet objet en considération, et montre la disposition de procurer des ressources fixes et moins précaires à la partie du clergé qui serait disposée à en profiter. Il a pensé que le Canada pourrait offrir une retraite paisible à ces généreux confesseurs de la foi, et qu'aidés par les secours qu'il leur porterait pendant plusieurs années, ils pourraient y former des établissements, où le travail de leurs propres bras et de ceux qui pourraient suppléer à leur faiblesse, leur fourniraient la subsistance, et retracer la vie des anciens anachorètes, en se réunissant en communautés et y menant la vie commune, sans qu'aucun particulier prétendît de propriété, sous la direction premièrement des supérieurs ecclésiastiques et des supérieurs particuliers préposés à chaque communauté. Toujours aux ordres des évêques, ils seraient toujours prêts à quitter leur solitude pour remplir les emplois auxquels ils seraient appelés, soit pour le soin des âmes, soit pour la prédication et l'instruction, soit pour les missions dans toutes les parties où ils pourraient être envoyés. Je sens, Messeigneurs, que tout ce qui s'arrange en plan et en projet ne devient une réalité qu'après beaucoup de temps, de peines, de travaux, de difficultés, d'obstacles qui, quelquefois, dans le projet qui semble le mieux combiné, deviennent insurmontables. Mais la situation de plus de soixante mille ecclésiastiques est si affreuse, toutes ressources en Europe peut-être si désespérées, qu'aucune difficulté ne saurait les effrayer et qu'aucun moyen ne peut être négligé.

M. l'abbé Desjardins, ancien grand vicaire de Bayeux et d'Orléans, est le chef des quatre envoyés ; les deux ecclésiastiques qui l'accompagnent sont M. Jean André Raimbeaux, prêtre du diocèse de Bayeux, et M. Gazel, de la maison de Navare et ancien principal de ce collège. L'officier qui leur a été adjoint est M. de la Corne, ancien capitaine de vaisseau, chevalier de Saint-Louis, homme vertueux et chrétien, né en Canada, et y ayant sa famille. Je vous prie, Messeigneurs, de les accueillir avec bonté, de leur donner vos ordres, les aider de vos conseils, et seconder leur mission en tout ce qui pourra dépendre de vous. Je me trouve heureux, dans ce moment, d'être l'organe de mes confrères en Angleterre, au nombre de vingt-un, et de joindre à leur hommage le dévouement et le profond respect avec lequel je suis,

Messeigneurs,
Votre très humble et très obéissant serviteur,

† J. Frs., Ev. de Léon.

Londres, 8 décembre 1792.
No. 10, Queen street, Bloomsbury.

2e LETTRE, (30 avril 1793).

Monseigneur,

J'ai l'honneur de vous recommander M. Saunier, très digne ecclésiastique, membre de la congrégation de Saint-Sulpice, qui est au moment de se rendre en Canada avec M. Périnault habitant de ce pays. (1) Je sais que le gouvernement anglais

---

(1) Il n'est pas question de l'abbé Périnault, alors élève au grand séminaire de Baltimore. Peut-être est-ce son père.

ne voulait pas autrefois laisser les ecclésiastiques français rejoindre leurs confrères à Montréal ; il a paru dans des dispositions différentes lorsqu'il a formé le projet d'offrir un asile dans ces provinces septentrionales au clergé réfugié qui au nombre de sept à huit mille sont répandus en Angleterre. Maintenant que l'espérance venait de voir le clergé français retourner avec sûreté dans sa patrie, les ecclésiastiques ne songent plus à s'en éloigner et le gouvernement ne paraît plus disposé à sacrifier pour cet établissement des sommes considérables que la guerre, qui depuis lui a été déclarée, lui rend nécessaires pour la soutenir. D'après cela je craindrais que la même opposition de voir des prêtres français rejoindre leurs confrères à Montréal ne se réveilla si cela arrivait. Je vous prie de donner toute protection à M. Saunier qui me paraît d'ailleurs un bon ouvrier que vous pourriez employer utilement s'il arrivait qu'il ne pût pas remplir le but de son voyage.

Je suis avec respect,

Monseigneur,

Votre très humble et très obéissant serviteur,

† J. Fr., Év. de Léon.

Londres, 30 avril 1793.
No 10, Queen street, Bloomsbury.

3e LETTRE (4 juillet 1793).

Monseigneur,

Recevez tous mes remerciements des bontés que vous avez eues pour M. Desjardins et pour ses compagnons. Je joins avec plaisir ma reconnaissance à celle dont ils m'ont témoigné être pénétrés.

J'aurais bien désiré pouvoir vous envoyer à leur suite une centaine de bons ouvriers propres à seconder votre zèle pour le bien spirituel de vos diocésains. Mais depuis le départ de ces Messieurs la scène a bien changé ainsi que les dispositions. M. l'abbé Desjardins vous communiquera les détails que je lui marque sur l'état extérieur et intérieur de la France.

et sur les prochaines espérances qu'a conçu le clergé de rentrer dans ses foyers. Tant de dignes ecclésiastiques massacrés, tant de morts naturellement, tant de jureurs et d'intrus, une si longue suspension dans les études et les ordinations laissant un grand vuide soit dans la partie du ministère soit dans celle de l'éducation, et quels que soient vos besoins, les nôtres seront peut-être encore plus grands. Cependant désirant seconder en partie vos vues, nous étions disposés à consentir au départ de quelques ecclésiastiques propres à l'enseignement des lettres et à perfectionner l'éducation, si nous avions trouvé le ministère disposé à favoriser leur départ, nos ecclésiastiques manquant de moyens suffisants pour faire les frais du voyage. J'ai inutilement sollicité le ministère de procurer un passage gratuit à une douzaine d'ecclésiastiques : la réponse a été négative. Lord Dorchester qui passe avec sa famille et tout son monde occupe toute la frégate. Je marque à M. Desjardins l'espoir qui me reste pour le mois prochain. J'espère que dans tous les tems vous voudrez bien être favorable à notre clergé pour lequel les événements peuvent n'être pas aussi favorables que les apparences l'annoncent. J'ay aussi confiance que ceux qui auraient le bonheur de prendre asile auprès de vous, feront tous leurs efforts pour mériter votre bienveillance et protection en se comportant comme des ministres de l'évangile et de dignes confesseurs de la foi. Je suis, avec respect,

Monseigneur,
Votre très humble et très obéissant serviteur,
J.-Fr., év. de Léon.

Londres, 4 juillet 1793.

4e LETTRE (15 avril 1794).

Monseigneur,

Pour une aussi abondante moisson que la vôtre je vous enverrai bien peu d'ouvriers. Je n'ai pas cru devoir favoriser le départ d'aucun ecclésiastique qu'il ne fut muni d'un consentement de son évêque et de son attestation qui ne laissa aucun doute sur ses talents, ses principes et sa piété. Tels sont MM. Jean-Denis Daulé, du diocèse de Paris, Jean Castanet, du diocèse de Rhodès, François-Gabriel le Courtois, du diocèse d'Avranches, M. Louis-Joseph Desjardins, dont vous avez le frère aîné, étant du diocèse d'Orléans, n'a pas été à même de s'adresser à son évêque jureur et apostat. Il était d'ailleurs depuis longtemps attaché à un autre diocèse. L'espérance de retourner en France détourne beaucoup d'ecclésiastiques de penser à s'éloigner, et l'extrême disette de sujets que la plupart des évêques prévoient en rentrant, leur persuade qu'ils ne doivent pas se priver de leurs meilleurs ecclésiastiques. M. Morrogh, négociant, de cette ville, s'est prêté avec le plus grand zèle et la plus grande générosité à faire les avances nécessaires à ces Messieurs qui sans lui n'auraient pas pu entreprendre le voiage. J'ay cru pouvoir l'assurer que vous le feriez rembourser de toutes ses avances sur la souscription dont vous m'avez fait l'honneur de me parler dans quelqu'une de vos lettres. Je prends la liberté de vous recommander ces Messieurs, qui, je n'en doute pas, feront leur possible pour répondre à vos bontés et remplir vos vues. Je suis avec les sentiments les plus inviolables d'attachement et de respect, Monseigneur,

Votre très humble et très obéissant serviteur

† J.-Fr., év. de Léon.

Londres, 15 avril 1794.

5e LETTRE, (4 juin 1794.)

Monseigneur,

Je vous adresse avec confiance onze ecclésiastiques attachés à la maison de Saint-Sulpice et qui partent pour se rendre à Montréal. Ils sont tous dans l'âge de rendre de bons services dans votre diocèse, d'autant que les témoignages de leurs supérieurs attestent leurs bons principes religieux et politiques ainsi que leur capacité. J'aurois désiré en voir partir un plus grand nombre, connaissant l'étendue de vos besoins, mais la plus part de mes confrères ne peuvent se résoudre à se détacher de leurs meilleurs sujets, espérant toujours voir la fin de leur exil et sentant vivement le vide qu'a produit en France d'un côté l'apostasie, de l'autre les pertes sans nombre qu'ont produit les meurtres et la maladie.

On m'a écrit de la partie d'Halifax qu'on y désirait deux ou trois ecclésiastiques : je ne sais si quelqu'un de ces onze messieurs n'y pourraient pas être envoiés. Peut-être pourrait-il vous en passer quelques autres par les flottes qui partiront vers la fin de l'année.

Je vous prie de continuer votre protection aux messieurs ecclésiastiques que vous avez déjà et de l'accorder à ces nouveaux arrivants.

Je suis, avec les sentiments les plus respectueux, Monseigneur,

Votre très humble et très obéissant serviteur,

† J.-Fr., év. de Léon.

Londres, 4 juin 1794.

6e LETTRE (11 mai 1795).

Monseigneur,

Je suis bien fâché de ne vous envoyer que si peu d'ouvriers pour votre abondante moisson, mais peu de sujets se présentent. Mes confrères que la mort d'un grand nombre de leurs meilleurs ecclésiastiques afflige, n'osent pas se dépouiller de ce qu'il leur reste, surtout dans un moment où tout annonce qu'ils seront bientôt nécessaires en France. Cet espoir s'est renouvelé tous les ans. Il nous a jusqu'à présent trompé, mais le changement général d'opinion et la famine qui s'accroît chaque jour dans notre malheureuse et coupable patrie, rapprochera nécessairement des événements décisifs. Je souhaite que vous soiez satisfaits des quatre sujets que nous vous envoions. Plusieurs des Messieurs de Saint-Sulpice, qui sont en Espagne, se disposent à vous aller voir avec un grand vicaire de Condom, et un chanoine de Bordeaux, qui vous est connu et que vous avez invité. Je prens la liberté de me recommander à vos saints sacrifices et de vous prier d'agréer les assurances des sentiments de vénération et de respect avec lesquels je suis, Monseigneur, votre très humble et obéissant serviteur,

† J.-Frs, év. de Léon.

Londres, 11 mai 1795.

7e LETTRE (28 septembre 1795).

Monseigneur,

Je suis en quelque sorte honteux de ne vous envoyer que deux sujets par l'*Ocean* qui se présente pour New-York. Encore ai-je pris sur mon compte de vous envoyer un jeune homme du diocèse d'Angers (1) de l'évêque duquel il est impossible de recevoir des nouvelles. On l'a dit mort, on a assuré qu'il ne l'étoit pas, mais qu'il étoit en France caché. Il nous semble toujours appercevoir quelques nouvelles lueurs d'espérance de rejoindre nos églises. A peine sont-elles apperçues qu'elles disparaissent et qu'il s'en montre quelque autre. Dans ce moment les succès de la Vendée, l'entrée de *monsieur et du duc de Bourbon* que nous présumons être en France ou à la veille d'y joindre la Vendée, les assemblées primaires qui paraissent généralement opposées aux vues de la convention nous redonnent quelqu'espoir ou peut-être détruiront celui que nous avions conçu. Notre sort est entre les mains de la providence. Après avoir éprouvé si longtemps ses rigueurs, nous espérons ressentir sa clémence. Vos ferventes prières jointes à nos faibles supplications fortifient nos espérances. Nous avons bien des obligations à vos pieux habitants pour les faveurs en messes qu'ils nous envoient. Elles nous sont d'un secours d'autant plus grand que la cherté de toutes les denrées est excessive. Le prix du pain est presque doublé

---

(1) M. l'abbé Orfroy arriva à Québec le 21 janvier 1796, avec M. Houdet, prêtre de Saint-Sulpice.

depuis un an et se soutient encore malgré l'abondante récolte de cette année.

Recevez avec votre bonté ordinaire l'hommage des sentiments respectueux avec lesquels je suis, Monseigneur, votre très humble et très obéissant serviteur.

† J.-Frs, Ev. de Léon.

28 septembre 1795.

8e LETTRE (1er de l'an 1797).

Monseigneur,

Pardonnez à l'excès des affaires dont je suis accablé dans ce pays mon omission de n'avoir pas recommandé à vos bontés les six derniers ecclésiastiques qui vous sont arrivés. Le bâtiment était parti lorsque ma lettre était écrite. On me parle, Monseigneur, d'un abbé Du Parcq, vicaire général, résidant à Edimbourg. J'ay eu quelques relations avec lui et je n'en sais rien que de bien. Mais je le connais très superficiellement. Je vais prendre des mesures pour acquérir des connoissances plus sûres, car je sens dans l'état de commotion qu'on cherche à exciter dans votre pays, combien il est important de s'assurer et de la vertu et des principes religieux et politiques des sujets que nous vous envoions. Si, par hasard, nous étions trompés, ce que j'espère ne devoir point être, au moins faut-il que nous n'ayons pas à nous reprocher d'avoir pris toutes les précautions qui sont en notre pouvoir. Il ne me reste que le moment de faire pour vous, Monseigneur, les souhaits les plus heureux, de vous demander la continuation de vos bontés pour notre clergé et de vous assurer des sentiments de dévouement et de respect avec lesquels je suis,

Monseigneur,

Votre très humble et obéissant serviteur,

† J.-Frs, Ev. de Léon.

9e LETTRE (5 avril 1798).

Monseigneur,

J'ai l'honneur de recommander à vos soins paternels et apostoliques M. Gibert, qui se rend à Québec, pour travailler sous vos ordres et sous votre direction. Je suis persuadé, d'après toutes les informations que j'ai pu prendre à son sujet, qu'il pourra se rendre utile et contribuer au bien spirituel de vos diocésains.

J'ai eu l'honneur de vous écrire en faveur de MM. Gaiffe et Vergues, partis au mois de décembre dernier. Je crains que les événemens de la mer ne les aient mis dans la nécessité d'y jetter leurs paquets. Tous les passages sont infectés des pirates françois et malheureusement tous les pays le sont plus ou moins de leurs principes. Je désirerois qu'ils fussent ignorés dans votre canton ou du moins qu'on en connût assez bien la perversité pour les avoir en horreur.

Je suis, avec des sentiments de reconnaissance et de respect,
Monseigneur,
Votre très humble et très obéissant serviteur,

† J.-Frs, Év. de Léon.

5 avril 1798.

10e LETTRE (10 nov. 1798).

Monseigneur,

J'ay receu les lettres que vous m'avez fait l'honneur de m'écrire avec un duplicata de votre lettre au Saint Père. Mgr Douglass a fait passer la sienne par une voie et je fais passer la mienne par une autre route afin qu'elles parviennent plus certainement. Il me paroit probable que si les bulles de M. Plessis ne sont pas parvenues, c'est que les vaisseaux qui les portoient ne sont pas arrivés et non parce que la demande n'est point parvenue à Rome. Les dernières nouvelles du Saint Père portoient que sa santé étoit bonne et qu'il n'avoit dans ce moment d'autre maladie que son grand âge. Je suis bien reconnaissant, Monseigneur, de l'accueil que vous avez la bonté de faire aux ecclésiastiques que je vous envoie. Parmi ceux qui désirent aller travailler sous vos ordres, je fais en sorte, avec un supérieur de la maison de Saint-Sulpice, homme de grand mérite, pour vous envoyer les meilleurs. Mais vous savez que quelque chose qu'on fasse l'homme est sujet à l'erreur.

J'ay correspondance avec M. Roussel à Jersey, qui se propose de se rendre à vos missions avec plusieurs compagnons de son choix, et je le crois dans le cas d'en faire de bon. Je ne le connois pas personnellement, mais mes confrères qui ont demeuré à Jersey lui rendent le témoignage d'être un ecclésiastique plein de talents et de zèle.

Je serai toujours icy à vos ordres. Je vous prie d'en être persuadé ainsi que du respectueux attachement avec lequel je suis, Monseigneur,

Votre très humble et très obéissant serviteur,

† J.-Frs. Ev, de Léon.

Londres, 10 novembre 1798.

11e LETTRE (15 avril 1799).

Monseigneur,

Je viens de procurer le pasport du gouvernement à un bon et vertueux ecclésiastique nommé M. Sigogne, qui est parti pour aller travailler sous vos ordres à Halifax. Je lui ai donné une lettre pour le grand vicaire qu'on m'a dit que vous aviez dans cette partie. Je ne pense pas qu'on puisse compter sur M. Roussel qui avoit paru disposé sur le désir qu'on en avoit témoigné, à aller de pays en pays avec quelques associés qu'il avait le projet de rassembler à Jersey pour se préparer ensemble à cette mission. Son projet de réunion ne s'est point encore réalisé et il m'a paru, par les derniers rapports que j'ay eus avec cet ecclésiastique, qu'il ne pense plus à s'éloigner. Je puis assurer Monseigneur que je fais tout ce qui dépend de moi pour seconder ses vues pour le bien de son diocèse et que je néglige rien pour m'assurer, autant qu'il m'est possible, que les ecclésiastiques que je lui envoie joignent aux lumières suffisantes le zèle et le bon caractère. Je désire que Monseigneur n'ait pas lieu de juger que je me sois souvent trompé, ce que je sais pouvoir nous arriver malgré toutes les précautions que je puis prendre. Je vous prie, Monseigneur, de continuer vos bontés à tous et d'être persuadé de la vénération et du respectueux attachement avec lequel j'ay l'honneur d'être,

Monseigneur,
Votre très humble et très obéissant serviteur,

† J.-Fr, év. de Léon.

15 avril 1799.

12e LETTRE (15 avril 1799).

Monseigneur,

Je me flattois que vous aviez receu vos bulles. J'apprends avec peine par une voie indirecte que vous ne les aviez pas encore receues et que le deffaut de la supplique pouvoit en être la cause, attendu, a-t-on dit, qu'elle devoit être écrite en latin. Je serois surpris que dans de pareilles circonstances la forme eut empêché le fond. Nous sommes dans un état de chose qui ne ressemble à aucun autre et dans lequel il semble qu'on puisse sans conséquence déroger aux plus anciennes règles quand elles ne touchent pas à la substance. Je désire que la providence conserve assez longtemps et la santé de votre vénérable évêque et celle du souverain pontife pour que tout puisse se réparer et assurer à vos bons canadiens un digne pontife. Je vous demande vos bontés pour tous nos ecclésiastiques qui se sont associés à vos travaux. Je prie Dieu qu'il les bénisse. Je n'ai pu en faire partir qu'un seul pour Halifax où je crois qu'on en auroit désiré plusieurs. Je vous prie de recevoir avec bonté la liberté que je prends de vous assurer des sentiments respectueux avec lesquels je suis,

Monseigneur,

Votre très humble et obéissant serviteur,

† J.-Fr, Év. de Léon.

15 avril 1799.

1ɛe LETTRE (2 janvier 1799).

Monseigneur,

J'ay l'honneur de vous annoncer que, d'accord avec le gouvernement, M. l'abbé Jacques-Ladislas-Joseph de Calonne, prêtre, grand vicaire et official de Cambray, part pour se rendre à l'Isle de St-Jean. Quoiqu'il y aille pour y former un établissement temporel, je ne doute pas qu'il ne se rende utile pour le spirituel sous vos ordres. C'est un homme d'esprit et de talent, qui en même temps se montre très religieux. Il est accompagné d'un ecclésiastique, qui se nomme Amable Pichart, prêtre du diocèse d'Orléans. Il étoit employé dans le ministère par ses supérieurs. C'est un homme de talent et capacité médiocres, mais très modeste et d'un fort bon caractère, d'ailleurs très vertueux. Je prends la liberté de vous recommander l'un et l'autre. Je leurs donne les pouvoirs pour la traversée et pour l'équipage s'il y a lieu jusqu'à son désarmement. Lorsqu'ils seront débarqués, ils auront recours à Monseigneur pour les pouvoirs ou au grand-vicaire qu'on m'a dit être ou à Halifax ou à l'isle St-Jean.

J'ai l'honneur d'être, avec un respectueux attachement,

Monseigneur,

Votre très humble et très obéissant serviteur,

† J.-Frs, Ev. de Léon.

2 juin 1799.

14e LETTRE (9 novembre 1799).

Monseigneur,

Vous me faites le plus grand plaisir en me marquant que vous êtes satisfait de la conduite et du zèle des ecclésiastiques dont j'ay favorisé le passage dans votre diocèse. J'y ai mis avec M. Bourret, (1) un très vertueux membre de la maison de Saint-Sulpice, toute l'attention qui a dépendu de moi, tâchant après nous être assuré des lumières et de la vertu, de connaître les caractères. J'aurois désiré que M. Roussel eut pu passer dans la partie d'Halifax avec quelques sujets choisis qui eussent été sous sa direction. Il n'y faut plus penser.

Je suis bien fâché que tout ce que nous avons pu faire pour accélérer l'expédition des bulles de consécration de M. votre Coadjuteur n'ait encore eu aucun succès. Mais je ne puis pas me persuader que désormais les délais se prolongent. On assure que tous les offices sont maintenant réunis à Rome et que les cardinaux s'y rendent pour la tenue du conclave.

Je suis, avec le plus respectueux attachement,

Monseigneur,

Votre très humble et très obéissant serviteur,

† J.-Fr, Év. de Léon.

Londres, le 9 novembre 1799.

---

(1) L'abbé François-Emmanuel Bourret, directeur du séminaire d'Orléans, était venu à Londres à la fin de l'année 1791 et en 1794 vivait de la charité anglaise. Mgr de la Marche l'avait pris en amitié et l'avait nommé distributeur de fonds aux religieux. Mgr de Boisgelin le protégeait aussi. Ce fut grâce à ces deux prélats qu'il put réussir à fonder une chapelle à Notre-Dame de l'Annonciation.

15e LETTRE (5 décembre 1799).

Monseigneur,

J'ay l'honneur de vous recommander les ecclésiastiques françois qui ont le bonheur de travailler sous vos ordres. Je vous demande pour eux les mêmes bontés que leur a toujours accordés votre vénérable prédécesseur, et j'espère que vous me donnerez la même consolation qu'il m'a souvent donnée en me disant du bien des ecclésiastiques que je lui avois envoiés.

Il en doit partir deux aux derniers jours. L'un se nomme M. Antoine Gaiffe, et est associé à la maison de Montréal. L'autre se nomme M. Guillaume Vergues, (1) et recevra de vous la mission que vous jugerez à propos de lui donner. J'ay tout lieu d'espérer que l'un et l'autre mériteront, ainsi que ceux qui les ont devancés, votre bienveillance et votre protection.

Je suis, avec le plus grand respect, Monseigneur,
Votre très humble et très obéissant serviteur,

J.-Frs, Ev. de Léon.

Londres, 5 déc. 1799.

16e LETTRE (23 avril 1800).

Monseigneur,

Je vois avec regret que toutes vos démarches et les nôtres pour M. votre Coadjuteur ont été jusqu'à présent sans succès ; mais j'espère que désormais les délais s'abrégeront. Nous avons un nouveau pape, le cardinal Chiaramonti, sous le nom de Pie VII. On fait l'éloge de ses lumières et de sa vertu. Il

---

(1) Cet abbé avait été curé de l'église Saint-Michel, à Bordeaux. Etait arrivé à Londres, en 1794. Ne vint pas au Canada, quoiqu'en ait écrit Mgr de la Marche.

n'a que 58 ans. On dit qu'on se prépare à Rome pour le recevoir et comme pape et comme souverain.

J'ay receu, par la lettre que vous m'avez fait l'honneur de m'écrire, la première nouvelle de l'arrivée de M. l'abbé de Calonne et de son compagnon. Il nous a écrit depuis et nous engage à lui envoier de l'aide, ne pouvant suffir aux besoins de sa mission. Nous trouvons peu de dispositions dans ce moment pour s'éloigner de la France, où une sorte de modération que montre le nouveau Roi attire beaucoup de monde. Comme cette modération apparente est plus politique que religieuse, nous n'y prenons aucune confiance, et jusqu'à présent on s'est opposé de concert avec le ministre, à la sortie des ecclésiastiques d'Angleterre pour passer en France.

  Je suis, avec un respectueux attachement,
    Monseigneur,
  Votre très humble et très obéissant serviteur,

         † J. Fr, év. de Léon.

23 avril 1800.
Monseigneur l'Evêque de Québec,
  à Québec.

TABLE DES MATIÈRES

	Pages
Introduction	v
Ouvrages, journaux et revues consultés	xi

PREMIÈRE PARTIE

Chapitre I.—Le clergé français proscrit	1
Chapitre II.—Mgr de la Marche, évêque de Saint-Pol de Léon, et ses protecteurs anglais	11
Chapitre III.—Années d'exil 1791-1799	23
Chapitre IV.—La vie des prêtres français en Angleterre	37
Chapitre V.—Les préliminaires de l'émigration au Canada	51
Chapitre VI.—L'évêque de Québec et les envoyés français	63
Chapitre VII.—Lord Simcoe et les envoyés français	73
Chapitre VIII.—L'émigration de 45 prêtres français au Canada	85
Chapitre IX.—Un épisode de l'émigration ecclésiastique	103
Chapitre X.—Les prêtres réfugiés et l'opinion publique au Canada	115
Chapitre XI.—L'émigration royaliste française dans le Haut-Canada	127
Chapitre XII.—Les colonies de Windham et de Niagara, et l'exode des Royalistes	141

SECONDE PARTIE

	Pages
Biographies	167
Avis au lecteur	169
Liste des ecclésiastiques réfugiés au Canada	171
Diocèses particuliers à chacun des prêtres français lors de leur départ de France	173
Allain, J. B.	175
Desjardins, P.-J.-L.	177
Gazel, P.	187
Raimbault, J. A.	192
Le Saulnier, C. M.	195
Ciquard, F.	198
Périnault, P.-J.	201
Daulé, J.-D.	204
Desjardins, L.-J.	210
Le Courtois, F.-G.	215
Castanet, J.-B.-M.	217
Roux, J.-H.-A.	220
Malard, A.	225
Thavenet, J.-B.	227
Humbert, F.-J.	231
Sattin, A.	235
Molin, A.-A.	239
Robin, F.-M.	241
Sauvage de Chatillonnet, J.-L.-M.	244
Nantetz, P.	246
Desgarets, G.-M. de Garnier	248
Malavergne, P.-J.	250
Courtin, C.-G.	253
De la Vaivre, J.	256
Raimbault, J.	258
Lejamtel de la Blouterie, F.	265
Houdet, A.	268
Orfroy, U.	270
Saint-Marc, J.-J.-B.	273
Villade, A.	275
Chicoineau, J.-B.-J.	277

	Pages
Jaouën, C.-B	281
Roque, J.-G	283
Joyer, R.-P	287
Fournier, C.-V	289
De Borniol, P.-B	293
Champion, G	296
Gibert, P	299
Gaiffe, J.-A	301
Sigogne, J.-M	304
De Calonne, J.-L	307
Pichart, A	312
Boussin, S	315

TROISIÈME PARTIE

Pièces justificatives	319
Lettres de Mgr de la Marche aux évêques de Québec	427

FIN DE LA TABLE DES MATIÈRES

Contraste insuffisant

NF Z 43-120-14

Texte détérioré — reliure défectueuse

NF Z 43-120-11

www.ingramcontent.com/pod-product-compliance
Lightning Source LLC
Chambersburg PA
CBHW060517230426
43665CB00013B/1553